Hannah Lothrop · Gute Hoffnung – jähes Ende

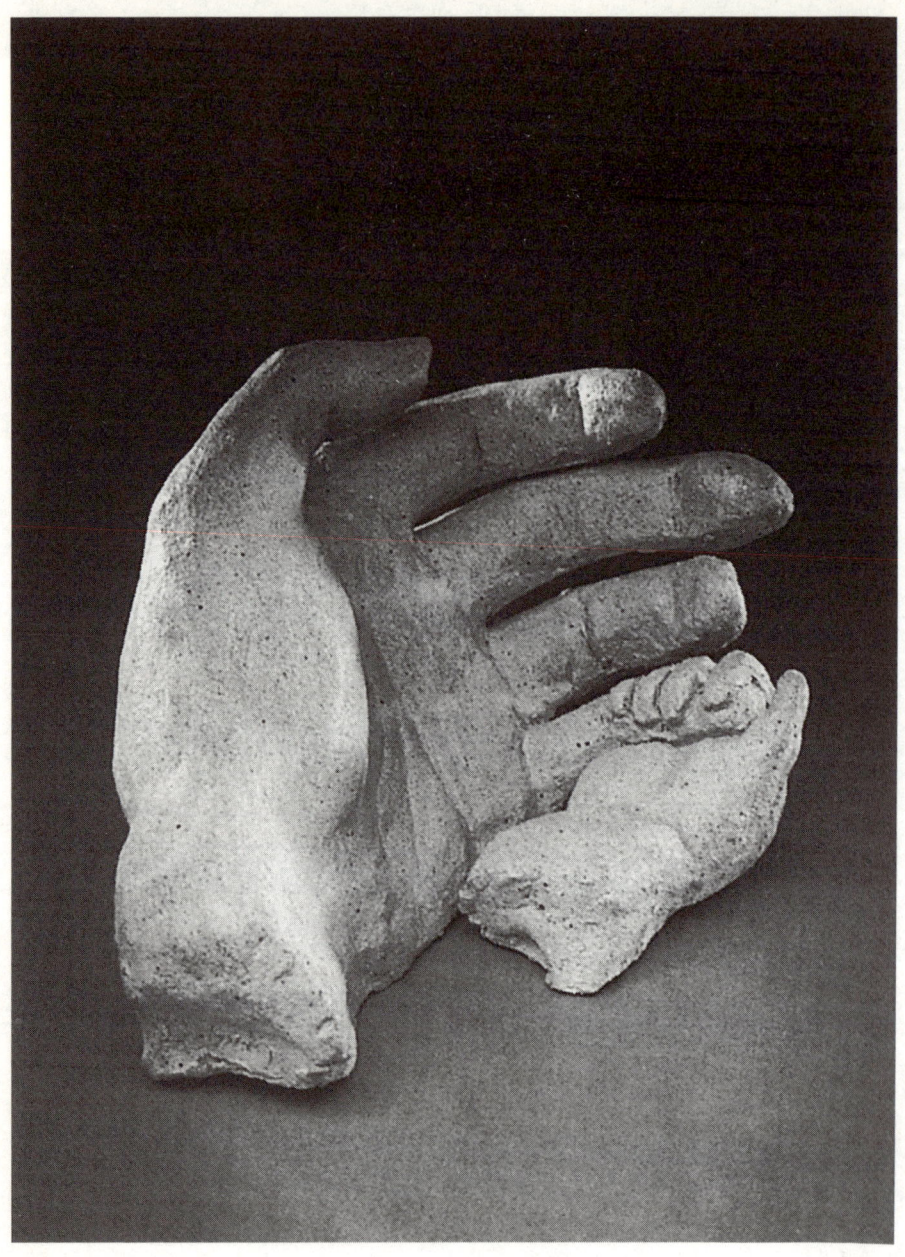

Deine Hand, meine Hand

Deine Hand, meine Hand,
du berührst mich, ich berühre dich.
Auch wenn wir getrennt sind,
sind wir für immer eins.

Hannah Lothrop

Gute Hoffnung – jähes Ende

Fehlgeburt,
Totgeburt und Verluste
in der frühen Lebenszeit.
Begleitung und neue Hoffnung für Eltern

Kösel

Mix
Produktgruppe aus vorbildlich bewirtschafteten
Wäldern und anderen kontrollierten Herkünften
www.fsc.org Zert.-Nr. GFA-COC-1278
© 1996 Forest Stewardship Council

Verlagsgruppe Random House FSC-DEU-0100
Das für dieses Buch verwendete FSC-zertifizierte Papier
Munken Print liefert Arctic Paper Munkedals AB, Schweden.

Erweiterte und vollständig überarbeitete Auflage 1998.
13. aktualisierte Auflage 2007, 63. – 67. Tausend
Copyright © 1991 Kösel-Verlag, München,
in der Verlagsgruppe Random House GmbH
Umschlagmotiv und -gestaltung: Elisabeth Petersen, München
Fotos im Text: Frontispiz und S. 141, 150: aus *Unendlich ist der Schmerz*
von Julie Fritsch/Sherokee Ilse, © 1995 Kösel-Verlag, München;
S. 84: Centering Corporation, Omaha, NE; S. 99: Ute Zimmermann
und Frank Hanke; S. 107: Stephanie Strutmann
Foto der Autorin: Ute Weigelmann
Druck und Bindung: Ebner & Spiegel, Ulm
Printed in Germany
ISBN 978-3-466-34389-8

www.koesel.de

Für Cara,

die ihre Spuren in unseren Herzen
und auf dieser Erde hinterlassen hat,
obwohl »man« sagt,
sie habe ja noch nicht gelebt.

Inhalt

Vorwort

Natürlich ist das vorliegende Buch in erster Linie für Eltern eines toten Kindes geschrieben. Ihnen soll es helfen, über die vielleicht schwärzesten Stunden ihres Lebens hinwegzukommen. Dass sein Inhalt und seine Intention aber im rechten Moment die betroffenen Eltern erreicht, dazu können wir in den Geburtskliniken Entscheidendes beitragen.

Das Buch von Hannah Lothrop ist nicht »bloß eine Bereicherung«, es ist eine Notwendigkeit für alle, die sich beruflich mit Geburten befassen.

Kein Mediziner hört heute Vorlesungen über den Tod. Dieser ist bestenfalls eine abstrakte Größe in unseren Statistiken und Doppel-Blind-Studien. Welchen einmaligen Stellenwert er im Erleben des einzelnen Menschen besitzt, wie entscheidend die Auseinandersetzung mit ihm ist, wurde den Ärzten bislang nur vereinzelt deutlich.

Hannah Lothrop durchbricht mit ihrem Buch eine »Konspiration des Schweigens«. Bisher wurden in den Kliniken Mütter mit Totgeburten isoliert. Um ihnen »das Leid zu ersparen«, wurde – möglichst in Vollnarkose – die tote Leibesfrucht beseitigt, entsorgt. Den Eltern wurde keine Möglichkeit des Abschiednehmens ermöglicht, die Hilflosigkeit der »Helfer« verschämt überspielt. Die so »fürsorglich« behandelte Mutter wurde erst später – zu spät – gewahr, was mit ihr passierte. Auch davon handelt dieses Buch.

Aber es handelt auch von der Chance, die alle Beteiligten erhalten, wenn sie sich auf den Schmerz und das Leid, die den Tod begleiten, einlassen. Das Buch fordert uns auf, den Weg der Trauer zu suchen, zu finden und zu begehen. Denn der Tod ist nie das Ende, sondern im Umgang mit ihm werden schon die Weichen für etwas Neues gestellt, vielleicht auch für eine neue Schwangerschaft, eine neue Geburt, neues Leben.

Hannah Lothrop ist seit Jahren in unserer Klinik eine Instanz. Meine Mitarbeiter und ich sind erleichtert, dass wir sie in derart kritischen Situationen jederzeit hinzuziehen können. Mit diesem Buch werden aber endlich ihre Empathie, ihr Wissen und ihre Fähigkeiten für jeden, der bereit ist, sich ihnen zu öffnen, nutzbar gemacht. Möge das Buch – auch und gerade unter Geburtshelfern – eine große Verbreitung erfahren. Wir möchten das im Sinne der Betroffenen nur wünschen. Viel Unglück und Einsamkeit könnten auf diese Weise verhindert werden.

Bensberg, im November 1990
Dr. med. Gerd Eldering
(Chefarzt der Geburtshilflich-Gynäkologischen Abteilung
am Vinzenz Pallotti Hospital)

Einführung

»Wer würde denn so was kaufen?« meinten einige Leute, die von meinem Vorhaben erfuhren, dieses Buch zu schreiben. »Werdende Eltern wollen sich doch auf ihr Kind freuen und sich nicht mit Gedanken über ein so unerfreuliches Thema beschäftigen.« Manche Eltern, die ihr Baby verloren hatten und nirgends Unterstützung fanden, hätten sich sehr gewünscht, zumindest in einem Buch Hilfestellung zu bekommen.

Als unser Baby tot auf die Welt kam, fühlte ich mich sehr allein gelassen. Niemand konnte sich so richtig in meine Lage hineinversetzen. Mein Mann stürzte sich gleich darauf in die Arbeit und konnte mein Weinen nicht besonders gut aushalten. Wie froh wäre ich gewesen, wenn ich mit Menschen hätte reden können, die dasselbe Schicksal getroffen hat wie uns und die verstanden hätten, wie es mir ging. Oder wenn es nur ein Buch gegeben hätte, in dem ich hätte lesen können, dass ich nicht verrückt geworden bin, sondern nur eine ganz normale Mutter in Trauer, mit denselben Verhaltensweisen, Gefühlen und Gedankengängen wie andere Mütter in derselben Situation auch. Wie sehr hätte ich mir gewünscht, mich nicht allein zu wissen in meiner Trauer ... Und wie sehr hätte ich die Versicherung gebraucht, dass ich eines Tages auch wieder lachen kann und die bleierne, lähmende Schwere meinen Körper verlässt.

1984 veränderte sich unser Leben von einer Minute auf die andere, als wir erfuhren, dass das erwünschte Baby, das in mir wuchs und zu dem ich bereits eine starke Bindung hatte, nicht gesund war (s. S. 41 ff.). Ich lernte die fast unerträglichen Schmerzen der Trennung und die lange, tiefe Nacht der Trauer am eigenen Leib kennen. Doch ich erfuhr auch, dass die Nacht irgendwann wieder zu Ende geht und Leben neu erblüht – reifer und tiefer als zuvor.

Ich habe keine Ahnung, wie es mir ergangen wäre, wenn ich mich nicht zufällig zwei Jahre zuvor auf einer Fortbildungsveranstaltung für Geburtsvorbereiterinnen in Amerika durch einen mich tief berührenden Diavortrag mit solchen Erfahrungen konfrontiert hätte. So hatte ich doch eine gewisse Orientierung. Es war mir klar, dass ich vor dem Schmerz nicht davonlaufen könnte. Ich habe unsere Tochter Cara (ihr Name offenbarte sich mir gegen Ende der Geburtsarbeit) lange in meinen Händen gehalten, und mein Mann Rob und ich haben uns *unsere* Zeit genommen, uns von ihr zu verabschieden. Während unter heilenden Tränen Caras Anblick sich in meine Seele einbrannte und ich ihr alles erzählte, was an Gedanken und Gefühlsregungen in mir war, überkam mich ein großer Friede, und danach – nach einer weiß Gott wie langen Weile – konnte ich sie gut gehen lassen. Dass ich mich zuvor schon mit dem Gedanken befasst hatte, dass Schwangerschaften auch glücklos enden können, gab mir Orientierung bei der Bewältigung dieses schweren Schicksalsschlags.

Früher war der Tod ein ganz normaler Teil des menschlichen Lebens. Das Totenhemd gehörte vielerorts zur Aussteuer; der Sarg wurde bereits zu Lebzeiten angefertigt, und man bewahrte ihn auf dem Speicher auf. Verstorbene wurden in der »guten Stube« aufgebahrt. Tag und Nacht hielten die Nahestehenden Totenwache im Schein der Totenkerzen und verabschiedeten sich dabei. Auch die Nachbarn entboten den Verstorbenen ihren letzten Besuch. Heutzutage haben viele Menschen noch nie einen Toten gesehen. 90 % der Menschen sterben fernab aller, die sie lieben, in Krankenhäusern oder Altenheimen. Diejenigen, die der Tod zu Hause trifft, werden meistens schnellstmöglich »entfernt« – in die Leichenhallen geschafft. So ist dem Tod und somit einem Teil unseres Lebens die Würde genommen worden. Ausgeklammert aus unserem Leben, macht der Tod uns Angst.

Obwohl schätzungsweise jede vierte oder fünfte Schwangerschaft in einer Fehlgeburt endet (manche Fachleute schätzen sogar, dass jede zweite Frau mindestens einmal im Leben eine derartige Erfahrung macht!) und darüber hinaus ca. jedes 133. Baby in Deutschland entweder tot geboren wird oder den ersten Lebensmonat nicht überlebt, verbannen wir die Vorstellung von dieser Möglichkeit aus unseren Gedanken. Unsere Ängste dürfen sich höchstens in unseren Träumen zeigen.

Daher werden Eltern zumeist »aus heiterem Himmel« total unvorbereitet mit dem Tod konfrontiert. Durch die Verdrängung des Todes aus unserem Bewusstsein sind in der Regel auch die Traditionen abgestorben, die uns in dieser Lebenssituation wieder Orientierung geben könnten. Bestehende Rituale werden oft als gehalt- und bedeutungslos erlebt. Kirchliche Riten werden uns manchmal sogar verweigert, wenn unser Baby noch nicht »gelebt« hat.

Wir müssen einander helfen zu überprüfen, ob die Modelle, mit denen wir aufgewachsen sind, hilfreich waren oder nicht. Manche Menschen haben wir bewundert, weil sie angesichts von Verlusten so stark schienen, aber vielleicht ist ihnen das im Endeffekt doch nicht so gut bekommen. (Sr. Jane Marie Lamb)

Wir bewegen uns auf vollkommen unbekanntem Territorium, ohne Richtlinien, wie wir uns verhalten sollen, um an dieser Erfahrung nicht zu zerbrechen. Für die Entscheidungen, die von uns im Zustand des ersten Schocks gefordert werden, brauchen wir dringend Beistand.

Ärzte und Pflegepersonal fühlen sich der Erhaltung des Lebens verpflichtet und sind oft selbst zutiefst betroffen, wenn ein Baby tot geboren wird oder sie ein kleines krank geborenes Wesen nicht retten können. Mit solch einer Situation umzugehen hat ihnen meist niemand beigebracht. Nach außen mögen sie eine Fassade von Unnahbarkeit und Geschäftigkeit zeigen, um Gefühle von Hilflosigkeit und Versagen im tiefsten Inneren zu verbergen. Vielleicht schützen sie sich auch vor der Konfrontation mit eigener unverarbeiteter Trauer oder der Angst wegen der eigenen Sterblichkeit.

Trauerteams, wie sie an vielen amerikanischen Krankenhäusern existieren, mit regelmäßigen Treffen von Geburtshelfern, Kinderärzten, Hebammen, Schwestern, Sozialarbeitern und Seelsorgern, wo diese auch gegenseitige Unterstützung erfahren, gibt es bei uns erst vereinzelt.

Aus Unwissen über die Natur der Trauer und die Zusammenhänge von Bindung und Abschied haben ÄrztInnen und Hebammen immer wieder Eltern vor den Schmerzen des Verlustes schützen wollen, indem sie ihnen den Anblick ihres Kindes »ersparen« wollten und/oder Beruhigungsmittel verabreichten. Dass sie dadurch die Trauerarbeit nur erschweren und im Endeffekt das Leid vergrößern würden, wussten sie nicht. Zurück bleiben Wunden, die nicht heilen wollen. Manchmal zeigt sich das erst nach Jahren in Form von körperlichen und seelischen Erkrankungen, häufig werden sie gar nicht mehr damit in Verbindung gebracht.

Wird der Tod eines Menschen nicht begriffen, kann es sein, dass der Tote zum Vermissten wird. Und wie schwer es ist, sich von Vermissten zu verabschieden, davon erzählt die Not aller Angehöriger, deren Männer, Väter oder Brüder im Krieg als vermisst gemeldet wurden. Nicht im magischen, aber im psychischen Sinne lassen die Toten die Lebenden nicht mehr los. (Bode/Roth, 1998)

Auch Verwandte, Freunde und Bekannte fühlen sich angesichts dieses unzeitigen Todes hilflos, unsicher und oft wie gelähmt.

Es kam von keinem etwas, was ich hätte gebrauchen können. Es hat wohl allen unheimlich Leid getan, aber niemand war da, der mich mal ein bisschen gehalten hätte. Ich hätte Trost gebraucht, aber alles war irgendwie so kalt.

In ihrer Unbeholfenheit wollen Umstehende unseren Schmerz durch beschwichtigende Bemerkungen lindern und tun damit oft nur noch mehr weh. Wenn es anders kommt, ist es eine Wohltat.

Sie haben uns nicht allein gelassen. Das fand ich so wichtig. Auch die Nachbarn waren für uns da. Gegenüber wohnen junge Leute, die haben mir einen Riesenblumenstrauß gebracht. Was ich Blumen gekriegt habe! Und eine Freundin schickte mir einen Brief, in dem sie ihr Mitgefühl ausdrückte.

Die Art und Weise, wie wir und unsere Familien beim Tod unseres Kindes begleitet und unterstützt werden, beeinflusst maßgeblich, wie wir diese Erfahrung verarbeiten. Bei einem Nachgespräch in der Klinik drei Wochen nach der plötzlichen Totgeburt ihrer Tochter in der 33. Schwangerschaftswoche sagte eine Mutter:

Ich bin unheimlich froh, dass ich zur Geburt in diese Klinik gekommen bin. Alle waren so ganz bei uns ... Es ist zwar die schlimmste Erfahrung, die ich je in meinem Leben gemacht habe, weit schlimmer als irgendetwas, was mir je widerfahren ist, und trotzdem muss ich sagen, die Geburt von Naomi hatte auch etwas ganz Schönes. Es war so eine Harmonie da und so ein Friede.

Diese Darstellung mag für alle, die noch nie eine annähernd ähnliche Erfahrung gemacht haben, nicht nachvollziehbar sein. Wenn sich die betreuenden Menschen wirklich einlassen, kann trotz der eigentlich schlimmen Situation ein unbeschreiblicher Friede entstehen. Wird ein Kind, selbst wenn es tot ist, in Würde geboren oder darf ein krank geborenes in Friede und Würde sterben, kann trotz des Schmerzes erst einmal auch ein gutes Gefühl da sein, das die Eltern trägt. Wenn trauernde Eltern in einer guten Weise begleitet werden und Hilfe bekommen, kann diese Erfahrung sie selbst sowie ihre Beziehung zueinander und zur Welt verwandeln.

Der erste Teil dieses Buches ist für Eltern geschrieben, die ein Kind durch Fehlgeburt, Totgeburt, Neugeborenentod und Plötzlichen Kindstod verlieren. Es werden auch tabuisierte Verluste angesprochen wie der Abbruch einer erwünschten Schwangerschaft nach pränataler Diagnostik und die Freigabe eines Kindes zur Adoption sowie besondere Verlustsituationen wie das Sterben eines Zwillings im Mutterleib oder die Situation einer allein stehenden trauernden Mutter.

Ich gehe von dem Verständnis aus, dass Trauer sowohl eine ganz individuelle Erfahrung als auch ein mehr oder weniger geordneter Prozess ist.

Mein Anliegen ist es, Menschen durch die Zeit von Schock und Lähmung, die Zeit des Suchens und Sichsehnens, die Zeit von Desorientierung und Verwandlung bis hin zur Zeit der Erneuerung und Neuorientierung zu begleiten. (Bezüglich der Trauerphasen stütze ich mich – mit leichter Abänderung aufgrund meiner eigenen Arbeit – auf die Forschung von Dr. Glen Davidson, Autor des Buches *Understanding Mourning*, der in seiner 10-jährigen Studie mit 1200 Trauernden die vorausgehenden Untersuchungen der englischen Psychiater John Bowlby und Colin Murray Parkes bestätigte.) Für die jeweilige Zeit gebe ich konkrete Anregungen für Heilung von Seele, Körper und Geist und für eine Weichenstellung, um die Erfahrung bestmöglich verarbeiten und in das eigene Leben integrieren zu können. Fragen am Ende vieler Abschnitte sollen Entscheidungen unterstützen, um die eigenen Gefühle sortieren und zu *eigenen* Antworten finden zu können. Zitate aus meinen Gesprächen mit trauernden Eltern werden Betroffenen oft »aus der Seele« sprechen und ihnen das Gefühl geben, dass sie nicht allein sind. Auch der Paarbeziehung sowie dem Umgang mit Geschwisterkindern aller Altersstufen nach einem Verlust ist besondere Beachtung geschenkt. Der erste Teil des Buches will auch Betreuenden trauernder Eltern, Verwandten und Freunden einen Einblick in deren Erlebniswelt sowie notwendige Informationen geben.

Teil 2 dieses Buches richtet sich an Menschen, die trauernden Eltern in einem der sicherlich schwersten Momente in deren Leben begegnen: Klinikpersonal, FrauenärztInnen und Hebammen in freier Praxis, Verwandte, Freunde, Nachbarn, LeiterInnen von Stützgruppen, Geburtsvorbereiterinnen oder Stillgruppenleiterinnen, BestatterInnen, SeelsorgerInnen, PsychologInnen und BeraterInnen. Sie finden hier konkrete Hilfestellungen, wie sie in ihren jeweiligen Aufgabengebieten auf ihre Weise dazu beitragen können, dass es in dem Schlimmen ein Gut gibt.

Grundlage für dieses Buch bilden intensive Gespräche mit trauernden Eltern in Deutschland und Amerika, meine Besuche von Trauerstützgruppen in Florida sowie meine mehrjährige Tätigkeit in der Geburtsbegleitung und Nachbetreuung von Eltern, deren Kind im Vinzenz Pallotti Hospital in Bensberg tot geboren wurde – dies alles vor dem Hintergrund meiner eigenen schmerzlichen Trauererfahrung um meine Tochter Cara. Auch hat Sr. Jane Marie Lamb, die Gründerin der SHARE-Stützgruppen, die über 16 Jahre lang trauernde Eltern mit großer Liebe und persönlichem Engagement begleitet hat, mich an ihrem enormen Erfahrungsschatz teilhaben lassen.

In dieses Buch fließen Einsichten aus den unzähligen Begegnungen mit TeilnehmerInnen – trauernden Eltern wie begleitenden Berufsgruppen – von über hundert Seminaren im Laufe von mehreren Jahren und die Erfahrungen aus meiner psychologischen Praxis ein. Das Interesse und die mutige Bereitschaft besonders von Hebammen, sich in die Welt trauernder Eltern mehr einzulassen und einzufühlen, um ihnen bestmöglich beistehen zu können, ist äußerst groß gewesen. Wie Steine, die ins Wasser fallen und weite Kreise ziehen, scheint sich in kurzer Zeit – so die Berichte von Betroffenen – die Sensibilität in den Kliniken gegenüber Eltern und ihren toten oder sterbenden Kindern enorm erhöht zu haben. Dies geschah zum Wohle der Eltern, die auf die direkte Unterstützung der sie Betreuenden so sehr angewiesen sind.

Danke!

I

Der Weg durch die Trauer

Du kannst es nicht verhindern,
dass die Vögel der Sorge über deinem Kopf kreisen.
Aber du kannst sie daran hindern,
Nester in deinen Haaren zu bauen.

Chinesisches Sprichwort

1 Ein Kind verlieren

Der Tod hat unterschiedliche Gesichter. Vor einiger Zeit starb meine Oma im gesegneten Alter von 91 Jahren. Wir waren uns besonders in den letzten Jahren ihres Lebens sehr nah gewesen. Und doch, vielleicht gerade deshalb, konnte ich sie gut gehen lassen. Sie hatte ihren Lebenskreislauf ganz durchlaufen und war am Ende in vielem wieder dem Anfang nahe gekommen – ein rundes Leben! Übrig blieben zahlreiche Erinnerungen an intensive Momente der Nähe, des Verstehens und der Zuneigung. Vergangenes Leid, das wir irgendwann einander zugefügt hatten, hatten wir angesprochen und einander vergeben. Im letzten Jahr hatten wir uns in kleinen Schritten – manchmal unter Tränen, manchmal ganz ruhig der Realität ins Auge sehend – voneinander verabschiedet. Es ist gut.

Ganz anders ist es, wenn ein Baby stirbt. Nichts ist gut. Keine Erinnerungen an gemeinsam gelebtes Leben, keine Erinnerungen, die wir mit anderen Menschen austauschen können.

Ich hatte das Gefühl, dass die Last dieses Ereignisses ganz bei mir alleine lag. Das Problem ist, dass ich der einzige Mensch bin, der das Baby kennt. Menschen trauern nicht um etwas, das sie nicht kennen. Du stehst allein da in deiner Trauer um die Erinnerung an dein Kind. Alle sagen: »Es ist doch nicht so schlimm, du kannst doch noch andere haben ... das ist doch nicht das Ende der Welt.« Aber es ist das Ende meiner Welt.

Manche Freundinnen sagten zu mir nach zwei oder drei Monaten: »Komm, lass dich doch nicht so hängen, du hast doch das Kind überhaupt nicht gekannt. Nimm dich doch jetzt zusammen.« Je mehr die anderen mich dazu bringen wollten, mit dem Trauern aufzuhören, desto mehr hatte ich das Gefühl, dass ich um meine Trauer kämpfen musste.

Der Tod trifft uns fast immer unvorbereitet. Es scheint so unfair, dass dieses unser Kind nie den Himmel und die Sonne sehen wird und das Erwachen der Natur im Frühling, dass wir es nicht in unseren Armen wiegen dürfen, dass wir nicht erleben dürfen, wie es heranwächst und seine Erfahrungen im Leben macht. Ein solcher Tod scheint nicht in die Ordnung der Welt hineinzupassen: Wir erwarten, dass Kinder ihre Eltern überleben. Mit unseren Kindern sterben auch unsere Träume, Hoffnungen und Vorstellungen für unser weiteres Leben. Es stirbt ein Teil von uns.

Der Tod eines Babys kann in verschiedenen Wachstums- und Lebensstadien auftreten. Als Erstes werde ich Fehlgeburt, Totgeburt, Neugeborenentod und den Plötzlichen Kindstod ansprechen, zunächst auf eher nüchterne Weise, von gesetzgeberischer und medizinischer Seite her; dann schildere ich das Erleben durch die Augen und das Herz der Betroffenen. Ich streife auch kurz die Situation der Behinderung eines Neugeborenen, was gleichfalls ein erheblicher Verlust ist, und den Tod eines Zwillingskindes. Auch widme ich mich der Komplexität von gesellschaftlich tabuisierten Verlusten wie der Trauer beim Verlust eines erwünschten Babys durch Abbruch der Schwangerschaft aufgrund eines diagnostischen Befunds und der Freigabe eines Neugeborenen zur Adoption. Jede Situation hat ihre Besonderheiten.

Fehlgeburt: Verlust während der Schwangerschaft

Wann spricht man von einer Fehlgeburt?

Ein totes Baby unter 500 Gramm, also bis etwa zur 23. Schwangerschaftswoche (SSW), gilt in Deutschland als Fehlgeburt (oder in der medizinischen Sprache als Abort). Bei einem Kind während der Organentwicklungszeit sprechen die Mediziner von einem Embryo, nach der 12. SSW von einem Fetus. Etwa 75 % der Fehlgeburten treten im ersten Schwangerschaftstrimester auf. Dem Empfinden der Eltern nach ist es meistens schon in einer recht frühen Phase »unser Kind«. Auch Babys, die als Fehlgeburten gelten, können meistenorts durch Ausfüllen einer ärztlichen Unbedenklichkeitsbescheinigung (s. S. 335) auf Wunsch beerdigt werden.

Eine Fehlgeburt kann sich mit Blutungen ankündigen, denen krampfartige Schmerzen folgen. Oder die Frauenärztin stellt bei einer Vorsorgeuntersuchung fest, dass das Kind nicht mehr lebt oder – um es im medizinischen Jargon auszudrücken –, dass die Schwangerschaft »nicht mehr intakt ist«.

Gründe für eine Fehlgeburt

Wenn ich mir vor Augen halte, was bei der Zeugung eines Menschen und in den Wochen danach geschieht, werde ich ganz ehrfürchtig. Es ist ein Wunder, dass durch die Vereinigung eines winzig kleinen Eies und eines noch kleineren Samens ein Mensch entsteht, der sehen, hören, sprechen, laufen, fühlen, denken, empfinden, lachen, lieben kann. Doch das ist nicht immer der Fall. Wenn sich nicht alles nach dem Meisterplan entwickelt, dann hilft die Natur sich in der Regel selbst, indem die Arbeit abgebrochen wird. Fehlentwicklungen können z.B. durch ein in der Anlage fehlerhaftes Ei der Mutter oder eine fehlerhafte Samenzelle des Vaters entstehen. Oder bei der Zellvermehrung und -teilung, bei der aus einer Zelle Abermillionen von Zellen erwachsen, die den Menschen ausmachen, läuft etwas schief. Wenn Frauen während der Ontogenese (Organentwicklung) Bestrahlung, bestimmten Medikamenten, Chemikalien oder anderen schädlichen Umwelteinflüssen ausgesetzt werden, hat dies nachteilige Auswirkungen auf das sich entwickelnde Baby. Auch bestimmte Infektionen können dem Kind schaden. Dass sich auch die Gene des Vaters durch Bestrahlung verändern können, ergab eine Studie in England, bei der man herausfand, dass Kinder von Vätern, die kurz vor der Zeugung in einem Atomkraftwerk gearbeitet hatten, vermehrt an Leukämie starben. Fehlgeburten aufgrund der genannten Faktoren treten meistens *vor* der zwölften Woche auf.

Fehlgeburten können aber auch durch Probleme der Gebärmutter ausgelöst werden, wie Myome (eine gutartige Geschwulst an der Gebärmutter), Entzündungen, Narben von Operationen oder einem Intrauterinpessar. In diesen Fällen gibt es Schwierigkeiten bei der Einnistung des Embryos in der Gebärmutter. Ab und zu muss auch eine Schwangerschaft chirurgisch beendet werden, wenn (oft erst während der 8. oder 12. SSW) eine auch für die Frau gefährliche Eileiter- oder Bauchhöhlenschwangerschaft festgestellt wird. Hormonstörungen können ebenfalls ein Grund für eine Fehlgeburt sein. Sie kann aber auch durch ein traumatisches Ereignis ausgelöst werden, sei es durch Schock, Unfall oder einen diagnostischen Eingriff wie Amniozentese oder Chorionzottenbiopsie (vorgeburtliche Diagnostikmethoden zur Erkennung von bestimmten Fehlbildungen des Babys s. S. 39 ff.). Ein weiterer Grund mag eine Muttermundschwäche sein.

In manchen Fällen lassen sich keine körperlichen Ursachen finden – sie müssen dann eher dem seelisch-geistigen Bereich zugeordnet werden. Sabine (24) war sehr jung, als ihr erstes Kind zur Welt kam. Die darauf folgenden vier Fehlgeburten reflektierte sie so:

Vielleicht habe ich mich zu sehr darauf versteift, noch ein zweites Kind zu bekommen und dieses Mal alles besser zu machen. Ich bin ja aus meiner Familie mit zwölf Kindern direkt in die Ehe, und schon kurz darauf war Gabriel da. Ich hatte eigentlich nie richtig Zeit für mich selbst. Vielleicht stößt mein Körper ein Baby jedes Mal ab, weil ich im Inneren noch nicht wieder bereit bin, mich in so was reinzustürzen. Vielleicht war es auch diese ganze Verrücktmacherei mit den Ärzten. Ich bin nur noch von Arzt zu Arzt gelaufen ... zum Gynäkologen, zum Internisten, zum Hormonspezialisten, und jeder hat was anderes vermutet.

Mit zunehmendem Alter der Mutter nimmt die Wahrscheinlichkeit einer Fehlgeburt zu. Bei 40-jährigen Frauen ist sie etwa dreimal höher als bei 20-jährigen. Oft sind Fehlgeburten eine einmalige Angelegenheit. Doch es gibt auch Frauen, die fünf und mehr Fehlgeburten hintereinander haben und dann doch noch ein gesundes Kind zur Welt bringen.

Der Arzt sagte mir, ich hätte halt fünfmal Pech gehabt. Er konnte mir auch keine Erklärung geben, woran es liegt. Bei einem Gespräch mit einer Psychologin bekam ich dann eine Ahnung möglicher Zusammenhänge und wurde einigen Ballast los. Die Einnahme entsprechender Bachblüten [s. S. 200 ff.] half mir bei dem folgenden Entwicklungsprozess. Inzwischen haben wir einen Sohn und eine Tochter.

Von gynäkologischer Seite können wir versuchen, die medizinischen Gründe einer Fehlgeburt herausfinden zu lassen, um ggf. therapeutische Schritte einzuleiten, wie dies etwa im Falle einer Entzündung nötig ist. Gespräche und eine Beschäftigung mit der Situation können uns unbewusste, im *seelisch-geistigen* Bereich liegende Gründe enthüllen und Sinn und Aufgaben erkennen helfen. So haben wir die Chance, mögliche Konflikte zu bearbeiten, damit sie einer weiteren Schwangerschaft nicht mehr im Weg stehen.

Erleben einer Fehlgeburt

Außenstehende können sich schwerlich vorstellen, dass eine Fehlgeburt auch schon im Frühstadium als ein großer Verlust erlebt werden kann. Viele bekommen zu hören: »Das war ja noch gar kein richtiges Kind, erst ein Embryo.« Doch die Bindung an ein Kind beginnt schon lange, bevor seine Existenz konkret nachweisbar ist (s. S. 78 ff.). Die Chinesen sagen, dass ein Baby bei seiner Geburt ein Jahr alt ist.

Wie Eltern eine Fehlgeburt erleben, hängt mit vielen Faktoren zusammen. Fast immer aber ist die Reaktion auf den Verlust wesentlich intensiver, als man allgemein annimmt oder als Eltern es sich selbst gegenüber zugeben wollen.

Es ist so, als ob nichts gewesen wäre. Ich war im Krankenhaus und weiß gar nicht, warum ... Da war was, und jetzt ist es weg. Ich kann doch niemandem erzählen, warum ich so traurig bin ... (*weint*) das Kind war doch noch nicht »wirklich« für die anderen ... das versteht doch keiner. Die sagen nur: »Was für eine hysterische Ziege!«

Bei wiederholten Fehlgeburten, zudem bei fortschreitendem Alter, wächst oft die Angst, vielleicht nie mehr Kinder bekommen zu können. Aber die Kräfte, dem eigenen Schicksal zu begegnen, sind individuell unterschiedlich und können durch Verlusterfahrungen vielleicht sogar wachsen (s. S. 166). Wenn schwer wiegende Verluste vorangegangen sind, kann die neue Erfahrung im Vergleich dazu möglicherweise als nicht so schlimm erlebt werden.

Dieses Mal war es nicht so tragisch. Bei der vorangegangenen Schwangerschaft hatte es sich angefühlt, als ob mir das Herz herausgerissen worden sei.

Eltern werden bei einer Fehlgeburt gewöhnlich gar nicht gefragt, ob sie ihr winziges Kind sehen wollen. Je nach Situation ist es vielleicht auch gar nicht möglich. Auf diese Weise ist es schwer, die Realität des Geschehenen zu begreifen. Findet die Fehlgeburt statt, noch bevor die Schwangerschaft nach außen hin sichtbar wird, erfährt die Umwelt selten etwas davon – und so bleibt wenig Raum für die Trauer. Diese wird dann unterdrückt oder muss im Stillen geschehen.

Ich war so froh, kürzlich in einer Frauenzeitschrift einen Artikel über Fehlgeburten gefunden zu haben. Ich hatte zuvor gedacht: »Du spinnst doch. Irgendwie bist du nicht ganz normal. Das war doch gar kein richtiges Kind, das war doch nur ein ›Windei‹, hat der Doktor gesagt.« Aber ich heulte mich jeden Abend in den Schlaf.

Auch wenn sich die Tiefe der Trauer jeweils unterscheiden mag, Trauer ist immer da. Leider macht unsere Gesetzgebung das heilsame Durchleben der Trauer bei einer Fehlgeburt nicht leicht. Sie gilt ja nicht als Geburt und schon gar nicht als Trauerfall. Der Mann bekommt häufig nicht einmal einen Tag frei, die Mutter nur, insoweit es aus medizinischen Gründen erforderlich ist. Doch unsere Gesellschaft würde von einer größeren Würdigung der Trauer Betroffener letztendlich profitieren.

Totgeburt: Verlust vor oder bei der Geburt

Wann spricht man von einer Totgeburt?

Wenn ein Kind über 500 Gramm im Leib der Mutter oder unter der Geburt stirbt, spricht man in Deutschland gesetzlich von einer Totgeburt. Nach dem bisherigen Gesetz wurde das Kind dann nicht in das Geburtenbuch eingetragen, die Eltern erhielten lediglich eine Todesbescheinigung ohne Namensangabe, nur mit dem Vermerk über das Geschlecht des Kindes. Das hat sich jedoch mittlerweile geändert (s. S. 97).

Gründe für eine Totgeburt

Babys können durch Nabelschnurverschlingungen oder -verknotungen während der Schwangerschaft oder unter der Geburt sterben oder weil die Plazenta sich abgelöst hat. In beiden Fällen bekommt das Kind keinen Sauerstoff mehr. Auch schwere Fehlbildungen und bestimmte Infektionen können – selbst noch im letzten Schwangerschaftstrimester – zum Tod des Babys führen. Manchmal ist jedoch selbst durch eine Autopsie keine Todesursache zu erkennen. Es ist, als ob die Seele sich für dieses Mal gegen ein Erdenleben entschieden hätte.

Erleben einer Totgeburt

Manche Frauen werden unruhig, wenn sie über einen bestimmten Zeitraum keine Kindsbewegungen mehr spüren. Ihre fürchterliche Ahnung, dass ihr Baby tot sei, wird dann durch ein CTG (eine Herzton-Wehen-Aufzeichnung) bestätigt. Andere Frauen »wissen« plötzlich mit unumstößlicher Sicherheit, dass ihr Kind nicht mehr lebt.

Ich hatte urplötzlich ein Gefühl, das man niemandem beschreiben kann – so als ob ich innerlich erstarren würde ... und dann wurde ich ganz weit. »Mein Kind ist gestorben«, sagte ich zu meinem Mann und fing an zu weinen. Bei der Untersuchung im Krankenhaus fand man keine kindlichen Herztöne.

Manche Frauen oder ihnen nahe stehende Menschen werden durch Träume oder Ahnungen in irgendeiner Weise vorbereitet (s. S. 130 ff.):

Sechs Wochen vor der Geburt hatte ich einen Traum: Ich spüre das Baby im Bauch, die Wehen setzen ein, ich muss pressen ... das Baby kommt und ist tot. Als Timo dann wirklich tot geboren wurde, war ich daher nicht ganz unvorbereitet. Es war, als ob er sich im Traum von mir verabschiedet hätte. In seiner Entwicklung war er fünf bis sechs Wochen zurück. Auch dass er sich in letzter Minute noch einmal gedreht hatte ... er musste ja nicht nach unten, er musste nicht raus, sein Kopf zeigte nach oben, weil er in den Himmel wollte.

Doch manche Frauen gehen nichts ahnend zu einer Routineuntersuchung und erfahren dort, dass ihr Kind tot ist.

Ich hatte einen Termin bei meinem Arzt. Das Baby hatte sich noch nicht gesenkt, und er schien etwas besorgt darüber. Er versuchte mich vorsichtig darauf vorzubereiten, dass ich unter Umständen mit Kaiserschnitt entbinden müsste, und machte dann die übliche Vorsorgeuntersuchung. Doch er fand keinen Herzschlag. Da wusste ich sofort: Es ist vorbei! Mein Baby ist tot.

Wenn Eltern erfahren, dass ihr ungeborenes Kind gestorben ist, ist es für sie zunächst einmal so, als ob sie von einer Minute zur anderen das »Buch, das da Baby hieß«, zuklappen. Sie wollen nichts mehr damit zu tun haben. Viele gehen davon aus, dass es per Kaiserschnitt geholt wird. Dem ist nicht so – ein totes Kind wird in der Regel wie jedes andere geboren (mehr über die Geburt in Kapitel 2).

Auch das betreuende Personal ist natürlich wie vor den Kopf gestoßen, ist selbst geschockt, und so herrscht oft betretenes Schweigen. Vielleicht wird die Todesbotschaft in einer scheinbar herzlosen, knappen Form mitgeteilt. Eine allein stehende Mutter erzählte:

Ein Arzt, den ich noch nie vorher gesehen hatte, sagte: »Ihr Kind ist tot. Gehen Sie heim und warten Sie, bis die Wehen beginnen!« Ich stand unter Schock. Ich ging nach Hause und kam die nächsten sechs Tage nicht mehr aus meinem Zimmer heraus. Ich war nicht einmal in der Lage, mich zu waschen oder anzuziehen.

Prinzipiell kann es eine Hilfe sein, wenn etwas Zeit verstreicht zwischen der Nachricht, dass das Kind tot ist, und seiner Geburt (s. S. 57 ff.).

Dass wir auf die Geburt warten mussten, hatte auch Vorteile: Wir konnten auf diese Weise allmählich den Tod akzeptieren und uns dann von unserem Kind bewusster verabschieden, als wir dies in der Lähmung des ersten Schocks gekonnt hätten.

Aber natürlich muss sowohl medizinische als auch soziale Betreuung bzw. soziales Eingebundensein sichergestellt sein. Vielleicht kann eine frei arbeitende Hebamme Beistand leisten. Stirbt das Kind hingegen unter der Geburt, können wir uns nicht im Geringsten vorbereiten. Wir werden noch mehr von dem Ereignis überrumpelt als Eltern, die schon einige Stunden oder Tage Bescheid wissen.

Ich kam in die Klinik mit Wehen. Die Fruchtblase wurde gesprengt und dem Baby eine Kopfschwartenelektrode zur CTG-Überwachung angelegt. Der Herzton war gut hörbar, nur das Fruchtwasser war etwas von Mekonium gefärbt. Die Atmosphäre war entspannt. Ich sagte, dass ich jedoch etwas nervös sei, und wurde beschwichtigt. Ich bekam eine Periduralanästhesie zur Schmerzbekämpfung. Das Baby kam also zur Welt – wir hatten einen Jungen ... Die nächsten 45 Minuten waren die schlimmsten Minuten meines Lebens. Daniel atmete nämlich nicht und wurde sofort abgesaugt. Zwölf Personen plagten sich damit ab, unser Kind zum Atmen zu bringen. Ich hörte einen Arzt rufen: »Er atmet. Ich höre Atemgeräusche.« Ich war erleichtert. Doch nach einiger Zeit wurde es auf einmal ganz still. Dann kam der Neonatologe zu mir, seine Hände zitterten, und er sagte: »Es ist etwas Furchtbares passiert. Wir können Ihr Baby nicht zum Atmen bringen.«

Neugeborenentod: Unser Kind wird lebend geboren, ist aber nicht lebensfähig

Wann spricht man vom Neugeborenentod?

Wenn ein Kind lebend geboren wird, aber innerhalb der ersten 28 Tage stirbt, spricht man vom Neugeborenentod (innerhalb der ersten sieben Lebenstage spricht man von Frühsterblichkeit). Hat die Nabelschnur pulsiert, hat das Baby auch nur einen Atemzug getan oder hat sein Herz auch nur einmal geschlagen, dann verändert sich der gesetzliche Status des Kindes gegenüber dem tot geborenen Baby in den einer juristischen Person, der die Eltern einen Namen geben müssen.

Gründe für einen Neugeborenentod

Jedes Jahr vollenden in Deutschland nahezu 2500 Babys nicht ihren ersten Lebensmonat. Die meisten davon sterben schon in den ersten Stunden. Etwa die Hälfte sind Frühgeborene, bei denen trotz intensiver medizinischer Betreuung die Organfunktionen nicht aufrechterhalten werden können. (90 % aller Kinder mit einem Geburtsgewicht zwischen 1000 und 1500 Gramm und 30 bis 50 % der Babys mit einem Geburtsgewicht zwischen 500 und 700 Gramm überleben heute.) Andere Kinder sterben an angeborenen Fehlbildungen des Kreislaufsystems, des Nervensystems, der Atmungs- und Verdauungsorgane oder an schwer wiegenden Chromosomenanomalien. Einige wenige sterben aufgrund von Komplikationen der Plazenta, der Nabelschnur oder der Eihäute oder durch infektiöse Erkrankungen.

Erleben eines Neugeborenentods

Ritas (27) zweites Kind, Anne, wurde mit einer Herzfehlbildung geboren, für die es während der Schwangerschaft keine Anzeichen gegeben hatte, und starb kurz nach seiner Geburt:

»Ein Mädchen!« sagte mein Mann. »Es ist alles dran.« Als die Nabelschnur abgeklemmt wurde, lief Anne ganz blau an. Sie rang nach Luft und weinte einmal ganz leise und jämmerlich. Sie wurde eingewickelt und sofort ins Nebenzimmer gebracht, bevor ich sie sehen konnte. Die Hebamme sagte mir, sie sei nicht ganz so rosig, wie wir uns das wünschten, aber ich solle mir keine Gedanken machen. Die nahmen zuerst an, dass sie Fruchtwasser in der Lunge habe, und deshalb wurde sie abgesaugt.
    Dann kam die Kinderärztin zu mir und sagte: »Frau K., ich kann Ihnen gar nichts sagen, das Baby ist total zu. Wir wollen kein Risiko eingehen und bringen es gleich in die Kinderklinik, dort wird man weiter sehen.« Ich fühlte mich innerlich wie abgestorben. Wenn man da gewartet hat, dass man sein Baby in die Arme bekommt und voller Glück ist, und dann ist alles plötzlich ganz anders ... Zwei unendlich lange Stunden mussten wir warten. Mir liefen immer wieder die Tränen, aber innerlich war ich wie in einer Wolke verwoben – völlig abwesend. Ich habe es nicht begriffen. Es kam mir alles vor wie ein schrecklicher Alptraum. Dann kam der Anruf des Herzspezialisten, das Kind habe einen so starken Herzfehler, dass man ihm nicht helfen könne, es müsse sterben. (Man vermutete, dass meine Mittelohrentzündung in der 3. SSW den Herzfehler verursacht habe.)
    Zuerst dachte ich, ich könne unser Baby nicht ansehen und gleichzeitig wissen, dass ich es nicht behalten dürfe. Mein Schwager fuhr uns zur Kinderklinik zu einem Gespräch mit dem Arzt. Als mein Mann dann auf dessen Nachfrage beschloss, dass er Anne sehen wolle, ging ich doch mit hinein. Ich stand vor dem Bett und sah, dass sie sehr unregelmäßig atmete. Sie war an Schläuche angeschlossen und durch Barbiturate betäubt, damit sie nicht unter ihrer Atemnot litt. Ich stand da und heulte Rotz und Wasser.

Peter (29), Ritas Mann, war direkt nach der Geburt in den Nebenraum gerufen worden, wo sein Kind mit Sauerstoff versorgt wurde. Er schildert sein Erleben:

Das kann doch nicht normal sein, dachte ich, da ist was ganz Schlimmes passiert. Der Arzt beruhigte mich aber, das Kind könnte Fruchtwasser in der Lunge haben, das wäre in zwei Wochen ausgestanden. Ich hab's felsenfest geglaubt, weil ich's so sehr glauben wollte. Ich erzählte es Rita: »Mein Gott, zwei Wochen!« Aber wir wollten uns darauf einstellen. Wir hingen regelrecht aneinander, während wir mit großer innerer Spannung auf den Anruf aus der Kinderklinik warteten. Dann kam die Nachricht, dass unser Kind unheilbar krank sei.

Trotz anfänglicher Ängste empfinden es die meisten Eltern im Nachhinein als Bereicherung, wenn sie ihr dem Sterben nahes Kind sehen, berühren und, sei es auch nur für eine noch so kurze Zeit, umsorgen können, auf die Art, die ihnen möglich ist.

In der Kinderklinik standen wir die ganze Zeit bei Anne am Brutkasten, fassten sie an und streichelten sie. Sie hat meinen kleinen Finger umklammert – das werde ich nie vergessen. Es war wahrscheinlich »Hallo« und »Auf Wiedersehen« zugleich.
    Der von uns herbeigerufene Priester kam, um eine Nottaufe vorzunehmen. Er fuhr uns dann auch nach Hause. Bei mir kamen die Tränen erst auf der Heimfahrt. Anschließend ging ich nochmals mit dem Fotoapparat ins Krankenhaus, um Anne zu fotografieren. Mein Schwiegervater, den ich zu Hause anrief, wollte, dass wir uns um eine Herztransplantation bemühen, womöglich sogar in den USA. Er hätte sein Vermögen dafür geopfert. Wir riefen in München an, wo eine Zentrale Daten über Organe speichert, aber es gab kein Spenderherz.

Rita und Peter waren im Glauben gewesen, dass Anne schon seit mittags tot sei und waren schockiert, als sie am Abend einen Anruf erhielten, ihr Kind sei gerade verstorben. Man hatte es entgegen schriftlicher Anweisung des behandelnden Arztes mit Elektroschock reanimiert. Dies war nicht im Sinne der Eltern gewesen, die ihr Baby gern von seinem Leiden erlöst gesehen hätten.

Plötzlicher Kindstod

Trotz vieler Forschungen ist der Plötzliche Kindstod noch immer ein Rätsel. Es gibt viele Theorien, doch keine endgültige Erklärung dafür. Eins bis zwei von 1000 Babys im ersten Lebensjahr (meistens zwischen zwei und vier Monaten) ist putzmunter, wenn es in sein Bettchen gebracht wird, sehen die Eltern am nächsten Morgen nach ihm, ist es tot. Für seinen Tod gibt es keine medizinische Erklärung. Die Gesellschaft für die Erforschung des Plötzlichen Kindstodes, GEPS, (Adresse s. Anhang) setzt sich nicht nur dafür ein, dass man endlich erkennt, wie es zu diesem unerklärlichen, tragischen Ereignis kommt, sie bietet Betroffenen auch Unterstützung. (Die Bach-Blüte [s. S. 201] »Clematis« kann vorsorglich bei Babys eingesetzt werden, deren Blick in die Ferne geht, oder bei nachfolgend geborenen Kindern. Eltern finden auch Beruhigung durch einen Heimmonitor, um die Atmung des Babys zu überwachen.)

Erschwerend für Eltern ist, dass beim Plötzlichen Kindstod häufig die Kriminalpolizei eingeschaltet wird, die beurteilen muss, ob das Baby nicht vernachlässigt oder misshandelt wurde. Die Mehrheit der eingeschalteten Beamten geht sicherlich rücksichtsvoll und einfühlsam mit den entsetzten Eltern um. Doch im Fall von Karin und Bruno, deren zweites Kind Martina mit elf Wochen am Plötzlichen Kindstod starb, wurde durch die polizeilichen Ermittlungen unendlicher Schaden zugefügt. Bruno erzählt:

Der junge Notarzt war selbst ungeheuer betroffen, dass er nur noch den Tod unseres Kindes feststellen konnte. Er vermerkte auf dem Leichenschauschein handschriftlich »Plötzlicher Kindstod«. Unsicher, unter welche Rubrik der Plötzliche Kindstod fällt, ließ er die durch Ankreuzen von »Ja« oder »Nein« ebenfalls zu beantwortende Frage, ob es Anhaltspunkte für einen nicht-natürlichen Tod gebe, offen. Noch in der Nacht rief er deswegen bei der Freiburger Unikinderklinik an, wo man ihm bestätigte, dass es sich beim Plötzlichen Kindstod um einen natürlichen Todesfall handele. Am nächsten Morgen vergewisserte sich der Notarzt dann noch fernmündlich beim örtlichen Polizeirevier, wo ihm ebenfalls gesagt wurde: »natürlicher Todesfall«. Dennoch stand bald darauf die Kripo in unserem Haus, vernahm meine Frau als Zeugin und fertigte einen genauen Bericht und Fotografien über den Leichenfundort und die Leiche unserer kleinen Tochter an. Martinas Leiche wurde beschlagnahmt und eine gerichtsmedizinische Obduktion veranlasst. Wir, die wir noch ganz unter der Einwirkung des grausamen Schicksalsschlags standen, wurden nicht mehr zu ihr gelassen, um uns von ihr zu verabschieden. Unser Kind wurde in eine Plastiktüte gesteckt.

Karin, die zwei Jahre später zusammen mit ihrem Mann an einem meiner Trauerseminare teilnahm, nahm schweren, kaum wieder gutzumachenden seelischen Schaden, den erst die Geburt eines weiteren Kindes ein wenig mindern konnte. Doch obwohl es sich auch im Nachhinein herausstellte, dass die Anschuldigung jeder Grundlage entbehrte – das Obduktionsergebnis bestätigte die vom Notarzt angenommene Todesursache »Plötzlicher Kindstod« –, war niemand von offizieller Seite bereit, den gemachten Fehler zuzugeben, sich dafür zu entschuldigen und die Eltern damit zu rehabilitieren.

Manch unwissender Polizist mag die bei einem kürzlich verstorbenen Kind übliche fleckige Haut (s. S. 83 ff.) als Zeichen von Misshandlung interpretieren. Eltern suchen selbst erbarmungslos bei sich nach eventuell gemachten Fehlern und Gründen für den Tod ihres Kindes.

Hätte ich unser Baby doch nur zu mir ins Bett genommen, vielleicht hätte ich gemerkt, dass es nicht mehr atmet, und wir hätten es wieder beleben können.

Selbst eine Bestätigung von außen, dass Eltern nicht schuld daran sind, kann das Gefühl von Versäumnis und Versagen oft kaum auflösen. Vielleicht brauchen sie Unterstützung, ihre Schuldgefühle rational zu durchleuchten, eventuell durch Gespräche mit anderen Betroffenen oder den Besuch einer GEPS-Stützgruppe (Adresse s. Anhang) oder ggf. durch Psychotherapie.

Was diese Form von Tod so leidvoll macht, ist, dass diese Kinder oft gerade dann aus dem Leben herausgerissen werden, wenn Baby und Eltern zusammen ihre »Flitterwochen« erleben. Eine aufregende, freudvolle Zeit hat gerade eingesetzt, in der das Baby Kontakte mit seiner Umwelt aufnimmt, seine Eltern imitiert und sie anlacht. Liebe und Bindung sind tief gewachsen. Andererseits sind da aber auch Erinnerungen an das kurze Leben, die einem niemand mehr wegnehmen kann und die sich positiv auf den Trauerprozess auswirken.

Besondere Verlustsituationen

Wenn wir nicht wissen, ob und wie unser Kind überlebt – Leben mit möglicher Behinderung

Neue Technologien und medizinische Eingriffe haben es möglich gemacht, dass winzige Babys, unter einem Pfund schwer – gerade groß genug, um in eine Hand hineinzupassen –, heute am Leben erhalten werden können. Viele verbringen Wochen und Monate im Brutkasten. Die Eltern wissen nicht, ob ihr Kind überlebt und wenn ja, welche Behinderungen es möglicherweise davontragen wird. Andere Kinder werden krank geboren, und ihre Zukunft ist ungewiss. In solchen Fällen sind viele Eltern ohne Hilfestellung zunächst zurückhaltend, eine Bindung einzugehen, aus Angst vor den Schmerzen des Verlustes. Direkten Kontakt, auch ausgiebigen Hautkontakt mit einem frühstgeborenen Kind zu fördern, wie Dr. Marina Marcovich in Wien es tat und wie es auch in einigen deutschen Kliniken nun gehandhabt wird, ist *in jedem Fall* sinnvoll. Die Annahme eines Kindes auch mit einem unübersehbaren Grad von möglicher Behinderung wird dadurch leichter, obwohl neben der Freude seines

Überlebens ganz natürlicherweise auch Trauer da ist. Denn anstatt des ersehnten, kerngesunden »Traumkindes« ein krankes oder behindertes Kind zu bekommen ist zunächst ein Schock, der Raum für Trauer fordert. Und wenn ein Kind doch sterben sollte, erleichtert die vorangegangene Bindung den Abschied (s. S. 78 ff.). Wenn wir das Gefühl haben, dass wir mit dieser Situation alleine nicht fertig werden, sollten wir eine psychosoziale Betreuung erbitten. Der Kontakt mit einer entsprechenden Stützgruppe (z.B. für Frühgeborene oder die Krankheit unseres Kindes betreffend; Adressen s. Anhang) kann sehr hilfreich sein.

Wenn ein Zwillingskind die Schwangerschaft nicht überlebt

»O Gott, da ist ja noch eine zweite Plazenta«, rief meine Hebamme nach der Geburt unseres Sohnes Kerry aus – 1975, vor der Zeit, als Ultraschall während der Schwangerschaft regelmäßig eingesetzt wurde. Von der Existenz eines zweiten Kindes in meinem Bauch hatte ich bis dahin nichts gewusst, und es fehlte auch dann jede Spur von ihm außer eben des zusätzlichen Mutterkuchens. Ich hatte eine unkomplizierte, glückerfüllte Schwangerschaft gehabt.

Ich war erstaunt zu lesen, dass einer Untersuchung zufolge (Levi, 1976) etwa 70 % der vor der 10. SSW als Zwillingsschwangerschaft diagnostizierten Schwangerschaften mit der Lebendgeburt eines einzelnen Kindes enden. In einem mir bekannten Fall überlebte nur ein Baby einer ursprünglichen Drillingsschwangerschaft – eines war in den frühen Wochen gestorben, das andere in der 20. Woche, das Dritte wurde um den erwarteten Entbindungstermin herum gesund geboren. Früh intrauterin verstorbene Kinder können durch eine spontane Fehlgeburt, die oft nur als eine sich dann wieder beruhigende Blutung eingeordnet wird, »verschwinden« oder durch Resorption, das heißt durch Auflösung des kindlichen Gewebes. Ein Baby, das bei seinem Tod schon zu groß dafür war, wird zusammen mit dem lebenden Kind geboren. Wenn viele Wochen seit seinem Tod vergangen sind, erscheint es als flacher, wie zu Papyrus gewordener, kleiner Fetus.

Kürzlich betreute ich eine Mutter, deren eines Zwillingsmädchen bereits neun Wochen tot im Mutterleib gewesen war. Sie verspürte eine »innere Pflicht«, es anzusehen, hatte aber gleichzeitig schreckliche Angst davor. In einem längeren Prozess des Suchens, Erwägens, der Entscheidungsfindung kamen wir dahin, dass es sein müsste. Die Zärtlichkeit, mit der sie das bereits mumifizierte kleine Wesen als »Hutzelputzel« begrüßte und als ihr Kind annahm, hat mich sehr berührt. Sie schrieb mir noch einmal, wie notwendig dieser

Abschied für sie war, um auch dem überlebenden Zwillingskind gerecht zu werden. (Dr. Sylvia Börgens)

Natürlich möchte man den lebenden Zwilling so lange wie möglich im Bauch der Mutter belassen, da Frühgeburtlichkeit der größte Risikofaktor für die Gesundheit eines Babys ist. Deshalb wird die Schwangerschaft oft bis zur 38. bis 40. SSW aufrechterhalten – natürlich unter sorgfältiger medizinischer Überwachung und häufig sogar Krankenhauseinweisung in der letzten Zeit. Eine Mutter kann ein lebendes und ein totes Kind über mehrere Wochen gleichzeitig tragen, ohne Schaden für das überlebende vor oder nach seiner Geburt und ohne Schaden für die Mutter – medizinisch gesehen. (Riehn, 1982)

Doch die emotionale Verarbeitung einer solchen Situation ist ungeheuer schwierig. Während Eltern ein Kind betrauern, sollen sie sich gleichzeitig auf das andere freuen, um dessen Wohlergehen sie bangen – wirklich ein emotionaler Spagat. Sowohl im Bauch als auch nach seiner Geburt braucht das überlebende Baby natürlich dringend die Zuwendung seiner Eltern. Gleichzeitig braucht die Trauer um das verstorbene Kind ihren Raum, damit sie sich diesen nicht auf ungute Weise sucht – was oft geschieht in einer Umgebung, die Eltern einreden will, wie froh sie sein können, dass sie doch zumindest *ein* Kind haben.

Die Beziehung zum überlebenden Zwilling kann überschattet sein durch den Verlust des anderen, denn er ist ja ständige lebende Erinnerung an das, was nicht ist, und kann Enttäuschung und Wut immer wieder aufflammen lassen. »Solche Reaktionen sind sehr üblich«, schreibt Professor Kristen Swanson-Kauffman von der University of Washington. »Eltern, die einen Zwilling verloren haben, müssen ermutigt werden, diese Gefühle auszudrücken, und müssen darauf vorbereitet werden, dass solche Gefühle auftauchen können.« (Swanson und Hoffman, 1988)

In Deutschland gibt es meines Wissens keine spezielle Unterstützung für Eltern in dieser außerordentlich schwierigen Situation. Über den ABC Club und die Zeitschrift *Zwillinge* (s. Anhang) und sicherlich auch über Trauergruppen können Kontakte zu Eltern in derselben Situation hergestellt werden. Wer englischsprachig ist, kann sich in dieser äußerst verwobenen und herausfordernden Lage über den Rundbrief *Our Newsletter*, herausgegeben von Jean Kollantei, in Alaska, USA, (Adresse s. Anhang) Würdigung der eigenen Gefühle, Hilfe und Austausch holen.

Mit einem Tabu belegte Verluste

Wenn Eltern ein Kind durch Tot- oder Fehlgeburt verlieren, können sie meistens die Betroffenheit ihrer Mitmenschen – selbst durch Unbeholfenheit und möglicherweise ungeschicktes Verhalten hindurch – erahnen. Bei tabuisierten Verlusten, wie in den nachfolgenden Abschnitten beschrieben, kommen, je nach Umständen, noch erschwerende Faktoren dazu. Vielleicht sind wir der Anklage und Vorwürfe mancher Personen ausgesetzt. Vielleicht finden wir wenig Unterstützung oder Verständnis oder wissen nur ganz allein um den Verlust und müssen mit möglichen Gefühlen von Schuld, Scham und Trauer in der Isolation umgehen. Von gesellschaftlicher Seite mögen wir keine Erlaubnis haben zu trauern und finden kein Ventil für unsere Emotionen. Verdrängung ist in dieser Situation sehr häufig.

Wenn wir das Gefühl haben, nach den Gesetzen der Gesellschaft »schuldig« geworden zu sein, können wir uns noch weniger als bei einem spontan eingetretenen Tod die Unterstützung holen, die wir brauchen. Doch gerade hier ist es besonders wichtig, Menschen zu haben, die die Komplexität dieser Situation übersehen, die nicht mit dem Finger auf uns zeigen und denen wir uns anvertrauen und offenbaren können.

Abbruch einer erwünschten Schwangerschaft

Die Trauer bei einem von einer höheren Gewalt gelenkten Verlust eines Babys ist schon schlimm genug. Wenn uns die Entscheidung abgenommen wird, das heißt, wenn es aufgrund einer Fehlbildung zu einer spontanen Fehlgeburt kommt, können wir nichts dazu oder dagegen tun. Wir werden nicht gefragt, und das ist einfacher für uns. Aber wenn wir angesichts einer erkannten Fehlbildung selbst über Leben oder Tod eines eigentlich erwünschten Kindes entscheiden und die Verantwortung dafür tragen müssen, macht dies unsere Not größer und unsere Trauer komplizierter.

- *Methoden vorgeburtlicher Diagnostik – Fluch oder Segen?*

Pränatale Diagnostik ist bei uns in Deutschland mehr als in jedem anderen Land der Welt gang und gäbe. Durch Blutuntersuchungen bei der Mutter (Alpha-Fetoprotein-Bestimmung bzw. Triple Test ab 14. bis 15.

SSW), Amniozentese (Fruchtwasseruntersuchung ab der 12. bis 16. SSW) und Chorionzottenbiopsie (CVS, Entnahme einer Gewebeprobe aus der Plazenta ab der 7. SSW), aber auch schon durch die Ultraschalluntersuchungen, die mindestens zweimal während jeder Schwangerschaft routinemäßig durchgeführt werden, können schwerwiegende Anomalien des Kindes festgestellt werden. Bei 35- bis 40-jährigen Frauen liegt die Wahrscheinlichkeit, z.B. ein Baby mit Down-Syndrom (Mongolismus) zu bekommen, zwischen 0,9 und 2,3 %, bei 41- bis 46-jährigen bei bis zu 7,7 %.

Durch das Wissen um bestimmte Tatsachen verlieren wir »unsere Unschuld«. Auf den ersten Blick scheint es eine wunderbare Sache, dass wir bestimmte Anomalien vorher erkennen können. Doch das Wissen hat auch seinen Preis. Bei einer von 100 Frauen kommt es aufgrund von Amniozentese zu einer Fehlgeburt, und das Risiko einer Frühgeburt ist ebenfalls erhöht. Die emotionalen und ethischen Probleme, die uns entstehen, können wir im Voraus oft gar nicht ermessen (s. auch *Eltern* 5/95).

Ich musste den lieben Gott spielen, ich musste eine Entscheidung treffen, die mir meines Erachtens nicht zustand.

Die Problematik vorgeburtlicher Diagnostik wird von Dr. Eva Schindele in ihrem Buch *Schwangerschaft. Zwischen »guter Hoffnung« und medizinischem Risiko* beleuchtet, Entscheidungshilfen werden angeboten. Schon allein die Entscheidung, diagnostische Tests durchführen zu lassen oder nicht, ist nicht leicht. Frauen, die sich dafür entschieden haben, werden oft von Schuld, Zweifeln und ambivalenten Gefühlen geplagt (Golbus, 1974). Manche Frauen würden eher dazu tendieren, auf Amniozentese oder Chorionzottenbiopsie zu verzichten, lassen aber die Untersuchung auf Drängen ihres Mannes durchführen.

Julia verlor ihr Kind in der 19. Woche nach einer Amniozenteseuntersuchung:

Ich hatte in der 13. Woche einen Traum: »Wer sich gegen das Meer versündigt, den verschlingt es.« Da fiel mir als erstes die Amniozentese ein, weil ich sie als Versündigung empfand. Ich getraute mich aber nicht, mich gegen meinen Mann zu stellen, aus Angst, er würde ggf. ein behindertes Kind nicht akzeptieren, und ließ diese Untersuchung machen.

Manche Familien entscheiden sich in vollem Bewusstsein des emotionalen Traumas und ohne Selbstanklage für solch eine Untersuchung mit allen Konsequenzen, da sie schon erfahren haben, was ein Leben mit Behinderung bedeutet:

Nachdem wir hatten mit ansehen müssen, wie sehr unser erstes Kind litt, gab es gar keine Frage, ob wir die Schwangerschaft abbrechen sollten. Es wäre schwer gewesen, Schuldgefühle zu entwickeln, nachdem wir das Leiden dieses Babys erlebt hatten. (Blumberg, 1975)

Eine andere Frau wollte ihr älteres Kind vor dem Leben mit noch einem kranken Geschwisterchen, das die Mutter ununterbrochen braucht, bewahren. Manchmal lassen wir uns aber auch recht naiv und unbewusst auf eine solche Untersuchung ein und verdrängen, was diese praktisch bedeutet. Auch mir ging es so bei meiner dritten Schwangerschaft im Alter von fast 39 Jahren.

Es sollte nur eine Routineuntersuchung sein. »Ab 35 macht man das«, meinte der Arzt. Was sie wirklich bedeutete, wurde mir erst beim Vorgespräch in der Klinik klar, als mir gesagt wurde, dass ich zu 97 % mit einem nicht-krankhaften Befund rechnen könne. »Und was ist, wenn der Befund positiv ist?« fragte ich, und schon schossen mir die Tränen in die Augen.

Susan Hodge, die an der Medizinischen Fakultät einer großen amerikanischen Universität Vorlesungen über medizinische Genetik hält, ließ bei ihrer dritten Schwangerschaft eine solche Untersuchung durchführen. In der bekannten medizinischen Fachzeitschrift *New England Journal of Medicine* (1989) veröffentlichte Susan diesen Brief:

Den folgenden Brief an die Redaktion hatte ich, eine Woche bevor ich das Resultat von meiner Amniozenteseuntersuchung erhielt, verfasst:
    »Ich bin 40 Jahre alt und 19 Wochen schwanger mit meinem – so hoffe ich – dritten Kind. Ich lehre im naturwissenschaftlichen Bereich einer Universität.
    Wenn ich auf das Thema Amniozentese zu sprechen komme, erwähne ich gelegentlich die Schwierigkeiten, die sich für die Frauen ergeben, weil sie das Resultat erst im zweiten Trimester erhalten. [Vom Untersuchungszeitpunkt an dauert es drei bis vier Wochen, bis man das Ergebnis der Zellkultur in Händen hat; A.d.A.] Ich bin jetzt selbst in dieser Situation und warte auf das Resultat. Und bevor ich diese Erfahrung gemacht hatte, war ich auf zwei Phänomene nicht vorbereitet. Das eine war, wie schwer es ist zu warten. Das zweite, noch schwerwiegendere Phänomen ist, welche Auswirkung dieses Warten auf meine Haltung gegenüber meiner Schwangerschaft hat. Schwangerschaft ist immer eine Zeit des Wartens, aber jetzt hat sich die Zeit verlangsamt auf ein Maß, das ich nicht erahnt habe. Auf vielen Ebenen leugne ich so lange, dass ich wirklich schwanger bin, bis ›nachdem wir das Resultat bekommen haben‹. Ich ignoriere die kleinen Bewegungen und Tritte, die ich spüre. Ich spreche von ›falls‹ anstatt ›wenn‹ das Baby da ist. Ich

habe Scheu, anderen mitzuteilen, dass ich schwanger bin. Ich habe häufig schreckliche Träume von Abtreibungen im zweiten Trimester. Ich halte mich davon ab, eine Bindung zu meinem entstehenden Kind einzugehen. Dies ist ein unerwarteter negativer Nebeneffekt der diagnostischen Amniozentese. Und all dies, obwohl mein Risiko einer genetischen Abnormalität weniger als 2 % ist ...

Ich nehme an, dass ich nicht allein bin mit diesen Reaktionen, und doch habe ich noch nirgends in der Fachliteratur darüber gelesen. Auch mein Arzt und mein genetischer Berater hatten dies nicht erwähnt ...«

Susan ging es also wie den meisten Frauen, mit denen ich sprach: sie bemühte sich, gar keine Bindung aufkommen zu lassen, die selbst im Mutterleib schon wichtig für die Entwicklung des Urvertrauens eines Kindes ist. Dabei bekommen 93 bis 99 % der Frauen ein erfreuliches Resultat. Susan gehörte nicht zu ihnen:

Am nächsten Tag, noch bevor ich diesen Brief abschicken konnte, erhielten wir das Resultat, und leider war es das befürchtete: Trisomie 21 [Down-Syndrom, Mongolismus].

Inzwischen hatte ich die schreckliche Zweit-Trimester-Abtreibung [per Absaugmethode, die in den USA bis zur Mitte der Schwangerschaft durchgeführt wird]. Aus meiner eigenen Erfahrung von Trauer und Schock ermutige ich jetzt alle Kliniker und Patientinnen, die Verdrängung zu vermeiden, die ich in meinem Brief beschrieben habe. Mein Mann und ich haben uns keine Schmerzen erspart, indem wir uns emotional zurückgehalten hätten. Es ist zu einer kulturellen Erwartung geworden, dass man seine Schwangerschaft geheim hält, bis man »grünes Licht« durch das Amnioresultat bekommen hat. Man denkt: »Wenn wir ein schlechtes Resultat bekommen, brauchen wir niemandem etwas davon zu erzählen.« Aber ich glaube, dass diese Denkweise falsch ist. Nachdem wir das Resultat erhielten, erzählten mein Mann und ich allen davon. Mitgefühl und Unterstützung von Freunden, Familie und Kollegen haben uns geholfen, die Tortur zu überleben, eine sehr erwünschte Schwangerschaft abbrechen zu lassen. Wenn wir unseren Verlust geheim gehalten hätten, hätten wir uns selbst dieser Hilfe beraubt, als das Gefürchtete wahr wurde. (Hodge, 1989)

Dieser letzte Abschnitt spricht für sich.

- *Eine unsagbar schwierige Entscheidung für Eltern*

Susan Hodge, die auch unter dem Pseudonym Rose Green geschrieben hat, und ihr Mann hatten sich im Voraus 95:5 für einen Abbruch entschieden.

Aber als es uns traf, als Trisomie 21 für uns eine Realität wurde, war die Entscheidung sofort 100:0. Andererseits hatte ich erwartet, dass ich »wirklich traurig« sein würde; ich war jedoch nicht im Geringsten darauf gefasst, dass ich mich total am Boden zerstört fühlen würde. (Green, 1992)

Nach vier langen Wochen des Wartens wurde auch uns mitgeteilt, dass unser Kind eine genetische Abnormalität hatte, die bei einem von 10.000 Kindern auftritt. Unser Entscheidungsprozess war bei weitem nicht so einfach.

»Verkraftbar«, dachte ich zunächst, als ein mit uns befreundeter Frauenarzt uns über die genetische Fehlentwicklung aufklärte ... das zweite weibliche Gen fehlt ... Zwergwuchs ... keine Eierstöcke ... keine Entwicklung als Frau ... Der Schock kam, als ich am nächsten Morgen das Foto eines entstellten Mädchens mit an den Schultern angewachsenem »Flügelhals« in einem medizinischen Wörterbuch sah und las, welche schwerwiegenden zusätzlichen Symptome unser Kind noch haben könnte. »Mein Gott, das schaff ich nicht, das schaffen wir nicht!«
    Ich spüre mein Kind schon seit der 13. Woche. Es war mir schon sehr »ans Herz gewachsen«. Es ist für mich und die ganze Familie schon sehr real. Wir sind alle wie gelähmt. Vom »Baum der Erkenntnis gegessen zu haben« stürzt uns in unbeschreibbare Gewissens- und Entscheidungsnöte, die Seele und Geist zum Zersprengen anspannen.

Eltern sind gefragt, die wahrscheinlich allerschwierigste Entscheidung ihres Lebens zu treffen in einem Zustand des Schocks, bei dem durch einen erhöhten Adrenalinspiegel das Denkvermögen reduziert ist und selbst kleinste Entscheidungen des Alltags ungeheuer mühsam sind.

Die Gedanken wirbeln wie wild und kommen in den nächsten Wochen nicht mehr zur Ruhe. Es folgt die undenkbar schwerste und quälendste Zeit meines Lebens. Immer wieder: »Ich kann so eine Entscheidung überhaupt nicht treffen, die kann ein Mensch doch gar nicht treffen! Verdammter Test!« Was ist wohltätiger meinem Kind gegenüber – ein Leben mit der genetischen Abnormalität oder ihm dieses Leiden zu ersparen? So oder so Vorwurf ... so oder so Schuld! Wir können nicht mehr *nicht* entscheiden. Selbst wenn wir uns nicht entscheiden, haben wir entschieden. Wir haben noch nie mit Behinderung zu tun gehabt. Wir beraten uns verzweifelt mit Menschen, die uns lieb sind und zu denen wir Vertrauen haben. Ein Pfarrer vermittelt ein Gespräch mit einer Frau, die uns ungeschminkt das Leben mit ihrem behinderten Kind schildert. Dass bei unserem Baby die Bandbreite der möglichen Symptome so groß ist, von milder bis schwerster Störung, macht alles noch schlimmer. Das Ausmaß der Behinderung kann niemand auch mit noch so raffinierten Methoden der Diagnostik voraussagen. Niemand kann uns die Entscheidung abnehmen. »Mein Gott, solch eine Entscheidung kann ich nur von innen treffen, von innen fühlen« ... aber es kommt keine Antwort ... die Zeit läuft aus ... die Entscheidung drängt – aber ich fühle nichts. Nur im Kopf wirbelt es ununterbrochen.
    »Vielleicht haben die den Test verwechselt!« Wir lassen eine Kontrollpunktion machen – ohne Illusionen, doch irgendwo ein Funke Hoffnung auf ein Wunder. Und doch trauern wir schon, bevor wir wirklich eine Entscheidung getroffen haben. Egal, wie wir uns entscheiden, unser Leben wird nie wieder werden wie vorher. Die Kinder, die begeis-

tert gewesen waren, dass sie noch ein Geschwisterchen bekommen würden, und sich schon darum gestritten hatten, bei wem unser Baby wohl schlafen dürfe, litten sehr. Unser Sohn bekam enorme Schwierigkeiten in der Schule.

Als mein Kind bei einer aggressiven Szene einer Theateraufführung wild in meinem Bauch hüpft, lege ich schützend die Hände darauf, dann wird mir die ganze Absurdität bewusst, und ich heule los. »Jetzt schütze ich dich, und dann beende ich vielleicht dein Leben« ... eine wirklich schizophrene Situation, aus der es kein Entweichen gibt. Trotz allem ist es mir mehr denn je ganz wichtig, mich emotional nicht zurückzuziehen, meine Liebe zu meinem Kind weiterhin zuzulassen. Dann die Bestätigung – auch dieser Test, in einem anderen Labor durchgeführt, ergab dasselbe Resultat!

Nach vier langen Wochen des quälenden Ringens um eine Antwort gab es keinen Zeitaufschub mehr. Wir fuhren in die Klinik, immer noch nicht einer Antwort sicher. Aufgrund einer tief gehenden Erfahrung in der Krankenhauskapelle, die außerhalb des ins Alltägliche Einzuordnenden liegt, finde ich Friede und kann der Geburtseinleitung zustimmen. Ich will keine schmerzreduzierende Betäubung, ich will bis zur letzten Minute mein Kind nicht allein lassen. Ich will bewusst die Verantwortung tragen.

Trotz vorheriger empörter Proteste der Narkoseärztin, dass ich den Anblick nie vergessen würde, dass es unerträglich für mich wäre, halte ich Cara (dieser Name war unter der Geburt auf einmal da – »die Liebe« und »die Trauer«, wie ich später lerne), meine Tochter, nach zweitägiger Geburtsarbeit in den Händen und verabschiede mich von ihr. Es ist wahr, dass ich den Anblick nie vergessen werde, aber anders, als die Ärztin es gemeint hatte. Sie sieht meinen beiden lebenden Kindern so ähnlich. Ihr kleiner Mund ist genauso wie der meines Mannes. Ihr Gesicht ist friedvoll. Die tiefe, schmerzhafte Trauer, die Leere, die Aggressionen folgen erst in der Zeit danach.

Mit unserem Baby zu sprechen, ihm von unserer Situation zu erzählen, auf Antworten zu hören, anstatt einen inneren Kontakt zu vermeiden, wird helfen, zu Friede und Vergebung zu finden selbst in dieser wirklich schwierigen Situation.

Ein anderes Paar erfuhr kurz vor der Geburt über Ultraschall, dass sein Kind Hydrocephalus, das heißt einen so genannten Wasserkopf, habe. Der Mann, der mit Behinderten arbeitete, wusste sehr unmittelbar, welches Leben ein solches Kind haben würde, falls es überlebte. Sie entschieden sich gegen den Kaiserschnitt, den einzigen Weg, das Baby lebend zur Welt zu bringen, und übernahmen somit bewusst die Verantwortung dafür, dass es bei der Geburt sterben würde.

Eine Frau entschied sich nach Erhalt eines »positiven« Befunds trotzdem dafür, ihr Kind zur Welt zu bringen. Sie konnte sich jetzt in der ihr verbleibenden Zeit bis zur Geburt noch gut auf ihre Aufgabe vorbereiten, obwohl natürlich große Ängste da waren über das mögliche Ausmaß der Behinderung. Manche Menschen sind gefordert, im Leben mit einem behinderten Kind zu reifen, andere in der Trennung.

In der Heftigkeit der Trauer besteht, entgegen Vermutungen, kein Unterschied zwischen den Frauen, die sich nach einem CVS-Test recht früh in der Schwangerschaft zu einem Abbruch entscheiden, und jenen, die nach einem Amniozenteseresultat erst sehr spät die Schwangerschaft beenden. Das Kind nach einer Einleitung selbst zur Welt zu bringen, es leiblich erleben und sich von ihm verabschieden zu können scheint hilfreicher für die Trauerverarbeitung als eine Ausschabung. Paare, deren Kind eine Diagnose ohne Überlebenschancen hatte, konnten mit ihrer Entscheidung für eine Terminierung der Schwangerschaft besser leben als solche, wo das Kind mit einer mehr oder weniger starken Behinderung hätte am Leben erhalten werden können. (Korenromp et al., 1992)

- *Die besonderen Umstände dieser Trauersituation*

Von gesellschaftlicher und medizinischer Seite werden wir bedrängt, doch von den »wunderbaren« Möglichkeiten der pränatalen Diagnostik Gebrauch zu machen und uns abzusichern. Den Test nicht machen zu lassen wird uns als unverantwortlich angekreidet. In bestimmten Fällen müssen wir sogar unterschreiben, dass wir *auf eigene Verantwortung* darauf verzichten.

Bekommen wir dann tatsächlich das gefürchtete Testresultat, wird zunächst von den meisten Seiten blindlings zum Abbruch geraten. Und falls wir uns unter quälenden inneren Kämpfen wirklich zu einem Abbruch durchgerungen haben, schlägt uns von mancher Seite Unverständnis wegen unserer Trauer entgegen – oder gar Ächtung. Menschen, die uns vorher noch zum Abbruch geraten haben, sagen nachher plötzlich, dass sie auch ein behindertes Kind akzeptiert hätten. Manche können nicht verstehen, dass wir trauern, wo wir doch selbst den Tod beschlossen haben.

»Bist du etwa traurig?« meinte mein Frauenarzt mit erstaunten Augen, als ich zwei Wochen nach dem Verlust mit Tränenspuren im Gesicht zur Nachuntersuchung kam. Auf dem Weg zur Praxis war die Erinnerung daran hochgekommen, wie sehr ich mich bei unserem letzten Besuch zusammen mit meinem Mann auf unser Baby gefreut hatte und wie wir es zum ersten Mal auf dem Ultraschall gesehen hatten. Die Tränen taten gut. Mein Arzt fühlte sich jedoch davon überfordert und hat bis heute nicht verstanden, dass ich gar nichts von ihm wollte, außer nicht fröhlich wirken zu müssen, wenn ich traurig war.

Die Trauer bei einem solchen Verlust ist komplizierter und dauert länger. (Korenromp et al., 1992) Eine Untersuchung (Lloyd, 1985) zeigte, dass

ausgedehnte und heftige depressive Perioden nach einem Abbruch aufgrund dieser Indikation u.a. sogar sehr viel häufiger waren als nach dem
Abbruch einer nicht erwünschten Schwangerschaft. Wir brauchen Menschen, die um unsere Entscheidung und um unseren Verlust wissen –
Menschen, die die Komplexität unserer Situation begreifen und uns helfen, die auf uns genommene Verantwortung, vielleicht auch Zweifel an
der Richtigkeit unserer Entscheidung, Gefühle von Versagen und natürlich die tiefe Trauer um den Verlust eines geliebten Kindes zu verarbeiten,
damit wir nicht krank daran werden.

Nach dem Abbruch der Schwangerschaft bekam ich eine Nekrose im Darmbereich. Ich
hätte mit diesem mongoloiden Kind nicht mehr leiden können, als ich das jetzt tue.

Vielleicht können uns von Seiten der Klinik Kontakte mit Paaren vermittelt werden, die die Schwangerschaft abgebrochen haben oder aber ein
Kind mit der für unser Baby diagnostizierten Behinderung haben. Informationen über alle möglichen Behinderungen und entsprechende, meist
englischsprachige Stütz- oder Interessengruppen sind im Internet zu finden (s. Anhang). Mit Eltern Kontakt aufzunehmen, die ein Kind mit
demselben Problem haben wie unser Baby, sogar Zeit mit ihm zu verbringen, kann uns bei unserer Entscheidungsfindung helfen. Denn unser Verstand funktioniert in dieser Situation oft nicht gut genug, um solche ungeheuer schwer wiegende Entscheidung mit dem Kopf allein zu treffen.
Die Beratungsstellen für vorgeburtliche Diagnostik »CARA e.V.« oder
»Via Nova« sowie »LEONA – Verein für Eltern chromosomal geschädigter Kinder e.V.« (s. Anhang) stehen Menschen in ihren Entscheidungsnö-
ten – Tests, ja oder nein? – ggf. Abbruch, ja oder nein? – über telefonische
und briefliche Kontakte zur Seite und unterstützen sie kontinuierlich, wie
immer sie sich entscheiden. Wie sehr hätte ich mir solch eine Unterstützung damals gewünscht, und wie gut, dass es solche Stellen jetzt gibt!

Abbruch einer nicht erwünschten Schwangerschaft

Eine Patientin ging wegen starker Hüftgelenksbeschwerden zu einer
Atemtherapeutin. Als die Frau im Laufe der Behandlungen immer stärker
in der Tiefe angesprochen wurde, begann sie unvermittelt von einer vergangenen Abtreibung zu sprechen. Sie war damals froh, die Schwangerschaft beendet zu haben, weil in ihrem Leben kein Platz für ein Kind ge-

wesen wäre. Während sie davon sprach, durchlebte sie all die Gefühle, die sie damals unterdrückt hatte, und die Schmerzen verschwanden.

Auch wenn eine Abtreibung als eine Erlösung aus einer zu dieser Zeit nicht handhabbaren Situation erscheint, bedeutet sie gleichzeitig, bewusst oder unbewusst, das Abschiednehmen von einem Teil von uns selbst. Noch mehr als bei der gerade beschriebenen Situation ist es üblich, dass Frauen ihre Gefühle zurückhalten. Es ist aber wichtig, die Gefühle von Trauer und Schuld, vielleicht auch Wut zuzulassen, damit sie sich nicht zu einem späteren Zeitpunkt in »Verkleidung« melden müssen. Es ist wichtig, sich Menschen zu suchen, die zuhören, die nicht urteilen, die nicht gleich beschwichtigen wollen und die keine Angst vor Tränen haben. Wenn sich die Symptome gar zu einem Post-Abortion-Syndrom verstärken, ist therapeutische Hilfe angesagt. Wer an karmische Zusammenhänge zwischen Seelen glaubt, mag vielleicht mit entsprechender fachlicher Hilfe die Bedeutung eines nicht zum Leben gekommenen Kindes für sich selbst und sein eigenes Leben erkunden wollen. Wenn eine Paarbeziehung durch eine Abtreibung gestört ist, kann eine Familienaufstellung nach Bert Hellinger (s. Literatur) die Familienordnung wiederherstellen und die Wunden heilen.

Freigabe eines Neugeborenen zur Adoption

Manche Frauen, die schwanger werden und sich weder finanziell noch emotional in der Lage fühlen, ein Kind zu ernähren, entscheiden sich in ihrer persönlichen Notlage nicht dazu abzutreiben, sondern das Baby bei der Geburt zur Adoption freizugeben. Sie schenken ihm das Leben und geben es dann weg, weil sie ihm nicht das geben können, was ein Kind zum Heranwachsen braucht – häufig also nicht aus Unverantwortlichkeit, sondern aus Liebe. Manchmal werden auch junge, minderjährige Frauen von den eigenen Eltern dazu genötigt. In solch einem Fall werden die Mädchen möglicherweise sogar für eine Weile weggeschickt, damit sie das Kind an einem anderen Ort zur Welt bringen, um der Familie keine Schande zu bereiten und um das eigene Leben nicht zu »verpfuschen«. Dort sind sie allein gelassen mit ihrer Angst und ihrem Schmerz. Bei der Rückkehr soll das Leben so weitergehen, als ob nichts geschehen sei. Wer kann sich denn schon vorstellen, was es für eine Frau oder ein Mädchen heißt, ihr Kind zu gebären, es nicht willkommen heißen und sich nicht von ihm verabschieden zu können, nicht zu wissen, wie es aussieht – sich im Klaren zu sein, dass es (wahrscheinlich) lebt, aber keine Ahnung zu ha-

ben, wo und wie, und wie es ihm geht? Diese Frauen können ihr Kind
nicht verabschieden, die Entscheidung zur Adoptionsfreigabe unter dem
Mitgefühl der Umwelt betrauern und das Kind dann allmählich loslassen
und frei werden für neue Bindungen. Für eine Weile mag es möglich sein,
dies alles zu verdrängen, doch für die meisten kommt früher oder später
die Phase des Suchens und Sichsehnens. »Immer wieder, wenn ich ein
junges Mädchen sah, das annähernd Ähnlichkeit mit mir hatte, dachte
ich: Vielleicht ist das deine Tochter!« Doch diese Phase ist nicht ein
Durchgangsprozess wie beim Tod eines Kindes, sondern ein lebenslanger
Zustand, es sei denn, man macht sich auf die Suche und wird fündig. Erst
dann kann der Prozess weitergehen, wenn auch möglicherweise nicht so,
wie es dem eigenen Sehnen entspricht, wie dies bei Christel (56) der Fall
ist, die nach 31 quälenden Jahren sich auf die Suche nach ihrem Kind gemacht hatte.

Vor 31 Jahren habe ich meine Tochter außerehelich zur Welt gebracht, was damals einer
Katastrophe ähnlich war, zumal ich in einer rundum katholischen Umgebung aufgewachsen bin. Ich hatte damals nicht die Stärke, der Missachtung zu trotzen. Der Vater
des Kindes war verheiratet, er leugnete die Vaterschaft. Ich konnte ihn also nicht heiraten
und wollte es auch nicht. Hinzu kam, dass ich meine Ausbildung nicht beendet hatte.
Ich hatte das Studium der Pharmazie noch vor mir, das ich selbst finanzieren musste.
Letztendlich hat es mein Vater abgelehnt, mein Kind in seinem Hause aufwachsen zu
lassen, was den äußeren Umständen nach gut möglich gewesen wäre ... Im sechsten
Schwangerschaftsmonat entschloss ich mich, von zu Hause wegzugehen in den Harz
und dort das Kind nach der Geburt zur Adoption freizugeben. Mit meinen Eltern, und
gerade mit meiner Mutter, hatte ich nie die Erfahrung gemacht, dass ich mich ihnen anvertrauen konnte, dass sie zu mir halten ... In den letzten Monaten der Schwangerschaft
im Harz spürte ich dann eine intensive Bindung an das Kind in mir. Diese Zeit war sehr
schön und sehr schwer zugleich. Es kamen mir große Zweifel, ob die Adoption eine gute
Lösung sein könnte; ich hätte mein Kind gern behalten. Aber ich habe schließlich keine
andere für mich annehmbare Lösung gesehen. Meine Tochter sollte nicht in ein Heim
oder eine Pflegestelle und eventuell hin- und hergeschoben werden. Eine Beratung bei
der Vermittlungsstelle fand damals nicht statt.
   Meine Tochter und ich erlebten dann eine schwere, langwierige Geburt. Da ich mich
nicht von dem Kind trennen wollte, habe ich in keinster Weise mitgearbeitet. Ich bin
froh darüber, dass ich mein Baby gesehen habe, so habe ich wenigstens diese Erinnerung.
   Nach der Geburt war ich noch einsamer als zuvor. Ich war vollkommen erstarrt, ich
begann eine Mauer um mich herum aufzubauen, niemand durfte mein Geheimnis erfahren. Und keiner der Menschen, die es wussten, fragten danach, wie ich damit lebte.
Meine unendliche Trauer habe ich ganz schnell verdrängt, ich »Rabenmutter« durfte sie
vor mir selbst nicht zulassen. Große Schuldgefühle meiner Tochter gegenüber traten auf,
mein Selbstwertgefühl erlitt noch einen Rückfall, ich gehörte zu einer Randgruppe der
Gesellschaft, über die man nicht spricht ... Niemand durfte mir zu nahe kommen, ich
brach Beziehungen anscheinend ohne Grund ab, so dass eine Heirat nicht möglich war

und weitere Kinder auch nicht; das hätte ich meiner Tochter nicht auch noch antun können. Und ich hätte so gerne ein zweites Kind ausgetragen, geboren und großgezogen.

Alles, was ich verdrängt hatte, brach mit dem Tod meines Vaters aus mir heraus. Wir hatten nie darüber gesprochen. Ich war total verzweifelt und machte eine Gesprächstherapie. Ich lernte, die Worte »meine Tochter«, »mein Kind« auszusprechen. Ich lernte, mit anderen Menschen über die Adoption zu sprechen. Ich habe mich »geoutet«, wie man heute sagt. Dabei erfuhr ich Widerstand, Ablehnung, Mundtotmachen, aber mehr noch Verständnis, menschliche Nähe und Wärme (nur leider nicht bei meiner hochbetagten Mutter). Dadurch, dass ich mich öffnete, konnte ich neue Kontakte knüpfen. Ich habe viel über Adoption gelesen, ich habe etliche Gespräche geführt mit Betroffenen, nämlich mit Adoptierten, leiblichen Müttern, Adoptiveltern und Fachmenschen. Ich lebe heute bewusst mit meiner Entscheidung und versuche, sie zu akzeptieren und mit dem Zwiespalt zurechtzukommen. »Bin ich eine Mutter, bin ich keine Mutter?«

Heute kann ich meine damals verdrängte Trauer endlich zulassen, die Trauer über den Verlust des Kindes, das ja noch lebt, über die damals für mich abrupte Trennung ohne Abschiednehmen, über die nicht-gelebte Mutterschaft, über die Vereinsamung.

Meine Trauer ist besonders stark, da ich meine Tochter eigentlich noch einmal verloren habe. Denn im Frühjahr 1994 hatte ich endlich die Kraft, nach meinem Kind zu suchen. Die Sehnsucht nach ihr war unendlich groß – so groß, dass ich die Ängste überwinden konnte. Ich machte sie ausfindig, im November vorigen Jahres konnte ich ihr schließlich schreiben. Sie antwortete massiv ablehnend ... Dadurch bin ich in eine noch tiefere Trauer geraten. Sie spürt anscheinend keine Bindung zu ihren leiblichen Eltern, noch nicht einmal ein Interesse. Das ist sehr schwer auszuhalten.

Aber es ist gut, dass ich jetzt meine Gefühle der Trauer, der Verzweiflung, auch der Wut und Enttäuschung zulassen kann. Dadurch habe ich auch ein Stück Würde und Selbstwertgefühl gewonnen. Es erleichtert mich ungemein, erfahren zu haben, dass meine Tochter lebt, wie sie heißt, dass es ihr dem äußeren Rahmen nach gut geht. Sie hat für mich Gestalt angenommen, und sie ist so viel Persönlichkeit, dass sie wenigstens geantwortet und nicht geschwiegen hat, und sie hat erfahren, dass sie mir nicht gleichgültig ist. Und ich hoffe weiter, dass sie sich eines Tages auf den Weg macht in meine Richtung und bereit ist und die Kraft hat, ihre Wurzeln kennen zu lernen. Diese Hoffnung macht mich stark, obwohl ich weiß, dass die Abgabe und 31 nicht gemeinsam gelebte Jahre zwischen uns stehen.

Ob ich jemals diese Trauer abschließen kann? Ich denke, nein – eine Trauer, die nicht nur meine Seele, meinen Geist erfasst, sondern auch meinen Körper in der Form, dass ich etwas ganz Schweres dort verspüre, wo mein Herz sich befindet und dieses Schwere dann vor Schmerz einfach zerbricht.

Ich finde wenig Verständnis für meine Trauergefühle, die ja zudem erst nach mehr als 30 Jahren da sind. Manche Menschen meinen auch, da ich mein Kind gefunden habe, hätte ich nun alles Mögliche getan, und damit habe die Trauer auch vorüber zu sein und ich müsse einen Schlussstrich ziehen. Es gibt nur wenige Menschen, die meine Gefühle, die ich so lange verdrängen musste, aushalten können.

Allein stehende Mütter, die ein Kind verlieren

Beim Lesen Ihres Buches fiel mir auf, dass Sie von den »Eltern« sprechen und sehr oft darauf hinweisen, den Vater in die Trauerarbeit mit einzubeziehen, was natürlich sehr wichtig ist. Doch es gibt auch Frauen, die ihr Kind allein austragen und allein tot zur Welt bringen müssen und nach dem Verlust noch viel einsamer sind als »Eltern«. Ich bin so eine Frau. Mein Freund ist mit der Eröffnung der – zugegeben ungewollten Schwangerschaft – davongelaufen.

Friederike sagt es: Allein stehende verwaiste Mütter fühlen sich noch mehr allein gelassen als Paare, die gemeinsam um ihr Kind trauern. Bärbel Kehrer-Kremer, die auch den Klinikalltag von innen kennt, geht ebenfalls auf diese Situation ein. Sie schreibt:

Es fehlt diesen Frauen häufig irgendein Ansprechpartner für ihren Kummer und ihre Trauer um ihr verstorbenes Kind. Da sie nicht selten sehr jung und/oder in ihrer wirtschaftlichen Lage noch ungefestigt sind, meint die Umwelt, dass der Tod des Babys in solchen Fällen das Beste ist, was den Frauen passieren konnte. Diese Meinung wird auch den trauernden Frauen mit häufig sehr wenig Feingefühl unterbreitet ...

Dramatisch sind auch die Situationen, in welchen junge Mädchen ihre Schwangerschaft aus Angst vor den Eltern, Freunden und der Umwelt geheim hielten und erst mit Wehenbeginn vom Tode ihres Babys erfahren. Die ins Krankenhaus gerufenen Eltern vermuten ihr Kind vielleicht auf einer chirurgischen Station wegen Blinddarmentfernung und finden die Tochter auf der Entbindungsstation. Hier werden den jungen Frauen oder Mädchen in erster Linie Vorwürfe gemacht ... Es wird durchplant, wie man die »Geschichte« am besten vertuscht, und das tote Kind kommt den Eltern häufig nicht ungelegen. Dass sich bei diesen Betroffenen mit der Schwangerschaft auch Muttergefühle eingestellt hatten, dass sie ihr Kind allein unter größten psychischen Anspannungen erwartet und die Geburt mit einem gemischten Gefühl von Angst und Freude herbeigesehnt hatten, wird gerne übersehen. Der Tod des Babys wird von der Familie totgeschwiegen und zumindest nach außen vergessen. Bei den Betroffenen bleiben viele Probleme unausgesprochen, werden viele Tränen im Verborgenen geweint und viele Emotionen verdrängt. Der natürliche Wunsch, bald wieder ein Kind zu bekommen, kann nicht geträumt werden und Gestalt annehmen ...

Diese Worte machen deutlich, dass Frauen, die vom Vater des toten Kindes verlassen wurden, ganz besonders viel Zuwendung und Unterstützung aus anderen Quellen brauchen. Doch manche Beziehungen gehen auch nach dem Tod eines Kindes zu Ende, weil die Beziehung nicht tragfähig genug war für die große Belastung des Verlustes (s. Kapitel 3). Meistens sind es die *Frauen*, die ein großes Bedürfnis nach Austausch haben und sich in einer solchen Situation sehr allein fühlen. Ein spezielles Stütznetzwerk für allein trauernde Mütter wäre sicher vonnöten.

Unfruchtbarkeit

Jeden Monat träumen, hoffen, bangen, um immer wieder enttäuscht zu sein, wenn die Periode kommt ... Beziehungen können sehr belastet werden durch medizinische Untersuchungen, und zarte Liebe kann sich in eine Tortur verwandeln. Da über Unfruchtbarkeit häufig nicht offen gesprochen wird, selbst nicht im Kreise naher Verwandter und Freunde, sind Paare, die kein Kind haben können, oft sehr einsam mit ihren Gefühlen.

Häufig werden sie sogar von ihrer Umgebung insgeheim als selbstsüchtig angesehen, weil sie anscheinend keine Kinder haben und sich ein angenehmes Leben machen wollen. Während Monate und Jahre vergehen und die Hoffnung auf ein Baby schwindet, wird es schwerer und schwerer, Zugang zu seinen Gefühlen von Verlust und Trauer zu finden. Doch es ist so wichtig, Wege zu finden, diesen besonderen Verlust zu betrauern. Und es ist wichtig, Unterstützung zu haben. Für Englischsprechende bietet die amerikanische Organisation RESOLVE (Adresse s. Anhang) mitfühlende Unterstützung für Paare an, die sich so sehnlichst ein Baby wünschen.

2 Wenn es uns trifft

Trauer ist wirklich, und Trauer ist menschlich ... Es ist wichtig, dass wir unseren Weg durch die Stufen der Trauer akzeptieren ... Es ist das Ankämpfen gegen unsere Gefühle, das unser Leiden schafft, nicht unsere Gefühle. (Anne Wilson Schaef)

Vom Wesen der Trauer

Trauer ist das ganz natürliche Gefühl, das wir empfinden, wenn wir jemanden oder etwas, der oder das uns lieb war, verlieren – wenn das, was wir erwünscht, erhofft, erträumt und ersehnt haben, nicht eintritt. Wir gestatten uns gewöhnlich, die großen Verluste unseres Lebens zu betrauern wie den Tod eines geliebten Menschen; doch auch die kleinen Verluste des Alltags, ein nicht eingehaltenes Versprechen, eine zerbrochene Lieblingsvase, ein unwürdiger Streit rufen Trauer hervor. In uns mag auch Trauer über unerfüllte Kindheitsbedürfnisse, nicht erreichte Lebensziele oder misslungene Beziehungen stecken.

Alle Gefühle kommen aus derselben »Quelle« in unserem Inneren. Wenn wir mit Macht diese Quelle verstopfen, weil wir Schmerz und Trauer nicht durchleben wollen, verkrüppeln wir und schneiden uns damit gleichzeitig von den uns angenehmen Gefühlen ab. Dann bleibt uns, wie Kahlil Gibran in *Der Prophet* es poetisch ausdrückt, »die Welt ohne Jahreszeiten, wo du lachen wirst, aber nicht dein ganzes Lachen, und weinen, aber nicht all deine Tränen«. Elisabeth Kübler-Ross vermittelt dasselbe mit anderen Worten: »Könnte man die Cañons vor den Stürmen schützen, erblickte man niemals die Schönheit ihrer Schluchten.«

Ich habe unheimlich viel Traurigkeit gespürt wie noch nie zuvor in meinem Leben. Aber gleichzeitig habe ich auch Freude erfahren – Freude, am Leben zu sein, Freude an jedem Moment, so wie ich das bisher noch nicht gekannt hatte. Und das möchte ich nicht mehr verlieren.

Trauer ist eine starke Energie mit der Kraft, uns zu heilen oder zu zerstören. Selbst wenn wir sie mit aller Macht verhindern wollen, sie findet immer einen Ausdruck. Der hohe Preis, den wir für ungelebte, verdrängte

Trauer zahlen, können tiefe Depressionen, chronische Schmerzen, Abhängigkeiten und Süchte, Über- oder Untergewicht, sogar lebensbedrohliche und -verzehrende Krankheiten sein. Oder wir werden einfach unfähig, Freude am Leben zu empfinden. Viel unserer Lebenskraft kann in nicht ausgedrückter Trauer gebunden sein. Ganze Familiensysteme über Generationen hinweg können durch verdrängte Trauer bedrückt und krank werden und nicht mehr wirklich fähig sein, Liebe zu geben und anzunehmen (vgl. Hellinger/ten Hövel: *Anerkennen, was ist*). Es ist wie bei einer tiefen Wunde. Der Eiter muss abfließen können, und wir müssen die Wunde pflegen, damit sie heilen kann.

Wenn wir mit dem Tod unseres Babys oder der Botschaft, dass unser Kind nicht in Ordnung ist, konfrontiert werden, werden wir von einer Sekunde auf die andere in Trauer hineinkatapultiert. Wir tauchen dabei in ein vielleicht unbekanntes Land ein mit gewaltigen, bisher fremden Gefühlen. Die Reise durch dieses Land wird eine lange Reise sein. Auf dieser Reise müssen wir uns aufgefangen wissen im Bezugsrahmen unserer Familien oder unseres sozialen Netzwerks.

Es gehört Mut dazu, uns unseren schmerzhaften Gefühlen zu stellen und sie zu verarbeiten. Wenn wir dies nicht tun, entsteht das Gegenteil, nämlich Angst – ja sogar richtige Lebensangst. Vor allem mögen wir davor zurückscheuen, uns erneut zu binden. Doch uns der Trauer hingegeben zu haben, sich dieser wirklich schwierigen Situation gestellt und sie gemeistert zu haben gibt uns einen Zuwachs an Lebenskraft und wirkliches Selbstvertrauen. Wenn wir nicht davor zurückschrecken, das Land der Trauer zu durchschreiten, wird uns die Trauer nicht nur helfen, von unserem geliebten Kind oder dem gesunden Kind unserer Träume Abschied zu nehmen. Die Trauer wird uns und unseren Lebenssinn verwandeln und vertiefen und auf lange Sicht zu unserer Selbstwerdung und einem ganz neuen Verständnis unserer selbst in der Welt beitragen.

So schwer es sein mag – es gibt keinen einfacheren Weg. *Um wieder heil zu werden, wieder liebes- und lebensfähig zu sein, muss ich es wagen, die Erfahrung mit allen aufkommenden Gefühlen bewusst zu durchleben*, sie an mich heranzulassen und mich davon erschüttern zu lassen.

... Den Mut zu haben, den schier nicht auszuhaltenden Schmerz, die blinde Wut und die bittere Enttäuschung, aber auch die tiefe Liebe in mir zuzulassen, um wieder ganz zu werden ...

Trauern als Weg

Es ist jetzt sieben Wochen her, und ich komme langsam dazu zu akzeptieren, dass es
nicht in zwei Wochen vorbei sein wird und auch nicht in einem Monat oder in zwei Monaten. Es wird »vorbei« sein, wenn es vorbei ist, und ich glaube allmählich, dass ich vielleicht nie ganz aufhören werde, traurig zu sein.

Die meisten Eltern, die ein Kind verloren haben, sind erstaunt über die
Tiefe und Länge ihrer Trauer. Sie glauben, außergewöhnlich, nicht normal zu sein. Oft dauert die akute Trauer so lang wie die vorangegangene
Schwangerschaft, meistens sogar länger. Frühere Verlusterfahrungen (und
damit sind nicht nur Todesfälle gemeint), die eigene Persönlichkeit und
Geschichte sowie die Begleitumstände des jetzigen Verlustes spielen dabei
eine Rolle (s. auch Fragebogen 1 im Anhang). Wir empfinden ein Gefühl
von Heilung, wenn wir die Verlusterfahrung und das Verlorene in unser
Leben integriert und ein neues Gleichgewicht und einen neuen Lebenssinn gefunden haben.

Der Trauerweg eines jeden Menschen ist ganz einzigartig. Und doch
gibt es bei aller Verschiedenheit auch Gemeinsamkeiten, ähnlich ablau-
fende Prozesse. Im vermeintlichen Chaos herrscht anscheinend eine gewisse Ordnung. Es mag uns helfen, unsere eigenen Erfahrungen besser
einordnen zu können, wenn wir wissen, wie es anderen auf ihrem Weg
durch die Trauer und ihrem Weg zur Heilwerdung gegangen ist. Wie bei
jeder Entwicklung durchlaufen wir dabei natürlich nicht Stufen, sondern
es handelt sich eher um einen spiralförmig verlaufenden Prozess: Wir denken, ein Stadium abgeschlossen zu haben, und kommen dann wieder an
demselben Punkt, jedoch auf einem höheren Niveau an. Manchmal scheinen wir Merkmale aller Phasen gleichzeitig zu erleben. Die erste Phase
könnte man – Forschungen mit vielen zig-tausend Menschen zufolge – als
die Phase von Schock und Betäubung bezeichnen.

Eine Zeit des Schocks und gefühlsmäßiger Betäubung

Wenn wir die Nachricht vom Tod, der lebensbedrohlichen Situation oder
einer wahrscheinlichen Krankheit oder Behinderung unseres Kindes erhalten – egal in welchem Stadium der Schwangerschaft oder Neugebore-
nenzeit dies sein mag –, kommen wir uns vor wie in einem bösen Traum.
Schock und Schmerz bewirken bei den meisten von uns, dass wir uns jäh

in uns selbst zurückziehen, so wie eine Schnecke sich in ihr Schneckenhaus verkriecht. Andere wiederum reagieren mit schier unkontrollierbaren Gefühlsausbrüchen. Wir können den Tod zuerst gar nicht fassen, wollen ihn nicht wahrhaben, weil wir ihn auf einen Schlag gar nicht verkraften könnten.

Ich habe so gehofft, es bewegt sich vielleicht doch noch ein bisschen oder man sagt mir, das Kind sei noch nicht lange tot, man könne es wieder beleben ...

Verzweifelt ringen wir darum, das Geschehene – das Unbegreifliche – zu begreifen. Doch wir können gar nicht mehr klar denken. Es ist, als ob wir neben uns stünden. Wir fühlen uns an wie versteinert. Das Fließen unserer Lebensenergie ist blockiert, unser Atem scheint versiegt. Wir sind wie benommen, weitab von der Realität – wie von einer Wolke oder einem Nebel umhüllt. Wahrscheinlich könnten wir die ganze Wirklichkeit auch gar nicht auf Anhieb verkraften. Deshalb schützt uns die Natur wie mit einer natürlichen Form von »Anästhesie«: Schock. Der Zustand von Schock und Benommenheit kann je nach Situation ein paar Stunden, ein paar Tage oder gar Wochen dauern. Die Einnahme von Beruhigungsmitteln lässt uns in dieser Phase stagnieren.

Durch die Schockreaktion steigt unser Adrenalinspiegel an und setzt unsere Denkfähigkeit herab. Gleichzeitig gilt es vielleicht, Entscheidungen zu treffen, über die wir uns in der Regel noch nie zuvor Gedanken gemacht haben. Wir wissen nicht, was auf uns zukommt, und auch nicht, welche Handlungen angemessen sind. Wir sind uns nicht im Klaren, welche Optionen wir überhaupt haben und was unsere Rechte und Pflichten sind. Natürlich haben wir auch nicht die Perspektive zu wissen, welches Tun uns auf lange Sicht helfen kann und welches uns die Verarbeitung des traurigen Geschehenen eher erschwert. *Jedoch werden durch die Umstände dieser ersten Stunden und Tage die Weichen dafür gestellt, wie sich diese Erfahrung auf unser Leben auswirkt.* Dieses Kapitel will ganz praktische Hilfestellung für diese allererste Zeit geben. Aufgabe dieser Phase ist es, dahin zu kommen, dass wir die Wirklichkeit des Verlustes annehmen können.

Was uns bei Tod unseres Kindes im Mutterleib helfen kann

Begleitung beim Finden eigener Antworten erhalten und uns mit wohltuenden Menschen umgeben

Es ist eine Frage von Schicksal, in wessen Hände wir kommen. Die Chance, auf eine segensreiche Hebamme zu treffen – da, wo eine Geburt ansteht –, ist gut, da Tausende von Hebammen sich im Laufe der letzten Jahre durch Fortbildung dafür sensibilisiert haben, wie sie trauernden Eltern am besten helfen können. Hebammenschulen haben ebenfalls begonnen, dieses Thema in den Lehrplan mit aufzunehmen. Auch einer Zahl von ÄrztInnen lag es am Herzen zu erfahren, wie sie nicht nur medizinischen Beistand in dieser seelischen Notsituation leisten können. Bestenfalls werden wir umsorgt von Menschen, die nicht nur medizinische Hilfestellung geben, sondern denen auch unser seelisches Wohl am Herzen liegt.

Da wir zuerst wie gelähmt sind, fällt uns alles Entscheiden schwer. Das gesamte Geschehen anderen zu überlassen lässt uns jedoch nur noch mehr in Hilflosigkeit, Ohnmacht und dem Gefühl des Ausgeliefertseins versinken. Allgemein kann gesagt werden, dass wir desto eher und vollständiger heilen, je mehr wir einfühlsame Unterstützung dabei haben, *diese Erfahrung im Sinne unserer ganz eigenen Bedürfnisse und Werte durchleben und mitgestalten zu können.* Zur langfristigen, bestmöglichen Verarbeitung dieses Verlustes brauchen wir von den uns betreuenden Personen zunächst Informationen als Hilfestellung beim Finden unserer eigenen Antworten. Wir wollen wissen,

- was uns erwartet,
- was wir mitentscheiden können oder gar müssen,
- welche Möglichkeiten und Alternativen wir haben (sowie die jeweiligen Vor- und Nachteile und ggf. Risiken),
- für welche Entscheidungen wir wie viel Zeit haben,
- was anderen in derselben Lage – auf längere Sicht – geholfen hat und
- was manche nachträglich bedauert haben.

Es ist unabdingbar, dass wir in dieser schwierigen Situation Beistand haben. Doch manchmal stoßen wir auf Personen, die sich im Umgang mit dem Tod überfordert fühlen. Es ist so. Wenn wir das Gefühl haben, dass wir in dieser Phase von unseren Betreuern nicht die Stütze und die Antworten bekommen können, die wir brauchen, ist es gut – so weit dies in unserer Macht steht –, für unsere eigene Unterstützung zu sorgen. *Es geht um unser weiteres Leben.*

Wir können uns fragen:

✿ Wer kann sich in meine Seele am besten hineinversetzen?

✿ Wessen Gegenwart würde mir jetzt gut tun und wen möchte ich rufen oder rufen lassen?

✿ Wer würde mich jetzt in den Arm nehmen und einfach da sein können?

✿ Bei wem fühle ich mich angenommen, wie ich bin? Bei wem wage ich meine Gefühle zuzulassen und mich ungeschminkt zu zeigen?

✿ Wer würde helfen, Kraft und Mut in mir zu stärken, mich all meinen Gefühlen und Gedanken zu stellen?

✿ Wer kann gut zuhören? Wer würde mir/uns beim Entscheiden helfen, ohne bevormunden zu wollen?

✿ Wer hat die seelische Kraft dazu, sich auf diese herausfordernde Situation einzulassen? Wer fühlt sich damit nicht überfordert?

✿ Wer hat vielleicht selbst eine ähnliche Erfahrung durchlebt und könnte mir/uns ein Stück Orientierung, Perspektive und Inspiration geben?

✿ Wer kann mir Informationen erteilen, die ich von meinen BetreuerInnen nicht bekommen kann (z.B. Geburtsvorbereiterin, freie Hebamme, TrauerberaterIn oder StützgruppenleiterIn, SeelsorgerIn)?

✿ Wer hat an dieser Schwangerschaft Anteil genommen und könnte mir beim Abschließen der Bindung und beim Abschiednehmen von meinem toten Kind helfen?

✿ Wer würde sich jetzt Zeit für mich/uns nehmen können?

Von einem unheimlichen Gefühl zum Loslassenkönnen: Um den Prozess wissen

Etwas Totes im Leib zu haben ist vielen erst mal unheimlich. Das Kind, das noch Stunden oder gar Minuten zuvor als Teil von einem selbst geliebt wurde, wird nach Bekanntwerden seines Todes als Fremdkörper empfunden. Besonders, wenn sich herausstellt, dass es schon seit einiger Zeit tot ist, haben Frauen Angst, dadurch vergiftet zu werden. Dem ist nicht so:

Wenn ein Kind stirbt, ist es wie bei einem Infarkt, bei dem auch ein Teil des körperlichen Gewebes abstirbt. Solange die Fruchtblase geschlossen ist und es nicht zu einer aufsteigenden Bakterienbesiedlung kommt, entstehen keine »Gifte«. Eine allmähliche Verwesung tritt erst ein durch Kontakt mit Bakterien.

Sehr häufig ist zuerst das Gefühl da: »Ich möchte alles möglichst schnell hinter mich bringen!« Das ist ganz normal, und es geht vorüber. Wenn in diesem Zustand des Noch-entsetzt-Seins, des »Es-ist-mir-unheimlich«, ein totes Kind zur Welt kommt, haben Eltern oft Horror davor und wollen es nicht sehen. Es bleibt ein Fremdkörper. Doch wenn uns die nötige Zeit gestattet wird – vom Schicksal oder unseren BetreuerInnen – und wir die nötige Perspektive vermittelt bekommen und die nötige Unterstützung erhalten, durchlaufen wir einen Prozess, an dessen Ende wir unser Kind meistens wieder als unseres annehmen können, auch wenn es tot ist. Die anfängliche Ablehnung und Angst davor vergehen. Danach können wir eine neue Phase durchlaufen, in der wir unser Baby gar nicht hergeben wollen.

Meiner Erfahrung nach ist es langfristig dem Trauerprozess zuträglich, wenn Eltern nach Übermittlung der Hiobsbotschaft genügend Zeit haben, sich vom ersten Schock zu erholen und die ungeheuerliche Nachricht zu verdauen, bevor irgendwelche Maßnahmen ergriffen werden. Oft merkten Betroffene erst im Nachhinein, wie wichtig es gewesen war, noch mindestens eine Nacht darüber schlafen zu können oder vielleicht miteinander gewacht zu haben, vor allem dann, wenn sie in einer Partnerschaft geborgen und/oder im Kreise von Freunden und Familie oder in der Fürsorge einer Hebamme zu Hause gut aufgehoben waren ... oder vielleicht die Gelegenheit hatten, im Schoß der Natur wieder zu Sinnen zu kommen. Es braucht Zeit, zum Begreifen – viel Zeit, zum Ja und zum Loslassen zu kommen. Aber es braucht Hilfestellung dabei. Wenn die Situation es zulässt, sollten wir über das weitere Vorgehen mitentscheiden können, nachdem wir über Vor- und Nachteile des Sich-Zeit-Gebens genau informiert wurden und sichergestellt ist, dass wir gut um- und versorgt sind.

Wir können uns fragen:
* ✿ Welche Ängste habe ich in Bezug auf das tote Baby in meinem Bauch?
* ✿ Welche Fragen möchte ich wem stellen? Welche Versicherungen brauche ich?
* ✿ Wie empfinde ich meinem toten Kind in meinem Bauch gegenüber?
* ✿ Kann ich meine Liebe zu ihm zulassen? Was würde mir ggf. helfen?

✿ Brauche ich eventuell Zeit? Wozu und wie lange?
✿ Kann ich es hergeben, oder was brauche ich, um es loslassen zu können?

Sich vortasten – sich Zeit nehmen

Auf die Geburt warten zu müssen hatte Vorteile: Wir konnten allmählich dazu kommen, anzunehmen und zu begreifen, dass unser Baby wirklich tot ist. Dadurch konnten wir uns viel bewusster von ihm verabschieden als im anfänglichen Schockzustand.

In einem Notfall gibt es Entscheidungen, die auf der Stelle gefällt oder Handlungen, die sofort vorgenommen werden müssen. Doch sonst braucht man nichts zu überstürzen. Ob eine Fehlgeburt durch Ausschabung (s. S. 67 f.) beendet oder eine Geburt eingeleitet wird – es ist abzuwägen, wie viel Zeit man lassen kann und soll. Unsere innere Uhr ist durch den Schock verlangsamt.

Wir brauchen Zeit und Erlaubnis, unseren Bedürfnissen und Wünschen nachzuspüren. Wir sollen uns langsam vortasten können und auch immer wieder im Laufe der Geburtsarbeit unsere Meinung ändern dürfen. Unsere Wünsche können sich ändern von einer Stunde zur anderen, von einem Moment zum anderen, durch den fortlaufenden Prozess, der sich in uns abspielt. *In jedem von uns ist eine innere Stimme und Führung, die genau weiß, was wir brauchen und wie es gut und stimmig für uns ist. Darauf dürfen wir vertrauen und uns getrauen, dazu zu stehen.* Es geht um *unser* Leben. Je mehr wir wirklich im Sinne unserer eigenen Werte und Lebensaufgaben handeln und vorgehen können, umso weniger Bedauern haben wir hinterher und umso mehr können wir selbst in dieser schlimmen Situation allmählich zu Frieden finden.

Wir können uns fragen:
✿ Welche Entscheidungen müssen sofort getroffen werden? Welche sind aufschiebbar?
✿ Bin ich mir aller mir möglichen Optionen bewusst – oder von wem möchte ich darüber aufgeklärt werden? Welche Fragen habe ich noch?
✿ Habe ich irgendwelche Entscheidungen getroffen, die ich jetzt bedauere? Wem möchte ich mitteilen, dass ich meine Meinung geändert habe?

Den Schock überwinden

Über unseren Schockzustand allmählich hinwegzukommen und zu begreifen, was geschehen ist, bringt uns auf unserem Trauerweg weiter. Hier sind einige Möglichkeiten, dies zu unterstützen:

▶ Traumatische Ereignisse bringen uns zu den Grundbedürfnissen menschlicher Natur zurück. *Berührt zu werden*, in den Arm genommen zu werden, wirklich gehalten zu werden kann die Erstarrung durch den Schock in uns auflösen und unseren Atem und unsere Lebenskräfte wieder zum Fließen bringen. Der fließende Atem einer uns haltenden Person kann uns sozusagen anstecken. Wenn wir dies wollen, können wir jemanden bitten, uns in den Arm zu nehmen, da dieser vielleicht unsicher ist, ob uns das recht ist.

▶ Nachdem wir unsere eigenen Hände durch leichtes Drücken und Massieren etwas lebendig gemacht haben, legen wir eine Hand mit der Handmitte in das von den Rippenbögen gebildete Dreieck und *»sprechen« uns damit in unserer Körpermitte »an«*. Die andere Hand legen wir ihr gegenüber auf den Lendenwirbelbereich – diesmal mit dem Handrücken. Wir versuchen, uns ganz unseren Händen und dem angesprochenen Körperbereich zuzuwenden. Die Hände »sprechen« die berührte Stelle an und »hören« auf eine mögliche Antwort von dort (s. auch S. 181 f.). Verändert sich etwas durch die Berührung an dieser Stelle? Wahrscheinlich bemerken wir, dass wir in dieser inneren Sammlung allmählich ruhiger werden und wieder mehr zu uns kommen. Außerdem regt dies mit der Zeit unsere zentrale Atembewegung in unserer Mitte mehr an, die sich dann von dort aus in uns ausbreiten kann.

▶ Wir können uns fragen, *wo Berührung jetzt sonst noch gut tun würde*, und legen die Hände dahin (z.B. Schulterkuppen, Armhöhlen, Nacken, Nierengegend, Brustbein, Stirn). Nach einer Weile nehmen wir wahr, ob sich der berührte Bereich leicht bewegt – ob wir das Weit- und Schmalwerden der Atembewegung dort spüren. Vielleicht ist da Wärme oder Belebung.

▶ Mit unseren *Händen auf unserem Bauch* zu unserem Kind hinzuspüren führt uns aus der Verdrängung heraus in die Realität und kann uns helfen, die vielleicht abrupt abgebrochene Bindung wieder aufzunehmen.

▶ Wir können uns *bewegen*, wo möglich ein Stück in freier Natur gehen. Wir können dies zusammen mit Partner und/oder begleitet von einem zugewandten, lieben Menschen tun. Dies hilft, unsere Lebensenergie in Fluss zu bringen und wieder besser denken zu können. Wo wir nicht nach draußen können, können wir im Raum umhergehen oder uns anderweitig bewegen (z.B. dehnen).

▶ Allein schon über das Geschehene, über unsere Erinnerungen, unsere gestorbenen Träume und Sehnsüchte sprechen – *unsere Geschichte erzählen* – zu können, bringt uns aus Sprachlosigkeit, Betäubung und Desorientierung heraus.

▶ In vielen Kulturen der Welt begegnen Menschen Tod und Verlust durch lautes *Klagen*, in das Herbeieilende einstimmen.

Als ich unser erstes Kind in Afrika tot zur Welt brachte, stimmten die Frauen in meiner Umgebung ein lautes Klagen an. Zunächst war mir das fremd, aber ich wurde schnell angesteckt. Und dann tat es so gut, meinen Schmerz nicht einsperren zu müssen, sondern ihn laut in die Welt hinauszuklagen zu dürfen. Es berührte mich zutiefst, so viel Solidarität zu spüren – Außenstehende trugen einen Teil meines Verlustes mit. So tief meine Trauer auch war, es ging mir eigentlich bald wieder recht gut ... Jetzt ist leider auch das nächste Kind tot geboren, hier in der Heimat. Aber hier ist nichts mit Klagen – selbst wenn mir die Tränen kommen, scheinen manche schon Probleme damit zu haben ... ich ersticke schier an meinen Gefühlen, die nicht rauskommen können.

Vielleicht finden wir einen Raum oder Ort – eine »Klagemauer« –, wo wir *unseren Gefühlen durch Klagen, Stöhnen oder sonstige Töne Ausdruck verleihen* können. So ist es ihnen möglich, von innen, wo sie uns – eingesperrt – schaden und uns erstarren lassen, nach draußen zu gelangen.

▶ Wir können auch bewusst *tönen*. Dies schafft Raum und Lebendigkeit in uns. Unterschiedliche Töne haben unterschiedliche Auswirkungen im Körper, verschiedene Vokale können Raum in unterschiedlichen Bereichen unseres Körpers entstehen lassen. Gemäß der Gesetzmäßigkeit, dass ein Vakuum nicht ungefüllt bleibt, wird dort, wo Raum ist, Atembewegung angezogen. Unser Atem kommt wieder ins Fließen. Wir empfinden in uns eine andere Qualität.

Uns zunächst zu berühren, wie oben beschrieben, wäre gut zur Vorbereitung. Vielleicht wollen wir dann die Augen schließen und ganz bei unserem Atem sein: Der Atem fließt ein, aus, vielleicht nach einer winzig kleinen Pause wieder ein, aus ... Je weniger wir den Atem »machen«, umso besser ... geschehen lassen, wie er ist ... Zunächst tönen wir nur in unserer Vorstellung: Im Einatem lassen wir in uns stumm einen Vokal entstehen – ein *a*, ein *u*, ein *o*, ein *e*, ein *ä* oder was sich sonst gut anfühlt – und tönen ihn zuerst auch stimmlos im Ausatem. Vielleicht will zwischen Aus- und Einatem eine kleine Atempause entstehen, die von Mal zu Mal etwas länger wird. Im Einatem nehmen wir den Vokal wei-

terhin stumm auf, doch im Ausatem tönen wir den Vokal jetzt laut, nur
solange unser Ausatem ganz natürlich andauert (nicht überziehen!).
Wir tönen, solange es uns gut tut, und spüren dann noch einmal nach:
Was hat sich verändert? Empfinden wir Raum, mehr Wärme, mehr Lebendigkeit? Wie spüre ich meinen Atem jetzt? Wie ist meine Stimmung jetzt? Fühle ich mich mehr bei mir? Auf die gleiche Weise können wir auch ein *m* tönen. Wo die äußeren Umstände ein lautes Tönen
als nicht möglich erscheinen lassen, können wir uns wenigstens durch
das anfangs beschriebene stimmlose, innere Tönen helfen.

▷ Auch *Aromatherapie* kann uns eine Hilfe bei der Harmonisierung unserer Gefühle sein (Genaueres ist in Kapitel 4 zu finden, Quellenangaben
s. Anhang). Neroli, Mimose und Zeder sind gut für die Reduzierung
des Schocks geeignet. Weihrauch, Wacholder und Ysop können uns
helfen, klarer zu denken. Mandarin und Vanille fördern unsere Ver-
bundenheit zu unserem Baby.

▷ *Rescue Remedy* (Notfalltropfen No. 39) aus der *Bach-Blütentherapie*
(s. S. 200), in Apotheken erhältlich, kann die Auswirkungen des energetischen Schocks lindern und unseren Kopf klarer werden lassen für
Entscheidungen, die anstehen. Weitere hilfreiche Bach-Blüten sind auf
Seite 201 f. aufgeführt.

▷ Aus der Reihe der *Kalifornischen Blüten* ist *Arnica* (No. 2) hilfreich gegen die Auswirkungen eines Schocks (s. S. 203).

▷ Wenn uns einige Zeit verbleibt, können wir uns *ganzheitliche, körpertherapeutische Unterstützung* holen, z.B. durch eine atemtherapeutische
(s. S. 196 f.) oder haptonomische Behandlung oder durch Cranio-
Sacral-, Polarity- oder Trager Massage und Ähnliches.

<u>*Wir können uns fragen:*</u>
✿ Was oder wer könnte mir helfen, allmählich und sanft aus dem Schock-
zustand herauszukommen?
✿ Was spricht mich an? Was ist durchführbar und möglich?
✿ Wie und wo könnte ich mir ggf. den benötigten Rahmen schaffen?
✿ Wen möchte ich ggf. um Hilfe und Beistand bitten?

Handlungen vornehmen, die die Verarbeitung einleiten

Bestimmte Handlungen können helfen, uns in einen anderen »Raum« zu
bringen und die Verarbeitung des Geschehenen fördern – besonders da,

wo uns einige Zeit bleibt zwischen Bekanntwerden des Todes und dem Zur-Welt-Kommen des Kindes:

▶ Wir können uns – als Einzelne oder als Elternpaar – *Zeit ganz für uns alleine* nehmen (möglichen Unterbrechungen haben wir vorgebeugt). Wir können eine Kerze anzünden und eine Blume vor uns hinstellen und/oder ein Symbol für unser Kind. Wir nehmen uns stille, heilige Zeit, in Gedanken bei ihm zu sein, seinen Weg – unseren gemeinsamen Weg – von Anfang an zu durchlaufen, die entstandene Bindung zu bekräftigen und sein kleines, jäh abgebrochenes Leben zu würdigen. Vielleicht hilft es uns, uns erst einmal *unserem eigenen Atem intensiv zuzuwenden.* Eine bestimmte Musik kann förderlich sein. Wir können uns Fragen stellen. Es mögen Worte auftauchen, die uns ruhiger werden lassen und die für unseren Weg wichtig erscheinen. Vielleicht können jetzt erstmals heilsame Tränen laufen.

▶ Manche mögen das Geschehene lieber *im Gehen durchdenken.*

▶ Anderen liegt es eher, Geschehenes *über Schreiben zu verarbeiten.* Schreiben hat für viele eine ordnende Qualität; es trägt zur Reinigung und Klärung der Gefühlswelt bei. Über Schreiben können wir vielleicht unsere Gedanken und Gefühle besser sortieren. Möglicherweise will auch ein *Gedicht* oder ein *Abschiedsbrief* an unser Kind aus uns fließen, in dem wir uns alles von der Seele schreiben, was uns beschäftigt und belastet. Vielleicht mögen wir einem anderen Menschen, an dem uns liegt, einen Brief schreiben, selbst wenn wir ihn nie abschicken.

▶ Einigen liegt der *Umgang mit Farben* mehr oder ist ihnen jetzt näher. Wenn ja, bereiten wir Papier und Farben vor sowie einen Stift. Dann schließen wir unsere Augen, legen eine Weile eine Hand in unsere Herzgegend und lassen uns dort von unserem Atem bewegen, dem wir ganz gesammelt lauschen. Aus der Tiefe unseres Herzens lassen wir sodann eine Frage auftauchen. Wenn die Frage ganz klar ist, öffnen wir die Augen und schreiben sie oben auf das Papier. Dann drehen wir das Blatt um, nehmen die Farben zur Hand und lassen entstehen, was aus uns herausfließen möchte. Wenn wir fertig sind, schauen wir das entstandene Bild von einer kleinen Entfernung aus an, lassen es zu uns »sprechen« und schreiben, ohne im Geringsten zu zensieren, die Worte und Eindrücke, die uns ganz spontan kommen, auf die Rückseite unter die Frage.
Das Entstandene können wir in der Folgezeit immer wieder in die Hand nehmen. Möglicherweise sehen wir Neues, oder es verändert

sich die Botschaft. Wir können immer wieder neue Fragen stellen, immer wieder neue Bilder entstehen lassen. Auf diese Weise können wir mit einer tieferen Quelle und einer tieferen Weisheit in uns in Verbindung kommen.

▶ Vom Tod unseres Kindes zu erfahren gibt uns das Gefühl, als ob uns der Boden unter den Füßen weggezogen wird. Die nachfolgende Übung »*Tragen lassen*« kann uns helfen, wieder ein Stück Boden zurückzugewinnen. Wenn wir uns in unserem Leib tragen lassen können, überträgt sich dies auf unsere momentane Lebenssituation, und wir fühlen uns auch da getragen. Gleichzeitig erfahren wir, dass unsere gedankliche Einstellung sich auf Körper und Atem auswirkt. Diese Übung kann uns auf unserem Trauerweg immer wieder begleiten. Vielleicht können wir oder jemand mit einer uns angenehmen Stimme sie auf Kassette sprechen, oder eine Vertrauensperson kann uns dabei persönlich anleiten.

Ich liege auf dem Rücken, die Arme seitlich vom Körper, ich nehme meinen Atem wahr und sage mir innerlich: »Ich, [eigener Name], lasse mich tragen.« Bei meiner kleinen Wanderung durch den Körper nehme ich mir Zeit, dieses Getragensein wirklich zu spüren: »Ich lasse meinen rechten Fuß tragen ... ich lasse mein Fußgelenk tragen [auch wenn dies nicht den Boden berührt – stell dir vor, der Boden kommt dem Gelenk entgegen und schmiegt sich an] ... ich lasse meinen rechten Unterschenkel tragen, ... mein Knie [der Boden schmiegt sich an], ... meinen rechten Oberschenkel. Ich lasse mein ganzes Bein und den Fuß tragen vom Boden, auf dem ich liege.« Ich spüre einen Moment nach, ob dieses Bein sich anders anfühlt als das andere. Fühlt es sich wärmer, größer, breiter an? Schwerer oder leichter? Dann wende ich mich der anderen Seite zu: »Ich lasse meinen linken Fuß tragen, ... das Fußgelenk, ... meinen linken Unterschenkel, ... mein linkes Knie, ... meinen linken Oberschenkel, ... mein ganzes Bein und den Fuß.« Wie fühlt sich diese Seite jetzt an? Wie fühlen sich die Beine an im Vergleich zum Rest des Körpers?

Ich fahre fort: »Ich lasse mein Becken tragen, ... mein Kreuzbein, ... meinen Lendenbereich [der Boden kuschelt sich auch hier an]. Meine Rippen werden getragen, ... mein ganzer oberer Rücken mit den Schulterblättern ..., die Schultern. Ich lasse meinen rechten Oberarm, meinen rechten Ellbogen, meinen rechten Unterarm, meine rechte Hand tragen [vergleiche mit dem linken Arm], ... meinen linken Oberarm, meinen linken Ellbogen, meinen linken Unterarm, meine linke Hand.

Auch meinen Nacken lasse ich tragen, der Boden schmiegt sich an, ... ich lasse meinen Kopf bergen und tragen vom Boden oder vom Kissen, auf dem ich liege. Ich lasse mich von Kopf bis Fuß tragen.« Ich nehme mich in meiner Ganzheit wahr, getragen von der Unterlage.« Wie hat sich mein Atem verändert? Spüre ich mich anders in meinem Körper? Bin ich innerlich ruhiger, gelassener geworden?

Diese Übung können wir ebenfalls im Bett probieren, wenn es uns schwer fällt einzuschlafen.

▶ Die folgende Übung kann uns helfen, uns *aus größeren Quellen genährt* zu fühlen. (Es wäre auch hier gut, den Text auf eine Kassette zu sprechen.)

Ich setze mich aufrecht auf die Vorderkante eines Stuhls. Die Füße stehen flach auf dem Boden, parallel zueinander in einem Abstand von etwa ca. 20 cm. Ich schließe meine Augen und bin ganz bei meinem Atem, beobachte sein Kommen und Gehen ... Dann stelle ich mir vor, dass meine Füße sich mit langen, aus der Fußmitte kommenden Pfahlwurzeln tief in der Erde verwurzeln ... Auch mein Steißbein lässt durch den Sitz hindurch eine tiefe Wurzel in die Erde wachsen ... Mit jedem Ausatem lasse ich alle Spannung, alle Verzweiflung, alle Schmerzen – alles, was mir schwer ist – durch die Wurzeln in die Erde hineinfließen, ohne den Atem zu forcieren. Mit jedem Atemzug komme ich tiefer in die Erde. Ich stelle mir vor, dass die Erde all das mir Unangenehme umwandelt, fruchtbar macht und es mir als »Nahrung« wieder zur Verfügung stellt.

Dann beginne ich, meinen Einatem tief aus der Erde aufsteigen zu lassen ... aus der Erde zu »schöpfen«. Vielleicht ist dies am Anfang etwas ungewohnt, doch es wird immer leichter. Ich lasse meinen Atem in meinem Körper aufsteigen und bleibe an jeweils einer Stelle, bis ich das Gefühl habe, dass sich diese Stelle irgendwie verändert – vielleicht dass es sich dort füllt. Dann wandere ich mit dem nächsten Atemzug weiter nach oben. Ich lasse den Atem in mir hochfließen ... zum Beckenboden, ... in mein Becken, ... zu meiner »Mitte«, ... zu meinem Herzen, ... zur Mitte meines Brustbeins, ... zu meiner Kehle, ... zu meiner Stirn, ... zum höchsten Punkt meines Kopfes, meiner »Krone«. Vielleicht mag der Atem von dort austreten und wie ein Wasserfall als glitzernder »Atemfall« an meinem Körper herabrieseln. Mit jedem Atemzug schöpfe ich von neuem aus der Erde.

▶ Die folgende Übung ist für Menschen gedacht, die schon Erfahrungen
mit *Visualisierungsübungen* und spirituellen Praktiken gemacht haben
und denen längere Zeit bleibt bis zur Geburt ihres Kindes.
Ich sitze aufrecht auf einem Stuhl und bin bei meinem Atem – Kommen, Gehen, vielleicht eine winzige Pause ... Kommen, Gehen. Ich
werde mir meines Kontakts zum Boden und zu meinem Sitz gewahr.
Ich »verwurzele« mich. Dann stelle ich mir einen Ball aus goldenem,
gleißendem Licht vor, der langsam näher kommt, bis er über meinem
Kopf schwebt. Mit demEinatmen »schöpfe« ich von diesem goldenen
Licht über mir und lasse es durch die »Krone« (höchster Punkt des
Kopfes) einfließen. Mit dem Ausatem breitet es sich erhellend und
wohltuend in meinem Kopf aus. Mit jedem Einatem fließt es weiter
und dehnt sich mit dem Ausatem aus, auch die letzten Winkel errei-
chend. Zunächst durchflutet das goldene Licht die Rückseite meines
Körpers. Mit jedem Atemzug breitet es sich ein wenig weiter nach unten aus – wärmend, weitend, lindernd, erleuchtend: in meinem
Nacken, den Schultern, dem oberen Rücken, unter den Schulterblättern, auf der Rückseite der Arme ... Es wandert entlang der Wirbelsäule
hinab in den Lendenbereich, die Nierengegend ... es entfaltet sich im
Kreuzbein. Wie empfinde ich mich jetzt in meinem Rücken, auf meiner Rückseite? Was bringt mir dieses Licht?
Jetzt fließt es in die Beine bis zu den Füßen und steigt von dort wieder
auf. Auf den Wellen meines Atems fließt das Licht auch auf der Vorder-
seite aus dem großen Lichtball in mich hinein. Es ist, als ob ich von
dem sich überall sanft einschmiegenden Licht von innen liebevoll gestreichelt werde. Es breitet sich unter den Schlüsselbeinen, in den
Schulterkuppen, den Brustkorb aus, schafft Helligkeit und Leichtig-
keit in den Lungen, umstreichelt zärtlich das Herz, umstrahlt weitend
das Sonnengeflecht, umspielt Magen und Leber. Das Licht webt tanzend durch meinen Körper, breitet sich aus bis in die letzte Zelle. Es
strahlt auch mit aller Liebe und Zärtlichkeit in die Gebärmutter hinein
– zu meinem Kind – und badet es umhüllend, bergend in einer Lichtkugel.
Aus dem Lichtball über meinem Kopf kommend bildet sich jetzt um
mich eine Lichtkugel, die mich schützend umhüllt, während sie mir
Raum gibt. Wie fühle ich mich in dieser Lichthülle? Wie ist es für
mich, mein totes Kind in seiner Lichtkugel zu wissen?

Wir können uns fragen:

❁ Welcher dieser Ansätze und Anregungen entspricht mir am meisten?

❁ Was ist für mich in der gegebenen Situation durchführbar?

❁ Was würde mir jetzt gut tun? Was brauche ich jetzt?

❁ Was würde mir helfen, das Geschehene besser begreifen zu können?

Zur Erinnerung: Je mehr wir im Sinne unserer eigenen Werte und Wünsche handeln können, desto besser die Verarbeitung.

Wissen, was mit uns geschieht

Was geschieht bei einer Fehlgeburt?

In Kapitel 1 habe ich bereits eingehend über das Thema Fehlgeburt informiert. Was geschieht nun im Falle einer Fehlgeburt? Dies hängt vom Stadium der Schwangerschaft und der Situation ab. Bei einer Fehlgeburt in den ersten drei Monaten kann es sein, dass die Schwangerschaft in der Arztpraxis oder einer Klinik durch Ausschabung beendet wird. Dabei wird »die Leibesfrucht« – so die Mediziner – mitsamt Plazenta ärztlicherseits entfernt. Eine Fehlgeburt nach dem dritten Schwangerschaftsmonat bedeutet die regelrechte Geburt eines vollständig ausgebildeten Kindes unter Wehenschmerzen. Die Wehentätigkeit wird dabei eventuell durch Wehenmittel eingeleitet (s. S. 70). Sofern das Leben und die Gesundheit der Mutter nicht in Gefahr sind, kann auf Wunsch der Eltern auch der normale Geburtsbeginn abgewartet werden. Eine Geburt gibt uns die Möglichkeit, das – wenn auch noch winzige – Baby (etwa ab der achten Woche) zu sehen (s. S. 80 ff.) und uns von ihm zu verabschieden. Bei einer Ausschabung ist dies weniger wahrscheinlich.

Überhaupt kann es hilfreich sein abzuwarten, wie dies der Bericht von Kerstin (30) über die Fehlgeburt ihres ersten Kindes zeigt.

Ich stand unter Schock, alles ging so schnell – die Diagnose, die Einweisung ins Krankenhaus, die geplante Ausschabung für den nächsten Morgen ... Ein Automatismus war in Gang gesetzt, und ich musste mit, ob ich konnte oder nicht. Wie im Traum fuhr ich zu meinem Mann in die Arbeit. Erst als ich ihn sah, kamen die Tränen. Wir fuhren nach Hause, es war bereits 11 Uhr – um 14 Uhr sollte ich im Krankenhaus sein, um mit dem Anästhesisten zu sprechen, die Einweisungsunterlagen auszufüllen und mein Zimmer zu belegen. Das Gefühl, »keine Zeit« zu haben, setzte mich sehr unter Druck, machte mir Angst. Es gab keine Gelegenheit für uns, über unsere Gefühle zu sprechen, zu weinen, einander zu trösten, zusammen zu sein ... keine Zeit für den Schmerz und die Trauer, die wir empfanden.

Ich rief Hannah an und erzählte ihr, was geschehen war. Es tat so gut, aussprechen zu dürfen, was in mir vorging, und Verständnis zu finden. Am Ende unseres Telefongespräches gab sie mir die Telefonnummer eines befreundeten Gynäkologen. Er erklärte mir, ich bräuchte »nichts übers Knie zu brechen« und könnte mir sogar übers Wochenende Zeit lassen. Eine große Last fiel von mir ab: Wir haben Zeit, wir brauchen uns nicht zu beeilen – kein überstürztes Kofferpacken, kein einsamer Nachmittag, keine einsame Nacht allein in einer fremden Umgebung.

Um 14 Uhr fuhren wir in die Klinik. Ich stellte mich dem Anästhesisten vor und erklärte ihm, dass ich nicht im Krankenhaus bleiben, sondern erst am nächsten Morgen vor dem Eingriff kommen wolle. Er hatte nichts dagegen, da es aus gesundheitlicher und operationstechnischer Sicht keine Veranlassung gab zu bleiben. Ich musste ihm versichern, ab 22 Uhr nichts mehr zu essen und morgens pünktlich da zu sein. Mein Frauenarzt, der dazukam, war etwas überrascht, dass ich nicht bleiben wollte, doch auch er gab sein Einverständnis. Ich füllte die notwendigen Papiere aus und fuhr wieder nach Hause.

Mein Mann und ich verbrachten den Nachmittag gemeinsam zu Hause. Durch das Zusammensein in dieser schmerzlichen Situation ist zwischen uns eine Nähe entstanden, die wir anders nie kennen gelernt hätten. Am Abend kamen Hannah und Rob, unsere Freunde. Wir saßen lange vor dem Kamin, und es tat gut, dass da einfach jemand da war, zuhörte, uns Trost gab. Ich war froh, in dieser hilflosen Situation, Freunde zu haben, die meine Gefühle achteten und mir den nötigen Rückhalt gaben, diese nicht zu übergehen.

Jetzt im Nachhinein verstehe ich erst ganz, wie wichtig es war, meine Gefühle zu berücksichtigen und mich nicht in einen vorgegebenen Ablauf pressen zu lassen, der zwar für den Arzt und alle anderen Beteiligten ganz normale Routine gewesen wäre, mich selbst aber zu überstürztem Handeln gezwungen und meine Gefühle übergangen hätte. Ich glaube, es wäre eine Leere zurückgeblieben – das Gefühl, überrollt worden zu sein, etwas Wichtiges versäumt zu haben –, und ich hätte nicht einmal genau sagen können, was mir eigentlich fehlt. So konnte ich Friede finden, und die Wunden konnten gut verheilen.

Selbst bei einer spontanen Fehlgeburt folgt meistens eine Kürettage (Ausschabung), weil sich die Plazenta (Mutterkuchen) in diesem frühen Stadium oft nicht vollständig ablöst. Dies kann unter Periduralanästhesie oder Vollnarkose geschehen (s. S. 72).

Wir können uns fragen:
* ✿ Wenn die Umstände eine Wahl zulassen – was entspricht meinen/unseren Wünschen?
* ✿ Wie viel Zeit wünsche ich mir ggf. vor einer geplanten Einleitung oder Ausschabung? Wozu brauche ich diese Zeit?
* ✿ Was ist mir wichtig?
* ✿ Wer würde mir/uns gut tun?

Die Geburt eines toten Kindes – eine »richtige« Geburt

Wenn unser Baby nach dem dritten Schwangerschaftsmonat intrauterin stirbt, steht uns in der Regel *eine richtige Geburt* bevor. Je nach Situation und Zeitpunkt der Schwangerschaft wird entweder die Geburt bald nach Feststellen des Todes eingeleitet oder aber, wenn der errechnete Entbindungstermin nicht mehr fern ist, möglicherweise das natürliche Einsetzen der Wehen abgewartet. Für manche Frauen ist die Vorstellung, dass sie ihr totes Kind selbst zur Welt bringen müssen, unerträglich.

O Gott, ich soll warten, bis die Wehen beginnen! Warten! Und dann ging es mir durch den Kopf: Wie fangen die Wehen denn überhaupt an? ... Das Baby verwest in mir, und wahrscheinlich wird es mich ganz krank machen ... Und dann muss ich auch noch die Geburt hinter mich bringen, ohne dass ich etwas davon habe. »Können Sie es denn jetzt nicht einfach wegnehmen?« fragte ich. Sie antworteten, dass sie keinen Kaiserschnitt machen würden. Man wolle die Risiken so gering wie möglich halten, und ich hätte nur unnötige Schmerzen danach.

Der Wunsch nach einem Kaiserschnitt kommt anfangs sehr häufig vor, doch im Nachhinein sind die Frauen meistens froh, dass sie davon verschont blieben. Ute (29), die im Beisein ihres Partners in mitfühlender Umgebung ihr totes Kind zur Welt gebracht hatte, sagte danach:

Was bin ich froh, dass ich keinen Kaiserschnitt bekam! Dann hätten wir unser Kind nicht in Empfang nehmen und Frank und ich hätten gar nicht beteiligt sein können. Mit Sicherheit wäre es mir um einiges schlechter gegangen als jetzt.

Frauen erfahren das Geburtserlebnis oft losgelöst vom Tod. Gerade deshalb ist es wichtig, eine möglichst positive Geburtserfahrung anzustreben und das, was vielleicht schon in der Geburtsvorbereitung an Wünschen und Bedürfnissen (z.B. Musik, Düfte, Massagen, Wasser, Gebärhaltung) aufgestiegen ist, umzusetzen und ggf. um Unterstützung dafür zu bitten. Die Erfahrung der Geburt in einer nährenden Atmosphäre kann tief anrühren. Manche Frauen, die ihr Kind in einem annehmenden Rahmen willkommen heißen und mit ihm vertraut werden konnten, berichten, dass sie trotz des toten Kindes zunächst ganz euphorisch gewesen seien, so als ob der eigene Körper nur Schritt für Schritt auf die Ereignisse reagieren kann: zuerst auf die Geburt und erst Tage danach auf den Tod. Unser Kind unter dem hormonellen Zustand der Geburt zu sehen schmerzt unter Umständen nicht so sehr, wie wenn wir es das erste Mal zu einem späteren Zeitpunkt anschauen. Wenn aufgrund eines Todesbefundes oder einer Entscheidung infolge pränataler Diagnostik die Geburt eingeleitet wird, bevor der mütterliche Körper geburtsbereit ist, führt dies häufig zu einer langen Geburtsarbeit.

Über 24 Stunden sind seit Beginn der Geburtseinleitung vergangen. Die anderen fangen an, besorgt zu sein. Ich bleibe ruhig und sicher, dass ich unser Kind zu seiner Zeit werde hergeben können. Es kann nicht schneller gehen! Ich brauche noch ein wenig Zeit zum Abschiednehmen ...

Doch bei anderen kann die Geburt auch ganz rasch vorangehen. Bei Geburtsreife können die Wehen, durch eine Tropfinfusion mit Oxytozin oder andernfalls mit Prostaglandin oder auch durch Spritzen herbeigeführt werden. Je nach Vorliebe der Klinik wird der Muttermund lokal durch in die Scheide eingeführte Prostaglandin-Zäpfchen, -Tabletten oder -Gel zur Wehentätigkeit stimuliert oder Prostaglandin wird direkt in den Muttermund injiziert. Auf diese Art ausgelöste Wehen sind schmerzhafter als die wellenartigen, von einer Gebärenden selbständig produzierten. Bei der Geburtseinleitung mit Prostaglandin, die meistens in der frühen Schwangerschaft erfolgt, können Fieber, Schüttelfrost und eine rapide Blutdrucksenkung auftreten; die Frauen müssen deshalb besonders gut überwacht werden.

Aromatherapie (Verbena, Zitrone oder die kostbaren Jasmin- oder Rose-Essenzen) können uns bei der Geburt unterstützen, natürlich auch homöopathische Mittel, Bach-Blüten oder Akupunktur (s. S. 196 ff.).

Wir können uns fragen:
* ✿ Was sind meine Ängste? Welche Informationen oder Hilfe brauche ich, um diese zu mindern?
* ✿ Was sind momentan meine Bedürfnisse und Wünsche in Bezug auf die Geburt?
* ✿ Welche Handhabung wünsche ich mir momentan für den Augenblick der Entbindung?
* ✿ Wenn sich im Laufe der Geburtsarbeit meine Wünsche ändern, wem möchte ich dies am liebsten mitteilen?

Und rückblickend:
* ✿ Wie habe ich die Geburt erlebt?
* ✿ Welche Fragen habe ich dazu? Wer kann sie beantworten?

✿ Wem möchte ich gerne über die Geburt erzählen? Wer wäre interessiert daran, von meinen Erfahrungen zu hören?

• *Medikamente – ja oder nein?*

Die gängige Meinung in der Klinik ist, dass man Frauen, die ein totes Kind zur Welt bringen, prinzipiell das Erleben der Geburtswehen ersparen sollte. Das kommt sicherlich vielen, vielleicht den meisten Gebärenden entgegen, aber nicht allen. Für manche Frauen ist es ungeheuer wichtig, die Geburt völlig klar und bewusst mitzuerleben. Kirsten, deren Kind nach dem errechneten Termin in ihrem Bauch ohne offensichtlichen Grund starb, sagte:

Ich wurde von der Hebamme regelrecht bombardiert, ich solle mir gleich eine Periduralanästhesie geben lassen. Das stand für mich gar nicht zur Debatte. Ich wollte mein Kind spüren, ich wollte die Geburt erleben. So, wie es gestorben war, ohne dass ich es gespürt hatte, sollte es nicht auch noch geboren werden.

Auch mir war es klar, dass ich nach der Einleitung keine schmerzreduzierenden Mittel wollte.

Ich wollte mein Kind nicht allein lassen. Ich konnte erfahren, dass der Schmerz für mich auch eine schützende Funktion hat. Der gegen Ende durchschneidende Schmerz zusammen mit dem unfreiwilligen Fasten während der langen Wehenzeit versetzt mich in einen anderen Bewusstseinszustand. Ich fühle einen »Bannkreis« von 1,50 Metern um mich herum ... nur mein Kind und mein Mann existieren ... Die Grenzerfahrung des Schmerzes hebt Zeit und Raum auf und macht mich offen für die Begegnung mit meinem Kind. Ohne Zeit und Raum ist Ewigkeit, und für weiß Gott wie lang oder kurz nach der Geburt gibt es für mich keinen Tod. Ich schaue Cara an, ohne in dem Moment zu leiden. Ich spreche mit ihr, rede mir alles von der Seele ... Liebe und Zärtlichkeit ist da und doch Gehen-lassen-Können.

Eine Frau, die ich beim Tod ihres Kindes in der 27. SSW begleitete, hatte zwei Tage Wehenmittel unter Periduralanästhesie bekommen ohne ersichtliche Fortschritte. Nachdem ich viele Stunden an ihrem Bett verbracht hatte und die Wirkung des Betäubungsmittels nach einiger Zeit nachließ, fragte ich gegen Morgen ganz vorsichtig, ob sie vielleicht mal probieren wolle, nur für ganz kurze Zeit ohne die Anästhesie auszukommen, damit der Körper etwas mithelfen könne. Sie willigte ein. Im Nu wurde ihr totes Kind unter ihrer Mithilfe geboren. Sie sagte danach:

Das hätt ich nicht gedacht, dass es so besser für mich wäre. Mein erstes Kind kam mit
Kaiserschnitt zur Welt, ich weiß also nichts davon. Dieses Mal habe ich wenigstens die
Geburt erlebt.

Barbara, eine Hebamme, brachte noch einen anderen Gesichtspunkt ein:

Ich habe die Erfahrung gemacht, dass es für Frauen, die ein totes Kind zur Welt bringen,
gut sein kann, den Geburtsschmerz zu spüren. Wo sie sonst durch den Schock stumm
wären, können sie bei der Geburt gleichzeitig ihre emotionalen Schmerzen hinausschrei-
en, und das hilft ihnen.

Noch mehr als bei der Geburt eines lebenden Kindes sollten wir bei der Geburt
eines toten Kindes selbst entscheiden können, was für uns jeweils gut und rich-
tig ist, und selbst dann unterstützt werden, wenn wir unsere Meinung im Ver-
lauf ändern. Wurden uns Beruhigungsmittel verabreicht oder gar (was
hoffentlich Seltenheitswert hat) bei der Geburt eine Durchtrittsnarkose,
verzögert und behindert dies das Einsetzen der Trauerarbeit und den Verlauf des Trauerprozesses.

Es ist so, als ob die Gefühle »auf Eis« gelegt werden – »schockgefroren« – und beim Absetzen der Medikamente mit voller Macht – oft zu einem ganz unpassenden Zeitpunkt –
wieder »auftauen«.

Anstatt mit Medikamenten mögen wir uns vielleicht lieber mit natürlichen Mitteln unterstützen (s. S. 196 ff.). Verbena und Lavendel aus der
Aromatherapie mögen hilfreich sein, und natürlich menschliche Zuwendung.

  Bei einem Verlust in einem frühen und mittleren Stadium der Schwangerschaft, besonders wenn die Geburt mit Prostaglandinen eingeleitet
wurde, ist meistens eine Ausschabung nach der Geburt notwendig, um sicherzugehen, dass keine Gewebereste im Uterus (Gebärmutter) zurückbleiben. Sie kann auch noch später gemacht werden, wenn sich bei der
Untersuchung der Plazenta zeigt, dass diese nicht vollständig ist. Die übliche Klinikroutine ist es, diesen operativen Eingriff unter Vollnarkose vorzunehmen. Eine Vollnarkose bewirkt, dass wir danach das Gefühl haben,
alles nur geträumt zu haben. Eine Ausschabung kann auch unter Peridu-
ral- oder Spinalanästhesie vorgenommen werden. Wir spüren dann, dass
die Wände der Gebärmutter abgeschabt werden. Diese Vorstellung mag
für manche unangenehm sein. Jedoch Schmerzen empfindet man dabei

nicht. Beides hat Vor- und Nachteile und ist eine Frage der eigenen Persönlichkeit und der individuellen Entscheidung.

Wir können uns fragen:
- Was sind meine Wünsche in Bezug auf Verabreichung von Medikamenten unter der Geburt? Warum?
- Was sind meine Wünsche in Bezug auf Anästhesie für eine ggf. erforderliche Ausschabung nach der Geburt?
- Was sind meine Wünsche in Bezug auf Beruhigungsmittel?
- Wem möchte ich meine Wünsche mitteilen?

Ein Kaiserschnitt

Wenn wir per Kaiserschnitt ein Kind zur Welt bringen, das unter der Geburt oder in der allerersten Zeit danach stirbt, sind wir in einer ganz besonderen Situation. Wir erfahren wahrscheinlich erst beim Aufwachen aus der Narkose vom Kranksein oder Tod unseres Kindes.

Michaelas (20) Sohn wurde in der 31. SSW unter Vollnarkose per Kaiserschnitt geholt und starb einige Stunden nach der Geburt:

Als ich aus der Narkose erwachte, war es schon ein komisches Gefühl, dass mein Bauch flach war und ich solche Schmerzen hatte. »Aber du weißt ja, wofür«, dachte ich mir. Morgens um acht Uhr kam dann eine wildfremde Ärztin zu mir und sagte, sie habe eine traurige Nachricht: Mein Kind sei heute Nacht um halb zwei gestorben. Aber ich sei ja noch jung und käme bestimmt schnell darüber hinweg. Und weg war sie.

Um neun Uhr kam mein Mann. Wir wurden gefragt, ob wir unser totes Kind sehen wollten, und auf meine Bejahung wurde ich dann in meinem Bett in ein Zimmer gerollt, wo auch der behandelnde Arzt war. Er erklärte uns, dass unser Baby gestorben sei, weil seine Lungen noch nicht reif waren und die Lungenbläschen sich nicht entfaltet hatten. Auf unseren Wunsch hin stellten sie Patrick in einem Tragekörbchen auf mein Bett und ließen uns allein. Ich hatte noch starke Schmerzen; die Schläuche rechts und links an meinen Armen machten mich unbeweglich. So konnte ich mein Kind gar nicht anfassen. Mein Mann stand auch ziemlich unsicher daneben, und da haben wir es wieder wegbringen lassen.

Es tut mir sehr Leid, dass ich es nicht mal halten konnte und von den Medikamenten auch noch so benommen war. Ich bedauerte, dass ich eine Vollnarkose bekam, sonst hätte ich unser Kind noch lebend gesehen. Mein Mann hat es wenigstens direkt nach der Geburt schreien hören und es im Brutkasten liegen sehen. Da hat er mir etwas voraus, das fehlt mir halt.

Ein Kaiserschnitt wird bei einem toten Kind sehr selten notwendig: wenn die angestrebte Vaginalgeburt für die Mutter zu gefährlich wird (z.B. bei

Störungen der Blutgerinnung) oder sie aus technischen Gründen nicht möglich ist (z.B. bei Querlage). Die Narkose wird wie ein »Filmriss« empfunden, der den Tod noch unwirklicher erscheinen lässt, als dies ohnehin der Fall ist. (*Rescue Tropfen* aus der Bach-Blütentherapie [s. S. 200] können dem energetischen Schock von Operation und Narkose auf unser ganzes System entgegenwirken.) Den Schmerz hinauszuschreien oder auch nur zu weinen ist für frisch operierte Frauen fast unmöglich oder nochmals ein zusätzlicher fast nicht auszuhaltender körperlicher Schmerz. Gefühle können deshalb nur ganz zaghaft zugelassen werden.

Durch die Operation ist die Mutter eine Woche lang relativ unbeweglich. Wenn das Kind in die Kinderklinik verlegt wurde, kann sie nicht dorthin fahren, um es zu sehen. Stirbt dann das Kind und die Frau kann ihr Bett noch nicht verlassen, muss in der Regel ein Bestattungsunternehmen das tote Baby zu ihr bringen. Diese Situation erfordert sowohl Kooperationsbereitschaft und guten Willen von Seiten des Klinikpersonals als auch das Wissen, wie wichtig es für die Mutter gerade unter diesen Umständen ist, ihr Kind zu sehen.

Sofern die Situation eine Wahl zulässt, können wir uns fragen:
✤ Würden wir lieber unser Kind bei Ausschaltung des Bewusstseins unter Vollnarkose zur Welt bringen oder bei Bewusstsein unter Periduralanästhesie?

Unser Kind wird lebend geboren, ist jedoch schwer krank

Wenn unser Kind lebend geboren wird, aber schwer krank ist, müssen wir oft Entscheidungen treffen, die nicht aufzuschieben sind. Möglicherweise sind wir gefragt, unsere Einwilligung zu Eingriffen zu geben, die das Leben unseres Kindes vielleicht nur um einige Tage verlängern oder es – mit der Aussicht auf lebenslange Behinderungen – am Leben erhalten. Vielleicht müssen wir sogar mitbeschließen, ob lebensverlängernde Geräte abgestellt werden sollen oder nicht. Solche Entscheidungen scheinen unseren Verstand zu überfordern, wir fühlen uns ihnen kaum gewachsen, erst recht nicht im Zustand des Schocks.

Was können wir tun?
▶ Um wieder klarer denken zu können, können wir uns fragen, was uns helfen kann, unseren Schock zu lindern (Hilfen s. S. 60 ff.).

▶ Wir können so viel Zeit wie realisierbar mit unserem Kind verbringen, es so viel berühren oder halten, wie uns möglich ist, mit ihm reden, es vielleicht sogar stillen. Es kann unter Umständen auch außerhalb eines Brutkastens beatmet und auf unserer Brust liegend durch unseren Körper und mit einem Fell warm gehalten werden (s. S. 36). Unser Atem, unsere Berührung und unsere Liebe werden es »nähren« und sind wichtig, selbst wenn das Baby nicht überlebt. Wir werden eher Friede finden, weil wir das Gefühl haben, alles, was möglich war, getan zu haben.

▶ Wenn unser Baby auf der Intensivstation ist, können wir es dort aufsuchen, sobald und so oft es geht. Ggf. können wir uns in einem Rollstuhl hinfahren lassen.

▶ Im Nachhinein ist es für Eltern immer trostreich, viele Fotos von sich und ihrem Baby zu haben.

▶ Wenn wir Entscheidungen treffen müssen bezüglich Eingriffe und Handhabung, können wir in Meditation (s. S. 322) Antworten aus einer tieferen Quelle aufsteigen lassen. Diese wird uns auch Trost geben und unsere Ängste mindern.

▶ Auch über Schreiben, Malen, Visualisieren können wir Zugang zu Antworten und Erfahrungen aus einer tieferen/höheren Dimension finden (s. S. 63 und 191).

Wir können uns fragen:
✥ Wie kann ich meinem Baby meine Liebe zeigen?
✥ Welche Menschen würden mir/uns jetzt gut tun (Anregungen s. S. 96)?
✥ Wer soll unser Kind sehen können?
✥ Welche Entscheidungen stehen an, und wie will ich/wollen wir diese treffen?

Der Klinikaufenthalt

Körperliche Nachwirkungen der Geburt

Nach einer Fehl- oder Totgeburt, genau wie nach einer Lebendgeburt, braucht der Körper einige Zeit, um sich wieder zu normalisieren. Schon bei einer Fehlgeburt ab der 12. SSW kann Milch in den Brüsten sein, mit Sicherheit aber ist sie es ab der 20. Woche. Das Einschießen der Milch wird oft durch Laktationshemmer (Pravidel-Bromocryptin) verhindert, die allerdings solch bedenkliche Nebenwirkungen haben, dass dieses Medikament in Amerika verboten ist. Es ist sinnvoller, auf natürlichem Wege abzustillen – durch Trinken von Salbeitee (bei ansonsten reduzierter Flüssigkeitszufuhr) und möglicherweise durch das Einnehmen des homöopathischen Mittels Phytolacca D1 (jede Stunde eine Tablette, bis der Milchfluss versiegt). Bei Anschwellen der Brust kann so viel Milch abgepumpt oder mit der Hand ausgedrückt werden, bis der Druck nachlässt. Durch Kühlen der Brust mit Eispackungen können Schmerzen verhindert oder zumindest gemindert werden. Wenn die Milchproduktion nicht durch das Saugen des Babys angeregt wird, bildet sich die Milch allmählich von selbst zurück. Nur vereinzelt wurde mir berichtet, dass noch Wochen oder gar Monate nach der Geburt Milch da war, vielleicht als Zeichen der Sehnsucht des Körpers nach dem Baby. Einen Milcheinschuss zu haben vergegenwärtigt uns noch einmal schmerzhaft, dass unser Körper sich auf ein Kind vorbereitet hat, das nun nicht da ist.

Ungefähr drei Tage nach der Geburt schoss meine Milch ein. Meine Brüste waren hart wie Stein und taten weh, und ich bekam Fieber. Dieser Tag und die zwei Tage darauf waren die schlimmsten Tage überhaupt. Ich hatte schon zwei Babys mit großer Freude gestillt, und jetzt Milch zu bekommen war so ziemlich der denkbar grausamste Hinweis auf das, was nicht stattfinden würde. Ich konnte nicht aufhören zu weinen.

Auch die Gebärmutter muss sich auf ihre normale Größe und Form zurückbilden. Nach einer Geburt im fortgeschrittenen Schwangerschaftsstadium können dabei besonders bei Mehrgebärenden ziemlich starke Nachwehen auftreten. An der Stelle, wo die Plazenta war, müssen sich die Blutgefäße schließen. Dieser Heilungsprozess wird vom Wochenfluss begleitet, bei dem das Wundsekret abfließt.

Nach einer Fehlgeburt in einem frühen Stadium der Schwangerschaft wird die Blutung, besonders nach einer Ausschabung, schon nach einer Woche zu Ende sein, während sie nach einer voll ausgetragenen Schwangerschaft in einer immer schwächer werdenden Form bis zu sechs Wochen andauern kann. Übel riechender Wochenfluss ist ein Anzeichen für eine Infektion und muss ärztlich behandelt werden. Falls ein Dammschnitt gemacht wurde, muss dieser versorgt werden.

Die Frauen, deren Blut Rhesus-negativ ist, müssen *auch nach einer Fehlgeburt* innerhalb von 72 Stunden mit Gammaglobulin behandelt werden, um eventuell entstandene Antikörper in ihrem Blut unschädlich zu machen, da sie ansonsten bei einer möglichen späteren Schwangerschaft ein Rhesus-positives Kind schädigen würden.

Wir können uns fragen:

✿ Wenn schon Milch in den Brüsten ist: Was ist mein Wunsch in Bezug auf die Hemmung meiner Milchbildung?
✿ Wenn mein Blut Rhesus-negativ ist und besonders, wenn die Fehlgeburt zu Hause stattfand: Habe ich eine Gammaglobulin-Spritze bekommen?

Unterbringung in der Klinik

Nach einigen Stunden brachte man uns auf ein Einzelzimmer auf der Wöchnerinnenstation, ein Klappbett für meinen Mann wurde dazugestellt. Es war mir ganz, ganz wichtig, dass wir zusammenbleiben konnten, ich wollte auf gar keinen Fall alleine sein. Doch dann hörten wir ein Baby schreien, und ich sah den Ausdruck eines unerträglichen Schmerzes auf dem Gesicht meines Mannes. Da wusste ich, dass wir nicht bleiben konnten. Ich zog mich an, wir riefen den Arzt herbei und gingen dann nach Hause – nur ein paar Stunden nachdem unser Baby geboren und gestorben war.

Verwaiste Mütter haben berichtet, dass sie im gleichen Zimmer mit anderen Frauen und deren neugeborenen Babys untergebracht waren. Dies ist natürlich eine unzumutbare Situation. Andererseits wollen die wenigsten in einem Einzelzimmer alleine sein. Am idealsten ist für die meisten eine familienbezogene Unterbringung auf der gynäkologischen Station.

Es ist gut, wenn wir wählen können, wo wir untergebracht werden. Wenn wir vorher schon stationär aufgenommen waren, werden wir vielleicht gerne in dieses Zimmer zurückkommen, sofern wir dort bereits Beziehungen aufgebaut haben und mit Unterstützung und Anteilnahme rechnen können. Kirsten überwand ihren eigenen Schmerz dadurch besser, dass sie ihrer Zimmernachbarin bei der zweiten Geburt eines toten Kindes beistehen konnte.

Ich habe ihr den Schweiß abgewischt und ihr ein feuchtes Tuch auf die Stirn gelegt und sie in den Arm genommen. Das war sehr wichtig für mich, denn ich stellte fest, dass ich noch Kraft in mir hatte, Trost zu geben. Wir verstanden uns ohne Worte, und sie konnte meinen Trost ganz annehmen.

Manche Frauen möchten sich noch die ihnen zustehende Zeit in der Klinik betreuen lassen, vor allem, wenn verständnisvolles und engagiertes Personal ihnen zur Seite steht und sie zu Hause vielleicht isoliert und allein gelassen sein würden. Andere fühlen sich in der Klinik nicht so recht wohl. Wenn medizinisch keine Bedenken bestehen und Hebammenbetreuung arrangiert werden kann, ist es in der Regel möglich, die Klinik

bald nach der Geburt zu verlassen. Besonders, wenn wir zu Hause Beistand durch Familienmitglieder und Freunde erwarten können oder ein
noch kleines Geschwisterchen uns über die Leere in uns mit hinweghelfen
kann, können wir an diese Möglichkeit denken. Einigen ist es sogar ermöglicht worden, ihr Baby zu Hause aufzubahren.

Es war für mich wichtig, gleich nach Hause zu kommen und mit unserer Zweijährigen
zusammen zu sein, die ja auch noch ein bisschen Baby war. Es tat so gut, ihren knuddeli-
gen kleinen Körper in meinen Armen zu halten.

Auf Wunsch besuchen Mitglieder von Stützgruppen betroffene Eltern in
der Klinik oder zu Hause. Gerade wenn wir ein Kind verloren haben, wird
es uns gut tun, uns zu Hause der Fürsorge einer freiberuflichen Hebamme
anzuvertrauen (Adressen s. Anhang) und die uns zustehende zehntägige
häusliche Hebammenbetreuung voll auszuschöpfen. Bei Bedarf kann diese sogar verlängert werden.

Wir können uns fragen:
✿ Möchten wir lieber einige Tage in der Klinik bleiben, oder würden wir
  uns zu Hause wohler fühlen?
✿ Wie lange möchten wir ggf. in der Klinik bleiben?
✿ Wenn wir dort bleiben wollen, wie und wo würden wir am liebsten un-
  tergebracht sein, sofern die Situation es erlaubt?
✿ Wenn wir nach Hause wollen, ist dort für Hebammenbetreuung und
  Beistand gesorgt?
✿ Wo möglich, würden wir den Besuch oder Anruf eines Mitglieds einer
  Trauergruppe wünschen (Adressen s. Anhang)?

Kennenlernen und Abschied

Bindung und Verlust

Es ist ein menschliches Grundbedürfnis, starke emotionale Bindungen
einzugehen. Dies rührt von unseren Instinkten nach Sicherheit und Geborgenheit her. Der Psychiater John Bowlby hat dies in seinen Büchern
über Bindung und Verlust sehr umfassend beschrieben. *Unser Leben können wir nur dann wirklich voll leben, wenn wir in der Lage sind, uns zu
binden* und auch angesichts eines möglichen Verlustes nicht vor einer Bin-

dung zurückschrecken. So sind Liebe und Trauer eng miteinander verbunden. Je mehr ich es wage, mich der Liebe zu öffnen und eine Bindung
einzugehen, desto tiefer ist auch mein Schmerz, wenn ich dann das gelieb-
te Wesen verliere.

Außenstehende können die Trauer von Eltern, die ihr Kind »nicht gekannt« haben, nicht nachvollziehen, weil sie keine Vorstellung von der
Tiefe der Bindung haben. Doch eine Bindung beginnt ja bereits lange bevor wir schwanger werden: In Stufen stimmen wir uns von klein auf innerlich auf ein zukünftiges Baby ein; auf das Elternwerden beginnen wir
uns schon in unseren kindlichen Vater-Mutter-Kind-Spielen vorzubereiten; als junge Erwachsene beschäftigen wir uns zeitweise intensiv mit
Überlegungen bezüglich Kinder und stellen uns lebhaft vor, wie wir denn
einmal mit ihnen umgehen werden. Die Gedanken, die wir vor und während der Schwangerschaft unserem Kind widmen, sind die Fäden des Gewebes unserer Bindung zu ihm.

Letzte Woche glaubte ich, schwanger zu sein. Wie schon einige Male zuvor hatte ich gehofft, dass das Wunschkind, zu dem ich wegen meines Alters nicht mehr den Mut hatte,
sich vielleicht doch eingenistet hätte. Ich achtete sofort darauf, dass ich keinen Tropfen
Alkohol zu mir nahm, geschweige denn irgendwelche Medikamente, und ich ging bewusster mit meinem Körper um. Ein wenig dieser tiefen Liebe, die ein neu zur Welt ge-
kommenes Kind in uns auslöst, hatte schon begonnen, sich wohlig in meinem Körper
auszubreiten. Als dann meine Periode kam, wurde mir erst klar, wie sehr ich bereits begonnen hatte, mich auf das vermeintliche Baby einzustellen. Ich hatte mich schon damit
beschäftigt, was dies wohl für ein Wesen sein mag, wann es zur Welt kommen und wie
viel Altersunterschied zu meinen älteren Kindern bestehen würde, wie sich mein Leben
dadurch verändern und was ich dafür aufgeben würde und wollte.

Wenn die Schwangerschaft bestätigt wird, sehen wir unser Kind dann auf
dem Ultraschallmonitor und hören seine Herztöne. Als Mütter spüren
wir es in uns und beginnen, es allmählich als ein eigenständiges Geschöpf
anzuerkennen und es in seinem Wesen zu erkennen. Susan (40), die von
der Intensität ihres Schmerzes beim Verlust ihres Babys in der 19. SSW
ganz überwältigt war, reflektierte dies so:

Die Frage ist die Tiefe der Bindung und Liebe. Die Frage ist, wie tief sich die Schwangerschaft in einen »hineingesponnen« hat. Ich empfand die Schwangerschaft als etwas, was
in der Gebärmutter anfing und sich dann langsam unausweichlich in meinen Körper,
meinen Geist und in mein Herz ausbreitete und hineinspann. Sie schickte Fäden und
Seile aus, die jede Woche dicker wurden. Je später der Verlust in der Schwangerschaft,
desto tiefer der Schmerz und das Leid für die Frau.

Da mag der Schluss natürlich nahe liegen, dass man Eltern Schmerz und Trauer ersparen könnte, indem man versucht, das Entstehen einer Bindung zu verhindern. Unter anderem auf dieser Annahme basierte auch die Vorgehensweise in Krankenhäusern, den Eltern ihr totes Kind vorzuenthalten und auch gar nicht darüber zu sprechen, so als ob nichts geschehen wäre. In manchen Kliniken ist dies noch immer so. Doch der Preis dafür war und ist hoch.

Eine Bindung, in mehr oder minder hohem Grad, besteht ja bereits, ob wir dies nun wollen oder nicht. Wenn wir diese nicht anerkennen, können wir mit ihr auch nicht umgehen. Durch meine Gespräche mit Frauen, die vor vielen Jahren eine Fehl- oder Totgeburt gehabt hatten ohne Möglichkeit für Abschied und Verarbeitung, ist mir klar geworden, dass es ein Trugschluss ist zu glauben, wenn Betroffene »nichts mit dem Geschehen zu tun haben«, würden sie es bald vergessen. Noch zwanzig und mehr Jahre später hatten viele keinen Frieden damit gefunden und litten noch immer unter der Last von Unverarbeitetem. Wenn die begonnene Bindung abrupt abgebrochen wird, bleibt eine große Unruhe zurück. Unser Baby kennen zu lernen, unsere Bindung zu ihm zu bejahen, ermöglicht ein gutes, heilsames Abschiednehmen, ermöglicht, dass wir es gehen lassen können – zuerst auf der materiellen, dann auf der emotionalen und spirituellen Ebene. Dies ist die beste Voraussetzung dafür, früher oder später wieder neue Bindungen eingehen zu können. Es loszulassen heißt nicht, es zu vergessen, im Gegenteil, auch ein totes Baby will für immer Teil unseres Lebens bleiben. Erinnerungen helfen uns auf unserem Trauerweg und erleichtern die so wichtige Verarbeitung auch im Familiengefüge.

Kennenlernen – die Bindung vollenden

- *Unserem toten Kind begegnen: es anschauen, berühren, halten, mit ihm sprechen*

Die Hebamme wollte uns unser Kind gar nicht zeigen. Aber es war uns klar, dass wir es sehen wollten, dass dies wichtig für uns war.

Andere fürchten zunächst, die Schmerzen einer Begegnung nicht verkraften zu können.

Direkt nach der Geburt wurde ich gefragt, ob ich mein totes Kind sehen wollte. Ich dachte mir: »Wenn du es jetzt siehst, wirst du wahnsinnig.« Ein bis zwei Stunden später, nachdem es schon zur Untersuchung weggebracht worden war, überkam mich eine ungeheure Sehnsucht, es doch zu sehen, aber ich hatte nicht mehr den Mut, danach zu fragen.

In meinen vielen Gesprächen sind mir niemals Eltern begegnet, die im Nachhinein wünschten, sie hätten ihr Kind nicht gesehen. Doch fast alle Eltern, die es nicht sahen, sprechen auch Jahre danach noch Bedauern darüber aus oder von Wut auf ihre Betreuer, die sie um diese Möglichkeit gebracht haben. Es bleibt eine Unruhe zurück, die von Unerledigtem herrührt – von etwas, was sich im Nachhinein in dieser Form auch nicht mehr nachholen lässt.

Wir brauchen konkrete Erinnerungen an unser Kind – Erinnerungen, wie es ausgesehen hat, was besonders an ihm war, wem es ähnlich gesehen hat, welche Ausstrahlung es auf uns hatte (schon winzigste Babys haben eine ganz besondere Ausstrahlung). Es zu berühren, es wenigstens einmal im Arm oder – wenn es noch sehr klein ist – in unseren Händen zu halten, es vielleicht, je nach Situation, sogar zu baden und anzuziehen, wird sich für immer in unserer Seele einbrennen. Unser Baby wird somit seinen sicheren Platz in unserem Leben und in unserer Familie bekommen können. Trotz seines Todes wird so kein »dunkler Fleck« zurückbleiben, der in der Tiefe weiterrumort und nach Erhellung sucht.

Wir brauchen Zeit, die Einzigartigkeit dieses Kindes wirklich in uns aufzunehmen. Es ist heilend, mit ihm zu sprechen, ihm alles zu sagen, was wir in unserem Herzen fühlen. Wir brauchen deshalb intime Zeit mit ihm allein. Vielleicht reichen uns die Stunden oder vielleicht sogar nur Minuten nach der Geburt, vielleicht wollen wir es aber auch später, am nächsten Tag, noch einmal zurückgebracht und eine Weile bei uns haben. Es ist die einzige Zeit, die wir mit ihm haben, und nur *wir* wissen, wann es genug ist. Unser Kind im Rahmen des uns Möglichen erfahren und verabschiedet zu haben bringt uns Friede.

Niemand käme auf die Idee, eine Mutter zu fragen, ob sie ihr lebendes Kind sehen will. Es ist doch das Natürlichste der Welt, dass eine Mutter ihr Kind sieht – ob lebend oder tot. (Dr. Marina Marcovich)

Wenn Eltern ganz selbstverständliche Unterstützung haben, ist dies wirklich keine Frage. Bei der Geburt eines toten Kindes konnte ich ähnliche Muster des »Bonding« (Bindungsverhalten) beobachten, wie ich das vom Umgang mit einem lebend Neugeborenen kenne: schauen, vorsichtig mit den Fingerspitzen berühren, mit der Hand anfassen, aufnehmen ... Das zu versäumen, hinterlässt oft eine unstillbare Sehnsucht und Unruhe sowie Bedauern, dass wir nicht all das gemacht haben, was uns möglich war. So ging es auch Irene, die neun Monate nach dem Tod ihrer Tochter noch sehr mit dem Schicksal und mit sich selbst haderte:

Ich wollte sie nicht sehen ... O Gott! Was bedaure ich es jetzt, dass ich sie nicht gesehen habe ... Das Baby neun Monate in mir getragen zu haben, es wirklich zu kennen, seinen Rhythmus und seine Reaktionen genau zu kennen und es dann nicht gesehen zu haben! Das werde ich ewig, ewig bereuen!

Manche Eltern brauchen vielleicht zunächst etwas Hilfestellung oder Vorbereitung für die Begegnung mit ihrem Kind. Auf Wunsch liebevoll geschildert zu bekommen, wie es aussieht, eine Haarlocke oder einen Fußabdruck zu sehen, lässt es real werden und nimmt die Angst vor dem Unbekannten. Wenn wir trotzdem nicht die Kraft oder den Mut haben, unser Kind selbst zu sehen, sollte auf alle Fälle jemand anderes in der Lage sein, uns es später genau zu beschreiben, wenn wir dies wünschen oder zur Trauerverarbeitung sogar brauchen. Nancy, eine allein stehende Mutter, hatte den Anblick ihrer Tochter gefürchtet, weil sie schon sechs Tage tot in ihrem Bauch gewesen war. Sie konnte sich nicht dazu überwinden, sie zu sehen. Zudem hatte sie unter solch starker Medikamenteneinwirkung gestanden, dass sie sich kaum der Geburt ihres toten Kindes bewusst war. Ihre eigene Mutter empfand die Verantwortung, das Baby anstelle ihrer Tochter anzuschauen, falls diese später Fragen haben sollte. Auf alle Fälle sollten Fotos gemacht werden (s. S. 93 ff.).

Sr. Jane Marie widmete 16 Jahre ihres Lebens der Begleitung und Betreuung trauernder Eltern und hat darin sicherlich die meiste Erfahrung. Sie empfiehlt, auch ein ganz winziges, fehlgeborenes Baby zu sehen, wenn es bereits als Mensch erkennbar ist (Ende der achten Woche hat es menschliche Gestalt angenommen) und sofern es durch die Ausschabung nicht maßgeblich verletzt wurde.

Bei meiner Begleitung trauernder Eltern wurde ich zu Beate gerufen, deren Tochter, 520 Gramm schwer, am Tag zuvor in der 24. SSW per Kaiserschnitt auf die Welt geholt worden war. Beate wäre sonst verblutet. Ihre Tochter Christina überlebte nur eine Nacht. Der Vater hatte sie noch lebend gesehen und sehr unter dem Anblick des winzigen, mit Schläuchen und Geräten übersäten Kindes gelitten. Es war Beate ein inneres Bedürfnis, Christina zu sehen, aber sie hatte ganz schreckliche Angst davor. Ein

Bestattungsunternehmen wurde beauftragt, das tote Baby zu seiner Mutter in die Klinik zu bringen.

Bevor ich zu Beate ins Zimmer ging, hatte ich versucht, ihre Tochter mit den Augen einer Mutter anzuschauen. Dann bemühte ich mich, sie ihr liebevoll und anschaulich zu beschreiben. Sie saugte jedes kleine Detail mit jeder Faser ihres Körpers auf. Als ich ihr winziges Kind in einem Wägelchen verdeckt in ihr Zimmer rollte, verging sie fast vor Angst und brauchte einige Momente allein mit ihrem Mann, um sich zu fassen. Dann bat sie mich wieder, dass ich ihr beistehe.

- *Der Anblick eines toten Babys*

Mein Gott, das ist ja schon ein ganz fertiges Kind! Und *das* war in mir!

Beate und ihr Mann schauten mit großem Schmerz im Gesicht, aber mit tiefster Intensität in das Wägelchen hinein. Sie saugten den Anblick ihres Kindes in sich auf, wie Beate vorher meine das Baby beschreibenden Worte aufgesaugt hatte. Sie stellten die Ähnlichkeit mit ihrem bereits lebenden Kind fest. Sie staunten über die schöne Gesichtsfarbe, über das feine Mündchen und Kinn und die zarten Gesichtszüge, über die voll ausgebildeten Nägelchen an den winzigen Fingern, über die kleinen Ohrmuscheln, über die Härchen auf der feinen Haut, und sie wunderten sich über die großen Füßchen an den noch dünnen Beinen.

Neugeborene sehen oft so aus, als ob sie sich noch auf einem anderen Stern befänden, so ganz weit weg, in einer anderen Welt. Tote Babys sehen oft so aus, als ob sie von diesem Stern nie ganz bei uns angekommen sind.

Wenn ein Baby noch sehr klein ist oder schon eine Weile tot im Bauch war, ist sein Gewebe und die Haut sehr empfindlich. Es kann dunkle Flecken auf dem Untergewebe der Haut haben wie bei einem Bluterguss, und die Haut kann sich schälen (Mazerierung). Durch starke Wassereinlagerungen im Gewebe kann dieses aufgeschwemmt wirken. Die Lippen sind oft himbeerrot. »Das Baby hat Lippenstift auf den Lippen«, berichtet in dem Film *Auch Babys sterben* (s. Bezugsquellen) das ältere Geschwisterchen aufgeregt seiner Mutter.

Eltern haben oft Scheu vor dem Anblick ihres Babys, wenn es schon einige Zeit tot im Bauch war. In der Tat kann ein Zersetzungsprozess begonnen haben. Cornelias Kind kam in der 19. SSW zur Welt, nachdem es drei Wochen zuvor gestorben war:

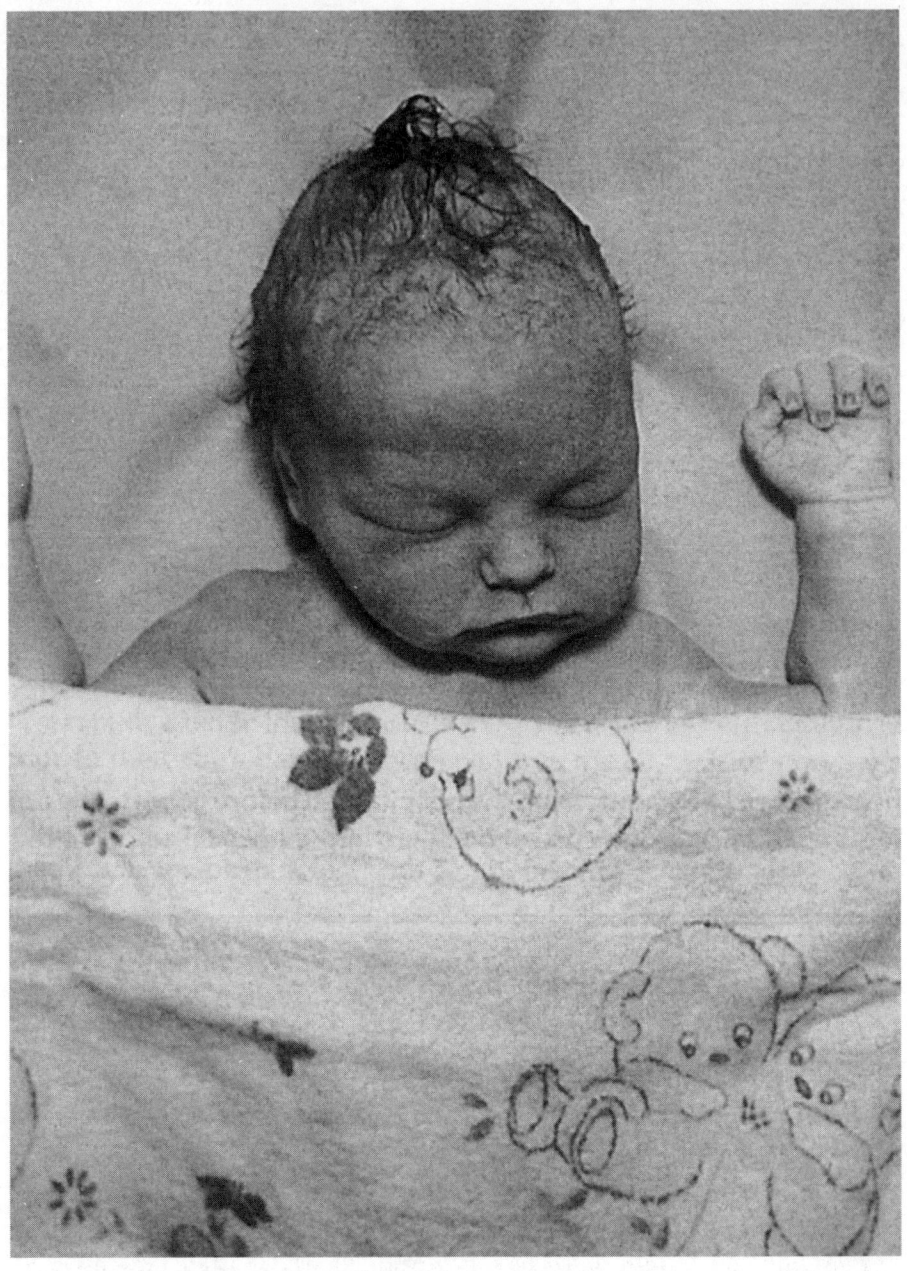

Ein Baby, das, zwei Tage bevor das Foto aufgenommen wurde, gestorben ist.
(Das Büchlein Ein sehr wichtiges Bild *[s. Bezugsquellen] dem dieses Foto entstammt,*
enthält Hilfestellungen für Betreuungspersonal zum Fotografieren toter Babys.)

Die Hebamme nahm es in die Hand und rückte es ein wenig zurecht. Es war sehr weich, so als ob es keine Knochen hätte. Ich war erstaunt, wie viel Ausdruck das Gesicht dieses winzigen Wesens hatte, obwohl es ja erst 19 Wochen alt war und die letzten drei Wochen tot in meinem Bauch gewesen und somit ein wenig wabbelig war. Ich bin so froh, dass wir es gesehen haben.

Wenn Babys mit Fehlbildungen zur Welt kommen, stellt sich die Frage, ob die Eltern diesen Anblick verkraften können. Erfahrung hat gezeigt, dass die Realität *nie* so schlimm ist wie die Monsterfantasien, die Eltern entwickeln, wenn sie ihr Kind nicht sehen.

In dem Film *Alive Again* wird die Geschichte einer Frau erzählt, die nach der Geburt ihres toten, fehlgebildeten Kindes, das sie nicht gesehen hatte, sechs Jahre lang psychotisch war. Ihr Kind hatte Anenzephalie gehabt, eine Fehlbildung, bei der anstelle des Gehirns eine Gewebsmasse an der Schädeldecke bloßliegt. Nach einiger Zeit wurde dem behandelnden Psychologen klar, dass sich die Mutter vorstellte, ihr Kind habe keinen Kopf gehabt. Die Besserung trat erst ein, als der Psychologe Röntgenaufnahmen besorgte, auf denen das Skelett des Kopfes ihres Kindes deutlich zu sehen war. Zur Heilung kam es, als ihr Schwiegervater einen Gehirntumor bekam und sie ihn baden und füttern konnte und ihm die Liebe und Pflege angedeihen ließ, die sie ihrem Kind gern gegeben hätte.

Sr. Jane Marie berichtet, dass sie es in all diesen Jahren *nur einmal* für besser gehalten habe, dass die Mutter ihr Kind nicht sieht – und selbst da zweifelte sie im Nachhinein ihre Entscheidung an. Sie sagt: »Eltern sehen ihr Kind mit den Augen des Herzens und nicht aus der klinischen Sicht des medizinischen Betreuungspersonals.« Fehlbildungen werden oft nicht wahrgenommen oder stehen zumindest nicht im Mittelpunkt der Betrachtung, sondern Eltern verweilen bei dem, was an ihrem Kind schön und einzigartig ist, und bewahren das in ihrem Herzen.

Das medizinische Betreuungspersonal meint manchmal, dass »man ein totes Kind ein paar Stunden oder Tage danach nicht mehr anschauen könne«. Ein erfahrener Bestatter hingegen äußerte mir gegenüber, dass er Babys auch am dritten Tage den Eltern zeige, und er meinte, dass sich das Aussehen sogar verbessere, da die anfänglichen blutergussähnlichen Flecken verschwinden. Eltern konzentrierten sich sowieso auf das Wesentliche und würden etwaige Veränderungen nicht so sehr wahrnehmen.

Manche Eltern fürchten sich vor der Totenstarre, die bei Erwachsenen nach vier bis zwölf Stunden einsetzt und mindestens einen Tag anhält. Sie wird in der Regel bei Totgeborenen nicht beobachtet. Totgeborene haben noch keine Darmbakterien, die sonst bei Leichen den Verwesungsprozess beschleunigen.

Wenn wir glauben, dass wir oder uns nahe stehende Menschen mit unserem Kind später noch einmal zusammen sein möchten, sollten wir dies kundtun. Ein tot geborenes oder nach der Geburt verstorbenes Baby kann im Kühlraum im Untergeschoss des Krankenhauses aufgebahrt werden, wo auch andere Verstorbene liegen. Auch wenn uns der Wunsch überfällt, unser Kind noch einmal zu halten, nachdem es bereits weggebracht worden ist, sollten wir dies mit unseren Betreuern besprechen. Falls unser Kind untersucht werden soll, um die Todesursache festzustellen, kann es möglicherweise schon zur Pathologie gebracht worden sein. Es kann – zugegeben mit etwas Aufwand – sogar von dort zurückgeholt werden. Oder wir können dem Bestatter sagen, dass wir es noch einmal sehen wollen. Unser Kind noch einmal bei uns zu haben, wenn unser Hormonsystem sich einigermaßen normalisiert hat, kann uns helfen, die Endgültigkeit seines Todes noch besser zu realisieren, was uns im Trauerprozess unterstützt. Meistens werden wir uns erst nach und nach unserer Bedürfnisse bewusst. Wir brauchen eine Chance, diesen, soweit es dann noch möglich ist, nachzukommen.

Oft haben wir Angst, das auszusprechen, was wir uns im Innersten wünschen. Wir scheuen uns, Fragen zu stellen. Wir befürchten, dass unsere schlimmsten Fantasien bestätigt werden. Wir mögen Hemmungen haben, einmal im Schock gemachte Äußerungen zu widerrufen. *Doch später ist es zu spät!* Dies uns klar zu machen gibt uns im Moment vielleicht die nötige Kraft, unsere Wünsche zum Ausdruck zu bringen.

Ich würde wer weiß was dafür geben, hätte ich unser Kind im Arm halten können.

Wir können uns fragen:
* ✿ Welche Ängste habe ich und was brauche ich, um sie zu mindern?
* ✿ Was wage ich nicht auszusprechen?
* ✿ Wie stelle ich mir den Moment der Geburt meines Kindes vor?
* ✿ Wen möchte ich bei der Geburt dabeihaben?
* ✿ Welche Wünsche habe ich in Bezug auf die Begegnung mit meinem Kind?
* ✿ Welche Wünsche habe ich, die meine/n Partner/in oder uns als Familie betreffen?
* ✿ Was denke ich, was ich vielleicht gerne machen würde, will es aber auf mich zukommen lassen?

✿ Welche Hilfestellung brauche ich von wem?
✿ Welchen Rahmen wünsche ich mir für Willkommen und Abschied meines Kindes (z.B. Kerze, Blume, Seidentuch)?
✿ Gibt es ein bestimmtes Kleidungsstück, mit dem ich es gerne gekleidet sehen möchte? Gibt es jemanden, der ein winziges Kleidchen für unser Baby nähen könnte (frühgeborenen Babys passen auch Puppenkleider; Kleider für Kleinstbabys s. Bezugsquellen)?
✿ Was möchte ich ihm »mitgeben«?
✿ Wie viel Zeit brauche ich mit ihm und mit meinem Partner allein?

Und nach der Begegnung:
✿ Hat die Zeit gereicht und habe ich meine Wünsche erfüllt?
✿ Was ist ggf. unerfüllt geblieben? Was möchte ich vielleicht noch nachholen, sofern das noch möglich ist?
✿ Was habe ich als etwas Besonderes an meinem Kind empfunden?
✿ Was möchte ich in meiner Erinnerung unauslöschlich zurückbehalten?
✿ Ist ein Symbol aufgetaucht für mein Kind?
✿ Sind mir in meinem inneren »Zwiegespräch« mit meinem Kind Worte oder Gedanken zugefallen?
✿ Was möchte ich von meiner Begegnung zur Erinnerung niederschreiben oder aufmalen?
✿ Was hat mir Probleme gemacht und wobei brauche ich von wem Hilfe?
✿ Welche Fragen habe ich noch?

• *Familienmitgliedern und uns wichtigen Menschen ermöglichen,
  unser Kind kennen zu lernen*

Als ich das Zimmer betrat, schlug mir eine Atmosphäre des Friedens entgegen. In einem der zwei Betten lehnte die Mutter, im anderen lag friedlich schlummernd der Sechsjährige. Der Vater saß auf dem Bett neben seiner Frau, und da waren auch noch die Großeltern und ein befreundetes Paar ... und mittendrin das Bettchen mit dem gerade in der 20. Woche tot geborenen Baby. »Diese Eltern werden nicht sagen müssen: Niemand hat unser Kind gekannt!« dachte ich. »Diese Eltern werden bestimmt nicht in der oft beklagten Isolation ihr Kind betrauern müssen!«

Besonders Müttern tut es weh, wenn ihr Baby nur für sie »wirklich« ist, wenn niemand sonst es gekannt hat. Selbst Väter haben oft Mühe, die Wirklichkeit ihres Kindes bewusst zu erfassen, bis sie es gesehen haben.

Auch Geschwisterkinder können nur wirklich be-greifen, was geschehen ist, wenn sie be-greifen dürfen. Abstrakt gelingt dies noch nicht. Kinder gehen mit dem Tod eines Babys meist ganz natürlich um (s. S. 147 ff.); nur die Gefühle der Erwachsenen aus der Ferne mitzubekommen lassen Ängste entstehen. Auch für Großeltern darf ihr verstorbenes Enkelkind nicht ein Abstraktum bleiben. Wenn Angehörige und nahe Freunde das tote oder dem Tode nahe Baby ebenfalls sehen, halten und eine Bindung zu ihm aufbauen können, werden sie mittrauern und den Eltern Verstehen und Unterstützung entgegenbringen können.

Es ist unabdingbar, dass Eltern die Möglichkeit haben müssen, solange sie es wünschen, mit ihrem verstorbenen Kind in einem intimen, würdevollen Rahmen zusammen sein zu können – umgeben von ihnen wichtigen Menschen.

Wir können uns fragen:
* ❀ Wer soll und würde es sich sicherlich wünschen, unser Kind auch kennen zu lernen (Großeltern, Familie, erwählte Paten ...)?
* ❀ Wer würde es auch gerne halten wollen?
* ❀ Welche Fragen bewegen die Geschwister? In welcher Form, je nach Alter, brauchen sie Vorbereitung und Antworten?
* ❀ Wie können wir für ein Geschwisterchen den Abschied anregen (Gemälde, Brief, Puppe, Geschenk)?
* ❀ Von wem hätten wir gerne ein Abschiedsfoto mit unserem Kind (s. folgender Abschnitt)?

Den Abschied einleiten

Unwiederbringliche Momente

Wenn wir mit der Situation konfrontiert werden, dass unser Baby sterben wird oder bereits tot ist, gibt es Momente und Gelegenheiten, die nie wiederkommen. Die gilt es zu nutzen. Wir dürfen uns die dafür notwendige Zeit und Ruhe nehmen, wenn nötig mit großer innerer Bestimmtheit.

Beate und ihr Mann, bei deren Begegnung mit der toten Christina ich zugegen sein durfte, erlebten diese als großes Geschenk. Der friedliche Ausdruck auf dem Gesicht ihres Kindes brachte auch ihnen Friede. Sie konnten sich nicht satt genug sehen. Der Vater nahm das Kreuzchen von seiner Halskette ab und steckte es dem Kind zu. Schritt für Schritt näherte sich Beate ihrem winzigen Baby, das zuerst im Bettchen, dann auf dem Bettrand und dann auf ihren angestellten Knien lag. Die Eltern schauten und schauten. Sie wussten, dass sie in diesen Augenblicken ein ganzes Leben einfangen mussten, dass jede Sekunde, jeder Blick eine monumentale Wichtigkeit hatte. Dann kamen zaghafte Berührungen und ein Das-Kindchen-ganz-nah-an-sich-Herannehmen. Ich ließ die Eltern allein, damit sie in Stille und Intimität Abschied von ihrem Kind nehmen konnten.

Dasselbe gilt auch für sterbende Kinder. Der Anblick ihres leidenden, möglicherweise an viele Apparate angeschlossenen Babys ist für Eltern sehr, sehr schmerzhaft. Es ist so natürlich für uns, unser Kind vor allem Leid schützen zu wollen. Doch hier sind wir absolut machtlos. Was wir tun können, ist, einfach da zu sein in dem Wissen, dass diese kleine Seele unsere Anwesenheit und Liebe spüren wird. Es berührt, gehalten, vielleicht sogar gestillt zu haben mag uns ein besonderer Trost sein, der unsere Trauer erleichtert. Die an der Seite auch eines so kleinen Menschen verbrachten Stunden oder Tage und Nächte bergen in sich die Kraft der Verwandlung.

Für mich ist es so tröstlich, dass mein Kind in meinen Armen sterben durfte. Irgendwie glaube ich, dass es vielleicht einen Einfluss auf sein Karma hat, dass es bei seinem Sterben nicht irgendwo mutterseelenallein war, sondern dass ich es mit meiner Liebe umhüllte und es mit meinen Tränen für den Rückweg in seine »Heimat« segnete.

Das Kind »wirklich« machen

- *Namensgebung und Taufe*

Kürzlich begleitete ich ein Paar, das gerade zum dritten Mal ein Kind verloren hatte, diesmal in der 31. SSW. Die beiden vorangegangenen Erfahrungen waren sehr negativ gewesen, und die Eltern hatten sie nie richtig verarbeitet. Ich fragte sie, ob sie daran gedacht hätten, ihrem tot geborenen Kind einen Namen zu geben. Beide schauten mich ganz erstaunt an. Dann meinte die Frau zu ihrem Mann:

Ja, das mag ja wirklich besser sein, wenn wir von ihm namentlich sprechen können, anstatt zu sagen: unsere dritte Fehlgeburt.

Dem Baby einen Namen zu geben hilft uns sehr bei unserer Trauer. Es macht es leichter, unserem Kind einen Platz und ein Andenken in der Familie zu erhalten, was für die seelische Gesundheit und die »Ordnung«

(Bert Hellinger) innerhalb der Familie wichtig ist, besonders wenn noch andere Kinder da sind.

Viele Eltern wünschen sich, dass die Namensgebung durch eine Taufe bekräftigt wird. Selbst Eltern, die sich vielleicht in den letzten Jahren der Kirche fern gefühlt haben, wird dies angesichts des Todes oder des nahenden Todes ihres Kindes manchmal ein dringliches Anliegen. Zunächst einmal darf jeder Mensch, der selbst getauft ist, eine Nottaufe vornehmen. Die Nottaufe wird, unter Angabe des dabei notwendigen Zeugen, an den zuständigen Pfarrer des Gemeindebezirks gemeldet, in dem das Krankenhaus liegt. Dieser trägt die Taufe ins Stammbuch ein und macht dann dem Pfarrer des Wohnorts Meldung. Bis Anfang dieses Jahrhunderts nahmen Hebammen vorgeburtlich Taufen vor, indem sie abgekochtes Weihwassser mit einem Klistier in die Scheide der Mutter einführten, wenn nicht sicher war, ob ein Kind seine Geburt überleben würde.

Für ein lebend geborenes, dem Tode nahes Kind kann ein herbeigerufener Pfarrer oder Priester eine Jähtaufe vornehmen. Wenn es tot zur Welt kommt, gerät jedoch manch einer durch den Wunsch der Eltern nach einer Taufe in Konflikt. Laut Kirchenordnung ist die Taufe nämlich nur für lebende Kinder gedacht. Es gibt aber noch eine andere Angehensweise: Geistliche können eine Taufe auch aus ihrer seelsorgerischen Verantwortung heraus vornehmen, um damit Eltern Trost und Hilfe zu spenden. Auf jeden Fall können sie das Kind aussegnen und es mit Handauflegen salben. Wenn uns die Taufe ein Anliegen ist, müssen wir weitersuchen und uns umhören, bis wir einen verständnisvollen Geistlichen finden. Anderen Menschen mag es näher liegen, ein eigenes Ritual zu entwickeln, um zu bekräftigen, dass ihr Kind, auch wenn es jetzt tot ist, »wirklich« ist.

Bezüglich Namensgebung können wir uns fragen:
- ✿ Ist dies der Name (sofern wir bereits einen ausgesucht haben), der diesem Kind gehören soll?
- ✿ Oder: Wer soll den Namen für dieses Kind aussuchen?
- ✿ Oder: Will ich hören, ob mir ein ganz eigener Name für dieses Kind zukommt?
  Wenn ja, können wir eine Weile unserem Atem lauschen und ganz bei uns ankommen. Die Gedanken lassen wir kommen und gehen. Wir können uns auch vorstellen, dass jemand »die Vorhänge an unserer Stirn beiseite zieht«. Dann wenden wir uns unserem Kind zu, sei es leiblich oder in Gedanken (dies ist auch schon während der Geburtsar-

beit oder zu einem späteren Zeitpunkt möglich), und öffnen uns für das Baby mit viel Zeit und Geduld. Dann fragen wir: »Was ist dein Name?« und lauschen auf eine Antwort. Wenn ein Name da ist, können wir die Frage anschließen: »Was bedeutet dein Name?« und hören ebenfalls auf eine Antwort. Es mag sein, dass die Antworten uns in der Tiefe unserer Seele bewegen.

Bezüglich Taufe oder existenzbekräftigendem Ritual:
✿ Möchte ich, dass dieses Kind getauft wird?
✿ Wenn unser Geistlicher nicht zur Taufe bereit ist, weiß ich sonst noch jemanden, der unser Kind sicherlich taufen würde?
✿ Oder: Wer könnte jemanden kennen?
✿ Wer soll ggf. eine Nottaufe vornehmen, wer soll Zeuge sein?
✿ Hatten sich bereits Paten gefunden und möchte ich diese einbeziehen?
✿ Würde mir eine Segnung Friede bringen?
✿ Möchte ich ein eigenes Ritual entwickeln?
✿ Wenn ja, welches Ritual oder welche Handlung könnte helfen, unser totes Kind »wirklich« zu machen und wäre bedeutungsvoll für uns?
✿ Wer könnte uns beistehen, ein solches Ritual zu entwickeln?
✿ Wen möchte ich dabei anwesend wissen?

• *Der Umwelt ein Zeichen geben*

Wir erleichtern Bekannten und Freunden den Umgang mit unserer Situation und machen unser Kind durch eine Geburts-Todesmitteilung auch für sie »wirklich«. Darin können wir ebenfalls Zeichen setzen für unsere Bedürfnisse zu diesem Zeitpunkt. Vielleicht wünschen und brauchen wir Nähe und Gespräche – vielleicht brauchen wir vorerst etwas Zeit für uns allein und signalisieren, wann wir wieder Kontakte haben möchten.

Wir können uns fragen:
✿ Möchten wir unsere Bekannten und Verwandten durch eine Mitteilung informieren?
✿ Wenn ja, was möchten wir damit signalisieren?
✿ Wie möchten wir diese Eröffnung verfassen? (Vielleicht wollen wir auch hier meditativ verfahren – s. Namensgebung – und Text und ggf. Zeichnung etc. aus einer tieferen Quelle in uns entstehen lassen?)

✿ An wen wollen wir sie verteilen?
✿ Wenn nein, wen wollen wir trotzdem über den Tod unseres Kindes informieren und wie?

Jedes Leben ist in der Tat
ein Geschenk
Egal wie kurz
Egal wie zerbrechlich
Jedes Leben ist ein Geschenk
Welches für immer
in unseren Herzen weiterleben wird.

Daniel Clarke Gould
geboren und gestorben
am 27. Mai 1986
4630 g, 57 cm, rotblondes Haar

Eine Geburts-Todesanzeige (von Sandra Gould, Washington), mit der die Eltern sich und ihren Freunden öffentlich das kurze Leben ihres Kindes »wirklich« machen.

- *Beweise für die Existenz des Babys gewinnen*

... das Geheimnis der Erlösung heißt Erinnerung ... (Richard von Weizsäcker)

Es ist manchmal schwer, sich zu erinnern, was im Schock passierte. Wenn wir unser Kind noch unter Schockeinfluss und zudem unter dem Schutz der Geburtshormone gesehen haben, mag es sein, dass die Erinnerungen nach einiger Zeit verblassen.

Ich dachte, ich würde keine Fotos brauchen, weil ich meine Tochter nach der Geburt gar nicht als tot begriff. Später habe ich bedauert, keinerlei Anzeichen für ihre Existenz zu haben.

Das versetzt uns manchmal in Panik. Wenn wir unser Kind erst gar nicht gesehen haben, fällt es uns schwer, die Realität wahrzuhaben. Der Wunsch, doch ein Foto zu haben, kommt oft erst nach Monaten. Erinnerungen zu haben hat sich für eine gesunde Verarbeitung unserer Trauer und für die heilsame Integration unseres Kindes in unser Leben als *sehr wichtig* erwiesen. Durch konkrete Erinnerungen finden wir leichter Zugang zu unseren Gefühlen. Durch Fotos z.B. können wir uns selbst, unseren Freunden und Verwandten und unserer Umwelt zeigen: »Dieses Kind ist ›wirklich‹! Ich trauere nicht um ein Phantom, ich trauere nicht um einen Traum, ich trauere um dieses mein Kind!« Auch für schon vorhandene Geschwister, die zum Zeitpunkt des Geschehens womöglich noch zu klein sind, um sich später erinnern zu können, oder für nachfolgend geborene Kinder ist es gut, bei Nachfragen sagen zu können: »Das war eure Schwester, das war euer Bruder.«

Laura kam vor viereinhalb Jahren tot zur Welt. In der letzten Zeit fingen unsere nachfolgend geborenen Kinder plötzlich an, ständig Fragen darüber zu stellen. Die Frage, wie es ausgesehen hat, konnte ich ihnen zu meinem großen Leidwesen selbst nicht beantworten. Ich weiß nur, dass es ein sehr schönes, friedlich aussehendes Baby gewesen sein muss, weil der Bestatter dies meiner Mutter gesagt hatte. Dann kam ich auf die Idee, dass ja vielleicht irgendwo Fotos existieren könnten. Ich rief an verschiedenen Stellen an – Arzt, Krankenhaus, Pathologie, Bestatter, aber leider hat niemand ein Bild gemacht ...

Wir oder die Menschen, die Fotos machen, sollten bedenken, dass wir keine große Chance haben werden, weitere Aufnahmen zu machen. Wir sollten deshalb auf einen liebevollen, würdevollen Rahmen achten. Die Fotos sollen ja dieses Kind als Teil unserer Familie dokumentieren. Da wünschen wir uns möglicherweise auch Bilder von ihm auf dem Arm von Geschwistern, Großeltern oder den bereits vorher ausgesuchten Paten.

Die meisten Kliniken halten inzwischen Fotoapparate bereit, meistens Sofortbild-Kameras. Aber vielleicht wollen wir lieber mit unserem eigenen Apparat fotografieren und die Fotos über Nacht entwickeln lassen. Wenn wir damit nicht zufrieden sind, haben wir so noch die Chance für weitere Bilder am nächsten Tag. Fuß- und Handabdrücke (mit einem Stempelkissen gemacht) sowie möglicherweise eine Haarlocke sind eine noch direktere Erinnerung an unser Kind. Hand- und Fußabdrücke können auch als Gipsabdruck gemacht werden. Vielleicht könnte man auch die alte Sitte der Totenmasken wieder aufleben lassen.

Wir können um eine Bettkarte mit den Daten unseres Kindes und mit seinem Namen bitten, um ein Identifikationsbändchen oder um ein Tuch, in das es eingewickelt war, wenn dies nicht von der Klinik sowieso schon angeboten wird. Manche Kliniken haben hausintern eine Urkunde entworfen, um die Geburt des toten Babys zu bestätigen. Alles, was die Existenz unseres Kindes uns und anderen bezeugt und die Erinnerung an unser Baby wieder wachruft, kann hilfreich sein, wenn wir in unserem Trauerprozess zeitweise festgefahren sind.

Viele Krankenhäuser machen jetzt unaufgefordert Fotos von tot geborenen Babys und heben sie einige Jahre lang auf, weil die Erfahrung gezeigt hat, dass manche Eltern erst lange Zeit später spüren, dass sie das Anschauen zur vollständigen Verarbeitung der Erfahrung brauchen.

Wir können uns fragen:
* ✿ Welche Erinnerungsstücke wünsche ich mir?
* ✿ Wie wünsche ich mir die Bilder von meinem Kind?
* ✿ Möchten wir Fotos mit unserem eigenen Fotoapparat machen?
* ✿ Möchte ich die Fotos gleich entwickeln lassen, um bei Misslingen eine zweite Chance für weitere Fotos zu haben?
* ✿ Falls es keine konkreten Erinnerungsstücke gibt, welche Symbole könnten mir eine Hilfe sein, und wie will ich diese einsetzen (s. S. 129 f.)?

Was soll mit unserem toten Kind geschehen?

Autopsie – ja oder nein?

Oft haben wir Fragen in uns, die wir gar nicht formulieren können oder die wir nicht zu stellen wagen aus Angst vor der Antwort. Unvorbereitet werden manche Entscheidungen von uns gefordert. Eine dieser Entscheidungen betrifft die Frage der Autopsie. Meistens wird Eltern angeraten, die Todesursache ihres Kindes pathologisch feststellen zu lassen. Außer in manchen Fällen von Plötzlichem Kindstod, wo eine Autopsie gerichtlich angeordnet wird, ist es Sache der Eltern, einer solchen Untersuchung zuzustimmen oder sie abzulehnen. (Falls Eltern schriftlich ihre Einwilligung gegeben haben, können sie diese innerhalb von zwölf Stunden nach Einlieferung des Babys in die pathologische Abteilung zurückziehen.)

Was geschieht bei einer Autopsie (ebenfalls Obduktion genannt)? Wir mögen Fantasien haben, dass Kinder in der Pathologie »zerschnippelt« werden. Doch dem ist nicht so. Bei einer Autopsie wird wie bei einer Operation am Körper ein Schnitt gemacht, Gewebeproben der Organe entnommen und die Haut dann, genau wie bei einem lebenden Menschen, wieder vernäht. Danach wird das Kind zur Bestattung freigegeben.

Ein vorläufiges Ergebnis bekommt man gewöhnlich schon nach einigen Tagen. Die Gewebeproben werden in einer konservierenden Flüssigkeit aufbewahrt für eingehendere Tests zu einem späteren Zeitpunkt, ebenso wie früh fehlgeborene Babys, die noch nicht der Bestattungspflicht unterliegen. Oft dauert es deshalb eine Weile, bis Eltern einen abschließenden Autopsiebefund erhalten.

In manchen Fällen mag es wünschenswert und sinnvoll sein, die genaue Todesursache herauszufinden, in anderen Fällen erübrigt sich eine Autopsie, weil die Ursache offensichtlich ist. Manche Eltern fürchten, mit einer Obduktion der Kirche zuwiderzuhandeln, doch die christlichen Kirchen haben keine Einwände dagegen. Es mag trotzdem sein, dass es unserer Lebenseinstellung mehr entspricht, den Tod unseres Kindes als schicksalhaft hinzunehmen und ihn nicht medizinisch ergründen zu wollen.

Wir können uns fragen:

✿ Welche Fragen haben wir zur Obduktion, und an wen wollen wir sie richten?

✿ Inwieweit würden uns durch eine Autopsie gewonnene Informationen hilfreich sein?

✿ Möchten wir, dass unser Kind obduziert wird, oder möchten wir in der gegebenen Situation nicht nach den Todesursachen forschen?

✿ Falls wir eine Einwilligung zur Obduktion gegeben und unsere Meinung im Nachhinein geändert haben, bei wem wollen wir die Einwilligung widerrufen?

Gedanken und Informationen zur Bestattung

• *Die gesetzliche Situation*

Grundsätzliche Dinge werden durch das Personenstandsgesetz geregelt. In Deutschland wurde am 1.4.1994 in der Personenstandsverordnung die Grenze, ab der ein Mensch als zu beurkundende Person angesehen wird, von 1000 Gramm auf 500 Gramm geändert. Zug um Zug ändern die Länder ihre Bestattungsgesetze entsprechend.

Das über den Tod hinauswirkende Persönlichkeitsrecht des Verstorbenen und sein Anspruch auf eine ungestörte Totenruhe gebieten eine ehrfurchtsvolle Behandlung. (Hessisches Bestattungsgesetz)

Diese Gesetzesänderungen tragen sowohl neueren psychologischen Erkenntnissen über die Wichtigkeit eines Begräbnisses für die Trauerarbeit als auch den medizinischen Fortschritten, vor allem aber dem Wunsch vieler betroffener Eltern Rechnung. Sie sind auch eine Anerkennung für die Selbsthilfegruppen und Kirchenorganisationen sowie einzelne Personen, die sich vereint für eine menschenwürdigere Handhabung Totgeborener eingesetzt haben. Eine kürzlich beschlossene Änderung der Allgemeinen Verwaltungsvorschriften zum Personenstandsgesetz sieht u.a. vor, dass auch tot geborene Kinder in das Geburtenbuch und in das Stammbuch eingetragen werden – auf Wunsch der Eltern mit Angabe eines Namens.

Da die *Bestattungsgesetze* von den einzelnen Bundesländern beschlossen werden, variieren sie. Darüber hinaus werden Bestattungen durch die Friedhofssatzungen der einzelnen Städte und Gemeinden geregelt; deshalb kann hier auch keine allgemein gültige Information gegeben werden. Es wäre gut, wenn Betreuende in den Krankenhäusern über die örtliche Situation und über die Regeln informiert wären, ansonsten kann man die Bestimmungen bei den Ordnungsämtern der Städte- und Gemeindeverwaltungen bzw. den Friedhofsverwaltungen erfragen oder sie von den Bestattern erhalten. Auch Selbsthilfegruppen wissen Bescheid. Leider herrscht bezüglich der Bestattung fehl- und tot geborener Babys häufig Unwissen und Verwirrung.

Babys unter 500 Gramm fallen nicht unter die bestattungspflichtigen Personen; es obliegt der Krankenhausverwaltung, sich um die »Entsorgung« zu kümmern. Es bleibt zu hoffen, dass dies auch bereits bei so kleinen Babys zunehmend im Sinne und im Bewusstsein der Würde menschlichen Lebens geschieht.

Auch nicht-bestattungspflichtige Babys können auf Wunsch der Eltern mit Hilfe der *Ärztlichen Unbedenklichkeitsbescheinigung für die Bestattung nicht-bestattungspflichtiger Babys* (s. S. 335) eine Sonderbewilligung des Ordnungsamts für ein Begräbnis erhalten. Wenn es dabei Probleme geben sollte, kann man sich an die »Lobby« für Hinterbliebene, das Kuratorium Deutsche Bestattungskultur (Adresse s. Anhang), wenden.

Wenn es mein tiefster innerer Wunsch ist, dass mein Kind beerdigt werden soll, dann muss das doch möglich sein – egal, wie groß oder schwer es ist!

Bei bestattungspflichtigen Babys stellt ein Arzt nach einer Untersuchung den Totenschein aus. Auf dem Standesamt der Gemeinde, in der das Begräbnis stattfindet, wird der Sterbefall in das Sterberegister eingetragen und eine Bestattungsgenehmigung erteilt, die zusammen mit dem Stammbuch der Familie an den Bestatter übergeben wird.

Ein toter Mensch darf frühestens nach 48 Stunden begraben werden, die Bestattungsfrist hingegen ist Ländersache. (Für eine Urnenbeisetzung nach einer Verbrennung gibt es keine gesetzlichen Pflichten, wohl aber werden die Fristen durch die Friedhofssatzungen geregelt. Sie betragen in der Regel vier bis acht Wochen. Eine Bewilligung zur Verlängerung der Frist, z.B. wenn die Mutter nach einem Kaiserschnitt erst nach dem vorgegebenen Bestattungszeitraum die Klinik verlassen kann, erteilt das Ordnungsamt der zuständigen Gemeinde. Auf Wunsch veranlasst dies der Bestatter.

- *Erfahrungen und Wünsche von Eltern*

Sobald wir eine Bindung zu unserem Kind empfinden, ist es ganz natürlich, dass wir es, auch wenn es nicht lebend zur Welt kam, im Todesfall mit Ehrfurcht und Würde behandelt wissen wollen. Für Eltern, die ihr Kind kennen lernen konnten, wird es oft selbstverständlich, es bestatten zu lassen. Ein Vater, der anfangs gar nicht sicher war, ob er sich einlassen wollte, sagte danach:

Es ist jetzt gar keine Frage mehr, dass ich mein Kind sehen musste, und es ist gar keine Frage, dass es beerdigt werden muss.

Die Erfahrung hat gezeigt, dass eine Bestattung, so schwer sie auch empfunden werden mag, die meisten Betroffenen in ihrer Trauerarbeit weiterbringt. Das Begräbnis ist wie ein Meilenstein auf dem Trauerweg. Für die meisten Menschen ist es tröstlich zu wissen, wo ihr Kind begraben ist. Es ist gut, einen Platz zu haben, wo sie ihre Trauer hintragen können.

Ich musste schon allen Mut zusammennehmen, um zu sagen, dass ich mir wünsche, dass unser winziges Kind beerdigt wird. Auf mein wiederholtes Fragen wurde mir gesagt, dass ein Baby unter 500 Gramm nicht beerdigt werden könne. Es sei ein »Abortabfallprodukt«, und ich habe keine Verfügungsgewalt darüber. Erst später erfuhr ich, dass dies nicht stimmt. Es muss nicht, kann aber beerdigt werden. Als ich dies erfuhr, war es jedoch dafür zu spät. Ich habe lange gebraucht, um darüber hinwegzukommen. Immer wieder hat es an mir genagt, haben mich die Gedanken verfolgt: Was ist jetzt mit meinem Kind? Wo ist es jetzt? Und so ganz schlimm der Gedanke, es ist vielleicht irgendwo im Abfalleimer gelandet.

Viele Eltern, mit denen ich sprach, hatten ähnliche Befürchtungen. Eine würdevolle Behandlung ihres Kindes war ihnen ganz wichtig. Ein Paar setzte sogar durch eine einstweilige Verfügung des Regierungspräsidenten die Bestattung seines Babys durch. Wo eine Beerdigung entgegen des eigenen Wunsches nicht möglich war, hinterließ dies oft für lange Zeit eine offene Wunde.

Je mehr wir das Begräbnis oder die Trauerfeier mitgestalten, desto bedeutungsvoller und somit hilfreicher sind sie auf unserem Weg. Manchmal wollen uns wohlmeinende Menschen hier »schützen«, indem sie anbieten, »diese Dinge« für uns zu erledigen. Doch wenn wir unsere Entscheidung getroffen haben, sollten wir uns nicht beirren lassen und so viel wie möglich selbst tun.

Einen Platz haben, wo man die Trauer hintragen kann.

Meine Schwägerin versuchte mir einzureden, ich solle mich doch nicht auch noch mit der Beerdigung belasten, sie würden mir das gerne abnehmen. Aber für mich war es ganz wichtig, dabei zu sein und zu helfen, die Feier mitzugestalten. Es war der letzte Liebesdienst, den ich meinem kleinen Engel erbringen konnte, und mein ganz bewusster Abschied von ihm.

Es kann für eine Mutter bedeutungsvoll sein, ihr Kind selbst in seinen Sarg zu legen. In dem australischen Film *Auch Babys sterben* (s. Bezugsquellen) ließ die Mutter der kleinen Cosma ihr verstorbenes Kind mehrere Tage hintereinander bringen und lernte ihr Baby wirklich kennen in der Gegenwart seiner drei kleinen Geschwister. Am Ende bettete sie Cosma persönlich auf einem weichen Lammfell in den kleinen weißen Sarg im Beisein ihrer eigenen Mutter und des fürsorglichen Trauerteams.

Wenn Dinge so geschehen, wie sie unserem tiefsten Inneren entsprechen, dann gibt es vielleicht selbst in der schlimmsten Situation unseres bisherigen Lebens so etwas wie ein »Gut«. Sich dafür einzusetzen ist lohnenswert.

Näheres über die Bestattung

- *Bestattungsmöglichkeiten*

Es besteht die Möglichkeit, ein Reihengrab oder ein Privatgrab für eine bestimmte Zeit zu kaufen oder ein Baby im Familiengrab zu bestatten. Auf manchen Friedhöfen gibt es Kinderreihengräber, mancherorts, wie z.B. auf dem Katholischen Friedhof Augsburg, sogar ein liebevoll angelegtes Grabfeld für nicht bestattungspflichtige Kinder. Auf Wunsch der Eltern erledigen Bestattungsunternehmen alle behördlichen und kirchlichen Formalitäten und besorgen eine Grabstätte, es sei denn, sie wollen diese lieber selber aussuchen. Bestatter handeln auch eigenständig, wenn Menschen, aus welchen Gründen auch immer, sich an den Entscheidungen nicht beteiligen können. Doch wo immer möglich sollten Eltern in das Ritual einer Beerdigung einbezogen und ihre Eigeninitiative gefördert werden. Dies hat sich für die Trauerverarbeitung als positiv erwiesen.

- *Kosten für eine Bestattung*

Angesichts des Todes eines Kindes mag es banal wirken, über die Kosten einer Bestattung zu sprechen. Doch ist es vorgekommen, dass die Erfüllung von Herzenswünschen der Eltern an ihrer Scheu scheiterten, materielle Dinge anzusprechen.

Als unser Kind tot geboren wurde, waren wir in einer finanziellen Notlage. Ich hätte es gerne bestatten lassen, fürchtete aber, dass eine Beerdigung zu teuer sein würde. Da ich mich schämte, nach den Kosten zu fragen, überließen wir die Abwicklung schließlich der Krankenhausroutine.

Je nach Art des Begräbnisses und der Region betragen die Kosten einer Beerdigung für ein tot geborenes Baby zwischen Euro 250,— und 1.250,— (inkl. Grabstätte). Es spielt eine große Rolle, ob man auf dem Land oder in der Stadt wohnt, und natürlich gibt es Preisunterschiede von Unternehmen zu Unternehmen. Lobenswerterweise werden die Kosten für Kinderreihengräber mancherorts von den Gemeinden oder der Kirche getragen, und ein mir bekannter Bestatter beerdigt Kleinstbabys sogar kostenlos.

Mit wachsendem Bewusstsein auch von Seiten der Kommunalpolitiker für die besondere Situation verwaister Eltern bleibt zu hoffen, dass in

Zukunft elternfreundliche Änderungen von Friedhofssatzungen erwirkt werden. Leider hat die Gesundheitsreform Eltern von Totgeborenen und nach der Geburt sterbenden Kindern benachteiligt: Das Sterbegeld, das zuvor einen Teil der Begräbnisausgaben deckte, wurde ersatzlos gestrichen. In Notfällen übernimmt das Sozialamt auf Antrag die Kosten für das Begräbnis.

* *Wenn ein eigenes Grab nicht gewünscht oder möglich ist*

Eine Bestattung mit Grab zu haben entspricht nicht den Wünschen und Grundeinstellungen aller Menschen. Manche würden z.B. lieber die Asche ihres Kindes an einem Ort der Schönheit verteilt wissen (s. S. 104). Dies ist laut unserer Gesetzgebung leider nicht möglich, außer auf See oder im Ausland. Etliche Menschen wollen, zumindest zunächst einmal, kein eigenes Grab. Manche Eltern übergeben ihr totes Kind für Forschungszwecke der Pathologie, die sich dann um ein Begräbnis kümmert. Mancherorts gibt es zentrale Gräber für Totgeborene. Auf den Friedhöfen einiger größerer Städte können tote Babys auf Wunsch in einem anonymen Grabfeld beerdigt werden.

Vom kirchlichen Krankenhaus, in dem ich in den USA arbeitete, wurde ein Teil des Krankenhausparks zur Bestattung fehlgeborener Kinder freigegeben. Bei der Einweihungsfeier wurde ein Stein aufgestellt zum Gedenken an alle Kinder, die einen unzeitigen Tod erlitten haben. (Sr. Jane Marie)

Das anonyme Beilegen eines Babys im Grab eines unbekannten gerade zu beerdigenden Verstorbenen, wie es jahrzehntelang praktiziert wurde, ist, soweit ich das in Erfahrung bringen konnte, nicht mehr zulässig und zumindest für die Trauerverarbeitung auch nicht wünschenswert. Kleine Babys können aber dem Grab eines geliebten Familienangehörigen beigelegt werden. Manchen ist dies eine große Beruhigung. Ansonsten kann ein Ersatzritual Eltern Trost geben.

Die Idee, ein Ritual zu schaffen, hat uns sehr gut gefallen. Wir wollen, noch bevor wir umziehen, zu dem Massengrab fahren, um von dort etwas Erde zu holen. Darin wollen wir dann auf unserem Grundstück am neuen Wohnort für Philip einen Baum pflanzen. Ich brauche einen Ort, an den ich immer wieder gehen kann, wenn schon kein Grab vorhanden ist.

<u>*Wir können uns fragen:*</u>

✿ Was ist der gesetzliche Status unseres Kindes in Bezug auf Beerdigung?
✿ Wenn mein/unser Kind bestattungspflichtig ist, was ist mein/unser Wunsch bezüglich der Bestattung?
✿ Wenn unser Baby nicht bestattungspflichtig ist, was ist mein/unser Wunsch?
✿ Wenn wir es beerdigen lassen wollen, mit welchem Bestattungsinstitut wollen wir zusammenarbeiten? Wo können wir Informationen dazu bekommen?
✿ Welche Grabmöglichkeiten gibt es in unserer Gemeinde und was sind meine/unsere Wünsche?
✿ Welche Wünsche haben wir für die Beerdigung oder sonstiges Ritual (s.u.)?
✿ Wer soll anwesend sein?

Rituale als Lebenshilfe

Rituale scheinen zu unserem Menschsein zutiefst dazuzugehören. Rituale bauen Gemeinschaft auf und werden andererseits auch von ihr getragen. Wenn die Bedeutung von Ritualen in einer Kultur abnimmt, steigt oft die Orientierungslosigkeit.

Wir können uns ganz eigene oder familienbezogene Rituale schaffen. Rituale dienen dazu, innere Prozesse durch rituelle Handlungen im Außen sichtbar zu machen. Die stille Sprache der Symbolik fördert unser Verstehen und Verarbeiten auf einer tieferen – bzw. höheren – Ebene und hilft unserem inneren Wesen, die Veränderung, die Verwandlung zu integrieren. Rituale helfen uns, die Bedeutung besonderer Situationen hervorzuheben und ihnen Raum und Würde zu geben.

In allen Kulturen gibt es eigene Rituale – *rites de passage* – für alle großen Übergänge von einer Lebens- oder Daseinsstufe zur anderen. Sie sollen diese erleichtern und gelingen lassen. Denn Altes loszulassen ist oft nicht leicht, und Neues, Unbekanntes erhöht zunächst die Spannung in uns. Da ist etwas Hilfe schon angebracht. Teil aller fruchtbaren Übergangsrituale ist es, Gewesenes anzuschauen, zu erkennen, was es einem gebracht hat, es zu verabschieden und es loszulassen, um Raum zu schaffen für Neues. Gute Rituale stützen sich auf verlässliche, vertraute Muster, lassen aber Raum für Spontaneität und Individualität.

In unserer Situation fallen zwei der wesentlichsten Übergänge im Leben der Menschen – Geburt und Tod – zusammen. Dies fordert ungeheuerlich viel von uns als Einzelne oder als Paar, und da ist es sehr verständlich, dass häufig ein starkes Bedürfnis nach einem Ritual besteht, durch das wir ein Eingebundensein in der Gemeinschaft unserer Familie, Freunde und Mitmenschen erfahren können.

Vielen trauernden Eltern, mit denen ich gesprochen habe, war es ein ungemein wichtiges Anliegen, dass andere die Existenz ihres verstorbenen Kindes wahrnahmen und anerkannten. Gerade wenn unser Kind nicht auf dieser Erde gelebt und es sonst niemand gekannt hat, kann eine Beerdigung anderen bekunden: Wir hatten ein Kind, und dieses Kind lebt nun nicht mehr. »Die nicht beerdigten oder durch eine Handlung verabschiedeten Kinder lassen Mütter und Väter oft nicht bzw. nur mühsam zur Ruhe kommen und erschweren ihnen die Trauerarbeit«, stellt die Seelsorgerin Dorothea Bobzin fest.

Manchmal werden tote Babys beerdigt, bevor die Mutter das Krankenhaus verlassen konnte. Doch alles Gesagte zeigt, dass es gut ist, wenn *beide* Eltern zugegen sind. Bei dem Ritual der Beerdigung geben wir den Körper des Kindes der Erde zurück. Dieser äußerst schmerzhafte Schritt hilft uns, die Endgültigkeit und Realität seines Todes wirklich zu begreifen – als erste Aufgabe auf dem Weg zum Heilen. Was dieses gestorbene Kind uns bedeutet, was es uns gebracht hat, können wir erst im Lauf der Zeit ermessen.

Rituale sind Menschen also Lebenshilfe. Es ist gut, sie am Leben zu erhalten. Wo Rituale leer geworden sind, müssen wir sie vielleicht mit neuem Sinn füllen oder uns durch das Schaffen eigener Rituale den Umgang mit diesem Tod erleichtern. Je mehr ein Ritual für uns stimmig ist und uns in der Tiefe entspricht und anspricht, desto mehr wird es uns auf unserem Weg hilfreich sein.

Wenn wir einer Kirche angehören, werden wir wahrscheinlich wollen, dass die Beerdigung unseres Kindes als kirchliche Handlung vorgenommen wird. Wir können unsere Wünsche äußern und dieses Ritual nach unseren Bedürfnissen mitgestalten, damit es ein Meilenstein auf dem Weg zu unserem Heilwerden werden kann. Wir können Lieder, Gedichte, Texte und Lesungen (s. z.B. S. 326 ff.) auswählen und Symbole verwenden, die uns trösten. Die katholische Kirche hat eine Arbeitshilfe (No. 109: *Eltern trauern um ihr totes neugeborenes Kind;* s. Bezugsadresse), die evangelische Kirche hat in ihrer Gottesdienstordnung entsprechende Texte. Andere Religionen haben eigene Riten. Es kann sein, dass ein Geistlicher uns das kirchliche Ritual verweigert, weil ein Kind noch nicht gelebt hat oder nicht getauft war. Wenn uns das Begräbnis durch einen Geistlichen wichtig ist und wir bei unserem eigenen kein Verständnis finden, sollten wir einen anderen fragen. Wir können ein christliches Begräbnis auch ohne Geistlichen durchführen (s. Rundverfügung G 14/1985 vom 13.6.1985 der Evangelisch-Lutherischen Landeskirche Hannover). Dafür wählen wir biblische Texte und Gebete aus, die für uns Bedeutung haben und die uns Trost geben. Im Anhang sind einige Anregungen zu finden. Das amerikanische Buch *Bittersweet ... hellogoodbye* (Bezugsadresse im Anhang) ist reich an Vorschlägen. Natürlich können wir unser Kind auch in aller Stille im Kreise lieber Freunde und Familienmitglieder weltlich bestatten. Wie auch immer, vielleicht mögen wir einfühlsame Freunde bitten, uns bei den Überlegungen und der Gestaltung eines für uns bedeutungsvollen und gemäßen Abschiedsrituals zu unterstützen. Sandy, deren sechstes Kind, auf das sich die ganze Familie sehr gefreut hatte, tot geboren wurde, berichtet:

Daniels Körper wurde verbrannt. Meine Zwillingsschwester kam mit ihrer Familie von San Francisco angeflogen. Wir fuhren zum Gipfel des Mt. Rainier, einem atemberaubend schönen Berg, 45 Minuten von unserem Haus entfernt. Wir verstreuten die Asche über dem Berg, und meine 11-jährige Tochter verlas ein tröstliches Gedicht über ein tot geborenes Baby, meine 9-jährige Nichte spielte ein wunderschönes Lied auf der Flöte, und die anderen Kinder hatten Margeriten gepflückt, die sie der Asche hinterherwarfen. Es war für mich eine bedeutungsvolle Zeremonie.

Martha aus Kärnten schildert den Ablauf des Gottesdienstes für ihr tot geborenes Kind Sebastian Moses, den sie gemeinsam mit ihrem Mann, dem befreundeten Priester und den ihnen anvertrauten Jugendlichen gestaltete:

Unser Freund leitete den Wortgottesdienst. Ich legte in die Mitte unseres Kreises auf zwei Babydecken alles, was ich für die Geburt und für unseren Sebastian vorbereitet hatte: Windeln, Strampelhosen, Hemdchen, Spielzeug, Schwangerschaftsbücher, Bücher über Geburt und Stillen usw. Nach der Lesung haben wir unseren Freunden und Bekannten viel über die Zeit mit Sebastian erzählt – wie wir uns auf ihn gefreut und welche Bedeutung für uns die Geburt hatte. Wir erzählten von den ersten Bewegungen, die wir gespürt hatten, wie es für uns war, als er das erste Mal auf Orgelmusik reagierte usw.
    Als wir an der Stelle ankamen, wo die Ärztin mir sagte, dass das Kind bereits tot sei, legte Martin ein großes schwarzes Tuch über die Babysachen, und wir saßen eine Zeit lang vor dem schwarzen Tuch, vor dem Tod. Es war ein Versuch, das Unfassbare anschaulich zu machen. Dann begannen Peter, Martin und ich ein Taizé-Lied zu singen: »Im Dunkel unserer Nacht entzünde ein Feuer, das nie mehr verlöscht, das niemals mehr verlöscht ...«
    Dann erzählten wir allen, was uns noch leben lässt, welche Worte, Gedanken und Gesten immer wieder unseren Schmerz sprengten und für etwas Neues transparent

machten. Als Ausdruck für diese Hoffnungen legten wir lauter bunte Blumen auf das schwarze Tuch, Blumen und Symbole. Die Freude auf ein Wiedersehen, auf ein ganz großes Fest der Begegnung, war einfach zutiefst spürbar.

Die Jugendlichen bereiteten Texte und Kerzen vor und hatten so die Möglichkeit, *ihre* Trauer zum Ausdruck zu bringen. Nach dem Wortgottesdienst luden wir alle zu einer Agape ein, denn Gott ist in der Gemeinschaft, die uns trägt, gegenwärtig. Diese Feier hat uns allen sehr, sehr gut getan.

Der folgende Brief wurde bei der Beerdigung von Rebecca, die mit elf Monaten starb, verlesen, während Luftballons in den Himmel stiegen:

Liebe kleine Rebecca Lea Andrea,
leise und sanft hast du uns verlassen, wider deine Natur,
denn laut und ungestüm, so warst du, schon vor deiner Geburt.
Dann dein Geburtstag – aufregend und turbulent.
So begann es, und so blieb es
dein kleines, kurzes Leben lang.

Für uns, die wir uns alle gerne an dich erinnern,
warst du etwas Besonderes.
Du warst einfach du.
Jeden von uns hast du mit Blicken beseelt.
Du warst dir deines Charmes schon bewusst,
hast jeden zum Lächeln gebracht,
ohne der Sprache mächtig zu sein.
Ohne viele Worte konntest du deine Lebensfreude verbreiten.
Du kleine Hexe.

An alle deine kleinen Scherze werden wir uns gerne erinnern,
an deine Augen denken, die neugierig und offen waren,
und an die dir eigene Stimme,
die wie der Herbstwind in blattlosen Bäumen erklang,
so rau und tief,
wenn du über unsere Späße lachtest.

Ja, du lebst weiter in unserer Erinnerung,
auch wenn wir jetzt in Trauer, Wut und Verzweiflung
einsam hier stehen mit vielen Fragen in unseren Köpfen.
Elf Monate lang hast du uns an deiner Lebensfreude teilhaben lassen,
und wir danken dir für jede Minute davon.
Wir vergessen dich nie.
Mach's gut, kleine Hexe.

Oft findet ein Begräbnis zu früh statt, in der Phase, in der Betroffene noch wie gelähmt sind. Manchmal konnte die Mutter selbst nicht an dem Begräbnis teilnehmen, oder die Eltern wollten niemanden dabeihaben, weil sie fürchteten zusammenzubrechen. Es ist angemessen, zu einem späteren Zeitpunkt ein Trauerritual nachzuholen. Ein Elternpaar lud dazu wie folgt ein:

Liebe Freunde,
als unser Kind tot geboren wurde, wollten wir allein sein. Wir hatten nicht die Kraft, viele Menschen um uns zu haben. Wir wissen, dass wir einige von euch vor den Kopf gestoßen haben. Für uns ist die Trauer immer noch nicht vorbei. Wir würden euch nun gerne mit einschließen und das nachholen, was uns damals nicht möglich war. Wir möchten euch bitten, am … um … mit uns von unserem Haus aus zusammen zum Grab unseres Kindes zu gehen, und laden euch im Anschluss zu einer Gedenkfeier ein.

Auch oder gerade dann, wenn wir keine Möglichkeit zu einer Beerdigung haben, kann natürlich ein Gedenk- oder Trauerritual im Kreise auserwählter Menschen von großer Bedeutung sein.

Mit Hilfe der Diaserie [von Julie Fritsch, s. Bezugsquellen, A.d.A.] gestalteten wir eine Andacht für unseren kleinen Alexander. Es war sehr feierlich, und unsere Tränen sind nur so geflossen … Für uns war es ein guter Ersatz dafür, dass wir unseren Sohn nicht begraben durften.

Bei einem Menschen, der gelebt hat, halten wir bei einer späteren Gedenkfeier Rückschau auf sein Leben. Vielleicht kann es für uns Eltern heilsam sein, nachdem einige Zeit seit dem Tod unseres Kindes vergangen ist, ein Gedenkritual zu halten. Wir können dabei reflektieren, was dieses Kind für unser Leben bedeutet hätte und was es in seinem »Nichtleben« weiterhin für uns bedeutet. Vielleicht wollen wir uns liebe Menschen dazu einladen.

In vielen Kulturen gibt es offizielle Zeremonien zu späteren Zeitpunkten, die für Hinterbliebene Meilensteine in ihrer Trauerverarbeitung bedeuten können.

Wir können uns fragen:
* ✿ Liegt uns die Durchführung eines Begräbnisrituals oder einer Trauerfeier am Herzen?
* ✿ Wenn ja, welche Wünsche haben wir in Bezug auf ein Ritual?

✿ Welche Handlungen, Lieder, Texte, Gedichte, Symbole würden unserer Seele gut tun und Bedeutung für uns haben?

✿ Was würde uns und diesem Kind am meisten entsprechen?

✿ Will ich unserem Kind einen Abschiedsbrief schreiben, den ich vorlese oder jemand anders für uns vorliest oder den wir in seinen Sarg legen? Was soll ggf. sonst noch dazu?

✿ Welche Kleidung möchten wir unserem Kind anziehen? Wollen wir es selbst ankleiden?

✿ Was würde uns Trost bringen?

✿ Was würde uns helfen, die leibliche Hülle unseres Kindes in innerem Friede loslassen zu können?

✿ Welche Familienmitglieder oder Freunde wollen wir um Mithilfe bei der Planung und Gestaltung bitten?

Und wenn einige Zeit vergangen ist:

✿ Wünschen wir ein Gedenkritual für unser Kind?

✿ Wie könnte dies aussehen?

✿ Wünschen wir es für uns allein, oder wer soll daran teilhaben?

*Susanne Meier gebar ihren nicht lebensfähigen Sohn
Jonathan zu Hause, um ihn im Kreise ihrer Familie
kennen lernen und verabschieden zu können.*

Und hier ein Auszug des Briefes von Bärbel an ihren Sohn Thorben, der bei der Beerdigung vorgelesen wurde:

Mein kleiner Sohn,
eigentlich wollte ich schon während der ganzen gemeinsamen Zeit, die wir miteinander hatten, schreiben. Für dich – für später. Du solltest wissen, wie sehr ich jeden Tag genossen habe, wie schön es war, dich in meinem Leib zu spüren und Zwiesprache mit dir zu halten. Für mich warst du da! Ja, ich habe gespürt, dass du ein Sohn wirst – irgendwie. Und du? Was hast du gespürt? ... Sicher wirst du gespürt haben, dass du erwünscht und ersehnt und mit großer Liebe von deinem Vater und deiner Mutter erwartet wurdest ... Wir liebten dich mit aller Kraft unserer beider Herzen.

Du warst für mich das, was man Zärtlichkeit nennt oder mit unfindbaren anderen großen Worten dieses Klanges bezeichnet. Du warst das größte Ereignis der Liebe zwischen deinem Vater und deiner Mutter ... Nun hat irgendwer oder irgendwas entschieden, dass du, mein Kind, nach 32 Wochen in meinem Bauch sterben solltest. Ich hoffe, du hast nicht sehr gelitten. Weißt du, ich habe Angst vorm Sterben! Und du kleiner Mensch musstest diesen schweren Weg gehen, ohne Beistand, ganz allein. – Oder hast du vielleicht doch meine innere Unruhe gespürt, meine Bedürfnis, dir nah zu sein? Ich wünsche mir sehr, es hätte dir geholfen. Aber darauf gibt es keine Antwort.

Verzeih mir, Sohn, dass dein Körper obduziert wurde, aber wir müssen doch wissen, was dein Herzchen zum Stillstand brachte.

Wir werden dich nun in die kühle Erde legen, mein Liebes, das ich so gern an meine warme Brust gelegt hätte. Damit du nicht frierst, bekommst du die warmen Puschen an. Sie sind von deinem Papi. Dein Papi ist so lieb ... es gibt Momente, Stunden, da begreife ich so viel Liebesfähigkeit selber kaum. Nun, du durftest dies nicht erleben. Aber glaube mir, kleiner Thorben – dein Name ... –, die Herzen deiner Eltern haben so viel Platz, und deiner ist fest darin, verbunden mit einem sehr zärtlichen und zugleich traurigen Gefühl. Sollte es unserem lieben Gott recht sein, werden wir vielleicht ein gesundes, lebendiges Geschwisterchen bekommen – in einigen Jahren. Wir werden ihr oder ihm von dir erzählen, wie wundervoll es war, dich im Bauch zu tragen, wie gern dein Vater und ich nach dir getastet haben: einfach so über meinen Kugelbauch ... Bei allen Sorgen, mein Baby, du hast uns beinahe 32 Wochen lang sehr glücklich gemacht.

Und nun, lieber kleiner Sohn, schlafe gut und geh in die Arme vom lieben Gott, dort wird es sicher schön warm sein.

Wir haben dich mehr geliebt als alle Dinge dieser Welt.

Deine Eltern

3 Die erste Zeit danach

Niemand kann deinen Weg für dich gehen,
denn dies ist dein Weg, den du gehen musst.
Doch können dich hierbei Arme stützen, Gedanken begleiten
und manchmal Hände tragen.

(Bärbel Kehrer-Kremer)

Eine Zeit des Suchens und Sichsehnens

Wenn wir langsam aus dem Schock erwachen, bricht die Wirklichkeit über uns herein. Wir beginnen nach und nach zu begreifen, was uns da geschehen ist. Es beginnt eine Zeit der Suche nach dem Verlorenen und der unstillbaren, schmerzlichen Sehnsucht danach.

Mir ging es wie einem Hund, dem man die Jungen weggenommen hat und der dann umherrennt und sie sucht. Ich habe unheimlich oft geträumt, dass ich durch Krankenhäuser gelaufen bin und mein Kind gesucht habe.

Dies ist auch eine Zeit des Grübelns über zumeist unbeantwortbare Fragen und – wie Verena Kast in ihrem Buch *Trauern* schreibt – die Zeit der »aufbrechenden Emotionen« von Schmerz, Wut, Schuld, Angst, Versagen, Eifersucht und anderen starken Gefühlen, die wir durchleben müssen, um wieder heil zu werden. Diese Phase dauert einige Monate – für die meisten zieht sie sich über ein halbes Jahr hin.

Starke Gefühle und Vorstellungen überwältigen uns

Uns geht es wie nach einer Anästhesie bei einem operativen Eingriff: Wenn allmählich die Wirkung der »natürlichen Betäubung« nachlässt, spüren wir auch hier mehr und mehr den Schmerz darüber, was aus uns »herausgerissen« wurde. Seelische Schmerzen tun zugleich richtiggehend körperlich weh. Auch sonstige darunter liegenden Gefühle kommen an die Oberfläche. *Für alle Gefühle einen Ausdruck zu finden und damit um-*

zugehen ist Hauptaufgabe dieser Phase und Voraussetzung für unser wirkliches Heilwerden.

Unsere Liebe zu unserem Kind verwandelt sich in eine starke Sehnsucht. Besonders die Menschen, die ihr Kind nicht kennen lernen konnten, haben es da oft sehr schwer.

Monatelang lief ich durch die Straßen und schaute sehnsüchtig in jeden Kinderwagen: »Vielleicht hätte es so ausgesehen? Oder so? Nein, so hätte es bestimmt nicht ausgesehen!«

Manche Mütter träumen, dass sie durch Korridore von Krankenhäusern irren, auf der Suche nach ihrem Kind. Gefühle von Schuld, Traurigkeit, Einsamkeit, Mutlosigkeit, Angst, mangelndem Selbstwert, Bedauern, Eifersucht, Versagen, Verzweiflung bis hin zu Hass und Verbitterung mögen in uns auftauchen. Der Protest gegen das Geschehene und die Enttäuschung über das, was uns weggenommen wurde, können sich in einer ungeheuren, zeitweise schwer kontrollierbaren Wut ausdrücken – Wut auf den Arzt, Wut auf die Hebamme und Schwestern, Wut auf den Partner, Wut auf Gott und das unfaire Schicksal, Wut auf andere, die gesunde Kinder bekommen haben, Wut auf den eigenen Körper, der versagt hat, oder Wut auf das Baby, das einfach von uns gegangen ist, vielleicht sogar ohne ersichtliche Ursache. Möglicherweise hoffen wir unterbewusst, dass wir unser Kind zurückbekommen, wenn wir nur lange genug »wettern«. Wut ist auch ein Zeichen unserer Hilflosigkeit darüber, dass wir in manchen Dingen absolut keine Kontrolle haben. Aggression mag auch Ausdruck ungelebten Schmerzes sein. Wut, die sich nicht äußern und verwandeln kann, kann sich gegen uns selbst richten in Form von Schuldgefühlen oder körperlichen Symptomen.

Ich hätte gern geweint, aber ich fand kein Ventil für meine Trauer. Die wenigen Erinnerungen wollten von alleine nicht hochkommen. Nach zwei Monaten bahnte sich meine ungelebte Trauer in schrecklichen Aggressionen ihren Weg. Erst nach dem Anblick einer schwangeren Freundin konnte ich in der Nacht darauf meinen Schmerz in mein Kopfkissen hineinschreien. Da war es, als ob die Verhärtungen in mir dahinschmolzen und mein Körper wieder weich werden konnte, und fast im gleichen Augenblick empfand ich tiefen Frieden in mir. Da wurde mir bewusst, dass Schmerz, der nicht ausgedrückt werden kann, sich im Körper aufstaut, ihn fast zum Explodieren bringt und sich dann in Aggression entlädt. Der Schmerz muss raus, so oder so, oder du explodierst!

Manche Mütter wünschen sich vorübergehend sogar den Tod, um bei ihrem Baby sein zu können. Wenn unser Kind schon gelebt hat, meinen wir vielleicht, sein Schreien zu hören. Oder wir träumen, dass es noch lebt. Wenn seine Bewegungen zuvor schon deutlich spürbar gewesen waren, glauben wir unter Umständen noch weiterhin, kindliche Bewegungen in uns wahrzunehmen. Andere leiden an innerer Leere.

Wenn ich dir jetzt ein Bild von mir malen würde, dann sähest du jemanden, der außen ganz in Ordnung ist. Aber in der Mitte wäre ein großes Loch.

Wir können uns fragen:
✡ Wie drückt sich meine Trauer bei mir aus?
✡ Wo bin ich auf meinem Weg durch die Trauer?

Begreifen wollen

Dies ist auch die Zeit der vielen Gedanken – die Zeit des Wissenwollens. Eltern, die ihr Kind nicht sehen konnten, mögen sich jetzt fragen: Wie hat mein Kind ausgesehen? Wem hat es ähnlich gesehen? War es fehlgebildet, und hat man versucht, dies vor mir zu verheimlichen? Wo ist es jetzt?

Es ist die Zeit des Grübelns: Was ist schief gelaufen? Hätte ich seinen Tod verhindern können? Bin ich daran schuld? Ist es wieder gegangen, weil ich mich so oft gefragt habe, wie ich das mit zwei so kleinen Kindern schaffen sollte? Oder hat sein Tod gar mit unseren Partnerschaftsproblemen zu tun?

Als Todesursache wurde mir Plazentaablösung benannt. Ich ging im Kopf noch einmal die letzten zwei, drei Tage durch und überlegte: Was hab ich gemacht? Hab ich zu viel gearbeitet? Hab ich in den letzten neun Monaten Tabletten oder Schnupfenspray genommen?

Es ist die Zeit des Nachforschens: Was ist passiert? Wieso kam es zur Fehl- oder Totgeburt? Welches Problem hatte mein Kind? Hat es gelitten? Was kann ich ggf. über seine Krankheit erfahren? War dies eine einmalige Sache, oder wie groß ist die Möglichkeit, dass es sich noch einmal wiederholt? Wie war das noch mal bei der Geburt? So und so habe ich es in Erinnerung, aber ist es *wirklich* so verlaufen?

Eltern haben in dieser Phase oft ein starkes Bedürfnis, noch einmal mit jenen Menschen zu sprechen, die hautnah alles miterlebt haben. Sie wünschen von den Hebammen und ÄrztInnen oder sonstigen Personen, die anwesend waren, noch einmal eine Schilderung des Ganzen aus ihrer Sicht, um Antworten auf noch offene Fragen zu bekommen – vielleicht in der Hoffnung, eine Erklärung für das Unerklärliche zu finden. Dies entspringt dem menschlichen Bedürfnis, Erfahrungen in eine begreifbare Ordnung zu bringen. Es hilft auch der Verarbeitung.

Der Arzt hatte mir angeboten, die Geburt einzuleiten, ich hatte abgelehnt. Nachher dachte ich: »Hätten wir die Geburt eingeleitet, wäre mein Kind jetzt wahrscheinlich am Leben!« Ich musste klären, ob ich an seinem Tod schuld war.

Dies ist auch die Zeit, in der Eltern gerne alles lesen, was sie an einschlägiger Literatur in die Finger bekommen können. Viele durchstöbern Bibliotheken oder Bücherläden, um an noch mehr Information zu gelangen.

Wir können uns fragen:
✣ Welche Fragen sind in mir und wo kann ich Antworten bekommen?
✣ Mit wem meiner BetreuerInnen würde ich ggf. gerne noch einmal sprechen?

Was uns helfen kann

Vielleicht hilft es uns schon, uns in unserer tiefen Verzweiflung mit all unserem Gefühls- und Gedankenwirrwarr besser annehmen zu können, wenn wir wissen, dass unsere Reaktionen ganz normal sind und dass es anderen in derselben Situation genauso geht.

Uns auf dem Weg durch die Trauer bewusst heilend zu unterstützen ist schon allein sinnvoll als gesundheitliche Prophylaxe (s. S. 170 f.). Dieses Kapitel, wie auch schon das vorhergehende und die nachfolgenden Kapitel 4 und 5 bietet dafür konkrete Anregungen und gezielte Fragestellungen. Der Umgang mit unseren Gefühlen ist ein Prozess, der seine Zeit braucht. Wir können ihn aber bewusst fördern und dessen Qualität verändern durch die Aufmerksamkeit, die wir ihm schenken. Vielen von uns mag es hilfreich sein, uns einen besonderen Ort zu schaffen, an dem wir uns diesem Prozess ungestört widmen können:

▶ Wir machen uns auf die Suche nach einem *Ort mit einer uns angenehmen Atmosphäre*, einem Ort, an dem unser Atem tiefer und ruhiger wird, an dem wir uns innerlich genährt fühlen und wo wir uns jeweils eine Zeit lang vor Störungen abschirmen können. Zusätzlich zu einem solchen Ort möglichst in der eigenen Wohnung wäre es gut, auch einen *Platz in der Natur* in unserer Umgebung zu wissen, an dem wir uns geborgen fühlen und zu dem wir jederzeit gehen können, wenn das Wetter es erlaubt, oder für besondere Prozesse. Dort nehmen wir uns regelmäßig stille Zeit, in der wir uns unserem tiefsten Inneren öffnen und uns unseren Gefühlen, Gedanken und Fragen wahrhaftig und mutig stellen wollen.

Zur Bekräftigung der besonderen Atmosphäre dieses Ortes in der Wohnung können wir eine Kerze anzünden, eine Blume hinstellen, vielleicht ein Duftlämpchen (s. S. 198 f.) aufstellen. Wir können ein Tagebuch, Malblock und Farben, die viel Ausdruckskraft und Intensität und ein breites Farbenspektrum haben (z.B. Ölpastellkreiden, Pastellkreiden oder Aquarellfarben), bereithalten. Zeitweise umgeben wir uns mit Symbolen und/oder Erinnerungsstücken, manchmal laden wir den Partner/die Partnerin oder eine Stützperson auf unseren Platz ein. Wir richten es uns so ein, dass wir dort einige Zeit bequem aufrecht sitzen (vielleicht auch liegen) und uns getragen fühlen können. Vielleicht kann es eine Art *Kraftplatz* für uns werden.

Ich richtete mir in unserem Schlafzimmer einen kuscheligen Platz ein, mit vielen, vielen Kissen, einer weichen Wolldecke – und mit Kerzen, Kristallen, einem Foto und einer Rose auf einem blauen Seidentuch arrangiert. Dort malte ich, weinte ich, schrieb ich mir meinen Schmerz von der Seele und fühlte gleichzeitig eine ans Wundersame grenzende Verbindung zu meinem Kind.

▶ Doch dieses Sitzen ist nicht für alle Menschen geeignet. Manche Menschen verarbeiten ihre Gefühle besser im *Gehen*.

Ich war ganz und gar unvorbereitet für das Ausmaß des Verlustes, die Tiefe der Wunde … Ich esse wenig, schlafe noch weniger. Ich weine unvorhersehbar und (wie es scheint) unaufhörlich. Ich nehme viele heiße Duschen und weine. Ich gehe und gehe – 4, 6, 8 Kilometer weit – und weine. In der Nacht wache ich auf und gehe hin und her, während die anderen schlafen – und weine. Ich kann nicht still sitzen. Ich muss mich bewegen, sogar wenn ich esse oder mit jemandem spreche …

Wir können uns fragen:

✿ Welche dieser Möglichkeiten entspricht mir am meisten?

✿ Wie habe ich in der Vergangenheit Dinge verarbeitet?

Unsere Gefühle wahrnehmen – damit umgehen

Zu unserer Heilwerdung ist es wichtig, *alle* unsere Gefühle leben zu dürfen. Sie zu verdrängen tut unserem Körper und unserer Seele weh, sie zuzulassen, auszuhalten ist ein Zeichen von Stärke.

Manche Erwachsene haben immer noch Schwierigkeiten, Traurigkeit
und Trauer auszudrücken, weil sie sich als Kinder nur angenommen und
geliebt fühlten, wenn sie fröhlich und »unkompliziert« waren. Manche
wurden bestraft, beschämt oder wurden verlassen, wenn sie Schmerz und
Kummer ausdrückten. Es wurde uns beigebracht, tapfer und »hart im
Nehmen« zu sein, und wir haben unsere Lektion gut gelernt. Die Trauer
mit all ihren Begleitgefühlen wird sich aber immer wieder auf irgendeine
Art melden, bis wir ihr Raum gegeben haben. Die zugelassenen und verar-
beiteten Gefühle nehmen mit der Zeit immer mehr ab oder verwandeln
sich.

Zunächst können wir uns fragen:
* ✿ Welche Gefühle nehme ich denn in mir wahr?
* ✿ Wie drücken sich diese Gefühle aus?
* ✿ Wo sitzen sie in meinem Körper, und wie wirken sie sich darauf aus?
* ✿ Welche Gefühle gestatte ich mir nicht, und welche Folgen hat dies
  möglicherweise?
* ✿ Welche Gefühle kann ich nur erahnen? Wer könnte mir helfen, mir
  über meine Gefühle klarer zu werden und sie zu ergründen?
* ✿ Zu welchen Gefühlen finde ich keinen Zugang, und wer oder was
  könnte mir helfen, Zugang dazu zu finden?
* ✿ Wie ist überhaupt mein Verhältnis zu meinen Gefühlen? Was hat mir
  in der Vergangenheit geholfen, dafür Ausdruck zu finden und sie zu
  verarbeiten?
* ✿ Gibt es unverarbeitete Verluste in meinem Lebenslauf, die jetzt mit an
  die Oberfläche kommen? Sehe ich Wege, wie ich damit umgehen
  kann?
* ✿ In wessen Gegenwart empfinde ich, dass ich *alle* meine Gefühle zulassen kann? Wer könnte sie sicherlich aushalten?
* ✿ Mit wem mag ich über meine Gefühle sprechen? Wen mag ich um Beistand bitten?
* ✿ In wessen Gegenwart empfinde ich, dass ich meine Gefühle zurückhalten muss?

✿ Wer versucht ggf. meine Gefühle zu beschwichtigen und mich an deren Ausdruck zu hindern?

✿ Wenn ich an meine Kindheit zurückdenke, welche Botschaften habe ich da erhalten in Bezug auf Gefühle? Welche Gefühle waren erwünscht, welche wurden nicht akzeptiert?

✿ Wie haben die wichtigen Menschen in meiner Kindheit auf Traurigkeit, Schmerz oder »unangenehme« Gefühle reagiert? Was haben sie mit Worten, Gesichtsausdruck und Handlungen vermittelt?

✿ Wie wirkt sich dies in meinem jetzigen Leben bei mir aus? Ist es mir hilfreich, oder möchte ich neue Wege gehen?

✿ Welche Erwartungen habe ich an die Gefühle meines Partners/meiner Partnerin (s. auch S. 137 ff.)? Welche Auswirkungen hat das?

✿ Welche Erwartungen hat er/sie an mich? Welche Auswirkungen hat das auf mich?

Im Folgenden gebe ich Anregungen für die am häufigsten auftretenden Gefühlszustände.

Mit Schmerz und Trauer umgehen

• *Ausdruck für Schmerz und Trauer finden*

▶ *Tränen sind heilsam.* Emotionaler Schmerz baut sich als ein ungeheurer innerer Spannungszustand auf, der für eine Zeit lang nachlässt, wenn wir weinen. Wissenschaftler haben herausgefunden, dass Tränen hilfreiche chemische Substanzen enthalten, die über die Nasenhöhle zum Gehirn geleitet werden. Diese scheinen mitzuhelfen, Spannungen zu lösen und zu unserem Wohlbefinden sowie der Wiederherstellung eines physiologischen und auch emotionalen Gleichgewichts beizutragen. (Frey, 1985) Ungeweinte Tränen können uns krank machen. Unsere Tränen sollen wir aus der Tiefe aufsteigen lassen (nicht nur in unserem Kopf). *Wir können darauf achten, dass unser Weinen mit unserem Atem verbunden ist.* Wenn wir nach dem Weinen entkräftet sind, anstatt uns etwas erleichtert zu fühlen, kann dies ein Hinweis sein, dass unser Weinen nicht mit uns »verbunden« ist. Wir dürfen uns zugestehen, so lange zu weinen, wie wir dies brauchen. Die Abstände zwischen unseren Weinphasen werden immer länger. Irgendwann – zu seiner Zeit – haben wir »ausgeweint«, dann hören die Tränen (fast) auf. Susan berichtet:

Nach einer großen Reise, die vorher schon geplant war, war es etwas leichter. (Ich weinte nicht mehr so unaufhörlich und unvermittelt wie am Anfang.) Ich aß immer noch weniger als normal, und ich konnte nicht stillsitzen und mich konzentrieren, und ich weinte immer noch. Aber dies geschah mehr in Form einer großen »Weinrunde« am Abend, und manchmal überkam es mich auch noch ein bisschen am Morgen.

Meine ältere Tochter, die mich noch nie hatte weinen sehen, sagte: »Mama, ich kann es nicht ausstehen, wenn du weinst.« Ich sagte zu ihr: »Ich habe 10.000 Tränen zu weinen, und ich kann sie jetzt weinen oder später, aber sie müssen geweint werden.«

▶ Manchmal würden wir gerne weinen, kommen aber an unsere Gefühle einfach nicht heran. Unsere Geschichte zu erzählen, über das Geschehene immer und immer wieder sprechen zu können, lässt unsere Erinnerungen und damit unsere Gefühle des Verlustes und der Trauer aufsteigen. Wir können den Menschen, die uns zuhören, noch einmal versichern, dass uns das Weinen gut tut.

▶ Wir können eine *Stützgruppe* trauernder Eltern besuchen, z.B. eine »Regenbogen-Gruppe« (s. S. 132 ff. und Anhang), wo wir Menschen treffen, die uns in der Tiefe verstehen weil sie Ähnliches erlebt haben.

▶ Uns mit unseren *Erinnerungen* zu verbinden schließt uns an unsere Gefühle an. Dafür sind Erinnerungsstücke sehr hilfreich.

▶ Wenn unser Kind beerdigt wurde, kann sein Grab vielleicht ein Ort sein, wo wir unsere Trauer spüren und leben können. Oder wir können uns einen *Gedenkplatz* schaffen, den wir mit unserem Kind verbinden.

▶ Wir können unsere Schmerzen und unsere Verzweiflung in ein Kissen *schreien*. Danach nehmen wir sehr bewusst unseren Atem wahr.

▶ Damit die Spannung des Schmerzes in uns nicht zu stark wird und uns innerlich schadet, kann es auch durchaus sinnvoll sein, einen *anrührenden Film* anzuschauen. Dies kann uns einen direkten Zugang zu unserer Gefühlswelt vermitteln und ein Ventil für unsere Trauer und unsere Tränen sein.

▶ Wenn uns der Weg zu unseren eigenen Gefühlen versperrt ist, kann uns auch das ergreifende Buch *Unendlich ist der Schmerz* von Julie Fritsch und Sherokee Ilse eine große Stütze sein. Julie drückte all ihre Gefühle nach der Totgeburt ihres lang ersehnten Sohnes durch 22 eindrucksvolle *Skulpturen* aus, die in ihrem Buch, von knappen, poetischen Texten begleitet, gezeigt werden (drei davon sind auch in diesem Buch abgebildet).

▶ Manch trauerndes Elternpaar hat sich durch die Skulpturen inspiriert gefühlt, eigene *Bilder zu malen*, die sie in ihrer Trauer darstellen.

▶ Wir können auch mit *Ton experimentieren* und schauen, was unter unseren Händen entstehen will.

▶ Wenn wir nicht an unsere eigenen Gefühle herankommen, können wir uns möglicherweise mit der *Bach-Blüte* No. 1 *Agrimony* unterstützen (s. S. 200 f.).

• *Trost und Linderung finden*

▶ Manche Anregungen in Kapitel 2 (s. S. 60 ff.), zum Teil in etwas abgewandelter Form, können uns helfen, unsere Gefühle fließen zu lassen. Diese wie auch die folgenden Übungen vermögen uns Trost zu geben, uns in unserem Prozess weiterzubringen und unsere Gefühle allmählich zu transformieren.

▶ Uns selbst *berühren* und uns von anderen berühren lassen, dem Partner/der Partnerin körperlich nach sein.

▶ *Uns durch die Stimme ausdrücken,* Raum in uns schaffen, uns zentrieren und Ruhe finden, unseren Atemund Rhythmus harmonisieren.

▶ *Schreiben*, was immer entstehen will: die eigenen Gefühle einem Tagebuch anvertrauen (besonders für eher introvertierte Menschen eine wichtige Heilungshilfe!), Gedichte schreiben, anderen von uns mitteilen usw.

▶ *Malen* wie auf Seite 63 und 191 beschrieben oder sich Themen stellen, zu denen wir jeweils eine Serie von sieben bis zehn spontan entstehenden Bildern aufs Papier bringen, z.B.: Meine Trauer. Mein Schmerz. Was ich verloren habe. Trost finden in meiner Trauer usw.

▶ *Musik* hören, die uns bewegt (eventuell mit Kopfhörer), sei es klassische Musik, Meditationsmusik (z.B. *Angels of Healing*, s. auch Bezugsquellen) oder ein spezielles Lied wie Eric Claptons *Tears in Heaven* – ein Lied, das er nach dem Tod seines kleinen Sohnes schrieb.

▶ Uns »*tragen lassen*« (vielleicht auch unterstützt durch jemandes Hände unter unserem Kreuzbein und zwischen den Schulterblättern).

▶ Uns *ganzheitliche, körpertherapeutische Unterstützung* holen, die unser inneres Gleichgewicht und unsere Stabilität fördert und unsere Gefühle sanft ins Fließen bringen kann, z.B. eine Atembehandlung (s. S. 196 und Adressen), Haptonomie oder eine Trager-, Polarity- oder Cranio-Sacral-Massage etc.

▶ Wir selbst, unser Partner/unserere Partnerin oder sonst nahe Menschen können eine *Aura-Massage* machen: Die eigenen Hände erst liebevoll »wachstreichen«, dann sie mit besonderem Bewusstsein der Handmitten und Fingerkuppen in einem Abstand von ca. 10 cm vor das Gesicht halten. Spüren wir Wärme? Dann können wir nach und nach in demselben Abstand über das Energiefeld unseres Körpers streiche(l)n und besonders dort länger verweilen, wo es sich kühl anfühlt. Wir lassen den Atem frei fließen. Hat es uns wohlgetan? Fühlen wir uns verändert? Wie?

▶ Wir können mit geschlossenen Augen unser Gesicht und unseren Kopf *mit den »erweckten« Händen streiche(l)n,* auf eine Art, die uns gut tut. Dann können wir die inneren Handkanten vertikal auf unser Gesicht legen, so dass unsere Zeigefinger entlang der Nase und die Daumen unter dem Kinn zu liegen kommen. Wir streichen unser Gesicht mit angenehmen Druck nach außen zu den Ohren hin. Bewegung und Atem können sich auf diese Weise finden, dass der Einatem die Dehnung begleitet. Dann legen wir unsere Fingerspitzen auf beide Seiten der Mittellinie unserer Stirn (die Finger werden horizontal gehalten, die Zeigefinger liegen dabei an der Haarlinie, die kleinen Finger nahe der Nasenwurzel). Mit gleichmäßigem Druck streichen wir die Stirn zu den Schläfen hin und weiter bis hinter die Ohren aus. Wir spüren mit geschlossenen Augen nach. Fühlt sich mein Gesicht weicher an? Fühlt sich mein Kopf leichter, heller an?

▶ Wir können uns vorstellen, dass wir unsere *unangenehmen Gefühle mit unserem Atem der Erde übergeben.*

▶ Wir können einen *Baum umarmen.*

▶ Wir können uns unser Kind in einer *Lichthülle* vorstellen oder uns eine andere Vorstellung machen, die uns Trost gibt.

▶ Vielleicht mögen wir eine Zeit lang beim Schlafen ein *weiches Kissen an uns schmiegen,* um unsere leeren Arme zu füllen.

▶ Die *Bach-Blüte* No. 29 *Star of Bethlehem,* der »Seelentröster«, kann in dieser seelischen Notsituation helfen, unsere Schmerzen zu besänftigen (Beschreibung s. S. 202).

▶ Aus der *Aromatherapie* (s. S. 198 ff.) können uns Rose, Geranium, Wacholder, Zeder, Thuja oder Lavendel helfen.

▶ Die in Kapitel 4 aufgeführten *Körperübungen* fördern die Verbesserung unseres Wohlbefindens und schaffen eine gute Basis für die Arbeit mit unseren Gefühlen und Gedanken.

• *Wenn wir unser Kind nicht gesehen haben*

Eltern, die ihr Kind nicht kennen lernen konnten, haben es in dieser Phase des Sichsehnens oft am schwersten. Die Frage, wie ihr Kind ausgesehen hat, lässt ihnen manchmal keine Ruhe. Sie können dadurch in ihrer Trauer nicht weiterkommen. Welche Möglichkeiten gibt es?

▶ Wir können herausfinden, ob von der geburtshilflichen Abteilung oder ggf. der Pathologie *Fotos* gemacht wurden?

▶ Wenn ein von der Pathologie gemachtes Foto uns zu klinisch vorkommt, können wir von einer guten Künstlerin eine liebevoll anmutende *Zeichnung* davon anfertigen oder das Foto per Computer nach ihren Vorstellungen verändern lassen. Wenn es keine Bilder gibt, aber jemand das Baby beschreiben kann, kann vielleicht vor diesem Hintergrund eine Zeichnung gemacht werden.

▶ Wir tragen in uns ein Bild, wie unser Kind ausgesehen haben mag. Manch künstlerisch begabte Mutter hat selbst so lange *Bilder gemalt*, bis sie das Gefühl hatte: Ja, so könnte mein Kind ausgesehen haben.

▶ Wir können auch nach einer *Puppe* Umschau halten, mit der wir unser Kind identifizieren können. Eine Mutter trug diese Puppe lange Zeit immer in einer großen Tasche mit sich, und dies war ihr als »Übergangsobjekt« eine große Hilfe auf ihrem Trauerweg. (Bei einem Trauerseminar durften wir sie »kennen lernen«.)

▶ Wir können *Familienalben* oder *Zeitschriften* durchforsten nach einem Baby, das unserem inneren Bild von unserem Kind entspricht.

▶ Auch ein abstraktes oder symbolhaftes Bild – oder überhaupt ein *Symbol* – kann uns Friede finden lassen.

Wir können uns fragen:
✿ Brauche ich Hilfe beim Ausdruck meines Schmerzes oder eher Trost in meiner Trauer?
✿ Was könnte mir ggf. helfen, Zugang zu meinen schmerzlichen Gefühlen zu finden?
✿ Was möchte ich gerne versuchen, um Besänftigung und Trost in meiner Trauer zu finden, ohne mich von meinen Gefühlen abzuschneiden?
✿ Habe ich ggf. Schuldgefühle entwickelt, weil ich nicht weinen kann?
✿ Bringt mir mein Weinen keine Erleichterung?
✿ Was würde mir jetzt gut tun? Was brauche ich jetzt?

✿ Welche der obigen Anregungen entsprechen mir am meisten?

✿ Wessen Anwesenheit und Unterstützung wünsche ich mir jetzt?

✿ Habe ich mein Kind nicht gesehen oder kein Erinnerungsstück an es, und bedaure ich dies? Wenn ja, was möchte ich tun?

✿ Wenn ich dies bedaure, bin ich mir sicher, dass es wirklich zu spät ist? Wo und bei wem könnte ich mich erkundigen?

Mit Wut und Aggressionen umgehen

Nachdem ein Mensch gestorben ist, wird er oft annähernd für heilig erklärt. Wir kennen die Elogen, die Lobreden an den Gräbern! Man darf nur noch Gutes über ihn denken, nur noch gute Gefühle haben. Was aber tun mit unseren Gefühlen der Verlassenheit und Wut, die ja auch ihre Berechtigung haben? Doch: »Wie kann ich Wut auf ein ungeborenes Kind haben?« Die Antwort ist: Natürlich können wir auch Wut auf unser Kind haben! Es geht hier nicht um rationale Überlegungen, sondern um Gefühle, die ihre Eigendynamik haben. Wir können auch Wut auf Gott, unseren Partner/unsere Partnerin oder andere Menschen haben. Wut ist ein normaler Bestandteil eines Trauerprozesses. Manchmal hat sie gar kein konkretes Gegenüber und kann Ausdruck aufgestauten Schmerzes sein. Wir müssen Wege finden, sie zuzulassen, ohne dass sie für uns oder andere zerstörerisch wird. *Verdrängte Wut und Schuld sind die häufigsten Ursachen dafür, dass Menschen in ihrem Trauerprozess stecken bleiben* (ohne dass sie sich dessen bewusst sind). Doch wie können wir unseren Umgang mit unseren aggressiven Gefühlen konstruktiv unterstützen?

▶ Wenn wir Wut und Aggressionen jemandem eingestehen, kann allein das *Aussprechen* dieser Tatsache oft schon eine Veränderung bringen.

▶ Mit Hilfe eines *Tagebuches* können wir unserem Inneren aufrichtig nachspüren (irrationale Gefühle zulassen!): Auf welche Personen, Institutionen oder Prinzipien habe ich Wut? Wegen welcher Umstände habe ich Wut? Wie wurde ich eventuell verletzt?

▶ Eventuell unter dem Beistand eines Menschen, der vor unseren aggressiven Gefühlen keine Angst hat, können wir eine uns und den Umständen gemäße Ausdrucksmöglichkeit für unsere aggressive Energie finden, z.B.:

  ‣ Laut *schimpfen.*

  ‣ Eine *Zeitung zerreißen.*

‣ Unsere Not, Frustration und Wut hinaus- oder vielleicht in ein Kissen *schreien*.

‣ Die Energie der Wut freigeben, indem wir auf ein Kissen oder eine Matratze *schlagen*.

‣ *Schattenboxen* und dabei eventuell mit jedem Schlag ein »Hu« herauslassen.

‣ Mit der rechten Faust *in unsere linke Handfläche schlagen* (ebenfalls begleitet von einem Ton). Erst vorsichtig üben, damit wir uns nicht wehtun. Die Fingergrundgelenke sollen entlang der Mitte der linken Hand zum Liegen kommen, die unteren Fingerglieder treffen flach in der Gegend der Handballen auf. Die linke Hand leistet keinen Widerstand, sondern geht mit der Bewegung mit.

‣ Mit einem zusammengerollten Handtuch *um uns schlagen*.

‣ So lange auf den Boden *trampeln*, bis unsere aggressive Energie sich verändert und wir innerlich ruhiger werden.

‣ *Stampfend* durch den Wald gehend, Blätter hochwirbelnd.

‣ Auf eine Trommel oder auf einen Karton *schlagen*.

▶ Wut kann zur Quelle unserer Kreativität werden. Die Kraft der Wut können wir umwandeln oder ihr eine konstruktive Richtung geben:

‣ Mit *Farben* unsere ganze aufgestaute Wut und Aggression zu Papier bringen.

‣ *Ton* in unsere Hände nehmen und schauen, was entstehen will. Vielleicht wollen wir den Ton erst nur mal andauernd vor uns hinwerfen.

‣ Ein *Gedicht* über unsere Wut schreiben.

‣ Die Wut für eine *Arbeit* nutzen (solange wir dies bewusst tun), z.B. Gartenarbeit, Kneten beim Brotbacken, Holzhacken etc.

‣ Sie in *Bewegung* umsetzen (z.B. laufen, schwimmen, Rad fahren, rudern, Aerobics).

‣ Sie im *Tanz* verwandeln.

▶ Wenn es jemanden gibt, der oder die in unseren Augen an uns schuldig geworden ist, uns z.B. schlecht behandelt und unsere Not dadurch vergrößert hat, können wir einen *Brief* schreiben (s. S. 230 ff.) oder ein Gespräch führen.

▶ Wir können unsere *Aggressionen niederschreiben und den Zettel anschließend verbrennen* – unsere Gefühle dem Feuer zur Verwandlung übergeben – oder ihn zusammenknüllen und in einen Fluss werfen. Nach einer solchen rituellen Handlung ist oft eine erstaunliche Erleichterung zu spüren.

Unsere Wut zuzugeben und Wege zu finden, sie auszudrücken oder zu verwandeln, ist die Vorbedingung dafür, irgendwann verzeihen zu können. Dies ist nicht leicht, aber unumgänglich für unser Heilwerden. Nicht zu vergeben, Groll und Hader nicht loszuwerden, kann Menschen innerlich krank machen und sie seelisch zerstören oder sie zumindest nicht mehr glücklich werden lassen. Solange wir gegen uns selbst und andere Groll hegen, kann unsere Seele keinen Frieden finden (s. folgender Abschnitt). Vergeben ist ein kreativer Prozess.

Wir können uns fragen:
✿ Welcher Aggressionen bin ich mir bewusst?
✿ Wie will ich damit konstruktiv umgehen?
✿ Brauche ich Unterstützung dabei, und wen möchte ich ggf. darum bitten?
✿ Beziehen sich meine Aggressionen auf die momentanen Umstände, oder wie viel Vergangenes mischt sich mit hinein? Wenn ja, was und wie viel?
✿ Was steckt möglicherweise *hinter* der Aggression? Rührt meine Aggression eventuell von Spannung unausgedrückter anderer Gefühle her, und wenn ja, was will ich diesbezüglich unternehmen?

Mit Schuld und Groll umgehen

Schuld kann sich in Bedauern verwandeln durch Vergebung. (Iris Bolton)

Niemand kann auf dieser Erde leben, ohne immer wieder von neuem schuldig zu werden, ohne immer wieder »Fehler« zu machen. Nur wer *nicht* handelt, macht keine Fehler. Das Handeln, und damit die Gefahr, Fehler zu machen, ist Teil unseres menschlichen Lebens. Fehler zu machen heißt doch: Es »fehlt« uns zu dem gegebenen Zeitpunkt noch an Erkenntnis, an Qualitäten, an Möglichkeiten, es im Sinne aller Beteiligten »besser« machen zu können. Oder: Das, was für mich richtig ist, ist für jemand anderen nicht gut oder sogar ganz falsch. Immer wieder im Leben in solche Situationen zu kommen ist unumgänglich. Und somit ist das Verzeihen, um die Fehler wieder aus der Welt zu schaffen, ein notwendiger, kreativer Prozess.

Wenn ich Schuldgefühle habe, heißt das, dass ich mir selbst nicht verzeihe (s. auch Gerald Jampolsky: *Die Kunst zu vergeben*). Anhaltende Schuldgefühle behindern unseren Energiefluss, verschließen unser Herz und schaden uns, wenn wir darin stecken bleiben. Erst im Wahrnehmen und Annehmen unseres Schuldigseins können wir zu Vergebung kommen.

Das Gefühl, »fehlgegangen« zu sein, kann sich auf eigentlich unwesentliche Dinge beziehen, auf Verletzung unserer eigenen persönlichen Wertvorstellungen bis hin zu wirklich bedeutungsschweren Angelegenheiten. Schuldgefühle können uns als Sprungbrett für unsere Weiterentwicklung und Reifung dienen. Sie weisen uns den Weg, wenn wir sie nützen – wenn wir »Fehler« erkennen, sie uns in der Tiefe selbst eingestehen und aufrichtiges Bedauern darüber empfinden –, und vor allem, wenn uns die neue Erkenntnis Anlass des Bemühens um ein anderes Verhalten in der Zukunft ist. Es ist gut, wenigstens mit *einem* anderen Menschen über diesen inneren Prozess zu sprechen. Wir machen gut, was gutzumachen geht, in einem Geist der Klarheit und Stärke, aufgerichtet und gerade, und nicht wie bei einem Gang nach Canossa. So entsteht Vergebung. Nur wenn wir uns selbst vergeben haben – ein Vorgang, der auf der Ebene unseres Höheren Selbst, in der spirituellen Dimension unserer Natur, stattfindet –, können wir Friede finden und wirklich zur Liebe gelangen.

Manche von uns sind jedoch in einer Umgebung aufgewachsen, wo es, aus welchem Grund auch immer (z.B. mangelndes Selbstwertgefühl, Angst vor Bestrafung, Beschämung und Hänseleien etc.), schwer war, sich eigene »Fehler« einzugestehen. In solch einem System mögen die Gefühle von Versagen auf uns und andere projiziert worden sein, oder Schuldgefühle wurden dazu benutzt, Kontrolle auszuüben und Menschen an sich zu ketten (s. auch Fossum/Mason, 1992). So fühlen wir uns jetzt vielleicht für alle möglichen Dinge verantwortlich, die in keinster Weise unsere »Schuld« sind.

Wenn wir Schuldgefühle empfinden, können wir in uns gehen und uns über deren Natur bewusst werden. Wir können sie konstruktiv nutzen – zur Durchleuchtung unserer eigenen Muster und unserer Situation und zur Förderung unserer Entwicklung. Hier einige Anregungen dazu:

▶ Wenn wir uns einen *Kraftplatz* (s. S. 112 f.) geschaffen haben, können wir diesen Rahmen nutzen, um tiefer, aufrichtiger in uns selbst zu schauen. Dort in der Stille lauschen wir erst einmal eine Weile ganz gesammelt unserem Atem – ein, aus, Atemruhe, ein, aus, Atemruhe … –, um so immer mehr zu uns kommen. Dann legen wir eine Hand in die Herzgegend, verbinden uns mit der Tiefe unseres Herzens und fragen uns:

- Wo glaube ich, fehlgehandelt zu haben? An wem meine ich, schuldig geworden zu sein?
- Sind die Gefühle von Schuld in mir berechtigt? Hätte ich nach meinen Möglichkeiten, meinem Wissen und Gewissen anders handeln können?
- Neige ich zu ungerechtfertigten Schuldgefühlen, und wie sind diese entstanden?
- Basieren meine Schuldgefühle auf meiner Familiengeschichte, und welche Auswirkungen hatten diese in meinem Leben?
- Will ich unberechtigte, unproduktive Schuldgefühle loslassen, und was würde mir dabei helfen?
- Wenn ich mir unsicher bin über die Natur und Herkunft meiner Schuldgefühle, wer kann mir helfen, darüber mehr Klarheit zu gewinnen? Wer würde mich nicht beschwichtigen wollen?
- In Bezug auf was brauche ich noch weitere Informationen und von wem?
- Worüber empfinde ich ggf. Bedauern, und was bewirkt es in mir?
- Hege ich gegen mich oder andere Groll?
- Wem gegenüber und in welcher Weise kann und will ich ggf. etwas gutmachen?
- Kann/will ich mir oder anderen vergeben, um Seelenfrieden zu finden?
- Wenn nein, was brauche ich, um mir selbst oder anderen vergeben zu können?
- Entstehen Konsequenzen aus neu gewonnenen Einsichten für mein Leben und meine Zukunft? Was will ich anders machen?

Manche Menschen werden diese Fragen lieber im Gehen in der Natur verarbeiten. Es ist auch hilfreich, unsere Gedanken in unser Tagebuch zu schreiben. Die Antworten, die wir finden, leiten eine weitere Stufe im Prozess unserer Heilung ein – wahrscheinlich sogar mit weiter greifenden Auswirkungen auf unser Leben.

Hier sind noch weitere Anregungen für den Umgang mit Schuldgefühlen für diejenigen, die sich auf Übungen als Eigentherapie einlassen wollen. Da diese starke Gefühle auslösen können, lassen wir uns dabei am besten von einem Menschen begleiten, zu dem wir Vertrauen haben und der uns »auffangen« und ggf. in den Arm nehmen kann. Wir können ihm Erlebtes anvertrauen oder es niederschreiben oder in Farben ausdrücken.

Die Übungen sind für Menschen gedacht, die einen klaren Bezug zur Realität haben.

▶ Wenn wir tiefe Schuldgefühle unserem Kind gegenüber nicht loswerden, können wir einen *Dialog* mit ihm führen. Wie immer, wenn wir uns an unserem Kraftplatz niederlassen, geben wir uns zuerst eine ganze Weile dem Lauschen auf unseren Atem hin und lassen mit jedem Atemzug innere Spannungen immer mehr von uns abfallen. Gedanken lassen wir vorbeiziehen. Vielleicht werden wir nur ruhiger und gesammelter. Vielleicht spüren wir aber auch, wie wir allmählich eine andere Dimension in uns erreichen. Wie immer wir es für uns verstehen mögen, wir nehmen wahr, dass sich etwas in uns verändert. Wir bitten innerlich um ein Bild oder ein Symbol für unser Kind, vielleicht auch eine Verbindung zu ihm. Wir gestehen unsere Schuldgefühle ein und durchleuchten sie von allen Seiten. Wir sagen, was ungesagt, was ungeklärt geblieben ist, und stellen Fragen, auf die wir gern eine Antwort hätten.

Nach dem Tod unserer Tochter Allison habe ich mich drei Jahre lang mit Schuldgefühlen geplagt. Ich hatte am Abend, bevor sie sich mit der Nabelschnur in meinem Leib strangulierte, mein Versprechen gebrochen, während der Schwangerschaft keinen Alkohol zu trinken. Lange Zeit kam ich überhaupt nicht über ihren Tod hinweg, mein Leben war ganz schön chaotisch. Dann regte H. an, dass ich mit Allison spreche. Ich war erstaunt, wie gut das ging. Nach diesem »Gespräch« war ich wie erlöst. Ich wusste auf einmal mit großer Bestimmtheit, dass da überhaupt kein Zusammenhang zu ihrem Tod bestand, und selbst wenn, dass meine Tochter mir schon längst vergeben hätte.

▶ Hier ist ein weiterer möglicher Schritt: Auf einem Kissen sitzend legen wir ein zusätzliches Kissen vor uns, das unser Baby symbolisiert. Wir sprechen mit ihm, als ob es da liegen würde und reden könne, und stellen ihm eine Frage, die uns bewegt. Dann tauschen wir den Platz, um von der Perspektive des Babys aus zu reagieren. Wenn wir uns für diesen Prozess ganz öffnen, voll dabei sind und mit geschlossenen Augen nach innen horchen, ist es erstaunlich, wie oft uns ganz neue Erkenntnisse kommen. Es kann wirkliche Heilung geschehen. Natürlich können wir auch jede andere Person, gegenüber der wir Schuldgefühle empfinden, »auf das Kissen setzen«.

Wir können Botschaften und Einsichten für unser Leben bekommen, die viel wesentlicher sind als die Fragen, die uns ursprünglich beschäftigt haben. Zum Abschluss bedanken wir uns, sind noch einmal eine

Weile ganz beim Fließen unseres Atems und nehmen dann wahr, ob sich etwas in uns verändert hat.

▶ Gespräche können wir auch *am Grab* führen.

▶ Vielleicht kann es in einer *Meditation* (s. S. 322 ff.) zu einer Klärung kommen.

▶ Wenn wir prinzipiell sehr stark zu Schuldgefühlen neigen, können wir uns mit der *Bach-Blüte* No. 24 *Pine* unterstützen (s. S. 202).

Weitere Hilfen im Trauerprozess

Den richtigen Zeitpunkt wählen

Falls wir schon ein Zimmer für unser Baby vorbereitet oder Sachen für es gekauft hatten, sollten wir die Dinge erst dann wegräumen, wenn die richtige Zeit gekommen ist. Auch das ist ein Mosaikstein unseres Trauerprozesses. Die Konfrontation mit den Babysachen wird zwar noch einmal sehr wehtun, doch es hat sich gezeigt, dass es besser ist, selbständig zu entscheiden, was mit den Dingen wann geschehen soll, als dass andere stillschweigend alles »beseitigen«, während wir noch in der Klinik sind.

Wir können uns fragen:

✿ Bin ich schon bereit, die Babysachen wegzuräumen?

✿ Was möchte ich ggf. damit machen?

✿ Mag ich jemanden dabeihaben? Wenn ja, wen?

Uns Unterstützung holen

Es mag uns eine Zeit lang nicht leicht fallen, unsere Arbeit zu bewältigen, und wir brauchen möglicherweise Hilfe bei den kleinen und größeren Anforderungen des Alltags. Wir dürfen um Hilfe bitten, wenn wir sie brauchen.

Nach der Rückkehr aus der Klinik können wir uns von einer niedergelassenen Hebamme (Adressen s. Anhang) betreuen lassen. Hebammen sind nicht nur für das Wohlergehen von Kindern zuständig, sondern auch für die Betreuung der Wöchnerinnen. Laut Gesetz haben Frauen zehn Tage Anspruch auf häusliche Betreuung und darüber hinaus in besonderen Fällen – wie der Geburt eines toten Kindes – noch auf acht zusätzliche

Besuche der Hebamme während der ersten acht Wochen. Selbst danach kann eine Weiterbetreuung auf ärztliche Verordnung hin stattfinden.

Hebammen wurden früher »weise Frauen« genannt. Meistens wird dieser Beruf von Frauen gewählt, die Menschen sehr zugewandt sind. Sie nehmen sich Zeit. In unseren eigenen vier Wänden können sie ein noch besseres Gefühl für unsere persönliche Situation bekommen, und es entsteht oft eine sehr vertraute Beziehung. Wir sollten auf ihre Begleitung nicht verzichten.

Wir können uns fragen:
✿ Mit welchen Dingen komme ich alleine nicht so gut zurecht und wobei hätte ich gerne Hilfe?
✿ Wen möchte ich um Hilfe bitten?
✿ Wenn ich keine Hebamme kenne, wie kann ich die Adresse einer guten Hebamme herausfinden?

Uns Erholpausen in unserer Trauer gönnen

Wenn wir all unsere unerfreulichen Gefühle zulassen, kann es passieren, dass wir unerwarteterweise auch Momente der intensiven Freude erleben. Das verwirrt uns und macht uns eventuell Schuldgefühle. Die Freude ist die Polarität des Leids, für die wir uns nicht zu schämen brauchen, sondern die wir dankbar annehmen dürfen. Khalil Gibran (*Der Prophet*) sagt dazu: »Je tiefer sich das Leid in euer Sein eingräbt, desto mehr Freude könnt ihr fassen.« Es ist ganz und gar in Ordnung, inmitten der Trauer auch zu lachen. Wir dürfen uns Erholpausen von unserer Trauer gönnen.

Es fällt mir schwer, darüber zu sprechen, aber wir fanden so vieles, worüber wir lachen konnten, und mal so herzhaft lachen, kann wirklich helfen. Sogar zu den Zeiten, in denen wir am traurigsten waren, lachten wir. Humor kann in allem liegen. Ich fühle mich immer ein bisschen besser, nachdem ich geweint habe, und ich fühle mich immer besser, nachdem ich gelacht habe.

▶ Wir können einmal ein *Lächeln von innen heraus* probieren. Wir streichen zuerst unser Gesicht aus, von der Nase zu den Wangenknochen hin. Wir schließen die Augen und lassen mit unserem Atem in uns ein Lächeln entstehen, das von innen nach außen strahlt. Wie wirkt sich dieses Lächeln auf meinen Körper, meinen Atem und meine Stimmung aus? Wir können z.B. auch unser Herz anlächeln.

▶ Vielleicht würde uns ein *Tapetenwechsel* gut tun und wir können Urlaub machen, wenn auch nur für ein kurzes Wochenende. Somit ermöglichen wir unserem Geist andere Eindrücke und verschaffen uns eine kurze Pause von unserer Trauer.

▶ *Uns sein lassen* ... einfach nur sein lassen. Uns annehmen, wie wir gerade sind.

Wir können uns fragen:

✿ Fühle ich mich schuldig, wenn ich mal fröhlich bin?

✿ Was möchte ich tun, um mir zwischendrin eine Erholungspause von meiner Trauer bewusst zu gönnen?

Antworten auf Fragen finden

Die Beschäftigung mit den vielen Fragen, die in uns auftauchen, ist ein Teil der Verarbeitung des Geschehenen und bringt uns weiter. Wahrscheinlich haben wir in dieser Phase das Bedürfnis nach viel Information. Auf manche Fragen werden wir nie eine konkrete Antwort finden. Auf andere Fragen ergeben sich die Antworten erst im Laufe der Zeit, anders als erwartet. Und manche Antworten führen zu neuen Fragen.

Wir können uns fragen:

✿ Welche Fragen trage ich eigentlich in mir?

✿ Welche Fragen sind möglicherweise beantwortbar? Welche nicht?

✿ Möchte ich Aufzeichnungen darüber in mein Tagebuch machen?

✿ An wen kann ich mich ggf. wenden, um Antworten oder Informationen zu bekommen, oder wie und wo will ich Informationen herausfinden?

✿ Möchte ich gerne noch einmal ein Gespräch mit den Menschen, die mich in der Zeit des Verlustes meines Kindes betreut haben, und ggf. mit wem?

✿ Was möchte ich sie fragen, oder was liegt mir am Herzen mitzuteilen?

Wenn unser Kopf sich zu sehr dreht und unsere Gedanken zu sehr wirbeln, können wir mit den *Bach-Blüten* No. 35 *White Chestnut* und No. 9 *Clematis* (s. S. 201 f.) unsere gedankliche Klarheit fördern.

Trost finden

Viele Eltern entwickeln Vorstellungen, die ihnen Seelentrost geben, wie das bei Susi der Fall war:

Mir kamen zwei Menschen in den Sinn, die in der letzten Zeit gestorben waren, und ich habe mir gesagt: »Ja, die zwei, die passen auf dein Kind auf.« Im Gegensatz zu früher entwickelte ich eine Vorstellung von einem Totenreich, wo alle hinkommen.

Manche Menschen werden durch eine bestimmte Musik getröstet. Andere tröstet es, dass sie im Traum ein Zeichen bekommen haben von dem bevorstehenden Tod und können ihn deshalb eher als unumgänglichen Schicksalsschlag hinnehmen. Eltern, die ein Kind verloren haben, können auch durch Symbole Trost finden. Manche Mütter mögen vorübergehend das Bedürfnis haben, irgendetwas, das die Größe und das Gewicht ihres Babys hat, zu halten und umherzutragen. Dies mag Außenstehende beunruhigen, ist aber etwas sehr Normales. Andere Menschen werden durch bildliche, aus ihrem Unterbewusstsein auftauchende Symbole getröstet.

Als mein Baby bei seiner Geburt starb, tauchte vor meinem inneren Auge ein Licht auf, das sich immer weiter entfernte, immer kleiner wurde, bis es als Stern seinen Platz weit weg im Universum eingenommen hatte. Von dort strahlt es mich in klaren Sternennächten nun an.

Auch der Regenbogen ist ein archetypisches Symbol für trauernde Menschen.

Auf dem Nachhauseweg aus der Klinik sahen wir einen dreifachen Regenbogen am Himmel. Trotz der Trauer erfüllte mich der Anblick mit einem Glücksgefühl. Für mich war es wie eine Verheißung, dass ich an der Erfahrung nicht zerbrechen würde, dass alles gut wird.

Für andere steht eine Rose stellvertretend für ihr Kind.

Eine zartrosa Rose wurde für mich zum Symbol für mein Kind. Dieses Bild war auf einmal einfach da. Die ersten Wochen und Monate stellte ich immer eine Rose auf unseren Esstisch ... Sie symbolisierte für mich die Liebe, die ich durch mein totes Kind erfahren hatte. Ich trocknete die Rosen nacheinander, und in dem Maße, wie der Trockenstrauß anwuchs, wurde der Schmerz geringer. Jetzt erinnern uns die getrockneten Rosen und eine frische Rose an besonderen Feiertagen oder am Todestag daran, dass unser verstorbenes Kind für immer Teil unserer Familie ist.

Etliche Menschen werden durch lebende Pflanzen, Blumen oder Bäume, an den ewigen Kreislauf von Werden und Vergehen erinnert. Gerade dann, wenn wir darunter leiden, dass wir unsere Trauer nicht an eine Grabstätte tragen können, kann das Pflanzen eines Baumes oder von Blumenzwiebeln, die jedes Frühjahr neu erblühen, eine Trauerhilfe sein.

Wie die Seele uns in Träumen Symbole schickt, die unserem inneren Heilungsprozess Richtung geben, ist wunderbar in dem Buch *Trauern* von Verena Kast anhand von Fallbeispielen beschrieben.

Wir können uns fragen:

✿ Welche Vorstellungen geben mir/uns Trost?

✿ Sind Symbole aufgetaucht, die mich/uns an unser Kind erinnern oder die helfen, Friede zu finden?

✿ Welche symbolische Handlung könnte mir helfen, besser mit dem Verlust unseres Kindes fertig zu werden?

✿ Hatte ich Träume, die mir wichtig erscheinen? Möchte ich jemanden finden, der mir ggf. bei der Deutung helfen kann?

Die Erfahrung neuer Dimensionen des Seins

Im Zusammenhang mit Tod und Sterben machen wir oft Erfahrungen, die wir nicht in unseren Alltag einordnen können. Es ist so, als ob wir in der Begegnung mit dem Tod Grenzen unseres Bewusstseins sprengen können und sich vorübergehend Schleier lüften. Im Umfeld des Todes eröffnen sich uns andere Dimensionen des Seins. In den vielen Gesprächen, die ich mit Betroffenen geführt habe, wurden mir zahlreiche solcher Phänomene vor oder um den Todeszeitpunkt herum berichtet.

Zwei Tage vor dem Tod unseres Babys malte unsere sechsjährige Tochter mit Wachsmalkreiden einen bunten Regenbogen und darüber Schwarz. Dann kratzte sie Kreuze um Kreuze heraus, die in schillernden Farben auftauchten.

Die Mutter von der kleinen Rebecca, die mit elf Monaten an Plötzlichem Kindstod starb, berichtete Folgendes:

Wir waren neu im Dorf, und ich machte mit meinen drei Kindern einen Erkundungsspaziergang, der uns auch zum Friedhof führte, wieso, weiß ich nicht. Rebecca saß in ihrem Buggy. Auf dem Friedhof machten wir am Grab eines Babys halt. Anna, die Älteste, meinte, dass neben diesem Grab noch Platz sei und dass, wenn ein Baby stirbt, dieses dann einen Freund hätte. Rebecca krabbelte aus ihrem Buggy und setzte sich auf diesen Platz. Eine Woche später wurde sie an dieser Stelle begraben.

Marie-Louise von Franz, eine Mitarbeiterin von C.G. Jung, sagt in ihrem Buch *Traum und Tod*, dass im tiefsten Unbewussten, wo Zeit und Raum aufgehoben erscheinen, »eine relative Ewigkeit und ein relatives Ungetrenntsein von anderen Seelen respektive ein Einssein mit denselben« herrscht. Dies könnte eine Erklärung sein für den Seelenkontakt mit ihrem Kind, von dem so viele Frauen berichten. Ein anderer bekannter Psychoanalytiker dieses Jahrhunderts, Erich Fromm, geht davon aus, dass wir mit einem Teil unseres Seins Wahrheiten »wissen«, wir dieses Wissen jedoch verdrängen, weil das Leben uns sonst zu schwierig werden würde. Das Ausmaß dieses verdrängten Wissens sei kaum zu überschätzen (vgl. *Haben oder Sein*).

Oft erhalten wir Informationen in verschlüsselter Form in unseren Träumen.

Ich sah alle meine Kinder vorher im Traum. David und Tobias sah ich als Jungen, und ich sah ihre Gesichter. Der tot geborene Timo hatte kein Gesicht.

Im Traum sah ich mein Kind in der Begleitung eines großen Engels. Die beiden winkten mir liebevoll zu, während sie sich immer weiter von mir entfernten, um dann schließlich im Licht eines tunnelartigen Torbogens, durch den sie gingen, unsichtbar zu werden.

Bei der Interpretation unserer Träume ist natürlich Vorsicht geboten, denn nicht alle Träume vom Tod kündigen einen reellen Tod an, das heißt, nicht alle sind in den Worten C.G. Jungs als »objektstufig« anzusehen. Unser Unterbewusstsein mag uns dadurch auch den Hinweis bringen, dass sich unser Leben wandeln wird oder muss (»Subjektstufigkeit«). Es kann auch damit Ängste verarbeiten, die sonst den Geburtsprozess und unser Elternsein behindern würden. Träume zeigen uns oft in Symbolen, dass das Unbewusste den Tod nicht als das Ende ansieht, sondern an ein Weiterleben der Seele nach dem Tod glaubt.

Oft wagen wir gar nicht, unsere außergewöhnlichen Erfahrungen mitzuteilen, weil wir befürchten, von anderen für verrückt erklärt zu werden. In der Tat kann es sein, dass technisch-medizinisch ausgerichtete Menschen solche Erfahrungen als Halluzinationen einordnen, die ihrer Meinung nach auf tiefe seelische Störungen hindeuten und medikamentös oder gar psychiatrisch behandelt werden müssen.

Für den gesunden Verlauf des Trauerprozesses ist es jedoch ungeheuer wichtig, solche Erfahrungen nicht verschweigen zu müssen. Für Trauernde ist es daher gut, sich Menschen zu suchen, zu denen sie Vertrauen haben und bei denen sie sich in *all* ihren Erfahrungen und Gefühlen ernst genommen wissen. Allein schon urteilsfrei angehört und bedingungslos angenommen zu werden kann sie ein Stück auf ihrem Weg weiter bringen. (Lindstrom, 1983)

Wenn uns sogar eine im Umgang und in der Interpretation unserer »Erlebnisse« oder Träume erfahrene Person beistehen kann, können diese Erfahrungen unseren weiteren Lebensweg bereichern. Cornelia (30) berichtete:

Ich kam in Kontakt mit meinem in der 19. SSW verstorbenen Kind. Für jemanden, der das noch nicht erlebt hat, mag das unvorstellbar erscheinen. Für mich jedenfalls war diese Begegnung so real wie die erste im Spital: Auf meine Frage, warum es nur so kurz bei uns geblieben sei, sagte es in etwa: »Das war nötig für dich. Du warst so ›verschlossen‹ und starr vorher. Wir haben gemeinsam deine Stärken und Schwächen angeschaut. Du musstest lernen, mich loszulassen.« Diese »Begegnung« hat mich enorm verändert.

Wir können uns fragen:
* ✿ Hatte ich irgendwelche »außergewöhnlichen« Erfahrungen oder Träume dieser Art?
* ✿ Wenn ja, welche Gefühle haben sie bei mir hinterlassen?
* ✿ Gibt es jemanden, mit dem ich über diese Erfahrung sprechen könnte? Oder mag ich sie aufschreiben oder ein Bild dazu malen?
* ✿ Brauche ich noch weitere Hilfe damit? Wenn ja, wo könnte ich solche Hilfe bekommen?

Eine Stützgruppe besuchen

Auch wenn wir in der ersten Zeit aus unserem Verwandten- und Bekanntenkreis viel Unterstützung bekommen, so lässt doch schon nach relativ kurzer Zeit die Bereitschaft nach, uns zuzuhören – lange bevor wir unseren Trauerprozess abgeschlossen haben. Nicht-Betroffenen fehlt beim besten Willen das Verständnis für das, was in uns vorgeht. (Wir brauchen nur daran zu denken, wie es uns ging, bevor wir selbst betroffen waren.) Niemand kann trauernde Eltern besser verstehen als Menschen, die ein ähnliches Schicksal ereilt hat. Zu hören, dass es anderen genauso geht wie uns, hilft uns, uns nicht allein zu wissen.

In den letzten Jahren haben sich vielerorts Selbsthilfegruppen von Eltern gebildet, die ein Kind durch Fehlgeburt, Totgeburt, Neugeborenentod oder Plötzlichen Kindstod verloren haben. Freunde aus diesen Gruppen können uns oft näher werden als Verwandte.

Nach unserem ersten Besuch in der Gruppe ging es uns gleich besser. Jedes Mal fühlte ich
mich danach ein bisschen weniger traurig. Da durfte ich mich ganz und gar so zeigen,
wie ich war. Ich brauchte nicht Haltung zu bewahren. Die Menschen dort verstanden
mich ohne viel Worte, und sie sind mir und meinem Mann liebe Freunde geworden.
Manche haben schon vor zwei, drei Jahren ihr Kind verloren. Es macht mir Mut zu sehen, dass sie wieder ein normales Leben führen und einigermaßen glücklich sind. Jeden
Monat kommen neue Leute hinzu. Man kann sehen, wie es ihnen von Mal zu Mal besser
geht und, obwohl es immer noch schlechte Tage gibt, wie diese mehr und mehr abnehmen. Mir gefällt auch, dass Männer so viel erzählen.

Obwohl diese Gruppen ein Ort sind, wo Gefühle unumwunden gezeigt
werden dürfen, herrscht dort nicht nur Traurigkeit.

Als ich zum ersten Mal zu einem Treffen der Stützgruppe kam, konnte ich das Lachen
um mich herum nicht ausstehen. Ich hatte das Gefühl, ich wäre die Einzige im Raum,
der das Schicksal mitgespielt hatte. Als Einzelne dann sprachen, hörte ich, dass jeder ein
oder sogar noch mehr Kinder verloren hatte. Ich konnte es immer noch nicht glauben.
Bei den weiteren Treffen wurde mir dann zunehmend klar, dass all diese lachenden Menschen für mich auch Hoffnung und die Gewissheit bedeuteten, dass auch ich eines Tages
wieder lachen können würde und dies nicht bedeuten müsse, dass ich mein Kind vergessen habe.

Adressen von Stützgruppen im gesamten deutschsprachigen Raum für Eltern nach einem Schwangerschaftsverlust befinden sich zum Teil im
Anhang oder können über Initiative Regenbogen, Lonely Parents, »Verwaiste Eltern« oder andere unabhängige Selbsthilfegruppen (s. ebenfalls
Anhang) in Erfahrung gebracht werden; die GEPS z.B. ist für Menschen
da, deren Kind durch Plötzlichen Kindstod gestorben ist. Menschen, die
die pränatale Diagnostik erwägen oder während der Schwangerschaft erfahren, dass ihr Kind nicht gesund ist, können von »CARA e.V.« oder
»Via Nova« (s. Anhang) Beistand bekommen. Wenn unser Kind eine bestimmte Krankheit oder Behinderung hat, können wir uns von der jeweiligen Selbsthilfegruppe informieren und unterstützen lassen (s. Anhang).
    Die meisten Gruppen setzen sich auch auf politischer Ebene für Verän-
derungen und Bewusstseinsbildung bezüglich der Situation verwaister
Eltern ein. Wenn keine Stützgruppe in unserer Nähe ist, können wir über
einen Aushang beim Frauenarzt, eine Notiz in der Tageszeitung, eine

Anfrage bei einem Frauen- und Mütterzentrum oder einer Beratungsstelle
Kontakt zu anderen betroffenen Eltern suchen und mit ihnen eine Gruppe gründen (Hinweise dafür in Kapitel 10). Unser Seelsorger oder unserer
Seelsorgerin kann beistehen. Möglicherweise kann uns auch das Krankenhaus an Eltern weitervermitteln, die in derselben Lage sind wie wir.
Unsere Energie für etwas Positives einzusetzen kann ein Schritt zur Heilung sein.

Wer an das Internet angeschlossen ist und die englische Sprache be-
herrscht, kann auch über HYGEIA, ein online-Forum für betroffene Eltern, Trost, Anregung und Austausch finden (s. Anhang). Auch kann man
sich im Internet umfassend über alle denkbaren Erkrankungen, Fehlbildungen und Syndrome informieren.

Wir können uns fragen:
* Möchte ich per Telefon oder Brief Kontakt mit jemandem aufnehmen,
  der/die den Trauerweg schon gegangen ist?
* Kann ich mir vorstellen, dass mir der Besuch einer Stützgruppe helfen
  kann?
* Kann ich ggf. meinem Partner/meiner Partnerin zugestehen, dass diese
  Art der Verarbeitung ihm/ihr nicht entspricht?

Die vergessene Trauer des Vaters

In unseren westlichen Kulturen tun wir uns schwer genug, einer Frau zu
begegnen, die ein Kind verloren hat. Wie viel schwerer haben wir es, einem trauernden Vater gegenüber in angemessener Weise zu reagieren!
Meistens fragen alle nach dem Ergehen der Mutter, der Vater wird häufig
nicht beachtet. Möglicherweise haben wir Angst vor den Tränen eines
Mannes. Männer haben nicht die »kulturelle Erlaubnis« zu trauern.

Männer tragen eine doppelte Last. Sie fühlen ihre eigene Trauer und
leiden gleichzeitig, weil ihre Frau leidet. Sie meinen, ihr die Traurigkeit
nehmen zu müssen oder ihr Antworten auf ihre Fragen schuldig zu sein.
Dies wird verstärkt durch die Ermahnung anderer Männer und mancher
Gynäkologen, »für Ihre Frau stark zu sein«. So hält ein Mann – als Zeichen von Stärke – seine eigene Traurigkeit zurück, um seine Frau nicht
auch noch mit _seinem_ Schmerz zu belasten. Frauen können dies leicht als
Gleichgültigkeit missverstehen.

Männer in unserer Kultur haben oft keine Quelle, aus der *sie* Kraft schöpfen können. Sie bilden selten intime Freundschaften, in denen sie ihr Herz ausschütten und Zuwendung bekommen können. Die meisten haben nicht gelernt, sich über ihre Gedanken, Gefühle und Sorgen auszusprechen. Das Risiko, langfristig von einem solchen Verlust verdeckt Schaden davon zu tragen, scheint bei Männern größer als bei Frauen.

Ich kann ja verstehen, dass meine Frau durch die unmittelbare Betroffenheit und den körperlichen Bezug zu unserem Kind das größere Leiden hat, und ich bin ja auch bereit, ihr mehr Liebe und Aufmerksamkeit zu geben. Aber sie hat nur ein geringes Verständnis dafür, dass auch ich leide. Das Dilemma ist, ich weiß überhaupt nicht, woher ich selbst meinen Trost kriegen soll. Auf lange Sicht entwickele ich alle möglichen Symptome des »Zukurzkommens« wie Übellaunigkeit und Depressionen.

Wenn Männer die Erfahrung an sich heranlassen, kann dies auch nicht unproblematisch sein. Ein Vater stellte die eigentlich berechtigte Frage: »Wo kämen wir denn hin, wenn wir beide zusammenbrechen würden?« Im Idealfall, sagt Stephanie Matthews-Simonton, die große Erfahrung mit Sterbenden und Trauernden hat, könnten Trauernde sich zu 25 % aus eigenen Kraftquellen helfen, 20 % der Unterstützung komme vom Partner und 55 % aus anderen Quellen.

Bald darauf wieder zur Arbeit zurückzukehren, wo Produktivität erwartet wird, kann schwer sein für einen trauernden Vater, der doch auch Zeit für seine Trauer braucht. Schon wegen ihrer Arbeitssituation können Männer es sich nicht »leisten«, die Trauer auf die Art an sich heranzulassen wie Frauen. Nach der Geburt eines Kindes bekommt der Vater einen Tag, nach dem Tod eines Kindes zwei Tage frei. Nach einer Fehlgeburt müssen Männer schon am nächsten Tag wieder bei der Arbeit sein. Ein trauernder Mann stößt in der Arbeitswelt oft auf Unverständnis. *Die Trauer der Väter darf jedoch nicht unter den Teppich gefegt werden.*

Ich musste kurz darauf wieder in der Schule stehen. Vor den kleinen Kindern konnte ich doch nicht einfach losheulen, die hätten das nicht verstanden. In einem anderen Job hätte ich mich vielleicht einfach für zehn Minuten auf der Toilette zurückziehen können, um mich auszuweinen, wenn es gerade wieder über mich hereinbrach. Doch so musste ich tapfer sein und durchhalten.

Arbeit und Handlung kann in der Tat der Trauer dienen. Es scheint wirklich so, dass die männliche Seite in uns unsere Trauer eher durch Aktivität und Kreativität erschließen kann. Doch die Handlung *muss* bewusst mit dem Schmerz verbunden werden.

Der spontane, kreative Teil in uns wird durch unterdrückte Trauer erstickt. Wenn ein Mann sich auf seine Weise der Trauer stellen kann, mag dies eine Hilfe auf seinem Weg zu mehr Ganzheit bedeuten. Aus der tiefen Not heraus geboren entsteht die Chance, die noch nicht erschlossenen – vielleicht die verletzlichen und zarten – Seiten zuzulassen und neue Verhaltensweisen auszuprobieren. Zulassen der Trauer ist ein Zeichen von Stärke. Die Zeit des Leidens kann eine Zeit des Lernens sein, neue Beziehungswege einzuschlagen. Inmitten der Krise kann ein Mann wirkliche Freunde finden – Menschen, die ihm geduldig zuhören, wenn er »seine Geschichte« erzählt, die keine Angst vor menschlicher Nähe haben, die Respekt vor seiner Trauer und seinen Tränen haben – und ihm seinen Raum geben, wenn er ihn braucht.

Sie können sich fragen:
✿ Fühle ich mich als Mann für das Wohlergehen meiner Frau verantwortlich?
✿ Wie viel Unterstützung erhalte ich aus meinen eigenen Kraftquellen, wie viel aus anderen Quellen und wie viel kommt von meiner Partnerin?
✿ Gibt es Menschen, mit denen ich ehrlich und aufrichtig über die Tiefe meiner Erfahrung sprechen kann? Oder wie könnte ich es anstellen, jemanden zu finden?
✿ Welche Auswirkung hat meine Arbeit auf mich? Blockiert sie den Ausdruck meiner Gefühle, oder kann ich meine Gefühle in meiner Arbeit verwandeln?
✿ Welche Handlung kann ich mit meiner Trauer verbinden?
✿ Habe ich genügend Zeit und Raum für Trauer?
✿ Auf welche Art und Weise trauere *ich*?
✿ Welche Bedürfnisse habe ich in meiner Trauer, und kann ich diese anderen vermitteln?

Trauernde Paare

Väter und Mütter reagieren gewöhnlich unterschiedlich auf den Verlust ihres Babys. Viele Männer scheinen nach außen hin von einer Fehl- oder Totgeburt weniger betroffen als ihre Frauen. Vielleicht entspricht dies aber nicht den Tatsachen. Manche Männer finden sogar, dass sie in einer Weise schlimmer dran sind, gerade *weil* sie die Erfahrung nicht so unmittelbar durchleben konnten wie ihre Frau.

Da die Intensität des Schmerzes proportional zur Intensität der vorangegangen Bindung ist, ist es nicht verwunderlich, dass Frauen in der Tat oftmals tiefer und länger trauern als Männer. Es gibt einen naturbedingten Unterschied in dem Grad der Bindung. Wir Frauen erleben den Verlust eines Babys sehr unmittelbar. Das Baby ist ein Teil unseres Körpers. Besonders wenn wir es schon körperlich gespürt haben, ist sein Verlust so, als werde ein Teil unserer selbst aus uns herausgerissen.

Männer können zwar das Baby per Ultraschall betrachten und sein Herz schlagen sehen und hören, doch sie sind nicht körperlich mit ihm verbunden wie die Mutter. Das ist naturgegeben. Oft lässt ihnen die Arbeit keinen Raum, sich auch nur gedanklich dem werdenden Kind zu widmen. Erst bei fortgeschrittener Schwangerschaft wird es durch Handauflegen auf den Bauch von außen als eigenständiges Wesen erahnbar – in der frühen Schwangerschaft entfällt selbst dieses. Viele Männer würden erst eine richtige Bindung bei der Geburt und in der Zeit danach aufnehmen. Cornelia (30), die ihr zweites Kind in der 19. Woche verlor und es zusammen mit ihrem Mann gesehen hatte, sagte:

Die Reaktion meines Mannes hat mich schon sehr erstaunt. Wir hatten, bevor ich das Baby verlor und auch in den Wochen danach, eine sehr intensive Zeit miteinander. Aber für ihn war die Sache schnell erledigt, einfach erledigt. Ich merke auch jetzt, wo ich wieder schwanger bin: Es ist weit weg für ihn. Vielleicht war das beim letzten Mal auch so, so dass unser Kind für ihn nie so nah war wie für mich.

Frauen können das Verhalten ihres Mannes als mangelnde Liebe für ihr Kind fehlinterpretieren. Gemeinsam die Geburt des toten Kindes zu erleben und Zeit für Kennenlernen und Abschied zu haben kann bei den Vätern Liebe und Bindung wachsen lassen. Dies kann helfen, eine Brücke zwischen den Partnern zu bauen und potentielle Beziehungsprobleme zu reduzieren.

Peter hat seine Trauer in eine Kiste gelegt, den Deckel zugemacht und gesagt: »So, jetzt ist Ende!«, während ich die Kiste offen ließ und sie immer und immer wieder auspackte.

Die meisten von uns haben einen Partner gewählt, der in seiner Persönlichkeit uns ganz entgegengesetzt ist. Unsere Persönlichkeit beeinflusst natürlich, wie wir mit Trauer umgehen. Extravertierte Menschen haben ein starkes Bedürfnis, sich in ihrer Trauer anderen mitzuteilen. Sie gewinnen Energie durch den Kontakt mit anderen. Introvertierte Menschen hingegen neigen mehr dazu, ihre Gefühle im Stillen mit sich selbst abzumachen, und bekommen ihre Energie durch das Nach-Innen-Gehen. »Denker« verarbeiten Erlebtes rational, während »Fühler« emotional reagieren. »Pragmatiker« finden sich schnell mit Tatsachen ab, während »Intuitive« noch lange der Bedeutung einer Erfahrung nachspüren und die vielen Dimensionen des Geschehenen erfassen wollen. »Planer« brauchen Kontrolle über ihre Umwelt und tendieren dazu, Dinge schnell zu einem Abschluss bringen zu wollen, während »Wahrnehmende« Erfahrungen nehmen, wie sie kommen, und gut mit offenen Enden leben können. Männer in unserer Gesellschaft werden oft in die Rolle des »Denkers«, des »Pragmatikers«, des »Planers« und des »Schweigers« hineingedrängt, Frauen meistens in die entgegengesetzte Position. (Keirsey/Bates, 1984)

Laut Tom Golden, Autor von *Swallowed by a Snake. The gift of the masculine side of healing*, entspricht es mehr der männlichen Seite in uns Menschen, eine »Landkarte« durch das Terrain der Trauer zu haben, unsere Stärke zu kennen, diese Stärke mit Handlung zu verbinden, die Handlung mit dem Schmerz zu verbinden, den Mut zu haben, in unserer Spannung zu stehen und zukunftsorientiert zu sein. Die weibliche Seite in uns braucht eine stützende Gemeinschaft, Ausdruck in Sprache, um den Schmerz zu zeigen, den Schmerz durch die Nähe mit anderen Menschen zu heilen und Vergangenes zu vollenden. Männer kommen an den Schmerz eher durch die körperliche Empfindung als durch die Sprache. Männer kommen auch eher an ihren Schmerz durch die Wut, Frauen eher an ihre Wut durch den Schmerz. Wir alle haben männliche und weibliche Anteile in uns, die ihr einzigartiges Gleichgewicht finden müssen. Zu lernen, allmählich sowohl die männlichen als auch die weiblichen Anteile zu leben, die von Natur aus in jedem von uns angelegt sind, bringt uns zur Ganzheit. Der Trauerprozess beschleunigt unseren Weg dahin, wenn wir diesen zulassen.

Deine Tränen fließen in deinem Herzen,
meine fließen über meine Wangen.
Deine Wut zeigt sich in deinen Gedanken und Bewegungen,
meine galoppiert nach vorne, damit alle sie sehen können.
Deine Verzweiflung liegt in deinen matten Augen,
meine zeigt sich in Zeile um Zeile, die ich niederschreibe.
Du trauerst um deinen Sohn,
ich um mein Baby.
Wir trauern zu verschiedenen Zeiten
mit unterschiedlicher Länge, in unterschiedlicher Weise.
Aber wir sind trotzdem gleich, trotzdem eins,
der Tod unseres Kindes ist uns beiden bewusst.

(Pam Burden)

Stress – und eine Verlustsituation ist Stress in extremem Maße – bringt unsere »Schattenseiten« zum Vorschein, die Seiten, die wir aneinander nicht sehr schätzen und die vielleicht zuvor nur selten aufgetaucht sind. Nicht gelebte Trauer kann sich z.B. als Aggression gegen den Partner richten.

Das Leben einer Frau verändert sich mehr durch ihr Mutterwerden als das eines Mannes durch sein Vaterwerden. Auch dies kann zum Problem werden.

Durch den Tod unseres Babys ist mir meine ganze Existenz weggenommen worden. Ich hatte meine Stelle als Lehrerin aufgegeben. Ich sah von Tag zu Tag anders aus und verwandelte mich allmählich in einen anderen Menschen. Für meinen Mann veränderte sich nichts. Er wäre auch nach der Geburt unseres Kindes noch der erfolgreiche Rechtsanwalt gewesen, er hätte montags und mittwochs immer noch Tennis gespielt. Aber mein Leben war völlig umgekrempelt.

Wir können uns fragen:

✿ Wie tief war denn die Bindung zu unserem Kind bei jedem von uns gewachsen? Hatte ich als Mann die Möglichkeit, bei der Geburt »aufzuholen«?

✿ Interpretiere ich als Frau vielleicht die mangelnde Bindung meines Mannes an unser Kind als Gleichgültigkeit?

✿ Sind wir Partner sehr gegensätzlich, und wenn ja, wie wirkt sich das in dieser Trauerzeit aus?

✿ Wer von uns beiden verarbeitet eher extravertiert, wer eher introvertiert? Wer ist mehr Denker, wer mehr Fühler? Wer ist eher pragmatisch, wer versucht eher Dimensionen der Erfahrung intuitiv zu erschließen? Wer braucht mehr Kontrolle über seine Umwelt, und wer nimmt das Leben mehr, wie es kommt?

✿ Auf einer Skala von 1 bis 10: Wie stark sind die männlichen, wie stark die weiblichen Anteile in mir, und wie wirkt sich dies auf unsere Beziehung aus?

✿ Wie haben wir uns beide verändert seit dem Tod unseres Babys? Welche bislang kaum bekannten Schattenseiten sind aufgetaucht?

Beziehungen verändern sich

Der Verlust eines Kindes ist oft eine große Probe für eine Beziehung. In manchen Fällen können Partnerschaften in eine schwere Krise geraten: Die Scheidungsrate ist hoch unter trauernden Eltern. In anderen Fällen können sich Beziehungen aber vertiefen. Susan Hodge und ihr Mann wuchsen durch den Verlust ihres Babys nach dem Abbruch einer gewünschten Schwangerschaft enger zusammen. Susan beschreibt diesen Prozess in einem Brief an ihren genetischen Berater:

Das »Un-Glück« hat meinen Mann und mich einander sehr viel näher gebracht, obwohl wir ganz unterschiedlich auf den Verlust reagiert haben. Eigentlich bin ich wirklich erstaunt über die Weisheit in uns, die gegenseitigen Unterschiede so akzeptieren zu können. Ich weiß, dass David ein Gefühl von Traurigkeit und Verlust empfindet; ich weiß, dass er sich betrogen fühlt, weil wir unser Baby verloren haben. Aber im Gegensatz zu mir trägt er seine Gefühle nicht nach außen. Obwohl er nicht so körperlich und unkontrollierbar trauert wie ich, hat er mich immer verstanden und uneingeschränkt angenommen. Ich mache ihm keine Vorwürfe, wie: »Wenn dir etwas an mir liegen würde, dann würdest du auch ganz außer dir sein und ständig heulen wie ich.« Und er sagt nicht: »Genug jetzt! Es ist an der Zeit, dass wir das hinter uns lassen!«

Zuerst war ich verblüfft, wie er seinen Alltag einfach fortsetzen und sich auf seine Arbeit konzentrieren konnte. Später, als die Wochen vergingen und meine Trauer ihren Preis gefordert hatte, war ich dankbar, dass wenigstens einer von uns noch funktionierte.

Manchmal, wenn ich einen guten Tag habe, sage ich zu ihm: »Du, heute geht es mir besser.« Er zieht dann nur die Augenbrauen etwas hoch. Und wenn ich dann mal wieder zusammenklappe, ist er einfach da und hält mich in seinen Armen. Mein Mann und meine beste Freundin (beide sind meine Arbeitskollegen) sind ungemein geduldig mit mir. Sie wissen, dass ich nicht tief im Morast drinstecke, weil es mir etwa Spaß macht. Sie wissen, dass ich mich da herausziehe, sobald ich kann. Sie übernehmen gelassen meine täglichen Pflichten, wo immer möglich, und obwohl sie nicht im Morast mit mir drinstecken, tauchen sie doch ab und zu mal ein, damit ich mir dort nicht so verlassen vorkomme. Wenn ich in die Luft starre, lässt mein Mann mich in Ruhe. Wenn ich weine, nimmt er mich ohne große Worte in den Arm. Wenn ich rede und rede, hört er zu. Wir sind freundlich zueinander. All die kleinen Dinge, über die wir uns manchmal gezankt haben, sind über Nacht hinweggeschmolzen, wie es auch sein soll. (Hodge, 1988)

Eingehüllt in Trauer

Zusammen sind wir
ohne Worte.

Nur unsere Nähe
spendet Trost.

Am Tag versuchen wir,
dem Leben zu begegnen.
Am Abend kehren wir heim,
uns selbst und einander
zu trösten,
eingehüllt in Trauer.

Wir können erahnen, was hier den positiven Ausgang bewirkt haben mag. Obwohl beide Partner sehr unterschiedlich trauerten, versuchten sie nicht, einander zu verändern. Ihre Liebe wuchs durch die gegenseitige Annahme und durch den Respekt, den sie einander entgegenbrachten. Bei Esther, die ihr erstes Kind mit 39 tot zur Welt brachte, wurde danach die Kluft zwischen ihr und ihrem Mann immer größer:

Wir hatten seit Alexandras Totgeburt viele Schwierigkeiten in unserer Ehe. Mein Mann möchte nicht über sie sprechen. Das ist ein tiefes Problem. Seine Einstellung ist: »Es ist passiert. Es tut mir Leid. Es ist vorbei. Jetzt lass uns unser Leben weiterleben.« Er sagt, es war ja noch kein Kind, es war für uns nur eine Erwartung. Er hat nur ab und zu meinen Bauch berührt. Er hat das Kind nicht gekannt. Er hat es nicht geliebt. Er sieht alles sehr unemotional, sehr analytisch. Ich sah ihn nie weinen. Das war schlimm. Ich hatte so dringend das Bedürfnis, darüber zu sprechen, aber er schnitt mich immer ab. Er wollte auch nicht, dass ich mit anderen darüber rede.

Mein Mann glaubte ernsthaft, dass, wenn er wieder zum Alltag zurückkehrt, ich mich ihm anschließen würde. Meinem Mann zuliebe versuchte ich, so zu tun, als ob alles in Ordnung wäre, was aber nicht funktionierte. Je mehr ich versuchte, meinen Schmerz hinunterzuschlucken, desto mehr brach er aus mir heraus. Der rationale Teil in mir weiß ja, dass die Handlungsweise meines Mannes sein Überlebensmechanismus ist. Aber der emotionale Teil in mir, das kleine Mädchen, sagt: »Bitte teile meine Gefühle.«

Esthers Beziehung drohte zu zerbrechen, weil ihr Mann seine Gefühle nicht zeigte. Er konnte aber auch ihre emotionalen Reaktionen nicht ertragen und sie ihr nicht zugestehen. Sie wiederum konnte seine distanzierte Haltung beim Tod ihres Kindes nicht akzeptieren und legte sie als Gleichgültigkeit aus. Jeder wollte, dass der andere sich änderte. Ihre Liebe wurde unter ihrer gegenseitigen Nicht-Annahme und ihrem Nicht-verstehen-Können des anderen begraben.

Unterschiede in den Trauerreaktionen und das Unvermögen der Partner, diese Kluft zu überwinden, erscheinen mir als ein wesentlicher Grund für Missverständnisse und Krisen nach dem Verlust eines Babys. Es gehört sehr viel Reife dazu, den anderen in seinem So-Sein zu verstehen und anzunehmen.

Wir können uns fragen:

✢ Wie hat sich der Verlust unseres Kindes auf unsere Beziehung ausgewirkt?

✢ Kann ich meinem Partner/meiner Partnerin zugestehen, auf seine/ihre Weise zu trauern und ihn/sie in der Unterschiedlichkeit unserer Reaktionen akzeptieren und achten? Was würde uns ggf. die Annahme erleichtern?

✡ Was brauche ich vom anderen? Was bin ich fähig zu geben?

✡ Welche Qualitäten möchte ich mehr leben für unsere Beziehung?

Sexualität nach dem Verlust eines Kindes

Im sexuellen Beisammensein nach dem Verlust eines Kindes können Paare jeweils für kurze Zeit aus dem Grübeln herauskommen und sich einander ganz nahe und dadurch wieder an den Lebensfluss angeschlossen fühlen. Susan sagte:

In den zwei Monaten seit dem Verlust ist mein körperliches Verlangen nach Sexualität sehr gering gewesen, aber die emotionale Zuwendung, die ich dadurch bekomme, ist mir ungeheuer wichtig.

Es mag aber sein, dass besonders Frauen eine Weile das Bedürfnis haben, lediglich Zärtlichkeiten auszutauschen. Die Palette der Sinnlichkeit ist breit.

Wir saßen oft da, ohne zu reden. Wir hatten aber immer Körperkontakt, Peter legte den Arm um mich, oder ich kuschelte mich an ihn.

Die Nähe zueinander und die Gefühle der Liebe füreinander können vorübergehend den Schmerz überlagern. Durch die totale Offenheit bei einem Orgasmus kann aber auch der Schmerz des Verlustes noch spürbarer werden.

Als wir uns zum ersten Mal wieder liebten, weinte ich ununterbrochen. Es war so viel Zärtlichkeit und Lebensbejahung da. (Hodge, 1995)

Sexualität und Nähe sind biologische Grundbedürfnisse, die im Gleichgewicht sein wollen. Die Spannungsentladung durch einen Orgasmus, ggf. auch durch Selbstbefriedigung, kann den Atem wieder zum Fließen bringen, Muskelverspannungen im ganzen Körper auflösen und so zu unserem Wohlbefinden beitragen.

Manche Frauen oder Männer entwickeln zunächst eine Abneigung gegenüber Sexualität, durch die in ihren Augen das jetzige Leid seinen Anfang genommen hat. Ängste können entstehen vor einer neuen Schwangerschaft und eventuellen weiteren Verlusten. Manchmal kann auch Sexualität dazu missbraucht werden, sich den Gefühlen der Trauer nicht stellen zu müssen. Vielleicht hindern Schuldgefühle Trauernde daran, einander zu genießen, oder die Freude aneinander wird von ihnen oder gar von anderen als unpassend empfunden.

Ein depressiver Zustand kann vorübergehend zu einem inneren Abgestorbensein und Abstellen aller Lustgefühle führen. Vorübergehende sexuelle Störungen bei Mann und Frau sind normal. Es ist wichtig, dass Partner über die eigenen Ängste und Gefühle miteinander sprechen, damit sie die Reaktionen des anderen nicht missverstehen. Mit Geduld, Toleranz und Verständnis lösen sich die Probleme mit fortschreitender Heilung wieder auf. Einmal den eigenen Wänden zu entfliehen und sich Zeit füreinander zu nehmen, mag ebenfalls hilfreich sein. Wenn Probleme auch im zweiten Jahr der Trauer fortbestehen, sollte man Hilfe suchen (s. Anhang).

Wir können uns fragen:

✥ Was sind meine Bedürfnisse in Bezug auf Nähe, Sinnlichkeit und Sexualität? Was würde mir gut tun?

✥ Was möchte ich momentan nicht?

✥ Gestatte ich mir Lustgefühle oder meine ich, dass diese nicht sein dürfen?

✥ Habe ich Angst vor Sexualität, weil diese theoretisch wieder zu Schwangerschaft und Verlust führen könnte?

✥ Kann ich mit meinem Partner/meiner Partnerin offen über meine Gefühle, meine Wünsche und das, was zurzeit hindert und nicht geht, sprechen?

✥ Wenn wir bis jetzt nicht miteinander reden konnten, will ich es jetzt versuchen oder in Briefform niederschreiben?

✥ Wenn wir nicht miteinander schlafen können, wie wirkt sich das aus, und was kann ich tun, damit Spannungen sich nicht zu stark in mir aufbauen?

✥ Wenn unsere Beziehung stark belastet ist, mit wem möchte ich darüber sprechen? Wer könnte helfen?

✥ Sind unsere Schwierigkeiten ggf. so stark, dass wir professionelle Hilfe brauchen?

Anregungen für Paare im Umgang miteinander

▶ Gebt eurer partnerschaftlichen Beziehung höchste Priorität.

▶ Hab Geduld mit deinem Partner/deiner Partnerin und mit dir selbst.

▶ Gestehe deinem Partner/deiner Partnerin seine/ihre Art zu trauern zu.

▶ Sei dir klar darüber, dass dein Partner/deine Partnerin nicht an derselben Stelle in seiner Trauer steht wie du und dass das in Ordnung ist.

▶ Bemüht euch um Offenheit, Ehrlichkeit und Freundlichkeit in eurer Kommunikation.

▶ Akzeptiere deine eigenen Gefühle. Sprich über das, was in dir vorgeht, gib auch deinem Partner/deiner Partnerin Gelegenheit, seinen/ihren Schmerz auszudrücken.

▶ Gebt einander Raum, in der Beziehung zu wachsen.

▶ Konzentriert euch darauf, wie ihr Zuneigung und Achtung füreinander reifen lassen könnt. Entdeckt Wege, wie ihr diese nährt und zum Ausdruck bringt.

▶ Tragt zu eurer gegenseitigen Heilung bei durch körperliche Nähe und Berührung.

▶ Gebt einander die Erlaubnis, das Leben und den anderen zu genießen. Es ist gut, miteinander lachen und es ist gut, miteinander weinen zu können. Entdeckt, was ihr tun könnt, was Freude bringt.

▶ Konzentriert euch auf eure Zuneigung füreinander, und lernt und übt, wie ihr sie ausdrücken könnt.

▶ Erlaubt einander Raum in eurer Beziehung. Jeder Mensch braucht eine gewisse Privatsphäre bezüglich seiner Gefühle, auch seiner Trauer.

▶ Erwartet nicht, dass euer Partner/eure Partnerin der einzige Mensch ist, der euch hilft, wieder heil zu werden.

▶ Unterstützt einander in dem Gedanken, dass, so wichtig euch euer verstorbenes Kind auch ist und so weh euch sein Tod auch tut, es noch so viel anderes gibt, für das es sich lohnt zu leben.

Sr. Jane Marie ermuntert Väter, dafür zu sorgen, dass man auch sie als Trauernde wahrnimmt:

Wenn jemand dich fragt, wie es deiner Frau geht, dann sage ihm das und füge aber hinzu: »Und mir geht es so ...«

Oft leiden Männer unter vermeintlichen Forderungen ihrer Frau und fühlen sich dadurch erdrückt.

Mein Mann ist gewohnt, in jeder Krisensituation eine passende Lösung zu haben. Wenn ich so vor mich hin seufze: »Warum nur, warum?«, dann fühlt er sich unter Druck, mir eine Antwort servieren zu müssen. Ich weiß doch, dass auch er die Antwort nicht weiß, und ich erwarte keine Antwort von ihm.

An die Frauen gerichtet meint Sr. Jane Marie:

Sagt zu eurem Mann: »Ich erwarte nicht von dir, dass du meine Schmerzen wegnimmst. Ich erwarte nicht von dir, dass du mir irgendwelche Antworten gibst. Alles, was ich von dir will, ist, dass du mir zuhörst, denn ich muss darüber sprechen können. Wenn du nicht das Bedürfnis hast, darüber zu reden, dann ist das ganz in Ordnung. Ich möchte nur, dass du mich im Arm hältst, damit ich deine Nähe fühlen kann.«

Wenn die Konflikte bereits derart stark sind, dass Partner nicht mehr miteinander reden können, dann mag ein Brief einen Weg aus der Krise bringen:

Es war die schlimmste Zeit, die ich seit langem erlebt hatte, mit Selbstzweifeln und tiefsten Einsamkeits- und Verlassenheitsgefühlen. Es hat sich erst wieder gebessert, als ich mich nach einer Woche in meiner Verzweiflung hinsetzte und all die Gedanken und Gefühle, die gerade so in mir waren, in einem sehr langen Brief aufschrieb und diesen, obwohl er eigentlich nur für mich geschrieben war, meiner Frau einfach übergab.

Wenn ein Partner Mühe hat, den anderen anzuhören, kann es helfen, sich auf einen bestimmten Zeitabschnitt täglich zu einigen, in dem der andere bereit ist, uneingeschränkt zuzuhören. Ist unsere Beziehung – und unsere Beziehungen überhaupt – sehr verworren, können wir allmählich mehr Klarheit und Richtung erlangen durch das tägliche Lesen eines Meditationstextes aus *Kraft zum Loslassen*. Therapeutische Hilfe ist nötig (am besten durch Paar- oder FamilientherapeutInnen mit Erfahrung in Trauerbegleitung), wenn:

– keine konstruktive Kommunikation mehr möglich ist und die Mauern undurchdringlich geworden sind,
– die Wut gegenüber dem Partner/der Partnerin, die ja vorübergehend normal sein kann, sich nicht mehr legt,
– ein Partner in eine andere Beziehung ausgewichen ist, um sich nicht der Trauer stellen zu müssen,
– auch gute Freunde nicht mehr in der Lage sind, zu helfen, eine Brücke zu bauen.

Wir können uns fragen:

✿ Welche der obigen Anregungen können uns helfen?

✿ Glauben wir, allein unsere momentanen Schwierigkeiten überwinden zu können, oder brauchen wir Hilfe?

✿ Wie wollen wir es ggf. angehen, Hilfe zu finden?

Kinder und Tod

Der Tod ist für uns meistens sehr schmerzhaft und aufwühlend. Es ist deshalb nur allzu verständlich, dass wir unseren Kindern solche Erfahrungen ersparen und sie vor der Begegnung mit dem Tod abschirmen wollen. Doch dabei übertragen wir meist unsere eigenen Ängste auf sie. Kinder haben noch ein ganz natürliches Verhältnis zum Tod. Sie sind diesbezüglich schockierend offen und direkt, wenn sie von Erwachsenen umgeben sind, zu denen sie Vertrauen haben und bei denen sie meinen, sich zeigen zu können, wie sie sind.

Die Trauer von Geschwistern

Hier ist ein Auszug aus dem Bericht eines Vaters über die Erfahrungen mit seiner fünfjährigen Tochter Corey. Daniels zweite Tochter Elizabeth war mit Fehlbildungen zur Welt gekommen und am nächsten Tag gestorben.

Wenn mir vorher jemand die hypothetische Frage gestellt hätte, wie man mit einem Kind in Bezug auf Geburt und Tod eines Geschwisterchens umgeht, dann hätte ich wahrscheinlich geantwortet, dass man ihm sanft die Wahrheit sagen, aber es vor »traumatischen« Anblicken und Erfahrungen schützen solle. Corey hat uns vieles beigebracht über die Fähigkeiten von Kindern im Umgang mit dem Tod, über ihre Wahrnehmung von Leben und Tod, über ihre Bedürfnisse und über uns selbst und unsere Gefühle. Sie lehrte uns auch, auf Kinder besser zu horchen.

Corey, die eigentlich bei der freudigen Geburt ihres Schwesterchens hatte dabei sein wollen, kam in der Klinik an, kurz nachdem dieses mit Lippen-Gaumen-Spalte, verlängerten Daumen und zu niedrig angewachsenen Ohren und wahrscheinlich noch anderen weniger offensichtlichen Fehlbildungen geboren und sofort zur Intensivstation gebracht worden war.

Nach einer kleinen Weile fragte die etwas verunsicherte Corey nach ihrer Schwester, und wir sagten ihr, dass Elizabeth sehr krank sei. »Ich möchte sie sehen.« Sie machte klar, dass sie von uns erwartete, offen und direkt mit ihr zu sein. Katie, unsere Hebamme, beurteilte in Sekunden, wie viel sie Corey zumuten konnte und was ihre Bedürfnisse waren. Sie schlug vor, dass Corey das Baby durch die Glasscheibe aus fünf Meter Entfernung sehen solle, wobei die Fehlbildungen nicht so deutlich sichtbar wären ... Corey schaute einen Moment hin und meinte: »Mit diesen Schläuchen sieht sie aus wie E.T., bevor er starb. Wird Elizabeth sterben?« Wir sagten ihr ganz ehrlich, dass Elizabeth sehr krank sei und dass sie sterben könne, aber dass auch wir noch nicht mehr wüssten.

Am nächsten Tag lebte Elizabeth noch. Corey bestand darauf, sie zu sehen, obwohl wir es ihr ausreden wollten. »Wir werden sehen, was sich machen lässt, Corey, aber ihr Gesicht wird etwas komisch aussehen, es ist nicht so ganz normal zusammengewachsen.« Ruhig und voller Traurigkeit sprachen wir über Elizabeths Aussehen und warum sie sterben würde und über unsere Gefühle. Am Nachmittag durfte Corey Elizabeth, die nun von allen Schläuchen befreit war, vom Schoß ihrer Mutter Susan aus sehen. »Oh, eklig!« sagte sie, als sie das Gesicht ihrer Schwester sah. Sie wandte sich Susan zu: »Darf ich sie berühren?« Susan nickte. Corey fasste in das Bettchen hinein und begann, Elizabeths Arm zu streicheln. »Ihre Haut ist so weich! Schaut mal, sie hat rote Locken! Die sind auch ganz weich!« Corey drehte sich zu Susan und sagte mit Tränen in den Augen: »Sie wird sterben.« Dann wandte sie sich wieder Elizabeth zu und begann, mit ihr zu reden: »Deine Haut ist so zart, Elizabeth. Ich wünschte, du müsstest nicht sterben. Wir haben dich so lieb.« Elizabeth begann, ihre Arme und Beine zu bewegen als Reaktion auf Coreys Stimme und Berührung. Corey drehte sich um mit einem Ausdruck des Entzückens auf ihrem Gesicht. »Sie liebt mich. Sie weiß, dass ich da bin!« Lange Zeit streichelte Corey Elizabeth, redete mit ihr, hielt ihre Hand und strich ihr übers Haar. Dann war es Zeit zu gehen. Corey wiederholte immer wieder: »Wir lieben dich. Wir vergessen dich nie.« Die Schwestern, die im Hintergrund geblieben waren, wischten sich die Tränen aus den Augen. »Ich möchte dableiben, ich möchte Elizabeth sterben sehen.« Wir waren schockiert. Elizabeth sterben sehen? Wie morbide! »Nein, Corey, das können wir nicht. Wir wissen auch nicht, wann sie stirbt, wie lange das dauert.«

Am Abend erhielten wir einen Telefonanruf, dass Elizabeth tot sei. Eine Kinderkrankenschwester erzählte uns, sie sei bei Elizabeth gewesen, als sie gestorben sei, habe sie gestreichelt und mit ihr gesprochen, und sie sei friedlich hinübergegangen. Plötzlich bedauerten wir, dass wir nicht dort bei ihr gewesen waren. Corey hatte Recht gehabt.

Ich musste ins Krankenhaus, um Papiere auszufüllen, und Corey bestand darauf mitzukommen. Im Zimmer der Stationsschwester platzte sie heraus: »Ich möchte meine tote Schwester sehen.« Die Schwester, die gerade an einem Seminar über Kinder und Tod teilgenommen hatte, meinte, Corey solle Elizabeth noch einmal sehen können. Sie sagte ihr, Elizabeth sei etwas fleckig im Gesicht und habe eine violette Gesichtsfarbe. Corey schien nicht beeindruckt von der Beschreibung, sie wollte einfach alles selber sehen.

Elizabeth war in eine Decke gewickelt. Corey war traurig und fasziniert zugleich. Sie betrachtete noch einmal die ihr bereits bekannten körperlichen Fehlbildungen und erinnerte sich daran, dass an Elizabeth noch vieles mehr nicht wie bei anderen war, das man nicht sehen und nicht reparieren konnte. Sie berührte sie mehrmals, während sie beteuerte, dass wir sie nie vergessen würden und wie traurig es sei, dass sie tot sei, und wie sehr wir sie lieben. Nach einigen Minuten verließen wir das Zimmer und gingen nach Hause.

Erst in den Wochen danach wurde uns klar, wie wertvoll es gewesen war, Corey die Führung zu überlassen in dem, was sie brauchte. Es gab keine Alpträume über fehlgebildete Babys. Die Wirklichkeit war gesehen und akzeptiert worden. Das unförmige Gesicht war nur *ein* Aspekt gewesen. Da war auch noch die zarte Haut, das weiche Haar und die Erinnerung daran, wie Elizabeth auf Corey reagiert hatte. Wir brauchten unsere Trauer vor Corey nicht zu verstecken, sondern konnten sie mit ihr teilen ... (Scrimshaw/March, 1984)

Kinder haben sehr feine Antennen. Wir können nichts vor ihnen verheimlichen. Auch wenn wir sie nicht teilhaben lassen oder ihnen nicht sagen, was geschehen ist, spüren sie an unseren Reaktionen, dass etwas nicht in Ordnung ist. Wenn sie nicht verstehen, was vor sich geht, werden sie unsicher und ängstlich und entwickeln Fantasien darüber, was passiert sein mag. Sie spüren sehr wohl, wenn man ihnen gegenüber unaufrichtig ist und wenn Erwachsene nicht wollen, dass sie Fragen stellen oder ihre Gefühle zeigen. Wird der Tod von den Erwachsenen tabuisiert und werden Kinder davon ausgeschlossen, können sie keine Hilfe bei der Verarbeitung ihrer Gefühle bekommen. Sie fühlen sich dann allein gelassen. Corey lebte in einer Umgebung, in der sie ihre Reaktionen und Gefühle offen zulassen durfte. Wenn Kinder ihre tiefen Wünsche und Gedanken mitteilen dürfen, werden sie keinen Schaden an der Begegnung mit dem Tod nehmen. Wie diese erste Begegnung verläuft, kann sich auf ihr ganzes weiteres Leben auswirken. Viele machen ihre ersten Erfahrungen mit dem Tod, wenn ein geliebtes Tier stirbt, und auch dabei muss die Trauer der Kinder ernst genommen werden.

Kinder können nach einem Todesfall in der Familie an Appetitlosigkeit, Bauchschmerzen und überhaupt an verschiedensten körperlichen Beschwerden leiden. Sie können ängstlich, weinerlich, zurückgezogen, niedergeschlagen und bedrückt werden, oder sie können mit Aggressivität, Wutausbrüchen, Reizbarkeit, Launenhaftigkeit, Ungehaltenheit, Wildheit, großer Anhänglichkeit, Daumenlutschen, Stottern, Regression, Schulschwierigkeiten, Bettnässen und Alpträumen reagieren.

Kinder trauern »in kleinen Portionen«. Normalerweise heilen sie seelisch schneller, wie ja auch das Gewebe eines Kindes schneller heilt. Die meisten wenden sich schon bald wieder der Zukunft und dem Leben zu: »Wann bekomme ich denn ein neues Brüderchen?«

Wir können uns fragen:

✿ Wie gehen wir mit unseren Kindern in Bezug auf den Tod ihres Geschwisterchens um bzw. wie sind wir damit umgegangen?

Die Trauer von Geschwistern

Die Trauer von Geschwistern –
so umfassend,
so anrührend.
Ein Traum zerbricht.
Schmerz und Verwirrung
treten an seine Stelle.

Was kann ich tun,
um deinen Schmerz zu lindern,
mein Sohn?

Du kannst nichts dafür,
du bist so unschuldig,
und doch wage ich es nicht,
dich davor zu bewahren.
Ich werde dich miteinbeziehen.

Verbunden sind wir
in Schweigen und Schmerz.

✿ Sind/waren wir in der Lage, sie kindgemäß teilhaben zu lassen und ihre Reaktionen zuzulassen?
✿ Wie äußert sich die Trauer unseres Kindes/unserer Kinder?

Unterschiedliche Altersstufen

Die Reaktionen von Kindern auf den Tod hängt u.a. sehr von ihrer jeweiligen Entwicklungsstufe ab und davon, wie sie den Tod wahrnehmen (vgl. Schaefer/Lyons, 1986; Wass/Corr, 1984; Nagy, 1948). Kinder, die bereits unmittelbar mit Tod und Sterben konfrontiert worden sind, können die Bedeutung des Todes früher begreifen als andere. (Jampolsky, 1983) Kinder wissen oft selbst nicht, was mit ihnen geschieht, oder sie können das Erlebte nicht ausdrücken. Wir müssen deshalb verstehen, was in Kindern in bestimmten Altersphasen in etwa vorgeht, um auf ihre ungeäußerten Fragen, Gefühle und Bedürfnisse eingehen und ihre möglichen Fantasien richtig stellen zu können.

Kinder unter drei Jahren haben noch keine Vorstellung vom Tod; sie leben in der Gegenwart und haben keinen Bezug zum Vergehen der Zeit. Vielleicht leben sie noch ein wenig in jener anderen Welt, aus der sie hergekommen sind. In diesem Alter spüren sie nur, dass etwas um sie herum verändert ist. Sie nehmen unsere Trauer und Aufregung wahr und reagieren eher auf unsere Gefühle, als dass sie selbst über den Verlust des Babys traurig wären. Sie können Ängste haben, verlassen zu werden, wenn die Mutter in der Klinik ist. Kleinkinder bekommen vielleicht Schlaf- oder Essstörungen, Stillkinder können sich sogar abstillen. Für diese Kleinen gilt, was auch für die Größeren zutrifft: Sie brauchen sehr viel Körperkontakt. Besonders nachts tut es gut, Mutter oder Vater körperlich ganz nah zu sein. Hautkontakt, Wärme und Atembewegungen lassen sie sich entspannen und geben ihnen Sicherheit.

Für *Kinder zwischen drei und fünf Jahren* ist der Tod wie eine Reise, ein Schlafzustand – ein Leben unter anderen Bedingungen. Ihrer Vorstellung nach kann man von dort zurückkehren. Das Diesseits und das Jenseits sind nur zwei Facetten unserer Welt – ein Bild, das sich übrigens Erwachsenen häufig in Träumen zeigt. Kindern dieses Alters erscheint der Tod widerruflich. Sie leben in einer Welt der Magie. In ihrer Fantasie können sie sich ihre eigene Welt erschaffen, in der sie allmächtig sind und Dinge geschehen und ungeschehen machen können. »Ich will gar kein Baby, dann muss ich meine Spielsachen teilen, das Baby soll wieder weggehen«, könnte ein Kind in diesem Alter sagen oder denken. Wenn nun ein Geschwisterchen stirbt, mag ein Kind im magischen Alter glauben, seine Gedanken oder der eifersüchtige Stoß vor den Bauch seiner Mutter hätten den Tod verschuldet. Es fürchtet nun, dass ihm zur Strafe selbst etwas geschieht. Es braucht Versicherung, dass nichts, was es getan hat, den Tod verursachte, und es muss sich aufgehoben und geliebt wissen. Oft missverstehen Kinder Gesagtes. Deshalb sollten wir unsere Worte mit sehr viel Einfühlungsvermögen und Fingerspitzengefühl formulieren.

Zwischen sechs und neun Jahren beginnen die meisten Kinder zu verstehen, dass Tote nicht wiederkehren. Doch sie können sich noch nicht vorstellen, dass der Tod sie oder ihre Familie trifft. Normalerweise leben sie noch ein wenig in ihrer heilen Kindheitswelt, und eine Verbindung mit einer anderen, früheren Welt ist erhalten. So tröstet die achtjährige Anna ihre Mutter beim Tod eines lieben Freundes: »Ach, Mama, ich weiß ja, dass du jetzt traurig bist, aber ich weiß ganz genau, dass es dem jetzt viel besser da geht.« In diesem Alter stellen sich Kinder den Tod oft als Gestalt vor, der die Menschen davonträgt. Da manche Kinder dann glauben, dass der Tod ansteckend sei, brauchen sie Aufklärung darüber, dass dem nicht so ist. Auch Sechs- bis Neunjährigen muss noch versichert werden, dass nichts, was sie gedacht oder gesagt haben, am Tod schuld ist.

Neun- bis Zwölfjährige erkennen, dass der Tod unwiderruflich ist. Sie werden sich auch dessen bewusst, dass ihr eigenes Erdenleben einmal enden wird. Die Neugier über die biologischen Aspekte des Sterbens ist groß. Kinder sind zu diesem Zeitpunkt sehr an den nüchternen, nachprüfbaren Details des Todes und der Beerdigung interessiert und können uns diesbezüglich recht unemotional und sachlich erscheinen. Meine Mutter erzählte mir:

Während meiner Kindheit war es üblich, dass Tote bis zur Beerdigung im Hause aufgebahrt wurden. Schon als Acht- oder Neunjährige schickte man mich, einen Kranz ins

Sterbehaus zu bringen, wie das damals so üblich war. Wenn ich daran denke, finde ich das jetzt seltsam, aber ich wollte immer unbedingt den Toten sehen. Ich glaube, es war für mich eine Art Überprüfen: »Wie sieht der Tod denn aus? Wie zeigt er sich eigentlich? Was ist der Tod?«

Kindern dieses Alters darf ihr sachliches Interesse am Tod nicht verübelt werden. Die Gefahr, darüber entsetzt zu sein, ist groß. Man sollte, wenn möglich, auf ihre Wünsche eingehen.

Unser Neunjähriger sagte immer wieder, dass er unser Baby sehen wolle. Wir meinten, dass wir ihm das nicht zumuten könnten. Noch Jahre später sagte er vorwurfsvoll zu mir: »*Ich* durfte ja meine Schwester nicht sehen.«

Ab diesem Alter nehmen Kinder ihre eigenen Gefühle wahr und können sie reflektieren. Wut, Schuld und Trauer sind vielleicht besonders ausgeprägt. Ein Kind kann auch fürchten, dass ihm etwas zustößt oder dass es krank wird: »Wird es mir auch so gehen?«

Jugendliche empfinden den Tod wie Erwachsene – unausweichlich und unwiderruflich. Sie sind in einer Altersstufe, die sowieso vom Thema Trennung geprägt ist (sie müssen sich allmählich von ihren Eltern abnabeln), und sie haben ein sehr zwiespältiges Verhältnis dazu. Viele Fragen und Gefühle gären in ihnen, die sie intensiv beschäftigen und von denen sie sich oft überwältigt fühlen. Sie bemühen sich, ihre Position gegenüber dem Leben herauszufinden, ihre Individualität zu entwickeln und Werte für sich zu finden, nach denen sie leben wollen. Oft ziehen sie sich nach innen zurück, kapseln sich eine Weile von ihrer Umwelt ab und neigen dazu, vieles mit sich selbst abzumachen – auch die Auseinandersetzung mit dem Tod, wenn er nicht gar verdrängt wird. Durch ihr unausgeglichenes Hormonsystem fühlen sie sich emotional oft wie ein Schiff, das von den Wellen hin und her gewirbelt wird. Jugendliche können Weinen und Traurigkeit nicht gut aushalten aus Angst, der eigene Gefühlsaufruhr könnte zum Ausbruch kommen. Häufig verdrängen sie ihre Gefühle. Die Gleichaltrigen, die ihnen jetzt wichtiger sind als die Eltern, sind mit ihrer eigenen Entwicklung beschäftigt und haben meistens noch nicht genug Reife und Lebenserfahrung, um wirkliche Unterstützung geben zu können. Unter solchen Bedingungen ist die Gefahr groß, dass die Trauer unterdrückt wird und sich auf ungesunde Weise zeigt. Schulschwierigkeiten, Essstörungen, Aggressionen sind häufig die Folge. Die durch Trauer gestressten Eltern haben oft nicht die Geduld, um ihnen wirklich helfen zu können; manchmal können da andere verständnisvolle Erwachsene besser

Beistand leisten. Ein reifer Mensch mit einem Herz für junge Leute mag so etwas wie ein Trauermentor für sie werden. Gerade in dieser Phase des zunehmenden Selbständigwerdens brauchen junge Menschen Unterstützung, ihre eigenen Gefühle zu verstehen und damit umzugehen.

Wir können uns fragen:
* ✿ Was habe ich gelernt über mögliche Reaktionen meines Kindes/meiner Kinder in Bezug auf die jeweilige Altersstufe? Was verstehe ich besser?
* ✿ Worauf will ich besonders achten?
* ✿ Gibt es irgendwelche Reaktionen, dass unser Kind/unsere Kinder etwas missverstanden haben könnte/n? Wenn ja, wie will ich damit umgehen? Wie kann ich helfen?

Praktische Hilfen für den Umgang mit Geschwisterkindern

* *Nahebringen, was geschehen ist*

Jedes Kind ist anders. Deshalb ist es gut, sofern mehrere Kinder da sind, mit jedem Kind einzeln zu sprechen, um uns auf seine ganz individuellen Bedürfnisse auszurichten. Wenn wir mit unserem Kind reden, ist es hilfreich – je nach Alter –, es auf den Schoß zu nehmen, seine Hand zu ergreifen, den Arm um es zu legen oder einfach nahe bei ihm zu sein. Zuerst können wir auf das eingehen, was es schon gemerkt haben mag: die Schwangerschaft, die Tatsache, dass Mama im Krankenhaus ist oder dass Vater und Mutter geweint haben. Wir sagen ihm aufrichtig, einfach und altersgerecht, was geschehen ist. Unsere Worte müssen wir mit Bedacht wählen, um Redewendungen zu vermeiden, die vom Kind missverstanden werden und Ängste erzeugen können. Kinder nehmen vieles wörtlich. Nicht-Verstandenes, Fehlendes reimen sie sich dazu.

Es ist angebracht, immer wieder rückzufragen (besonders, wenn das Kind unerklärbare Reaktionen oder Ängste zeigt), was es verstanden hat, um falsche Schlüsse seinerseits auszuschließen. Wenn ein Kind das Gefühl hat, dass Zeit und Hinwendung da ist, werden bestimmt Fragen kommen. Wir brauchen nicht mehr zu beantworten, als erfragt wird. Jüngere Kinder begreifen am besten, wenn wir in Bildern mit ihnen sprechen oder ihnen Vergleiche aus der Natur oder aus Märchen und Geschichten anbieten können.

<u>*Wir können uns fragen:*</u>
✿ Wie wollen wir unserem Kind die Nachricht nahe bringen?
✿ Welche Bilder oder Vergleiche fallen uns ein?
✿ Wenn es uns schwer fällt, mit unserem Kind zu sprechen, wer könnte uns helfen?

<u>*Oder rückblickend:*</u>
✿ Wie ist das Gespräch verlaufen? Wollen wir ggf. etwas nachholen?
✿ Wenn ja, brauchen wir dabei Unterstützung und ggf. durch wen oder was?
✿ Wie hat unser Kind/haben unsere Kinder reagiert?
✿ Gibt es etwas, was wir noch tun sollten?

• *Das tote Baby kennen lernen – Hilfe zu be-greifen*

An erster Stelle mögen wir Eltern uns fragen, ob unsere Kinder das tote Baby kennen lernen sollen. Ann Coon, die Leiterin eines Trauerteams an einem Krankenhaus in Miami, hat gute Erfahrungen damit gemacht, Geschwisterkinder hinzuzunehmen. Auch in der Klinik in Bensberg haben wir positive Erfahrungen mit Kindern gemacht.

Die aufgeweckte zweieinhalbjährige Janina und ihre Zwillingsschwester hatten bereits mit »Charlie« – so hatte die Familie das Baby im Bauch der Mutter genannt – eine richtige Bindung bekommen. Mit Hilfe einer leeren Toilettenrolle, die sie auf Mamas Bauch pressten, hatten sie schon seine Herztöne gehört. Als sie ihre Mutter im Krankenhaus besuchten, nachdem diese das Baby etwa in der 21. SSW verloren hatte, fragten die Kleinen, warum Charlie denn jetzt tot sei. Die Mutter erklärte, dass er geboren worden sei, bevor er groß genug war, aus ihrer Brust zu trinken. Gemeinsam beschlossen wir, dass es den Kindern ermöglicht werden solle, das tote Baby zu sehen. »Ja, das ist wahr«, rief Janina beim Anblick ihres Brüderchens ganz ernst aus, auf seinen kleinen Mund und Mamas große Brüste schauend. »Das *kann* noch nicht aus deinen ›Knöpfen‹ trinken.« Wenn Kinder selbst sehen dürfen, können sie den Tod im wahrsten Sinne des Wortes be-greifen. Es gibt dann ganz konkrete Erinnerungen, auf die wir uns in späteren Gesprächen beziehen können. Eine natürliche Bindung zu »ihrem Baby« entsteht.

Unser vierjähriger Sohn wollte unbedingt ein Bild von seinem toten Brüderchen in seinem Zimmer, und wenn wir spazieren gingen, pflückte er Blumen und stellte sie in eine

Vase dazu. Es war kein bisschen morbide, sondern ganz natürlich. Er sprach ganz liebevoll und stolz von »seinem« Bruder.

Wenn Kinder nicht einbezogen werden, bleibt der Tod abstrakt und nicht nachvollziehbar. Kinder müssen darauf vorbereitet werden, dass Mutti sehr traurig ist. Überhaupt sollen sie wissen, was sie erwartet. Es ist auch gut, immer wieder Rückschau zu halten auf das, was sie erlebt haben. Meistens wollen Kinder von sich aus das tote Baby berühren oder es halten. Das ist ganz natürlich. Selbst Zweijährige gehen ganz liebevoll und ehrfurchtsvoll damit um. Der elf Monate alte Range, der mit Janina und ihrer Zwillingsschwester ihr totes Geschwisterchen ansah, riss allerdings mit seinem Temperament die sorgfältig um das Baby gewickelte Windel fast weg, wobei der Mutter der erschrockene Ausruf entfuhr: »Halt – du kannst noch nicht mit Charlie spielen!«, was selbst bei ihr Lachen auslöste. Die Situationskomik brachte Entspannung und das ganz normale Leben in den Raum zurück.

In dem australischen Film *Auch Babys sterben* (s. Bezugsquellen), der vom Deutschen Fernsehen ausgestrahlt wurde, sieht man, mit welch unglaublicher Unbefangenheit Kinder mit einem toten Geschwisterchen umgehen, wenn sie von den Menschen in ihrer Umgebung unterstützt werden. Wenn wir selbst Angst vor der Situation haben, ist es ratsam, eine einfühlsame Person hinzuzunehmen, die auf das Kind eingehen, es führen und seine Fragen kindgerecht beantworten kann. Wenn Kinder ihr Geschwisterchen nicht gesehen haben, können wir ihnen eventuell gemachte Fotos oder anhand der Fotos angefertigte Zeichnungen oder Gemälde zeigen.

Ich war mir zuerst gar nicht sicher, ob wir unserem vierjährigen Sohn die Fotos zeigen sollten. Doch es war gut. Er ging ganz natürlich und selbstverständlich damit um und redet jetzt unbefangen davon, zu Lisa auf den Friedhof zu gehen. Er fragt, ob ich beim nächsten Baby wieder zu Dr. E. ins Krankenhaus gehe. Das lässt mich vermuten, dass er es gut verarbeitet hat, sonst würde er das nicht sagen.

Wir können uns fragen:

✿ Hatten Geschwister die Möglichkeit, den Tod zu be-greifen?

✿ Gibt es etwas nachzuholen?

✿ Welche Ängste habe ich, und brauche ich Unterstützung? Wenn ja, wer könnte uns oder mir beistehen?

- *Abschied nehmen*

Kinder werden sich auf ihre Weise ganz unaufgefordert von ihrem toten Brüderchen oder Schwesterchen verabschieden. Coreys Erfahrung kann Anregung geben, wie wir vorgehen können, wenn unser Baby lebend geboren wird, aber im Sterben liegt. Kinder vertiefen ihre Bindung zu »ihrem Baby«, wenn sie ihm etwas zustecken dürfen. Ihre Auswahl (ein Püppchen, ein Spielzeug, eine Zeichnung oder ein Briefchen) ist oft rührend.

Beerdigungen und Trauerfeiern sind wichtige Familienereignisse, »was ganz Normales wie Familienmahlzeiten«, sagt Elisabeth Kübler-Ross. Sie helfen uns, die Wirklichkeit anzunehmen und den Tod besser zu erfassen. Wenn wir Kinder davon ausschließen, können sie das Gefühl bekommen, dass sie kein wichtiger Teil der Familie sind.

Als ich drei Jahre alt war, starb mein Urgroßvater. Mich ließ man nicht zur Beerdigung, weil ich noch so klein war. Ich weiß bis zum heutigen Tage noch, dass ich mich ganz ausgestoßen fühlte und es gar nicht verstehen konnte.

Andererseits sollen Kinder natürlich nicht zur Teilnahme gezwungen werden. Wir können ihnen zuvor genau erklären, was dabei passiert (sich ggf. selbst vorher genauestens informieren!). Dann stellen wir ihnen frei, ob sie mitkommen wollen. Jemand, der sich in Kinder einfühlen kann, sollte für sie zuständig sein und ihre etwaigen Fragen beantworten. Diese Person sollte auch bereit sein, mitten in der Zeremonie wegzugehen, wenn das Kind es wünscht. Vielleicht können wir Kinder mit Ritualen bei der Beerdigung beteiligen:

Unsere Kinder ließen Luftballons steigen.

In einer Broschüre der Gruppe »Resolve through Sharing« berichtete eine Mutter:

Unsere Kinder waren bei der Beerdigung dabei. Das erschien mir richtig. Meine Tochter stand neben uns und beobachtete aufmerksam den Vorgang. Meinem Sohn wurde es langweilig. Er setzte sich direkt neben den Sarg und fuhr sein kleines Spielzeugauto darüber. Das kam mir seltsam vor, nicht ehrfürchtig, nicht angemessen. Aber dann dachte ich: Es ist ja ein Kind. Es war sein Weg, einen Zugang zu dem Ganzen zu bekommen.

Wir können uns fragen:

✿ Habe ich Ideen, wie sich unser Kind/unsere Kinder von seinem/ihrem Geschwisterchen verabschieden könnte/n?

✿ Möchte/n unser Kind/unsere Kinder an der Beerdigung oder Trauerfeier teilnehmen? Je nach Alter, wie könnte/n es/sie sich ggf. beteiligen?

✿ Welche einfühlsame Person könnte dabei für unser Kind/unsere Kinder da sein?

Unser Alltag mit Kindern in der Trauerzeit

Manche Kinder plappern in der Folgezeit ungezwungen über das Geschehene und stellen Fragen, andere schweigen sich aus. Dies mag von Alter, Persönlichkeit und davon abhängen, inwieweit sie eine Basis zur Verarbeitung hatten. Manche reagieren zunächst nur oberflächlich, und die Trauer zeigt sich, wie auch bei Erwachsenen, erst Jahre später bei einem anderen Verlust.

Kinder reagieren in dieser Situation sehr verschieden, dementsprechend brauchen sie auch unterschiedliche Unterstützung. In jedem Fall benötigen sie besondere Zuwendung. Gram und eine für Trauernde naturgemäße Selbstbezogenheit machen es für uns trauernde Eltern jedoch häufig schwer, auf unsere Kinder eingehen zu können und ihnen das zu geben, was sie im Moment von uns brauchen. Es kann passieren, dass wir widersinnigerweise Aggressionen gegenüber unseren Kindern empfinden, weil sie uns ständig an das erinnern, was wir verloren haben.

Auch können wir sie durch unser verändertes Verhalten verunsichern und dadurch, dass wir für eine Weile unfähig sind, die altbekannte, sicherheitsgebende Alltagsroutine aufrechtzuerhalten. Oder wir werden überfürsorglich. Wir brauchen andere Menschen, vielleicht liebe Freunde oder liebevolle Großeltern, die uns helfen, den Kindern gerecht zu werden und ein Stück Normalität zu bewahren. Oder wir brauchen so etwas wie »TrauermentorInnen« für Kinder in dieser Situation.

Im Gegensatz zu den ersten Wochen, in denen ich so froh und dankbar war, meine älteren Kinder zu haben, bin ich ihnen gegenüber jetzt reizbar und unnahbar geworden. Es ist so, als ob mein ganzes Sein sich auf ein hilfloses kleines Baby eingestellt hätte und jetzt gar nicht weiß, wie umgehen mit zwei großen, selbständigen, fordernden Kindern.

Andererseits können auch schon kleine Kinder uns in unserer Trauer ganz viel geben.

Die Mädchen haben mich getröstet. Besonders meine jüngere Tochter fühlt, wenn es mir schlecht geht. Sie ergreift einfach meine Hand, auch wenn sie über irgendetwas anderes quasselt. Meine ältere Tochter bittet nicht mehr darum, dass ich mit dem Weinen aufhöre. Eines Abends, als eine Freundin mich anrief, um mir zu erzählen, dass sie gerade ihr Baby bekommen hat, gratulierte ich ihr, legte den Hörer auf und heulte los. Meine Älteste sagte: »Es ist schon in Ordnung, dass du eifersüchtig bist, Mami. Wein nur.« Das hat mir wirklich geholfen.

Unser kleiner David war uns ganz wichtig, weil wir schon bald wieder mit ihm lachen mussten trotz unserer Trauer. Er verkörperte das Leben.

Es ist gut, auch über unsere eigenen Gefühle zu sprechen.

Ich erklärte meinen Kindern, dass mein Verhalten ganz normal sei, dass andere Frauen in derselben Situation ebenso sind und dass es auch wieder vorübergehen wird – obwohl ich manchmal selbst nicht daran glauben konnte.

Nach einem Verlust ist es nicht gut, bald darauf umzuziehen, weil Kinder in dieser Zeit, wo die Welt nicht mehr stimmt, den Trost der vertrauten Umgebung brauchen. Kinder benötigen die Versicherung, dass bei all dem Ungewohnten noch alles in Ordnung ist.

Das tote Kind mit einem Heiligenschein zu umgeben wirft eine Last auf lebende Kinder, die sogar noch Auswirkungen auf deren Kinder und Enkelkinder haben kann.

Wir können uns fragen:
* ✿ Wie reagieren unsere Kinder auf den Verlust? Was ist ihre Art zu trauern?
* ✿ Wie reagiere ich auf unsere Kinder? Was empfinde ich? Wie kann ich mit meinen Gefühlen umgehen?
* ✿ Habe ich die Kraft, auf unsere Kinder genügend einzugehen und für sie da zu sein? Oder wer könnte uns helfen und für sie in dieser Zeit MentorIn sein?

Kindgemäßes Verarbeiten

Am besten können Kinder das Geschehene und ihre inneren Konflikte durch Spielen verarbeiten: Rollenspiele, Kasperletheater, Spielen mit Puppen oder Ähnlichem (Anregungen dazu in dem Buch *Botschaften der Kinderseele* von Käthy Wüthrich und Gudrun Gauda).

Irgendwann hat David viele Frösche geknetet. Einer saß auf einem Stuhl, und David sagte, der sei traurig und würde weinen. Wir hoben die Frösche wochenlang auf, und ich fragte David immer mal wieder, wie es dem Frosch ginge. Nach einigen Wochen sagte er, der Frosch sei wieder froh und würde nicht mehr weinen. Das war seine Trauerarbeit.

Unser Sohn spielte wochenlang »Sterben und Beerdigung« mit seinen Freunden. Zuerst fand ich das makaber, und es machte mir Angst, bis ich begriff, dass dies sein Weg war, alles zu verarbeiten.

Unsere Kinder haben eine Puppe nach unserem Baby benannt.

Durch Puppen, Stofftiere oder Ähnliches können wir kindgemäße Botschaften vermitteln. Andererseits können wir erfahren, was in unseren Kindern vorgeht, um ihnen besser helfen zu können. Sr. Jane Marie z.B. benutzt dazu eine Handpuppe – einen kleinen Stoffhasen namens Thumpy, über den es ein Bilderbuch und ein Trauerarbeitsbuch für Kinder gibt. Auch über Bilder, Geschichten und Kinderbücher (s. Bezugsquellen) können wir das Abstrakte für Kinder plastisch werden lassen.

Unser Sohn Philip starb in der 21. SSW. Unsere größte Sorge galt der fast dreijährigen Lisa, die sich schon sehr auf das Geschwisterchen gefreut hatte (sie hatte Ultraschallbilder gesehen, ein Foto bekommen, ihrem Geschwisterchen Geschichten erzählt etc.).

Da sie das Lied *La-le-lu, nur der Mann im Mond schaut zu* kennt, erzählten wir ihr, das Geschwisterchen sei nun bei ihm. Da sein Herzchen krank war und nicht mehr schlagen konnte und es noch zu klein war, um auf der Welt, außerhalb von meinem Bauch, leben zu können, ist es zum Mann im Mond gekommen. Sie fragte dann, ob sie es sehen könne, was wir verneinten. Sie weinte dann kurz und stellte fest, dass es beim Mann im Mond sicher mit den Wolken und der Nabelschnur spielen würde, ja, und andere Kinder zum Schmusen gäbe es auch. Ganz wichtig war für sie, dass der Mann im Mond auch eine Frau hat (damit die Familie komplett ist?). Im Spiel mit ihren Puppen hat sie einige Zeit gespielt, dass diese oder auch sie selbst tote Kinder bekämen, was nach einiger Zeit wieder aufhörte – es kamen dann wieder gesunde Babys zur Welt.

Anfangs war unser totes Baby sehr oft Thema für sie. Sie fragte, wann ich wieder schwanger würde und unser Baby zurück in meinen Bauch käme. Mittlerweile redet sie vom »neuen« Baby, das wir irgendwann einmal haben werden. Manchmal kommt es noch vor, dass sie zu den Wolken schaut und mit dem Baby redet oder sagt, dass es dies oder jenes bestimmt gesehen habe. Oder sie schaut abends aus dem Fenster und schaut zum Himmel und wünscht dem Baby eine gute Nacht. Es wird jedoch immer seltener.

Durch Malen können Kinder sich ausdrücken. Ihre Zeichnungen geben uns Aufschluss über Unverdautes. Mit älteren Kindern können wir über die Zeichnungen ins Gespräch kommen und sie behutsam begleiten.

Es wird unseren Kindern (und auch uns) gut tun, mit ihnen spazieren und schwimmen zu gehen oder sie im Arm zu halten, sie zu streicheln oder zu massieren. Sie brauchen genügend Gelegenheit zu Spaß, Spiel und Bewegung, um körperlich-seelisch im Gleichgewicht zu bleiben. Körperliche Betätigung jeder Art ist begrüßenswert.

Vielleicht fragen uns unsere Kinder nach einem möglichen Leben nach dem Tod. Wenn wir eine klare Meinung dazu haben, sagen wir sie. Gleichzeitig lassen wir sie wissen, dass es Menschen gibt, die anders denken. So können wir ihnen den Freiraum geben, zu ihren eigenen Antworten und Überzeugungen zu kommen.

Wir müssen unsere Kinder darauf vorbereiten, dass die Umwelt manchmal verständnislos und unbeholfen reagiert und dass dies *nicht ihr Problem* ist.

Kerry (damals 9) lieferte am Todestag von Cara ein fast leeres Blatt bei einer Schularbeit ab: »Ich konnte nur noch an unser Baby denken!« Sein Lehrer, der selbst die Trauer über den Tod seiner eigenen Frau ganz und gar verdrängt hatte und die Trauer des kleinen Bengels nicht ertragen konnte, reagierte mit Strenge, Unverständnis und mangelnder Einsicht und gab ihm trotz eines Gespräches mit ihm eine Sechs, die er im Jahreszeugnis anrechnete.

Wenn Ängste und Niedergeschlagenheit über längere Zeit andauern – wenn Kinder destruktiv werden, in der Schule versagen, zu Unfällen neigen oder gar den Wunsch zu sterben ausdrücken – und wir durch Gespräche mit ihnen nicht weiterkommen, dann ist definitiv professionelle Hilfe nötig. Wir sollten uns nach TherapeutInnen umschauen, die im Umgang mit Kindern bzw. Jugendlichen und eventuell in Mal- oder Spieltherapie erfahren sind, aber sich auch mit Trauer auskennen.

Wir können uns fragen:
✿ Welche Möglichkeit hat unser Kind, das Geschehene zu verarbeiten?
✿ Findet es eigene Kanäle, oder welche Anregungen können wir geben?
✿ Wenn wir mehr als ein Kind haben: Wie unterscheiden sich die Bedürfnisse?
✿ Hat unser Kind genügend Zeit für Spiel, Spaß und Bewegung?
✿ Was können wir mit unserem Kind/unseren Kindern tun, was uns selbst auch gut tun würde?
✿ Welche Haltung habe ich hinsichtlich Tod und Leben nach dem Tod, und wie will ich auf diesbezügliche Fragen unserer Kinder eingehen?
✿ Weichen meine Vorstellungen von denen meines Partners/meiner Partnerin ab, und wie wollen wir dies handhaben in Bezug auf die Fragen unserer Kinder?
✿ Was wissen wir über die Reaktionen der Umwelt auf unsere Kinder?

✿ Gibt es Reaktionen unserer Kinder, die uns Sorge machen? Wenn ja, meinen wir, dass fachliche Hilfe angesagt ist? Und wo könnten wir ggf. Informationen einholen?

Interaktion mit unserem sozialen Umfeld

Die Trauer der Großeltern

Enkelkinder bedeuten für Großeltern die Fortsetzung des Lebens. Sie sind ihnen auch eine Quelle von Freude und Wärme. Und sie bieten ihnen die Chance, das vielleicht aus mangelnder Lebensreife, Zeitmangel und Ungeduld an den Kindern Versäumte jetzt an den Enkeln wieder gutzumachen.

So ist der Tod eines Kindes gewöhnlich auch ein großer Verlust für seine Großeltern, die außerdem noch darunter leiden, dass es ihrer Tochter bzw. ihrem Sohn schlecht geht und sie nicht helfen können. Doch während ihr Kind und dessen Partner bzw. Partnerin eine gewisse Unterstützung aus ihrem Umfeld erfahren mögen, werden *sie* in ihrer Trauer übersehen. Manche gehören der Nachkriegsgeneration an, wo es galt, die Zähne zusammenzubeißen und durchzuhalten. Oft ist viel ungelebte Trauer in ihnen. Sie haben meistens nicht gelernt, ihre Gefühle auszudrücken oder sich Trost und Unterstützung zu holen.

Mein Vater kam zu mir in die Klinik, gerade nachdem wir uns entschlossen hatten, unser am Morgen verstorbenes Neugeborenes noch einmal zu sehen. Wir fragten ihn, ob er mitkommen wolle, und er bejahte, aber wahrscheinlich mehr aus einem Gefühl der Verpflichtung mir gegenüber heraus. Ich glaube, er litt unsäglich bei dem Anblick seiner winzigen toten Enkeltochter, und er stürmte dann auch ohne Worte aus dem Zimmer. Ich hatte das Gefühl, als ob ihn der Verlust direkter träfe als alle anderen.

Für andere Großeltern ist es tröstlich, dass sie ihr totes Enkelkind sehen und halten können. Sie entdecken Ähnlichkeiten mit der einen oder anderen Seite der Familie und schließen ihr Enkelkind für immer in ihr Herz. Gemachte Fotos mit ihnen und dem Kind im Arm mögen kostbare Erinnerungen für sie sein.

Manchmal finden Großeltern in ihrer Hilflosigkeit und eigenen Not nicht zu einem richtigen Verhalten ihren Kindern gegenüber. Wenn die eigenen Eltern oder sonst wichtige Menschen auf den Verlust nicht reagieren und so tun, als ob nichts geschehen wäre, empfinden die Betroffenen dies als doppelten Verlust.

Ich rief meinen Vater aus dem Krankenhaus an und erzählte ihm, wie es gelaufen war. Seine erste Reaktion war: »Mach dir doch keine Sorgen, du kriegst schon wieder eins.«

Wir können uns fragen:

✿ Würden die Großeltern gern ihr Enkelkind kennen lernen? Wenn es zu spät ist, was kann im Nachhinein getan werden?

✿ Wie gehen unsere Familien mit dem Verlust um? Welche Gefühle mögen hinter äußeren Reaktionen stehen?

✿ Gibt es irgendwelche Reaktionen unserer Eltern oder Schwiegereltern auf den Verlust, die jetzt zwischen uns stehen? Was können wir ggf. tun, um diese auszuräumen?

✿ Mit wem könnte ich ggf. über meine verletzten Gefühle sprechen?

Uns umgebende Menschen

Selten wissen die Umstehenden, wie sie sich uns gegenüber nach dem Tod eines Kindes verhalten sollen. Viele machen in ihrer Unbeholfenheit beschwichtigende Bemerkungen, die uns verletzen. Andere wagen erst gar nicht, uns darauf anzusprechen, aus Angst, dies könnte uns wehtun und wir könnten weinen. Sie wollen uns nicht leiden machen.

Nach dem Verlust unseres Kindes verschwand unsere Nachbarin, die im selben Hof mit uns wohnt und die mit mir zusammen schwanger war, mit ihren beiden Kindern im Haus, sobald wir auf der Bildfläche erschienen. Sie hatte wohl Angst, der Anblick würde unseren Schmerz vergrößern.

Menschen brauchen eindeutige Zeichen von uns, wie sie sich uns gegenüber verhalten sollen. So unfair es vielleicht klingen mag, wir müssen auf Menschen zugehen und sie wissen lassen, was wir von ihnen brauchen. Auch bei den Großeltern ist dies angebracht.

Ich sagte ihnen, dass es in Ordnung sei, über den Tod unseres Kindes zu sprechen, dass ich zwar dabei weinen würde, aber dass mir die Tränen gut tun. Ich sagte ihnen, dass ich selbst das Bedürfnis habe, darüber zu reden, und dass ich nichts von ihnen wolle, außer dass sie zuhören und mich vielleicht ab und zu mal in den Arm nehmen.

Ich habe um Hilfe gebeten. Ich habe Freunde angerufen und gesagt: »Kommt vorbei und trinkt Tee mit mir.« Ich habe auch Kollegen angerufen und gesagt: »Mir ist was Schlimmes passiert, und ich möchte mit euch reden.«

Hier sind Susans Überlegungen und Erfahrungen bezüglich ihres Umgangs mit ihren Mitmenschen nach ihrem Verlust:

In meinen schlaflosen Nächten gehen mir all die Reaktionen und Kommentare von anderen durch den Kopf. Ich empfinde so viel Dankbarkeit für jede Person, die mich angesprochen oder mit mir geweint hat, und ich frage mich, wie ich in der Vergangenheit manchmal zögern konnte, mein Mitgefühl auszudrücken, wenn *andere* unter einem Verlust gelitten hatten.

Die andere Seite ist: Wenn Menschen schweigen oder annehmen, es sei jetzt vorbei und wir sind wieder »in Ordnung«, oder uns gar sagen, wie viel Glück wir hätten, dass wir nicht ein behindertes Kind zur Welt bringen mussten, dann schieben sie unsere Verzweiflung beiseite, als ob sie nicht existieren würde. Mit ihnen habe ich jetzt das Gefühl, dass etwas unerledigt ist, dass etwas zwischen uns liegt und dass unsere Beziehung nie wieder dieselbe sein kann, wenn es uns nicht gelingt, das aufzulösen. Manchmal bin ich zu diesen Menschen hingegangen. Es ist mir nicht leicht gefallen. Ich habe gesagt: »Es hat mir wehgetan, dass du so getan hast, als ob nichts sei«, und wir haben dann zusammen geweint und uns ausgesöhnt.

Wenn ich meine Hand ausstreckte und sagte: »Bitte hilf mir« oder: »Ich muss mit jemandem sprechen«, bekam *ich* manchmal ein Dankeschön von den anderen zurück. Sie empfanden es als *Geschenk*, dass ich sie an meinem Leid teilhaben ließ.

Auch wenn wir es uns oft nicht eingestehen wollen, so sind wir doch alle Glied eines großen Ganzen. Unser Leben ist gut in dem Maße, wie wir eingebettet sind in den Großen Kreis des Gebens und Nehmens. Wir brauchen uns deshalb nicht zu scheuen, Freunde oder Verwandte zu bitten, uns zu unterstützen. Irgendwann fließt es wieder in den Großen Kreis zurück.

Wir können uns fragen:

✿ Kann ich mich erinnern, wie es mir vor meinem Verlust gegangen ist?
✿ Wie möchte ich denn von meinen Mitmenschen behandelt werden, und kann ich anderen vermitteln, was ich brauche?
✿ Gibt es Menschen, denen ich aufgrund ihrer Reaktion gram bin? Kann ich ihnen gegenüber meine Enttäuschung zugeben und meine Bedürfnisse äußern? Bin ich bereit, ihnen zu vergeben? Oder: Was brauche ich dazu?

4   Die Trauer dauert an

Wir Menschen sind dafür ausgerüstet, ein großes Maß an Belastungen auszuhalten. Wir tragen in uns die Fähigkeit, nach einer Zeit intensiven Trauerns und Verarbeitens des Geschehenen aus eigener Kraft wieder zu heilen und uns dem Leben neu und anders zuzuwenden. Doch dahin zu kommen ist schwere Arbeit. Die Trauer kann uns an unsere Grenzen bringen, sowohl gefühlsmäßig als auch körperlich.

Eine Zeit der Desorientierung und Verwandlung

Die zweite Hälfte des ersten Jahres nach einem Verlust ist für viele die »Mitte der Nacht, bevor der Tag beginnt«. Wir haben die Wirklichkeit des Verlustes auf einer tieferen Ebene begriffen. Unsere Gefühle haben wir in einer Intensität erlebt wie vielleicht noch nie zuvor. Uns langsam vorwärts tastend suchen wir jetzt danach, ein neues Leben aus dem erschütterten alten Leben aufzubauen. Jetzt ist es so, als ob die alte Person, die wir waren, auseinander fällt, damit ein neuer Mensch entstehen kann.

Wir beginnen, uns langsam an ein Leben ohne dieses Kind anzupassen. Früher oder später gelingt es den meisten von uns, unserem toten Baby einen Platz in unserem Leben und unserem Herzen zu bewahren und es trotzdem loszulassen. Die Liebe zu diesem Kinde ist Nährboden, wenn wir neue Bindungen wagen oder uns neuen Lebensinhalten zuwenden. Wenn es uns gelungen ist, dieser Erfahrung einen Sinn abzuringen, werden wir sehr gereift und gewachsen daraus hervorgehen. Unsere Werte werden sich verändert haben. Die Länge dieser Phase hängt von der individuellen Situation ab.

Trauer als persönliche Erfahrung

* *Die individuelle Situation*

Bei allen Parallelen im Verlauf von Trauerprozessen ist jede Situation doch einzigartig, und jeder Mensch reagiert unterschiedlich.

Immer nur der Gedanke, ich werd kein Kind mehr kriegen – ich bring mich um, ich spring aus dem Fenster ... Ernsthaft hätte ich das, glaube ich, nicht gemacht, aber ich war einfach total verzweifelt.

Ich sagte mir, ich bin ja erst 26 Jahre alt. Bis 35 werde ich schon noch ein zweites Kind bekommen.

Mit jeder Fehlgeburt wuchs in mir die Kraft und das Vertrauen, dass ich mein Schicksal, wie immer es kommen mag, tragen kann. Wenn ich morgen weinen muss, dann habe ich heute ganz viel gelacht, und das kann mir morgen keiner mehr nehmen. Nach acht Fehlgeburten und einer Totgeburt habe ich zwei wunderbare Kinder bekommen, und ich lebe mein Leben mit großer Intensität und Tiefe und in unendlicher Dankbarkeit. Meine Verluste haben sich in Schätze verwandelt.

Eine Trauererfahrung wird von vielen Faktoren moduliert: die Länge des Wartens auf diese Schwangerschaft, die Bedeutung, die sie für uns hatte, die Tiefe der bereits gewachsenen Bindung, die Umstände von Tod und Geburt, mögliche vorangegangene Verluste und damit verbundene Gegebenheiten sowie »Altlasten« an unverarbeiteter Trauer. Andere Faktoren sind Alter, Persönlichkeitstyp, Qualität und Form der Beziehung zum Partner/zur Partnerin, erlernte Kommunikationsmuster, unsere Modelle im Umgang mit Trauer, persönliche Weltanschauung, Lebensreife, spirituelle Entwicklung, innere Ressourcen im Umgang mit Lebenskrisen sowie unsere Glaubenssätze und tiefsten Überzeugungen. Der maßgebendste Faktor ist jedoch unser Eingebundensein oder Nicht-Eingebundensein in einem sozialen Netzwerk und wie viel Unterstützung wir von Anfang an – und ganz besonders dann – haben. Natürlich kann auch die Motivation zum Kind im Erleben der Trauer eine Rolle spielen.

Ich wollte unbedingt ein Kind, weil ich es an meiner Arbeitsstelle nicht mehr aushielt. Ich war mir bewusst darüber, dass es total egoistisch war, ein Baby als Ersatzbefriedigung haben zu wollen. Als es dann zu einer Fehlgeburt kam, hatte ich starke Schuldgefühle.

Unsere Grundeinstellung zu Leben und Tod beeinflusst unser Erleben. Menschen, die glauben, dass der Tod das absolute Ende bedeutet, haben mit dem Tod ihres Kindes oft mehr Schwierigkeiten als jene, die an ein Weiterleben der Seele nach dem Tod glauben – sei es im christlichen Sinne oder im Sinne östlicher Anschauungen. Denjenigen, die an Reinkarnation und bestimmte Aufgaben einer jeden Menschenseele auf dieser Erde glauben, scheint es am ehesten zu gelingen, diese Erfahrung sinnbringend in ihr Leben zu integrieren. Trudel (47), eine Ärztin, sagt:

Als ich vor 20 Jahren eine Fehlgeburt hatte, sah ich das Leben ausschließlich von der intellektuellen Seite. Und so war meine Fehlgeburt nur ein schrecklicher Zufall ohne Sinn. Mit Glaube konnte ich damals gar nichts anfangen. Danach war nur noch Leere da. Im Nachhinein finde ich das sehr bedauerlich, weil ich die Erfahrung gar nicht positiv verarbeiten konnte.

Die Trauer ist intensiver und komplizierter in den Fällen, wo Menschen meinen, dass sie den Tod ihres Kindes hätten verhindern können. Auch eine vorausgegangene, wenn auch zunächst unbewusste Zwiespältigkeit der Schwangerschaft gegenüber kann die Trauerarbeit stark belasten. Anita (27), deren Kind im fünften Monat tot geboren wurde, beschreibt das eine Woche danach so:

Meine Tochter sagt allen Leuten, dem Baby hätte es in meinem Bauch nicht gefallen. Ich bin ja auch oft ziemlich nervös gewesen, hatte so eine innere Unruhe, und manchmal habe ich richtig durchgehangen. Wir wollen diesen Monat anfangen zu bauen, und vielleicht hat das Baby gedacht, es kommt mir in die Quere. Ich denk, vielleicht hab ich doch zu viel geplant und bedauert, dass mein Mann so mit dem Bau beschäftigt sein würde und wir zusammen das Kind nicht so intensiv genießen könnten wie unser erstes. Oh, wenn ich wüsste, dass ich wirklich dran schuld bin, dann bekäme ich kein Kind – nie mehr … (*Weinen*) Dann steht mir keins mehr zu. Ich würde immer denken: Dieses wollte nicht bleiben, weil ich selbst daran schuld bin, und dann darf ich auch keins mehr kriegen.

Wenn das Kind im Bauch gar von vornherein abgelehnt wurde, treten bei seinem Tod oft Schuldgefühle auf.

Diese Schwangerschaft hatte so gar nicht in mein Leben hineingepasst. Ich hatte an Abtreibung gedacht, unterließ es dann doch, weil ich es nicht mit meinem Gewissen vereinbaren konnte. Als es dann in der elften Woche zur Fehlgeburt kam, hatte ich zunächst große Schuldgefühle. Auch wenn ich mich deshalb sehr schämte, sprach ich mit einigen Menschen ganz offen darüber. Ich glaube, weil ich allmählich in meinem tiefsten Inneren zu meinem Schuldigwerden stehen konnte, erlebte ich dann so etwas wie Vergebung. Es ist jetzt gut.

Wenn eine Frau schon einmal ein Kind abgetrieben hat, wird eine Fehl- oder Totgeburt bei einer gewollten Schwangerschaft häufig als Strafe erlebt. Auch kann verdrängte Trauer von dem ersten Erlebnis jetzt mit Macht an die Oberfläche kommen und die Trauer vervielfachen.

Ich hatte die Gefühle und Erinnerungen sehr erfolgreich verdrängt gehabt. Jetzt jedoch hatte ich keine Wahl: Ich musste mich dem Schmerz und dem Bedauern stellen. Ich kramte alte Kalender hervor und rekonstruierte, wann die Abtreibung stattgefunden hatte. Ich weinte und weinte und weinte. Die ganze Traurigkeit, die ich zum Zeitpunkt der Abtreibung nicht zugelassen hatte, brach jetzt über mich herein und auch die Trauer darüber, dass wir so lange damit gewartet hatten, ein drittes Kind zu bekommen.

Bei Verlusten, die mit einem Tabu belegt sind, ist die Trauer oft sehr viel komplexer (s. S. 39 ff.). Frauen, die während oder nach einer glücklos endenden Schwangerschaft vom Vater des Babys verlassen werden, brauchen ganz besonders viel Unterstützung aus anderen Quellen (s. S. 50 f.). Wenn mehrere erschwerende Faktoren zum momentanen Verlust hinzukommen, ist es möglich, dass wir bei der Verarbeitung unserer Gefühle und der Wieder-heil-Werdung therapeutische Hilfe benötigen. Dies ist umso wichtiger, wenn weitere Schwangerschaften geplant sind. Mit Hilfe der Fragen auf Seite 316 ff. (Fragebogen 1 – für Eltern) können wir unseren persönlichen Hintergrund und unsere besondere Trauersituation reflektieren. Je nach individueller Situation werden wir die folgenden Phänomene in mehr oder minder großem Grade erleben.

- *Aus dem alten Gleichgewicht geworfen sein*

Ich fiel dann in ein tiefes Loch. Auf einmal schien alles so dunkel. Ich war total leer – kraft- und saftlos. Ich konnte stundenlang sitzen und nichts tun. Ich war total unmotiviert. Ich konnte mir gar nicht denken, je aus diesem Loch wieder herauszukommen.

Utes Geschichte ist typisch. Gedankenverloren und unkonzentriert, fällt es uns schwer, etwas zu behalten.

Ich fuhr mehrmals über rote Ampeln. Ich hatte sie zwar gesehen, aber nicht registriert. Ich ging von einem Zimmer zum anderen und hatte vergessen, was ich dort wollte. Morgens kam ich zur Arbeit und bemerkte, dass ich die ganze Nacht über das Licht angelassen hatte.

Im Äußeren zeigt sich unser Ungleichgewicht dadurch, dass wir wenig Antrieb und Durchhaltevermögen haben. Wir können auch an Schlaflosigkeit und Appetitlosigkeit leiden oder umgekehrt an einem unkontrollierbaren Appetit und einem unwiderstehlichen Schlafbedürfnis. Wir sind nervöser und reizbarer als sonst, und unsere Gefühle schwanken. Oder wir empfinden uns in einem depressionsähnlichen Zustand des Abgeschnittenseins. Innerlich mögen wir eine gewisse Leere verspüren. Wir sind verunsichert. Es fällt uns schwer, Entscheidungen zu treffen – selbst über kleine Alltagsdinge zu entscheiden erscheint uns in unserem jetzigen Zustand oftmals als Überforderung.

Vor dem Tod unseres Kindes war ich eine recht pingelige Hausfrau. Danach wurde ich richtiggehend nachlässig, blieb den ganzen Tag im Nachthemd, saß am Fenster und starrte hinaus. Äußerlich muss ich wie erstarrt gewirkt haben. Innerlich, glaube ich, strukturierte sich mein ganzes Leben, mein ganzes Sein, gänzlich neu.

Weil wir nicht so umsichtig sind wie sonst, ist das erste Trauerjahr keine gute Zeit, weitreichende Entscheidungen zu treffen. Es ist auch keine gute Zeit umzuziehen, besonders wenn wir bereits Kinder haben. Große Veränderungen in unserem Leben würden jetzt bedeuten, dass wir über die trauerbezogene Belastung hinaus noch zusätzliche neue Informationen und Bedingungen integrieren müssten.

Ja, im Großen und Ganzen geht es mir von Woche zu Woche besser, wobei mein Tageszustand schwankt. Ich will mich noch gar nicht ganz und gar besser fühlen. Es ist noch nicht die Zeit dafür. Ich bin dankbar für die »guten Tage«, wenn es ein bisschen leichter ist, aber wenn mal wieder »schlechte Tage« kommen, dann fühle ich, dass auch die notwendig sind. Wenn ich ein Medikament einnehmen könnte, das all die schwierigen Gefühle wegmachen könnte, würde ich es nicht einnehmen. Denn die schlimmen Gefühle wegzumachen, würde die Wichtigkeit dessen, was geschehen ist, verleugnen. Ich bin darin überhaupt nicht masochistisch. Würde meine Trauer das, was ich als »normal« erachte, weit überschreiten, würde ich mir durchaus fachliche Hilfe holen.

Gerade wenn unser »Weg« am anstrengendsten ist, meinen manche Mitmenschen, dass wir doch jetzt sicherlich unsere Trauer überwunden hätten. Nicht jede Frau ist in der Lage, ihren Gefühlen so zu trauen und so hinter ihren Bedürfnissen zu stehen wie Susan (s.o.). Weil die Gesellschaft so wenig Raum und Zeit für Trauer zugesteht, mögen wir uns als »nicht normal« empfinden oder haben vielleicht sogar das Gefühl, »ver-rückt« zu werden. Obwohl gerade jetzt Unterstützung so notwendig wäre, sondern wir uns von den anderen ab, aus Angst, dass sie entdecken, wie es wirklich in uns aussieht. Wir empfinden die Einsamkeit der Trauer.

Während ich darüber rede, wie hilfreich Unterstützung für mich gewesen ist, fällt mir auch auf, wie einsam Trauer ist. Tief im Inneren kann niemand meine Trauer teilen, nicht einmal mein Mann.

Trauer bringt uns auch an die Grenzen unserer gesundheitlichen Belast-
barkeit. Wir sind anfälliger für körperliche Krankheiten, da unsere Abwehrkräfte nun sehr schwach sind. Wir müssen auf uns achten.

Sechs Monate sind vergangen seit Sarahs Tod. Ich bin ganz häufig krank gewesen – eine
schlimme Bronchitis, eine Mandelentzündung mit über 40 Grad Fieber, gefolgt von einer langwierigen Windpockenerkrankung mit anschließendem Beginn einer Rippenfell-
entzündung. So was kannte ich von mir überhaupt nicht. Mal 'ne kurze Erkältung, aber
so was nicht.

Wir können uns fragen:
✿ Welche der beschriebenen Symptome erlebe ich oder habe ich erlebt?
✿ Bin ich erleichtert zu wissen, dass dies typische Erscheinungen bei
  Trauernden sind? Kann ich mich in meiner Trauer annehmen?
✿ Kann ich mir *meine* Zeit für meine Trauer zugestehen, selbst wenn an-
  dere Menschen andere Erwartungen an mich haben?

Trauer: eine anhaltende Belastung für den ganzen Menschen

Durch die vermehrte Adrenalinausschüttung erhöht sich der Pulsschlag,
der Blutdruck steigt, und die Muskeln spannen sich an. Wenn unser Ess-
verhalten gestört ist, wie das häufig der Fall ist, leidet unser Ernährungszu-
stand. Auch Magen und Darm sind in Mitleidenschaft gezogen. Unser
Stoffwechsel kann durcheinander kommen. Unseren Körper lange Zeit
auf Hochtouren laufen zu lassen verbraucht natürlich immens viel Energie.
      Anhaltender Stress, wie ihn Trauer erzeugt, schwächt unser Abwehrsys-
tem. (Bartrop, 1977) Die Forschung hat gezeigt, dass bei einem gesunden
Menschen der Lymphozytenspiegel (Lymphozyten sind Zellen, die für die
Körperabwehr zuständig sind) 2000 beträgt. Bei trauernden Menschen
kann er nach einer Woche 1100, nach vier Monaten 700 und nach sieben
bis acht Monaten sogar nur 400 sein. So ist es nicht verwunderlich, dass
Menschen nach einem Verlust besonders anfällig für Krankheiten sind. Es
wäre keine schlechte Idee, uns zwischen dem vierten und sechsten Monat
nach dem Tod unseres Kindes einmal gründlich untersuchen zu lassen, da
bei manchen Erkrankungen (wie z.B. der Thyreotoxikose) Symptome
auftauchen, die bei späterem Erkennen nicht mehr rückgängig zu machen
sind.
      Aber auch weniger bedrohliche Zustände können uns plagen: Atemlo-
sigkeit oder -enge, Kopfschmerzen, Kloß in der Magengegend oder im

Hals, Herzschmerzen, Rückenschmerzen (vor allem im Lendenbereich und zwischen den Schulterblättern), Nackenschmerzen, Dumpfsein im Beckenbereich, mangelnde sexuelle Gefühle, Muskelschwäche, Schwindelgefühle, Zittern, Überempfindlichkeit gegenüber Lärm, chronische Erkältungen und grippale Infekte, chronische Müdigkeit und Schlafstörungen. *Je mehr wir für unseren Körper, unseren Geist und unsere Seele tun* (s. die Anregungen dazu in den Kapiteln 2 bis 5), *desto mehr beugen wir ernsthaften Erkrankungen vor.* Wir sollten jetzt gut zu uns sein.

Wir können uns fragen:
✧ Wie manifestiert sich meine Trauer körperlich?
✧ Was möchte ich für meine Gesundheit und mein körperliches Wohlbefinden tun?

Zu immer tieferen Antworten finden – unsere Werte ändern sich

Der Zustand der Trauer ist ein Zustand der Regression. Die Trauer zwingt uns – vielleicht zum ersten Mal im Leben –, alles andere beiseite zu schieben und uns dem zu widmen, was *in* uns vorgeht. Während wir nach Antworten suchen, offenbaren sich nur immer mehr Fragen. Auf diese Weise werden wir zu immer tieferen Erkenntnissen geführt in Bezug auf uns selbst und unser Leben. Vergrabene Sehnsüchte und Mangelgefühle kommen mit Macht an die Oberfläche. Vielleicht wird uns bewusst, wie lieblos und achtlos wir oft mit uns selbst waren, und beschließen, demnächst fürsorglicher und achtungsvoller mit uns umzugehen. Womöglich wird uns klar, wo wir an unserem Wesen und unseren Möglichkeiten vorbeigelebt haben und wo wir unserem eigenen Leben gegenüber schuldig geworden sind. Wir mögen auch mehr Klarheit bekommen über unsere Beziehungen und aufrichtig erkennen, welche unserer Verhaltensweisen herzlichen Beziehungen oft im Wege stehen – und wir erkennen, wie wir uns in Zukunft verhalten wollen, damit Liebe und Harmonie wachsen können. Oder wir begreifen, wo wir *im Sinne aller* gesunde Grenzen setzen müssen. Wir sind aufgefordert, mit das Allerschwierigste im Leben zu lernen: Loslassen und Annahme.

Die Frage nach dem Sinn des Lebens beschäftigt uns immer wieder. Wir überdenken unsere Lebensvorstellungen und Werte, um am Ende wahrscheinlich zu neuen Überzeugungen und Prioritäten zu kommen. Neue Dimensionen mögen sich uns eröffnen. Wenn wir das Potential dieser Phase nutzen und uns bewusst Zeit für diese tiefen Prozesse einräumen, werden wir in der Tat als verwandelte, reifere Menschen aus dieser schlimmen Erfahrung hervorgehen. Die ursprüngliche Frage nach dem »Warum« des Todes unseres Kindes hat allmählich eine ganz andere Qualität bekommen und uns zu einer tieferen Dimension geführt – mehr eins mit unserer *wirklichen* Natur. Wir erfahren Heilung aus dem Ursprung.

Doch diese Verwandlung kostet sehr viel Kraft. Kein Wunder, dass wir oft keinen Antrieb für äußerliche Dinge haben. Da wir im Inneren wirklich Schwerstarbeit leisten, ist es gut, in dieser Zeit im Äußeren nicht zu viel von uns zu verlangen. Wir können üben, immer mehr nach innen zu lauschen und das zu tun, was *uns* wichtig und richtig erscheint, und nicht das, was andere von uns erwarten. Wenn wir den Alltag einigermaßen bewältigen können, ist das genug. Wenn wir Hilfe brauchen, sollten wir uns umsehen, woher diese kommen kann.

Es ist einleuchtend, dass dieser Prozess, wenn wir uns wirklich darauf einlassen, nicht von heute auf morgen geschieht. Auf ein Jahr mindestens sollten wir uns einstellen. Am ersten Todestag des Kindes intensiviert sich noch einmal der Schmerz um das Verlorene. Für manche ist diese Zeit eine Art Wendepunkt, wonach es ihnen deutlich besser geht. Andere spüren – je nach Situation –, wie im Laufe des zweiten Jahres allmählich Kräfte der Erneuerung in ihnen erwachen. Wieder andere, bei denen sehr viele erschwerende Faktoren zusammenkommen (s. Fragebogen 1, S. 316 ff.), haben noch einen langen Weg vor sich – und zuweilen ist dabei professionelle Hilfe angesagt.

Was uns in dieser Zeit helfen kann

Was in dieser Zeit hilft? Viel weinen. Über Schwangerschaftsverluste lesen. Mit Menschen sprechen. Wieder ein bisschen weinen. Lange Spaziergänge. Meditieren. Klavierspielen. Wieder weinen. Wenn ich sage, diese Dinge »helfen«, dann meine ich das nicht im Sinne von »mich aufmuntern« oder »mir helfen zu vergessen«. Sie helfen auf eine Weise, die ich nicht ausdrücken kann – vielleicht so was wie »mich vom Zerspringen abhalten« und »mir helfen, zu mir zu finden«.

Unser Körper, unsere Gefühle und unsere Gedanken sind eng miteinander verbunden und beeinflussen unseren Seelenzustand. Wir können an *einer* Stelle ansetzen, um in *anderen* Bereichen gleichzeitig Heilung zu bewirken.

Mich meinem Körper zuwenden

Der Körper ist das Zuhause auch der Gedanken und Gefühle, und unser Leiden manifestiert sich dort konkret. Über ihn können wir am ehesten unseren Allgemeinzustand beeinflussen. Gerade während der Trauerzeit ist es besonders wichtig, mit unserem Körper gut umzugehen. Jeder Mensch hat im Laufe seines Lebens (hoffentlich) seine eigenen Wege entdeckt, wie er sich regenerieren kann. Unser Körper weiß eigentlich am besten, was er braucht. Doch können wir uns zeitweise innerlich so dumpf und abgeschnitten fühlen, dass uns die einfachsten Dinge nicht mehr einfallen. Einige der nachfolgenden Anregungen sind einfach und nicht aufwendig, doch ungeheuer hilfreich, wenn wir uns wirklich auf sie einlassen. Eine persönliche Liste mit den Anregungen, die uns am meisten ansprechen, am Spiegel oder Kühlschrank angebracht, kann uns vielleicht immer wieder daran erinnern oder uns inspirieren.

- *Gesunde Lebensführung*

In unserem Leid vergessen wir oft, für uns in einer guten Weise zu sorgen. Doch dies ist sehr wichtig. Einen Rhythmus in so vielen Lebensbereichen wie nur möglich zu bewahren kommt uns sehr zugute.

▶ *Schlaf* ist so heilend. Doch der Schlaf trauernder Menschen ist meist unregelmäßig. Wenn wir uns gegen so genannte Schlafstörungen wehren, kommen wir in einen Teufelskreis hinein. Wenn wir jedoch dazu »ja« sagen und die Wachzeit willkommen heißen, können wir die nächtlichen Stunden zur Verarbeitung des Geschehenen nutzen. In diesen Zeiten zwischen Schlafen und Wachen, wo das parasympathische Nervensystem regiert, sind wir oft zu tieferem Erkennen fähig als mit unserem Tagesbewusstsein.

▶ Es ist günstig, einen *ausgewogenen Ruhe-Aktivitäts-Rhythmus* beizubehalten. Ein schweres Essen vor dem Zubettgehen erschwert den Schlaf, ebenso wenn wir unserem Geist zusätzlich Schweres zu »verdauen« geben wie z.B. einen aufregenden Film. Ein Glas heiße Milch mit Honig und einem Hauch Muskat kann den Schlaf ebenso fördern wie ein Abendspaziergang in der frischen Luft oder das Schlafen bei offenem Fenster. Selbst wenn wir nicht schlafen können, ist es von Vorteil, uns hinzulegen. Auch eine kurze Ruhepause von wenigstens 10 Minuten im Laufe des Tages ist gut für unsere Regeneration – über die Entspannung des Rückens. Das »Tragenlassen« aus Kapitel 2 sowie weitere Hilfestellungen ab Seite 180 lassen uns zu innerer Ruhe finden. Wenn wir zunächst wirklich gar nicht liegen können, können wir unsere Unruhe erst einmal in Bewegung oder eine kreative Handlung (s. S. 177 ff.) umsetzen, um dann darüber zu mehr Ruhe zu finden.

▶ Die regelmäßige Einnahme von *Schlafmitteln* ist nicht förderlich. Wenn wir uns mit natürlichen Mitteln nicht helfen können, aber dringend Schlaf benötigen, weil die Schlaflosigkeit unsere Funktionstüchtigkeit beeinträchtigt, so sollte eine medikamentöse Hilfe in der Regel eine zwei- bis dreimalige Einnahme pro Woche nicht übersteigen.

▶ *Rauchen* vermehrt die Magensäure, beraubt uns wichtiger Vitamine und wirkt sich negativ auf den Kreislauf aus.

▶ Vielleicht tendieren wir dazu, durch *Medikamenten- oder Alkoholeinnahme* aus unserem Zustand ausbrechen oder ihn betäuben zu wollen. Vorübergehend mag dies ja Erlösung bringen, doch die Nebenwirkungen sind für unseren Trauerprozess kontraproduktiv, und wir können leicht in eine Abhängigkeit geraten, die dann zu einer *wirklichen* Krankheit wird. Außerdem setzt der Trauerprozess nach Absetzen von »Betäubungsmitteln« wieder an dem Punkt ein, wo er sich vor dem Medikamenten- bzw. Alkoholkonsum befand.

Wir können uns fragen:

✿ Sind bestimmte Aspekte in meiner Lebenshaltung änderungsbedürftig? Wenn ja, in welchen Bereichen möchte ich etwas ändern?

✿ Kann ich dies aus eigener Kraft tun, oder brauche ich Hilfe dabei? Wenn ja, von wem?

• *Ernährung*

Es kann leicht passieren, dass wir während der Zeit des Trauerns unsere Ernährung vernachlässigen. Doch eine mangelhafte Ernährung verschlechtert unseren angeschlagenen Gesundheitszustand noch mehr. Ernährung hat nicht nur Auswirkung auf unseren Körper, sondern auch auf unsere Gefühle und unser Denken – unsere allgemeine Stimmung. Gerade jetzt ist eine ausgewogene *Vollwerternährung* – reich an Vitaminen und Mineralien und so naturbelassen wie möglich – unserer Gesundheit besonders zuträglich. In stressbelasteten Zeiten steigt besonders der Bedarf an Vitamin C; B-Vitamine und Zink stärken die angegriffenen Nerven. Auch bei den Mahlzeiten ist es sinnvoll, einen Rhythmus einzuhalten. Die nachfolgende Liste kann weitere Anregungen geben.

Nahrungsgruppen	Nahrungsmittel	Täglicher Bedarf
Eiweißhaltige Produkte tierisches Eiweiß	Fisch, Geflügel, Käse, Eier, Fleisch, Schalentiere (VegetarierInnen sollten sich gesondert informieren)	2 Portionen (120-180 g)
pflanzliches Eiweiß	Körner – insbes. Hafer(-flocken), Tofu, Hülsenfrüchte, Sojabohnen, Nüsse, Sonnenblumenkerne, Nährhefe und bestimmte Gemüsekombinationen	2 Portionen
Milchprodukte	Milch, Buttermilch, Quark, Joghurt, Kefir, Käse	3 Portionen
Getreideprodukte (meist reich an B-Vitaminen)	Vollkornbrot; gekochtes Getreide, Flocken oder Frischkornbrei aus Weizen, Gerste, Hafer, Roggen, Grünkern, Dinkel, Naturreis, Hirse, Mais; Weizenkeime, Weizenkleie; Vollkornteigwaren, Getreidekeimlinge	2-3 Portionen

Nahrungsgruppen	Nahrungsmittel	Täglicher Bedarf
Vitamin-C-reiches Gemüse und Obst	Rohkost, Rosenkohl, Rot-/Weißkohl, Sauerkraut, Spinat, Paprikaschoten, Petersilie, Schnittlauch, Tomaten, Kartoffeln, Broccoli, Avocado, Zitrusfrüchte, Erdbeeren, Kiwi, schwarze Johannisbeeren, Karambola, Sanddorn	2 Portionen
gelbliches, weißliches oder rotfarbiges Gemüse und Obst (z.T. reich an Vitamin A)	Karotten, Blumenkohl, Kohlrabi, Spargel, Weißkohl, Mais, Birnen, Äpfel, Bananen, Aprikosen, Pfirsiche, Kirschen, Melone, Ananas, Papaya	1 Portion (60-90 g)
grünes Blattgemüse (viele der Vitamine A, E, B, K, Eisen, Folsäure, Magnesium)	grüner Salat, Endivien, Spinat, Mangold, Feldsalat, Chicorée, Grünkohl, Kresse, Fenchel, Löwenzahn, Portulak	1-2 Portionen
Fette (enthalten u.a. Vitamin E und essentielle Fettsäuren)	ungesättigte und ungehärtete Öle (z.B. kaltgepresstes Distel- und Sonnenblumenöl, Keimöle), Margarine, Butter	2 Esslöffel

Möglicherweise gibt es Zeiten, in denen wir kaum die Kraft und den Antrieb haben, einzukaufen und zu kochen. Hier wäre es wunderbar, eine neue Tradition zu schaffen: zum Besuch bei trauernden Eltern, über die Anfangszeit der Trauer hinaus, eine nahrhafte Mahlzeit – einen Auflauf, einen schönen Salat oder einen Eintopf mit frischen Gemüsen – mitzubringen oder wenigstens frisches Obst. Wenn uns das Kochen und Einkaufen schwer fallen, dürfen wir direkt um Hilfe bitten. Freunde und Verwandte werden froh sein, ihre Hilflosigkeit überwinden zu können, indem sie gesagt bekommen, was sie für uns tun können. Wenn wir das Gefühl haben, dass unsere Ernährung ganz aus dem Gleichgewicht geraten ist, wäre eine Ernährungsberatung sinnvoll (Adresse s. Anhang).

Trauernde vergessen oft, genügend *Flüssigkeit* zu sich zu nehmen. Etwa acht Gläser Flüssigkeit am Tag (Wasser, Saft, Milch, Kräutertee, Malzkaffee etc.) ist das Mindeste, was wir zur guten Durchspülung der Nieren brauchen. Wir können uns morgens eventuell zu unserer eigenen Erinnerung eine Tagesration bereitstellen. *Kaffee und Schwarztee zu trinken ist nicht so günstig.* Sie lassen den Adrenalinspiegel noch mehr ansteigen (Kaffee mehr als Tee, zwei Tassen Kaffee verdoppeln ihn) und sind unserem angespannten Körper nicht zuträglich – auch nicht, um unsere Lethargie zu beheben! Unser Energieniveau fällt danach schnell wieder sehr stark ab. Außerdem reduziert Kaffee den Vitamin-C-Spiegel.

Wir können uns fragen:

✿ Ist meine Ernährung einigermaßen ausgewogen und von guter Qualität?
✿ Wovon möchte ich mehr oder weniger zu mir nehmen?
✿ Was könnte zu einer gesünderen Ernährung beitragen?
✿ Habe ich genügend Energie, um für meine Ernährung und die meiner Familie Sorge zu tragen, oder wen könnte ich um Hilfe bitten?
✿ Nehme ich genügend Flüssigkeit zu mir?
✿ Trinke ich etwas, was meinen Stress erhöht? Wovon möchte ich weniger trinken? Was möchte ich weglassen?

• *Bewegung*

Körperliche Bewegung fördert unsere Atmung und unseren Energiestrom und hilft, unser inneres Gleichgewicht wiederherzustellen. Bewegung gibt unserem gestressten Körper mehr Sauerstoff, regt die Herzaktivität an und kann Menschen aus einem depressiven Zustand herauslocken. Unter bestimmten Umständen werden *Endorphine* – eine hormonähnliche Substanz – ausgeschüttet, die Depressionen entgegenwirken und Wohlgefühle auslösen. Nach intensiver Bewegung finden wir auch leichter zum Gegenpol: zur Ruhe.

▶ Die allereinfachste und eine zugleich ungemein wirkungsvolle Übung ist das Dehnen. Wir können uns im Laufe des Tages immer mal wieder ausgiebig *dehnen und räkeln*, wie es eine Katze tut. Bei der Dehnung können wir bemerken, wie diese unseren Atem ganz von selbst einfließen lässt, der Ausatem begleitet dann die Lösung. Nach der kleinen

Atemruhe lassen wir uns spontan von unserem Körper in die nächste Dehnung führen.

Welche anderen Körperteile – außer Arme und Beine – rufen noch nach Dehnung? Unsere Gelenke – Fuß-, Knie- und Hüftgelenke; Hand-, Ellbogen- und Schultergelenke; Kiefergelenke und auch die einzelnen Wirbel – sind oft besonders bedürftig. Rücken, Schultern und Nacken sind bei trauernden Menschen oft extrem angespannt. Vorsicht – dabei nicht überstrecken, da dies den Körper verfestigt! Wo fühlen wir sonst noch eine Auswirkung, wenn wir unser Gesicht und sogar unseren Mundinnenraum dehnen? Wir dehnen nicht mechanisch, sondern spüren ganz da hin, wo Dehnung stattfindet. Danach gönnen wir uns noch einen Moment, um in den Körper hineinzuhorchen und zu »ernten«, was wir durch das Dehnen gewonnen haben. Vielleicht werden wir uns dabei noch weiterer Bedürfnisse gewahr und gehen diesen dann nach.

Wenn während der Übungen ein *Gähnen* entsteht, dann lassen wir dies aus der Tiefe aufsteigen und lassen das Weitwerden des Mundraumes zu. Gähnen hilft, Spannung auf ganz natürliche Weise zu lösen und tut gut.

▶ *Fahrradfahren, Spaziergänge, Joggen, Tennisspielen, Schwimmen, Arbeiten im Garten usw.* ermöglichen uns Bewegung und führen uns gleichzeitig in die Natur, die in sich selbst eine heilende Kraft birgt. Rhythmische Aktivitäten sind besonders förderlich.

▶ Oft fällt es uns schwer, uns zu körperlicher Betätigung aufzuraffen. Vielleicht finden wir *Freunde*, die Lust haben mitzumachen. Wir können uns auch durch eine *Imaginationsübung* (Vorstellungsübung, z.B. nach Simonton, 1982) auf die eigentliche Bewegung einstimmen und versuchen, unsere Schwere zu überwinden: Wir sitzen entspannt da und stellen uns bis ins Detail vor, wie wir die Bewegungsform ausüben. (Uns selbst sehen: Wie sehen wir aus? Wo befinden wir uns? Wie sieht es da aus? Wir spüren die Tätigkeit der Muskeln, nehmen unsere Atmung wahr, fühlen unseren Herzschlag. Wir werden uns unseres Körpergefühls gewahr, empfinden konkret und sinnlich unseren Kontakt mit Boden, Wasser, Fahrrad oder was immer unsere Bewegungsart in der Imagination ist.) Allein schon die Vorstellung der Bewegung sendet Impulse zum Gehirn, die physiologische Veränderungen bewirken. Diese Vorübung, mehrmals wöchentlich gemacht, wird uns körperlich auf die Bewegung vorbereiten und uns den Anfang erleichtern.

▶ *Gehen* hilft, uns zu erden und zu uns zu kommen. Bei jedem Schritt spüren wir ganz bewusst, wie unsere Füße den Boden berühren und wie der Boden uns trägt. Wir nehmen wahr, wie sich mit der Zeit unser Atem verändert.

▶ Durch *Schütteln* oder *Federn* können wir unseren Kreislauf anregen und Lasten von uns abfallen lassen. Wir stehen mit den Füßen beckenbreit da, locker in den Knien, das Gewicht etwas nach vorne verlagert. Wir beginnen zu federn: Die Ferse hebt sich und kommt weich zum Boden zurück, die Ballen bleiben auf dem Boden. (Wichtig: Wenn Krämpfe in den Waden auftreten, dann deswegen, weil die Ferse nicht auf den Boden zurückkam.) Wir wippen von einer Seite zur anderen. Wir versuchen, in den Gelenken locker zu werden: Fußgelenk, Kniegelenk, Hüftgelenk, Wirbelsäulengelenke, Schultern, Nacken. Wonach ist uns – nach schnellen oder langsamen, nach großen oder kleinen Bewegungen? Wir spüren nach: Ist es uns leichter geworden? Konnten wir etwas »abschütteln«? Wie ist mein Atem jetzt?

▶ Uns zu einer meditativen oder sonst einer Musik, die uns anspricht, *frei tanzend zu bewegen*, tut unserem Körper (und unserer Seele) gut. Wir können damit alles, was in uns ist, ausdrücken: unseren Schmerz, unsere Wut, unsere Traurigkeit, unsere Schwere, unsere Ängste, unsere Verzweiflung – aber auch unsere Kraft, unsere Sehnsucht, unsere Liebe ...

Ich tanzte meine Gefühle heraus, bis ich ganz nass geschwitzt war. Ich dachte mir, was ich jetzt rausschwitze, brauche ich nachher nicht mehr rauszuheulen.

Wir können uns fragen:

✿ Welche Übung oder Aktivität hat mir in der Vergangenheit geholfen, mich besser zu fühlen? Was ist wünschenswert und machbar für mich in meiner jetzigen Situation?

✿ Welche der obigen Übungen oder Aktivitäten möchte ich einmal versuchen?

✿ Welche rhythmischen Tätigkeiten, die ich mag, fallen mir ein?

✿ Wenn ich nicht genügend Motivation finde für Bewegung, will ich mir vornehmen, mich selbst in Bewegung zu visualisieren, um in Gang zu kommen?

✿ Fällt mir jemand ein, der sicher gerne mit mir üben oder sonstwie aktiv sein würde?

- *Ruhe, Entspannung und Hilfen zum Schlafen*

Viele der folgenden Übungen können uns beim Einschlafen helfen.

▶ Wenn es uns schwer fällt, zur Ruhe zu kommen, können wir uns zuerst *stark bewegen* (s. vorangegangener Abschnitt), um dann leichter zum Gegenpol, zur Ruhe, zu kommen.

▶ Während der Trauerzeit dürfen wir uns *viel Zeit in Liegestuhl, Schaukelstuhl oder Hängematte* gönnen.

In unserem gemütlichen Dachzimmer befestigte ich eine Hängematte, und ich verbrachte dort viele produktive Stunden, indem ich an die Holzdecke schaute, mich selbst schaukelte und über mein Leben nachdachte. Dies war mein Weg, mir wirklich gut zu tun.

▶ Wir können uns auch selbst *sanft in kleinen rhythmischen Bewegungen »schaukeln«*, während wir auf dem Bett oder auf dem Boden liegen (einige Massageformen schließen diese sanfte Schaukelbewegung ein).

▶ *»Uns tragen lassen«* (s. S. 64 f.) bringt ein Gefühl von Geborgenheit und Ruhe.

▶ *Meditative Musik* (s. Bezugsquellen) kann unsere Atmung harmonisieren und darüber eine ausgleichende Wirkung auf unseren Körper und unsere Muskelspannung haben.

▶ *Wasser*, das mütterliche Element, das mit unseren Gefühlen verbunden ist, unterstützt ebenfalls unsere innere Lösung. In einem warmen *Bad mit ätherischen Ölen* (s. auch S. 198 f.) bei Kerzenlicht können wir uns vom Wasser tragen lassen, vielleicht bei angenehmer Musik. Dies bringt Körper und Seele Entspannung und vermittelt möglicherweise den Eindruck, als verweilten wir im Mutterleib, in dem wir uns für kurze Zeit regenerieren können. Eine *Dusche* kann uns helfen, Bedrückendes von uns abfließen zu lassen. Eine kalte und warme *Wechseldusche* belebt und entspannt gleichzeitig.

▶ Aber auch schon über ein *Fußbad* (körperwarmes Wasser allmählich auf ca. 41 °C anwärmen, mit Ölen und Heilkräutern versehen) können wir unserem vom Schmerz eng gewordenen Körper behilflich sein, weiter und warm zu werden. Dies erleichtert ebenfalls das Einschlafen.

▶ Im Anschluss an ein Fußbad können wir uns *liebevoll unseren Füßen zuwenden*. Wir legen einen Fuß über den Oberschenkel des anderen Beins. Mit »wachen«, bewussten Händen massieren, kneten, streicheln, beklopfen wir ihn, legen ruhig unsere Hände auf (s. nächste Übung) ... was immer uns einfällt. Zum Abschluss bilden wir einen Ring um das Fußgelenk, indem wir es mit beiden Händen umschließen. Wir spüren ganz nach innen und nehmen uns dabei viel Zeit. Dann stellen wir den Fuß auf den Fußboden und spüren nach, was sich durch unser »Be-handeln« verändert hat. Anschließend widmen wir uns ebenso intensiv dem anderen Fuß. Im Anschluss fragen wir uns: Wie stehe ich jetzt auf dem Boden? Habe ich mehr ein Gefühl von Sicherheit bekommen? Hat sich meine Stimmung verändert? Fühle ich mich ausgeglichener? Ruhiger?

▶ Überhaupt kann *Berühren* (s. auch Kapitel 2) eine Quelle sein, zu uns und der Ruhe in uns zu kommen. Auf diese Weise können wir unsere Gesundheit außerordentlich fördern. Verspannte, schmerzende Stellen hören auf wehzutun, weil sie belebt und vom Atem besser durchflutet werden. Wir fühlen uns nach der bewussten Berührung lebendiger. Dies können wir nun noch etwas ausgiebiger und intensiver tun:

Wir setzen uns aufrecht auf die Vorderkante eines Stuhls mit einer geraden Sitzfläche. Durch diese Haltung schaffen wir eine gute Voraussetzung, dass der Atem in uns frei fließen kann. (Genauso gut können wir die Übung im Liegen machen, zum Beispiel in der Nacht, wenn der Schlaf nicht kommen will.)

Zuerst regen wir die Lebendigkeit unserer Hände an, indem wir eine Hand, z.B. die linke, sinnlich, aber doch bestimmt mit Daumen, Fingerkuppen oder dem Handballen der rechten Hand ausstreichen, liebevoll streicheln oder sanft kneten. Vielleicht geben wir dann im entstehenden Atemrhythmus mit dem Daumen einen kleinen Druck in die Mitte der linken Handfläche oder machen dort eine spiralförmige Bewegung, so als ob wir uns in die Hand hineinwinden wollten. Bevor wir dann die rechte Hand »erwecken«, können wir erst einmal nachspüren, wie die linke Hand sich nun anfühlt.

Wir legen eine Hand auf einen bestimmten Körperteil und stellen einen innigen Kontakt mit dieser Stelle her. Wir sind »ganz Hand« und »ganz berührte Stelle«. Die berührte Körperstelle kuschelt und schmiegt sich so in unsere Hand, wie etwa eine Katze dies tut, wenn wir sie berühren. So entsteht eine Art Zwiesprache zwischen Hand und berührter Stelle.

Vielleicht wollen wir die Hände erst einmal links und rechts auf den unteren Bauch legen. Wir »lauschen« nach innen und spüren besonders mit den Handmitten ruhig und gesammelt in unseren Leib.

Kommt da vielleicht auf Körperebene eine »Antwort« zurück, z.B. Bewegung, ein Warmwerden, Kribbeln oder die Empfindung, dass Spannungen dahinschmelzen? Vielleicht wird ein Gurgeln der Därme hörbar als Zeichen innerer Lösung. Dann legen wir beide Hände auf unser Kreuzbein, auch das Kreuzbein kuschelt sich in die Hände. Wir lassen uns viel Zeit ... Vielleicht ruft uns dann die Nierengegend, die bei Trauernden oft schmerzt (»Es geht mir an die Nieren!«). Auch da lassen wir unsere lebendigen, wachen Hände eine Weile liegen. Können wir Bewegung, ein Weit- und Schmalwerden spüren? Entsteht Wärme? Dann die hinteren Rippen ... Vielleicht schaffen wir es auch, unsere Hände auf die Wirbelsäule zu legen, wobei wir die Lendenwirbelsäule mit dem Handrücken der einen Hand berühren, die andere Hand liegt, über die Schulter gekommen, am oberen Rücken. Auch ist es angenehm, den Nacken zu bergen. Eine Hand auf der Stirn tut wohl. Sicherlich melden sich noch andere Stellen im Körper (z.B. Schulterkuppe, Armhöhle, Ellbeuge, Handgelenk), die berührt werden möchten. Zum Abschluss legen wir ruhig und gesammelt beide Hände mit den Handmitten übereinander direkt in die Körpermitte zwischen Rippenbogen und Nabel. Wie empfinden wir uns jetzt in unserem Körper? Wie ist unser Atem jetzt? Sind wir ruhiger geworden? Vielleicht spüren wir jetzt, dass die berührten Stellen vom Atem bewegt werden – dass der Atem uns mit einer lebendigen Ruhe durchströmt. Im Bett liegend schlafen wir womöglich darüber ein.

▶ Bei einer weiteren Einschlafübung geht es um ein seitliches *Drehen von Händen und Füßen*. Wir liegen auf unserem Rücken, die Beine beckenbreit, und beugen einen Fuß so, dass die Zehen so stark wie möglich in Richtung Kopf zeigen, die Ferse zeigt in die andere Richtung. Während der Fuß in dieser Stellung bleibt, bewegen wir ihn langsam mehrere Male nach rechts ... links ... rechts ... links – jedes Mal so nahe mit den Fußkanten zum Boden hin kommend, wie es nur geht. Es ist, als ob wir mit unserem Fuß zu den Seiten winken würden. Bevor wir dieses »Fußwinken« mit dem anderen Fuß wiederholen, halten wir inne und spüren nach.
Anschließend gehen wir zu einer Hand. Wir dehnen den Handballen, der in Berührung mit Bett oder Boden bleibt, in Richtung Fuß, die gedehnten Finger zeigen in Richtung Oberarm. Während das Handgelenk auf der Unterlage und die Hand in dieser Dehnung bleibt, bewegen wir die Hand einige Male nach rechts und links, wieder so, als ob wir winken würden. Und wieder spüren wir nach, bevor wir dasselbe

mit der anderen Hand machen. Auch bei dieser Übung schlafe ich manchmal zwischenzeitlich ein!

▶ In der Trauerzeit werden wir vor lauter Grübeln und Gram ganz »engstirnig«. Es kann wohltuend sein, in die Natur zu gehen, an einen Ort, wo wir ein weites Blickfeld haben. Wir nehmen uns vor, und sei es nur für eine Minute, *unsere Gedanken zu lassen und einfach nur zu schauen.* Auch eine Blume, einen Zweig, einen Grashalm, einen Schmetterling ganz genau zu betrachten oder einem Käfer oder einer Ameise zuzuschauen kann uns von unserem »Tunnelblick« wegbringen und helfen, wieder »weit-sichtiger« und ruhiger in der Seele zu werden. Wenn wir nicht nach draußen können, mag uns die ruhige Betrachtung eines Naturfotos, eines ansprechenden Gemäldes oder einer Zimmerpflanze gut tun.

In meinen allerschlimmsten Zeiten bin ich aus der farblosen Welt der Verzweiflung zurückgekehrt, indem ich mich gezwungen habe, eine lange Zeit eine einzelne wunderbare Sache anzuschauen: die Flamme einer roten Geranie vor meinem Schlafzimmerfenster. Und dann eine andere: ... Und dann eine andere: ... Bis ich lernte, das Leben wieder zu lieben. (Barbara Kingsolver, 1995)

▶ Vielleicht mit Kopfhörern eine CD mit Vogelgesängen oder anderen *Geräuschen aus der Natur* zu hören kann uns für eine Weile »an einen anderen Ort tragen« und unsere Gedanken von unseren Sorgen loslösen.

▶ In Kapitel 2 habe ich das *Tönen* beschrieben. Es ist so einfach, und doch geht es tief. Wenn wir dieses Tönen einige Wochen lang konsequent üben, werden wir bemerken, wie es beginnt, uns in der Tiefe zu verwandeln. Dies geschieht jedoch nur, wenn wir uns dem Tönen ganz hingeben und unseren Atem nicht willentlich kontrollieren, sondern ihn immer mehr geschehen lassen. Auch dürfen wir nie länger tönen, als unser natürlicher Atem anhält. Ein *u, o* oder *l* kann uns beim Einschlafen helfen.

▶ Singen hellt unseren Geist auf, beruhigt und regt uns gleichzeitig an. Besonders ganz einfache, sich wiederholende Weisen, wie etwa *Kumbaja* oder den Kanon *Dona Nobis Pacem* (*Gib uns Frieden*), immer wieder zu singen stärkt unser Gemüt und macht uns zuversichtlich. Vielleicht spricht uns auch ein Gospel oder ein anderes spirituelles Lied an. Durch Singen in der Gemeinschaft können wir uns besonders getragen fühlen. Möglicherweise finden wir einen eigenen Text für ein bekanntes Lied.

Während ich da lag, unfähig zu weinen oder irgendwelche Gefühle zu fühlen, kam mir plötzlich das Lied *I am sailing* in den Sinn. Leise fing ich an, dieses Lied zu summen, und plötzlich kamen dazu Worte aus meinem Mund – meine eigenen Worte dazu: »I am sorrowed, I am sorrowed because my baby now is dead, I am sorrowed, I am sorrowed, and my body feels like lead.« Tränen liefen mir die Wangen hinunter, während ein Vers nach dem anderen aus mir herausfloss: »I am crying … I am angry … I am praying …« usw. Ich sang bestimmt eine halbe Stunde vor mich hin. In der Zwischenzeit war mein Mann ins Schlafzimmer gekommen und hatte mich einfach in den Arm genommen. Er begann tiefer zu verstehen … Als mein Lied endlich zu einem Ende kam, war ich von einem tiefen Frieden durchströmt. Mein Singen – so vollkommen ungeplant und Worte, an die ich mich zumeist gar nicht erinnere – war mein ganz individueller Weg durch meine Trauer gewesen und ein Meilenstein auf dem Weg zu innerem Frieden.

▶ Alles *musische Tun* (s. S. 191 f.) bringt uns zu uns selbst.
▶ Viele Menschen finden durch *Meditation* Gelassenheit und gleichzeitig Antwort auf viele ihrer Fragen aus einer tieferen Ebene unseres Seins. Zahlreiche wissenschaftliche Untersuchungen (z.B. die des Kardiologen Herbert Benson vom Deaconess Hospital in Boston) bestätigen die weitreichenden positiven physiologischen Körperreaktionen, die durch einen meditativen Zustand und Entspannungsarbeit hervorgerufen werden: tiefe Muskelentspannung, geistige Wachheit, reduzierter Stoffwechsel, niedrige Puls- und Atemfrequenz. Anregungen zur Meditation im Anhang (s. auch Literatur).

Wir können uns fragen:
✤ Welche der obigen Anregungen sprechen mich an?
✤ Kann ich zu Ruhe finden, oder brauche ich vielleicht zuerst den Gegenpol: kräftige Bewegung?
✤ Welche natürlichen Heilmittel (Aromatherapie, Blütentherapie) könnten mir eventuell helfen (s. S. 197 ff.)?

• *Wärme*

Trauer und Schmerz ziehen den Körper zusammen. Wärme lässt den schmerzenden, engen Körper wieder weiter werden.

▶ Wollen wir eine Weile auf einem kuscheligen *Lammfell* schlafen?
▶ Wir können uns eine Zeit lang eine oder zwei *Wärmflaschen* mit ins Bett nehmen oder warme Kirschkernsäckchen abwechselnd auf die schmerzhaften, abgestumpften Stellen legen.

▶ Besonders wenn das Wetter kühl ist, kann auch ein *Nierenschutz* (z.B. aus Angora) wohltuend sein.

▶ Ein *Kartoffelwickel* (Packung oder Säckchen mit flachgedrückten heißen Kartoffeln) wirkt sehr in die Tiefe und kann auf schmerzende Stellen aufgelegt werden; aufgrund von natürlichen Wirkstoffen der Kartoffel kann er auch entzündungshemmend wirken.

▶ Wie wäre es mit einem Besuch im *Thermalbad*, vielleicht mit *Whirlpool*? Wollen wir uns vom Wasser tragen lassen?

▶ Oder wie wäre es mit *Sauna* oder einem *Dampfbad*?

▶ Bei warmem Wetter können wir uns von der *Sonne* erwärmen und mit Energie füllen lassen.

Wir können uns fragen:

✿ Habe ich das Gefühl, dass mir Wärme gut tun würde, und welche der obigen Maßnahmen möchte ich ausprobieren?

• *Massage und ganzheitliche Körperarbeit*

Vorbeugen ist besser als heilen. Wenn wir ernsthaft krank werden, kommt es dem Gesundheitswesen teurer zu stehen, als wenn wir Maßnahmen ergreifen, Krankheit zu verhindern. Leider werden zurzeit im Bereich des Gesundheitswesens recht kurzsichtige Gesetze verabschiedet, wobei die meisten Maßnahmen zur Gesundheitsvorsorge dem Rotstift zum Opfer fallen. Einzelfallentscheidungen sind möglich – sich darum zu bemühen ist sicherlich sinnvoll. Manche Kurse von öffentlichen Trägern wie Volkshochschulen werden weiterhin bezuschusst. Zur Not müssen wir abwägen, was uns unsere Gesundheit wert ist und ob wir nicht ggf. lieber an einer anderen Stelle sparen wollen.

▶ Physikalische Therapien (z.B. *Massage*, *Fango-Packungen* oder *Unterwassermassage*) tragen zu unserer Regeneration bei, und wir können sie uns von unserem Hausarzt/unserer Hausärztin verschreiben lassen.

▶ Es gibt viele Formen der Leibarbeit, die im Gegensatz zur physikalischen Therapie auf die ganzheitliche Ansprache und Harmonisierung des Menschen abzielen: *Autogenes Training, Yoga, Fußreflexzonenmassage, Eutonie, Feldenkrais, Biodynamische Therapie, Haptonomie, Cranio-Sacral-Massage, rhythmische Massage, Polarity-Massage, Trager-Massage, Shiatsu, Tanztherapie, Bewegungstherapie usw.* Ein Beispiel für die Wir-

kungsweise von ganzheitlicher Leibtherapie – die Arbeit mit dem Erfahrbaren Atem nach Professor Ilse Middendorf – ist auf Seite 196 f.
gegeben.

▶ Hilfe von außen muss nicht immer fachlicher Art sein. Eine gegenseitige intuitive *Partnermassage* hilft, sich liebevoll und heilend zu begegnen. Nährende, wohltuende Berührung kann die Kluft überbrücken,
die Sprachlosigkeit und Verwirrung über den Verlust geschaffen haben
mögen. Natürlich können wir uns auch von einer Freundin massieren
lassen. Wir können uns auch gegenseitig mit flachen Händen oder
Fäusten (im Handgelenk locker lassen!) den Rücken *abklopfen* (kräftig
am Kreuzbein beginnend, zart in der Nierengegend und wieder stärker
auf dem oberen Rücken). Zum Abschluss legen wir die Hände einfühlsam auf Schulterblätter und Kreuzbein oder die Schulterkuppen und
strahlen Ruhe aus. Es lohnt sich, gute Massagebücher (s. Literatur) zu
besorgen.

Unsere Gefühle brauchen immer noch unsere Aufmerksamkeit

Gefühle kommen und gehen immer noch in Wellen. An besonderen Tagen, wie dem errechneten Entbindungstermin, Jahrestagen, Muttertag,
Feiertagen oder Familientreffen, verstärkt sich die Trauer gewöhnlich. Im
Großen und Ganzen sind die Gefühle jedoch nicht mehr so überwälti-
gend wie am Anfang. Zur Beschreibung des Prozesses gefällt mir das Bild,
dass wir uns vorwärts bewegen in einer aufwärts strebenden Spirale. Gefühle, Gedanken, Themen treten in den Vordergrund unserer Lebensspirale, und wir durchleben und verarbeiten sie, so gut es uns da möglich ist.
Allmählich treten sie wieder in den Hintergrund unserer Spirale – aus unserem Bewusstsein heraus –, jedoch aufwärts wandernd. Die Themen, die
wir nicht lösen und wirklich abschließen konnten, tauchen irgendwann
wieder im Vordergrund unserer Spirale auf, aber auf einem höheren Niveau. Vielleicht haben wir jetzt mehr Unterstützung, Ressourcen, Wissen,
Kraft, Mut oder Weisheit, um zufriedenstellender mit einem Thema umzugehen. In Kapitel 3 können wir Hilfe bei wiederkehrenden Gefühlen
finden.

Wir können uns fragen:

✣ Welche Gefühle habe ich seit dem Verlust erlebt?

✣ Sind unverarbeitete Themen aus der Vergangenheit wieder aufgetaucht? Wenn ja, welche? Wie möchte ich mit ihnen umgehen?

✣ Gibt es momentan irgendwelche besonderen Tage, die meine Trauer verstärken?

✣ Welche Gefühle, Gedanken und Themen sind momentan »im Vordergrund meiner Lebensspirale«?

✣ In welcher Reihenfolge der Wichtigkeit möchte ich mich ihnen zuwenden?

✣ Welche Ressourcen habe ich jetzt, mit dem, was mich gerade bewegt, umzugehen?

✣ Wenn ich mich für eine Therapie entscheide, was sind meine Ziele? Möchte ich, dass es mir einfach nur besser geht, oder strebe ich an, eine höhere Dimension in mir zu erforschen und zu integrieren (wie dies z.B. mit Hilfe der Psychosynthese, existentiellen Therapie, Jungschen Therapie oder sonstigen transpersonalen Therapierichtungen möglich ist)?

Unsere Geschichte erzählen als Orientierungshilfe

In diesem Zeitraum ist es immer noch wichtig, über das Geschehen zu sprechen, Menschen unsere Geschichte zu erzählen. Der Psychologe Dr. Glen Davidson schreibt in seinem Buch *Understanding Mourning* (1984):

Eure Geschichte zu erzählen ist das Wichtigste, was ihr als Trauernde tun könnt, denn durch das Erzählen macht ihr euer Leben wieder heil. Indem ihr eure Geschichte erzählt, werdet ihr entdecken, dass die Tatsachen sich verändern, nicht, weil die Tatsachen andere geworden wären, sondern weil eure Sicht dessen, was wesentlich ist, sich mit der Zeit verändert. Ihr werdet vielleicht feststellen, dass eure anfänglichen Eindrücke unvollständig oder sogar nicht richtig waren. Je überraschender ein Tod uns ereilt, desto wahrscheinlicher ist es, dass die anfänglichen Eindrücke falsch waren.

[...] Wenn ihr zuerst eure Geschichte erzählt, werdet ihr wahrscheinlich kein Ende dafür finden. Manche Menschen versuchen es. Sie sagen Dinge wie: »Es ist Gottes Wille« oder »Es sollte halt so sein«. Die Trauernden sind schlecht beraten, denen andere Menschen ein Ende vorgeben wollen, wenn sie ihnen ihre Geschichte erzählen.

[...] Ihr müsst eure Geschichte von Verlust und Änderung immer und immer wieder erzählen, um die Tatsachen klar zu kriegen, aufzuschlüsseln, wie ihr Teil dieser Tatsachen seid, zu entdecken, wie euer Leben sich durch diese Tatsachen verändert hat, und letztlich herauszufinden, wie ihr in die Ordnung des Universums hineinpasst ... Wenn wir unsere Geschichte nicht immer und immer wieder anderen erzählen können, wird es für uns fast unmöglich sein, wieder eine Art Ordnung in unser Leben und Denken zu bringen. (S. 13-15)

Zwar benötigen wir Zeit für uns allein, doch in Isolation ist Trauer schwieriger zu verarbeiten. Es »mit sich allein abmachen« zu wollen kann Menschen krank und einsam machen. Jetzt, mehr als je zuvor, brauchen wir Menschen, die »unsere Geschichte« anhören.

Wir können uns fragen:
✤ Wie hat sich meine Geschichte verändert, seit ich sie zum ersten Mal erzählte?
✤ Wer ist immer noch bereit, meine Geschichte anzuhören?

Die Kraft der inneren Bilder

Im Abschnitt über unsere Gefühle haben wir schon einmal die Kraft der Bilder angesprochen. Genauso, wie wir unsere Welt zum Teil durch das erschaffen, was wir denken, so tun wir dies auch durch das, was wir innerlich sehen (s. dazu Bücher wie *Stell dir vor* von Shakti Gawain). Bilder wirken außerdem auf das Gemüt.

Die nachfolgenden Übungen, regelmäßig über einen längeren Zeitraum gemacht, helfen, an seelischer Stärke zuzunehmen und Fähigkeiten zum Überleben und Durchleben zu entwickeln.

Um mit unseren inneren Bildern in Kontakt zu kommen, können wir uns zunächst auf eine der vielen bereits beschriebenen Weisen entspannen und zu uns selbst kommen. Wir nehmen unseren Atem wahr. Vielleicht wollen wir unsere Stirn ausstreichen, indem wir mit unseren Fingern von der Stirnmitte zu den Schläfen streichen. Dann lassen wir innere Bilder entstehen:

▶ Wir sehen uns selbst als Menschen mit Eigenschaften, die uns in dieser schweren Situation nützen (nach Judy Tatelbaum, 1980). Wir erinnern uns zunächst daran, welche Eigenschaften uns oder anderen Menschen in der Vergangenheit in schweren Situationen geholfen haben.
  ‣ *Annahme* (Ja zum Verlust sagen und ihn in unser Leben integrieren können)
  ‣ *Geduld* (mit uns selbst – uns die Zeit lassen, die wir brauchen)
  ‣ *Unverwüstlichkeit* (die Fähigkeit, uns zu erneuern)

- ein *inneres Licht* (das Erleben, dass eine höhere Dimension durch uns hindurchschimmert)
- *Vertrauen* (dass wir in der Mitte der Lebensstürme aufgehoben sind)
- *Hoffnung* (dass wir Freude und einen neuen Lebenssinn finden können)
- *Mut* (unsere Gefühle an uns heranlassen und sie durchleben)
- *Humor* (trägt zur Regeneration bei)
- *Hingabe*
- oder: ...

Wir nehmen uns nun vor, diese *Eigenschaften und Stärken in uns zu beleben*:

- Wir setzen uns täglich, möglichst zur selben Zeit, an unseren »Kraftplatz« (s. S. 112 f.) oder an einen anderen ruhigen, ungestörten Ort.
- Wir entspannen uns, lassen unseren Atem frei fließen und öffnen unseren Geist, um Bilder in uns zuzulassen.
- Wir erinnern uns an Szenen in unserem Leben, wo diese Eigenschaften zum Tragen kamen.
- Wir sehen uns selbst oder die erinnerten Personen in diesen Situationen. Wir schauen genau hin: Wie ist der Gesichtsausdruck? Die Haltung? Die Augen? Die Atembewegung? Der Gang? ...
- Wir beleben oder verstärken diese Eigenschaften. Wenn wir diese von anderen kennen, wünschen wir uns von ganzem Herzen, sie auch zu besitzen.
- Wir stellen uns ganz konkret *uns selbst* mit den Eigenschaften dieser Personen vor, so als ob wir diese Eigenschaften jetzt schon selbst besäßen.

▶ Wir sehen uns heil, mit neuem Schwung. Wir »betrachten« uns ganz genau: den Glanz unserer Augen, den Ausdruck unseres Mundes, die Sprungkraft unserer Haare, die Rosigkeit unserer Haut, unsere aufrechte Körperhaltung. Wie nehmen wir unsere Atembewegung wahr? Wie ist unser Gang?

▶ Die *Natur als Modell* sehen: Die Jahreszeiten an einem Baum verfolgen. Sehen, wie der Frühling dem Winter folgt, wie die Knospen wieder erscheinen und der Baum, der zuvor kahl und brach war, allmählich wieder in voller Blüte und Pracht steht.

▶ Die *Natur als Heiler* sehen: tröstende, heilende Bilder, die eine harmonisierende Wirkung auf uns haben, vor unserem geistigen Auge auftauchen lassen:

- einen Sandstrand (die einzelnen Körner anschauen, den feinen, weißen Sand zwischen den Fingern hindurchrieseln lassen, die Wärme spüren ...)

- das Meer (die Weite des Horizonts ermessen, die salzige Luft riechen, das Rauschen der Brandung hören, dem Aufschlagen der Wellen auf dem Strand zuschauen, das ewige Kommen und Gehen beobachten ...)

- einen Wald (einen einzelnen Baum anschauen, Details der Rinde wahrnehmen, ein Blatt untersuchen, die Zweige im Winde, den moosigen Untergrund sehen und fühlen. Was sehen wir noch, wie riecht es da?)

- eine Frühlingswiese

- einen klaren Bergsee

- die Wüste

- den Sternenhimmel, das Universum

- oder: ...

▶ *Einen Berg erklimmen:* Wir gehen durch eine Wiese auf einen Berg zu. Wir sehen einen Pfad, der auf den Berg führt. Wir folgen dem sich windenden Pfad. Schritt für Schritt spüren wir ganz sinnlich den Kontakt unserer Füße mit dem Boden, während wir immer höher auf den Berg hinaufsteigen. Wir nehmen unsere Umgebung in uns auf, wir sehen die Vegetation, riechen die Luft, fühlen den Wind, die Sonne. Wir bemerken, dass unsere Schritte in einen gewissen Rhythmus fallen, und wir werden uns unseres Atems gewahr ... So gehen wir für eine lange Zeit ... Wir sind auf dem Berg angelangt und schauen uns um. Wir nehmen die Landschaft in uns auf, das wunderschöne Panorama, unsere Nähe zum Himmel. Wir nehmen wahr, wie uns zumute ist. Wir genießen eine Weile dieses Gefühl. Dann machen wir uns an den Abstieg – erfrischt, erholt, verjüngt.

Wir können uns fragen:

✿ Welche dieser Visualisierungen möchte ich ausprobieren? Oder was kommt mir an Ähnlichem in den Sinn?

✿ Welche zuvor beschriebene Sammlungsübung möchte ich benutzen, um meine Fähigkeit, Bilder zu »sehen«, zu verbessern?

Kreativität heilt

▶ *Musisches Tun* kann unsere kreisenden Gedanken ordnen und »zähmen« und uns für eine kurze Zeit unsere Sorgen und unser Leid vergessen lassen, weil wir ganz in unserem Tun aufgehen.

Julie Fritsch drückte ihre Verzweiflung, ihre Schmerzen und ihre Trauer nach der Totgeburt ihres lang ersehnten Sohnes im *Modellieren von Ton* aus. Im Laufe eines Jahres entstanden 22 wunderbare Skulpturen, durch die sie ihre innere Pein, die »lange, tiefe Nacht der Trauer« ausdrücken und verarbeiten konnte. Die Skulpturen, von Poesie begleitet (drei davon sind auch in diesem Buch enthalten), sind in dem Band *Unendlich ist der Schmerz ...* (s. Literatur) abgebildet und auch als Dia-Serie erhältlich (s. Bezugsquellen).

▶ In den Kapiteln 2 und 3 habe ich darauf hingewiesen, dass wir mit *Malen* unseren Trauerprozess begleiten können. Dabei brauchen wir keinerlei Talent oder Malkenntnisse zu haben. Wir benötigen nur einen großen Zeichenblock und eine Fülle ausdrucksvoller, leuchtkräftiger Farben (z.B. Ölpastellkreiden, Pastellkreiden oder Aquarellfarben). Wir planen regelmäßige Zeiten an unserem »Kraftplatz« ein, wo wir uns dem Malen widmen. Zu Beginn legen wir eine Hand in unsere Herzgegend, sammeln uns dort eine Weile und lassen dann ein Thema in uns aufsteigen – z.B. »Mein Weg durch die Trauer – Wo stehe ich jetzt?«, »Heilwerden«, »Du, mein Kind«, »Sinn finden«, »Festgefahren«, »Mich dem Leben zuwenden«. Wir nehmen uns vor, jeweils eine Serie von sechs bis zehn oder mehr Bildern entstehen zu lassen.

Wir lassen eine Meditation oder zumindest ein Schließen der Augen, einen Moment der Stille, ein inneres Schauen dem Malbeginn vorausgehen und erlauben Bildern, in uns aufzusteigen. Wir lassen uns von innen führen in der Auswahl der Farben (Welche ziehen uns an?). Dann lassen wir »*es* aus uns heraus malen« – Linien, Formen, Symbole, Farben, wie es gerade entstehen will. Wir geben uns innerlich ganz frei, malen intuitiv ohne großes Nachdenken und ohne Ansprüche an uns selbst – und ohne uns zu zensieren –, so als ob wir neben uns stehen und uns selbst zuschauen würden.

Wenn wir fertig sind, stellen wir das Bild ein wenig entfernt von uns und lassen es auf uns wirken. Wir können fragen: Was sehe ich da? Was könnte das für mich und mein Leben bedeuten? Wie stark ist dieser Teil in mir? Welche Gefühle und Gedanken löst das Bild in mir aus, wenn ich es betrachte? Oder in einem »Dialog« mit dem Bild oder bestimmten Elementen oder Farben daraus fragen wir, was sie uns zeigen oder bringen wollen. Wir werden erstaunt sein, was sich uns durch solche spontan gemalten Bilder offenbart. Sie überbringen uns Botschaften aus dem Unterbewusstsein, die richtungweisend sein können für unseren Heilungsprozess oder unser Leben schlechthin.

▶ Andere Ausdrucksformen sind *Spielen eines Instruments, Lieder komponieren, Singen, Fotografieren, Zeichnen, Seidenmalen, Weben, Spinnen, Nähen, Stricken, Häkeln, Sticken, Flechten, Schmuck herstellen, Holz schnitzen, Bildhauern u.v.m.*

▶ Manche Trauernde drücken ihre Gefühle in anrührenden *Gedichten, Prosa* oder *Märchen* aus, die sie an oder über ihr totes Kind schreiben.

▶ Einen »*Memorial-Quilt*« für unser Baby zu machen, kann sehr bedeutungsvoll und heilend sein.

Wir können uns fragen:

✿ Welche kreativen Dinge habe ich in der Vergangenheit gern gemacht?

✿ Was spricht mich jetzt an?

✿ Welche Themen und Fragen möchte ich durch kreatives Tun angehen?

Die Wiederentdeckung der Spiritualität

Ein tiefer Glaube kann uns in schweren Zeiten tragen und trösten. Nach dem Tod ihres Kindes verzweifeln manche Menschen jedoch an einem Gott, der ihnen so viel Leid zugefügt hat.

Dieser Gott kann mir gestohlen bleiben. Ich habe mich immer bemüht, ein guter Mensch zu sein. Ich habe niemandem etwas getan. Wenn es ihn wirklich gibt, warum nimmt er mir dann so etwas Schönes und zerstört mein ganzes Glück?

Manche Menschen wenden sich ab und verbittern innerlich. Andere, indem sie wagen, dieses harte »Nein« in sich zu fühlen und zuzulassen, finden allmählich zu einem wirklichen »Ja« – klarer und stärker als je zuvor. Wieder andere machen durch die tiefe Zuwendung der Menschen um sie herum die Erfahrung göttlicher Liebe und des Getragenseins.

Der Satz »Alles ist Sein – Natur und Gnade« klingt mir in den Ohren. Ja, ich habe beides erlebt: die Grausamkeit der Natur und dann in dem Ganzen so viel Gnade.

Andere spüren eine tiefe Sehnsucht nach Eingebettetsein im göttlichen Urgrund – nach »Heimat« und dem Frieden, den dies bringen kann. Sie begeben sich auf eine spirituelle Reise. Auf der Suche nach Antworten kommen ihnen in der tiefen Nacht der Trauer neue Einsichten und Eingebungen, öffnen sich bisher verschlossene Türen.

Abends habe ich mich ins Bett gelegt und an mein Kind gedacht. Die Nähe und das Dasein dieses Kindes erfüllten mich. Da kam ein Friede in mein Herz, den ich niemandem beschreiben kann. Und dann fand ich das, was ich an allen möglichen Plätzen gesucht und nie gefunden hatte.

Wirkliche Heilung bedeutet immer ein Wachsen im Seelisch-Geistigen – spirituelles Wachsen. Alle ganzheitlichen Arbeits- und Übungsweisen enthalten im Grunde das Potential für spirituelles Heilwerden und den Anschluss an unser Höheres Selbst. Wir können uns auf diesem Weg unterstützen.

▶ *Meditation* kann uns zu Friede und Gelassenheit führen. Darüber können wir auch Antworten und spirituelle Führung bekommen. Im Anhang sind Anregungen dafür.

▶ Für andere in ihrer tiefen Not und Verzweiflung ist *Beten* der Weg, Trost zu bekommen, selbst wenn ihnen dieser Weg viele Jahre verschlossen gewesen ist. Auch Gebete sind im Anhang zu finden.

▶ Menschen finden auch Trost durch *Psalme* (z.B. 6; 23; 25:6-7, 17-18, 20-21; 30:11-12; 34:4, 7-18; 37; 61:1-4; 116; 121; 123; 126; 130; 132:16, 139:1-18, 23-24). Die Beispiele für Lesungen im Anhang können vielleicht Friede bringen.

▶ In dem Buch *Unsere Befreiung feiern – Rituale in der Frauenkirche* (von Rosemary Radford Ruether) sind Heilrituale für Frauen nach Fehlgeburt, Totgeburt und Schwangerschaftsabbruch aufgeführt.

▶ Mitglieder einer Kirchengemeinde oder einer anderen religiösen oder spirituellen Gemeinschaft können ihren *Seelsorger* oder *geistigen Lehrer* um Beistand und Begleitung bitten.

Hier sind einige Vorschläge für jene, die keine religiöse Ausrichtung haben, aber an ihrem spirituellen Wachstum interessiert sind.

▶ Die Übung »*Tragen lassen*« (s. S. 64) kann unsere Hingabe an das Göttliche unterstützen.

▶ *Ganzheitliche und transpersonale Therapien* und Praktiken tragen das Potential für spirituelle Heilung in sich.

▶ Spirituelle Hilfe kann durch die Schritte des *GRACE-Prozesses* kommen, der in dem sehr empfehlenswerten Buch *Frag deine Engel* (Daniel et al., 1994, nur bei Zweitausendeins erhältlich) beschrieben ist.

▶ Täglich oder für bestimmte Situation eine *Engelkarte* (s. Bezugsquellen) zu ziehen und diese in uns wirken zu lassen kann uns helfen, uns mit den transpersonalen Eigenschaften in uns selbst zu verbinden. Liebe, Hingabe, Annahme, Toleranz, Flexibilität, Demut und viele andere der auf den Engelkarten aufgeführten Werte sind spirituelle Eigenschaften. Vergebung annehmen und Vergeben sind die Pfeiler spirituellen Wachsens (s. auch S. 122 ff. und Literatur). Durch einen Vorgang, den der weise Schweizer Psychologe Dr. C.G. Jung Synchronizität nannte, scheinen wir immer genau die Karte anzuziehen, die wir gerade brauchen. Bevor wir eine Karte ziehen, können wir eine Weile unserem Atem lauschen.

▶ In dem Übungsbuch *Kontakt zum Höheren Selbst* von Mora Knöpfler (auch als Begleitkassette erhältlich, beides über Amon-Re Verlag, s. Bezugsquellen) sind praktische Übungen zum Kontakt zum Höheren Selbst aufgezeigt.

▶ Auch das *12-Schritte-Programm* der AA (Anonymen Alkoholiker), das auf unzählige weitere Lebensbereiche und Probleme (Essprobleme, Partnerprobleme etc.) übertragen wurde, ist ein Programm für spirituelles Wachsen. Mit Abänderung kann dies auch bei einem Verlust angewandt werden. Wir können den 1. Schritt wie folgt abändern: »Ich bin machtlos über den Tod/die Behinderung/die Krankheit/den Verlust meines Kindes ...« Auch einige der Mottos, z.B. »Loslassen und Gott überlassen«, »Nur für heute« und der nachfolgende »Gelassenheitsspruch« können hilfreich sein:

Gott gebe mir die Gelassenheit, Dinge hinzunehmen, die ich nicht ändern kann, den Mut, die Dinge zu ändern, die ich ändern kann, und die Weisheit, das eine vom anderen zu unterscheiden.

▶ Die Übung *»Begegnung mit der weisen Gestalt«* kann Verbindung zu unseren inneren Quellen schaffen:

  ▸ Ich lasse mich auf meinem Meditationsplatz nieder und schließe die Augen. Ich begebe mich an den »ruhigen Ort« *in mir.* Ich spüre mich im Raum. Ich spüre die Verbindung zum Boden. Ich beobachte das Fließen meines Atems.

▸ Vor meinem inneren Auge stelle ich mir eine Kerze vor. Zuerst fla-ckert das Licht ein wenig, wird dann stärker und stärker. Ich schaue der Flamme zu. Sie wird heller und größer. In der großen hellen Flamme taucht eine sehr winzige kleine Flamme auf. Ich schaue tie-fer und tiefer in sie hinein, bis ich nur noch das blaue Licht sehe. Im Herzen der Flamme erscheint eine sehr weise, liebende Gestalt. Vielleicht kenne ich sie, vielleicht aber habe ich sie noch nie gese-hen. Ich schaue ihr ins Gesicht. Ich schaue ihr in die Augen – sie sind nur Liebe und Güte und Weisheit, und sie sind jetzt *nur für mich* da!

▸ Ich darf jetzt diese Gestalt um Rat fragen und ihr all die Fragen stel-len, die mir auf der Seele brennen. Ich stelle meine Fragen und lau-sche. Ich bin ganz offen für Antworten, in welcher Form auch im-mer diese erscheinen mögen. Vielleicht hat die weise Gestalt auch eine Botschaft für mich. Ich sage ihr, dass ich offen dafür bin, ihre besondere Botschaft für mich anzuhören. Ich lausche.
Ich schaue mir jetzt die Themen an, die mir gerade zu schaffen ma-chen. Die weise Gestalt ist bei mir. Vielleicht muss ich Entscheidun-gen treffen. Ich bitte die Gestalt um Hilfe und höre.

▸ Ich bedanke mich bei der weisen Gestalt, dass sie mit ihrer Weisheit und Liebe und Güte ganz für mich da war. Ich verabschiede mich von ihr und weiß, dass ich sie jederzeit wieder rufen kann, wenn ich sie brauche.

Wir können uns fragen:

✤ Was sind meine Gefühle in Bezug auf Gott?
✤ Kann ich mir negative Gefühle zugestehen, wenn sie da sind?
✤ Welchen Prozess haben meine Gefühle seit dem Verlust möglicherwei-se durchlaufen?
✤ Was bedeutet Spiritualität für mich? Wo stehe ich mit meiner Spiritua-lität?
✤ An welche religiösen oder spirituellen Lehrer möchte ich mich wen-den? Wer könnte mich auf meinem spirituellen Weg begleiten?
✤ Welche Gebete, Meditationen, Psalme, Rituale, Lieder, Zitate, Texte oder Übungen könnten mir hilfreich sein?
✤ Was würde mir helfen, eine Verbindung zu einer tieferen Quelle/zum Göttlichen herzustellen?
✤ Wie ist meine Beziehung zu Engeln? Möchte ich dort Trost und Füh-rung suchen?

✡ Welche spirituellen Eigenschaften möchte ich in mir mehr und mehr entwickeln?

Heilung auf natürlichem Weg

Ganzheitliche Therapien wollen nicht nur Symptome heilen, sondern orientieren sich an dem Zusammenwirken von Körper, Geist und Seele.

Zur Veranschaulichung der ganzheitlichen Wirkungsweise werde ich die Leibarbeit näher erläutern, mit der ich persönlich am vertrautesten bin: *die Arbeit mit dem Erfahrbaren Atem*, auch *psycho-physische Atemtherapie* genannt. Sie wurde von Professor Ilse Middendorf begründet, die mit 87 Jahren noch immer die Kraft für eine überdurchschnittliche Arbeitsleistung hat. Viele der von mir beschriebenen Übungen basieren auf dieser Arbeit. Dabei geht es *nicht* um das Vermitteln irgendwelcher Atemtechniken, sondern wir befreien den Atem *indirekt* und sanft durch Bewegung (wie Dehnung), Druckpunkte stimulieren, Tönen, Sammlung oder achtsame Berührung. Nicht der willensmäßig eingesetzte Atem ist hier gefragt. Ziel ist es, unseren natürlich entstehenden Atem zu erfahren, der von alleine kommt und geht, möglichst eingebettet in eine Atemruhe, in der sich die Lebenskräfte erneuern können. Unser Uratem hat eine tiefe heilerische Kraft. Viele andere Therapieformen wirken sich ebenfalls auf den Atem aus, ohne dass dies besonders vermerkt wird.

Beim Atmen geht es um mehr als um einen chemischen Austausch von Sauerstoff und Kohlenstoff in den Lungen – Atem ist Lebenskraft. Jede Zelle unseres Körpers braucht Atem. Atmen ist Bewegung. Durch Muskelketten in unserem Körper pflanzt sich die Atembewegung auf jeden Teil von uns fort. Der Atem hat Einfluss auf jedes Organ, auf unsere Herz- und Lungenfunktionen, auf den Lymphfluss, auf den Ph-Wert unseres Blutes und den Stoffwechsel im Allgemeinen. Der Atem harmonisiert, bringt unsere Körpersysteme ins Gleichgewicht. Das Atemzentrum in unserem Hirn ist direkt mit dem Hypothalamus verbunden, dem Teil des Gehirns, der für die Homeostase unserer Grundfunktionen und die Regulierung unseres Muskeltonus zuständig ist. Es ist auch mit den Körperbereichen verbunden, die Hormone, Gefühle, Gedankenprozesse und unsere Bewusstheit beeinflussen und regulieren. Deshalb wirkt sich der Atem in allen Bereichen unseres Seins aus. In Hebräisch heißt das Wort für Atem – »ruach«, was auch »Geist« heißt.

Gerade bei Trauernden ist die Atembewegung gewöhnlich sehr klein und eingegrenzt, der Atemrhythmus ist in sich nicht harmonisch, und

Atemkraft wird meist schon gar nicht zugelassen. Der Körper fühlt sich an wie abgeschnitten. Mit therapeutischer Hilfe entwickeln wir ein Empfindungsbewusstsein für den trauernden Körper und werden aufmerksam für unsere Atembewegung, unseren Atemrhythmus, unsere Atemkraft. In der Tiefe Festgehaltenes kann sich nach und nach auflösen, und der Atem kommt wieder ins Fließen. Das Gefühl der Enge weicht einem Empfinden von Raum in uns. Aus dem depressiven Zustand finden wir wieder heraus zu einer neuen Lebensqualität, der »Tunnelblick« schwindet. Unsere Selbstheilungskräfte werden geweckt, wir sind widerstandskräftiger gegen Krankheiten. Die große Schwere verlässt den Körper, und unsere Lebensfreude erwacht wieder. Unseren Atem erfahren wir als eine tragende Kraft, die uns durch alle Schwierigkeiten des Lebens hindurchführt. Die stattfindende Harmonisierung im Körper überträgt sich auch auf das Seelisch-Geistige. Darin liegt der heilerische Wert dieser Arbeit.

Die Middendorf'sche Atemarbeit kann man in einer Gruppe oder in einer Einzelbehandlung erfahren. Letztere ist natürlich wesentlich stärker auf die individuellen Bedürfnisse zugeschnitten (Adressen von AtemtherapeutInnen s. Anhang). Körperliche Symptome verschwinden oft schon nach kurzer Behandlungszeit. Die Begleitung einer ganzheitlichen Verwandlung in der Tiefe, die mit dieser Arbeit durchaus zu erreichen ist, braucht natürlich einen längeren Zeitraum.

Wir können uns fragen:
* Auf welche Weise bin ich mir der Verflechtung von Körper, Seele und Geist schon bewusst geworden?
* Von welchen Therapieformen habe ich in meinem Umfeld bereits gehört?
* Wenn ich bis jetzt noch keine Berührung dazu hatte, wer weiß eventuell darüber Bescheid, und wie könnte ich eine/n vertrauenswürdige/n TherapeutIn finden?
* Wenn es beide Alternativen gibt, was wäre mir lieber: eine Einzelbehandlung oder Arbeit in einer Gruppe?

Natürliche Heilmittel

Das allgemeine Interesse an Naturheilmitteln ist im Wachsen begriffen. Wir müssen nicht immer zu allopathischen Arzneien greifen, die Natur bietet uns viele Mittel aus Heilpflanzen, die wir uns in ihren verschiedenen Formen zunutze machen können. Richtig angewendet helfen diese ohne oder ohne große Nebenwirkungen. Nachfolgend gebe ich einige Anregungen. Im Anhang sind Bücher aufgelistet für all jene, die sich näher damit beschäftigen wollen.

- *Aromatherapie – Harmonisieren und stabilisieren durch ätherische Öle*

Die Aromatherapie ist eine natürliche Therapieform, die reine ätherische Öle aus Blüten, Früchten und anderen Pflanzenteilen benutzt, um zu körperlichem, emotionalem und geistigem Wohlbefinden beizutragen. Besonders für Menschen, die starkem Stress und großen Gefühlsschwankungen ausgesetzt sind, ist sie sehr sinnvoll. Die durch Wasserdampfdestillation oder Kaltpressung gewonnenen *reinen ätherischen Öle* können unsere Lebens- und Selbstheilungskräfte wecken und stärken und uns dadurch helfen, wieder ins Gleichgewicht zu kommen. Auf die Reinheit der Öle sollte geachtet werden.

▶ Die häufigste Anwendung ist die Verwendung von Ölen in einer *Duftlampe* oder zum *Inhalieren* (5-10 Tropfen ätherischer Öle dem Wasser beigeben).
▶ Öle werden einem *Vollbad, Fuß- oder Handbad* beigefügt. Dabei werden 10-15 Tropfen der Essenzen und 3-4 Teelöffel Honig oder Sahne als Emulgator in einer Flasche gemischt. Oder wir können 10-15 Tropfen Öl 4-5 Esslöffeln flüssiger Seife beimischen. Oder wir vermischen ein bis zwei Handvoll Meersalz (auch Salz vom Toten Meer) mit 5-10 Tropfen ätherischem Öl. Wir verschütteln die Mischungen jeweils gut.
▶ Für *Massageöl* geben wir 25 Tropfen ätherisches Öl auf 100 ml Basisöl, wie z.B. Mandelöl, Haselnussöl, Jojobaöl, Aloe-Öl, und verschütteln es gut.

Hier eine Liste der Düfte, die für trauernde Eltern besonders hilfreich sein können.

Persönliche Situation/Wirkung	Ätherisches Öl
Bei Schock und Angst	Neroli, Mimose, Zeder
Während der Geburtsarbeit	Verbena, Zitrone, Jasmin
Für Kontakt mit dem Baby	Mandarine, Vanille

Persönliche Situation/Wirkung	Ätherisches Öl
Hilfe loszulassen	Muskatellersalbei, Verbena, Lavendel
Für das Umgehen mit Gefühlen	Rose, Geranie, Zypresse, Zeder
Zur Verstärkung eines Gefühls von Geborgenheit und Sicherheit	Mimose, Ginster, Kakao, Benzoe, Tonka
Wirkt stimmungshebend und aufhellend	Sandelholz, Jasmin, Vanille, Rose, Geranie, Mairose, Narzisse, Petit Grain, Clementine, Mandarine, Koriander
Meditationshilfe	Weihrauch, Ysop, Iris, Zeder
Fördert geistige Klarheit	Weihrauch, Wacholder, Ysop
Bei kreisenden Gedanken	Majoran
Fördert erotische Gefühle	Jasmin, Ylang Ylang, Sandelholz
Fördert den Schlaf	Rose, Geranie, Zeder, Lavendel

Wenn wir mit dem Kombinieren von Ölen keine Erfahrung haben, sollten wir die Öle einzeln benutzen. Wir können ein entspannendes Massageöl herstellen, indem wir 16 Tropfen Geranienöl, 8 Tropfen Majoran, 8 Tropfen Lavendelöl mit 100 ml Mandelöl mischen und verschütteln.

Folgende Öle sollten während einer erneuten Schwangerschaft *nicht* verwendet werden:

Angelika, Anissamen, Basilikum, Beifuß, Bohnenkraut, Cistrose, Citronella, Davana, Echte Kamille, Fenchel, Ingwer, Kalmus, Kampfer, Liebstöckel, Majoran, Muskatellersalbei, Muskatnuss, Myrrhe, Nelke, Oregano, Petersilie, Pfefferminze, Poleiminze, Rose absolue, Rose, Rosmarin, Sadebaum, Safran, Salbei, Santolin, Schopflavendel, Sellerie, Thymian, Verbena, Wacholder, Ysop, Zeder, Zimtblätter, Zimtrinde, Zypresse

• *Die Bach-Blütentherapie*

Der englische Bakteriologe und Homöopath Dr. Edward Bach entdeckte einen Zusammenhang zwischen bestimmten Krankheitssymptomen und bestimmten disharmonischen seelischen Zuständen. Nach seiner Ansicht entstehen körperliche Krankheiten »als Folge widersprüchlichen Handelns zwischen den Absichten [der] Seele und [der] Persönlichkeit«. (Scheffer, 1995) Die Disharmonien teilte Dr. Bach in sieben Bereiche auf: (1) Angst, (2) Unsicherheit, (3) Mangel an Interesse an den gegenwärtigen Situationen, (4) Einsamkeit, (5) Überempfindlichkeit gegenüber Einflüssen und Ideen, (6) Mutlosigkeit und Verzweiflung und (7) übermäßige Sorge für das Wohlergehen anderer. Im Laufe seiner jahrelangen Recherchen fand er 38 Blüten, die auf feineren Schwingungsebenen direkt auf das Energiesystem und die jeweiligen Seelenzustände des Menschen harmonisierend einwirken. Die Bach-Blütentherapie ist wesensverwandt mit der klassischen Homöopathie und einigen anthroposophischen Verfahren, kann aber nach Dr. Bach auch von Laien angewendet werden. Nähere Informationen bietet Mechthild Scheffers Buch *Bach-Blütentherapie*.

Die bekanntesten der Bach-Blüten-Essenzen sind die *Rescue-Tropfen* (No. 39), eine Kombination von fünf der Blüten für Menschen nach Trauma, Schock, Unfall oder starkem Ärger. Sie sollten in keiner Hausapotheke oder Handtasche fehlen. In akuten Fällen gibt man vier Tropfen des Konzentrats aus den »Stockbottles« (Vorratsfläschchen), die rezeptfrei in der Apotheke zu erwerben sind, in eine Tasse Wasser und trinkt diese Mischung so lange schluckweise, bis die Symptome abklingen, danach alle 15, 30 oder 60 Minuten. Zur Not kann man diese Tropfen auch unverdünnt aus der Stockbottle auf die Lippen, Schläfen, Handgelenke oder Ellenbogen träufeln. Die Tropfen (etwa 5) können auch dem Badewasser beigegeben werden. Die übliche Einnahmeform ist vier Tropfen aus der Stockbottle auf ein 30-ml-Einnahmefläschchen, gefüllt mit Wasser und etwas Alkohol zur Konservierung. Bach-Blüten können in Kombination mit anderen Medikamenten unbedenklich eingenommen werden.

Eine Bach-Blütentherapie ist sehr gut dafür geeignet, Menschen bei dem Heilungs- und Reifungsprozess ihrer Seele nach einem Verlust zu unterstützen. Es ist möglich, sich über Bücher in diese Therapiemethode einzuarbeiten. Doch gerade in einer Trauersituation, wo unser Kopf überstrapaziert und unser Denken deshalb nicht so klar sein mag wie sonst, ist es sinnvoll, sich von einer/m erfahrenen TherapeutIn aufgrund der erstellten Diagnose eine Blütenkombination von sechs bis zehn Blüten empfehlen zu lassen (Adressen sind vom Bach-Centre zu erfahren, s. Anhang). Hier sind einige Blüten, die nach einem Verlust helfen können, unsere Seelenpotentiale aufzuschließen:

Bach-Blütenessenz	Persönliche Situation
Agrimony	wenn wir unsere Gefühle überspielen
Aspen	wenn wir vage, unbestimmbare Ängste haben
Centaury	wenn wir uns nicht durchsetzen, nicht »nein« sagen können
Cherry Plum	wenn wir fürchten, den Verstand zu verlieren; Chaos, Dunkel, unkontrollierbare Wutausbrüche
Chestnut Bud	wenn wir unsere Erfahrungen nicht wirklich verarbeiten und nicht aus unseren »Fehlern« (s. S. 122 ff.) lernen
Clematis	wenn wir wie benebelt, nicht ganz »da« sind (auch bei Babys, die »weit weg« zu sein scheinen, und bei Fertilitätsproblemen)
Elm	wenn sonst starke Menschen sich einer Situation nicht gewachsen fühlen
Gentian	wenn wir nach einem Verlust skeptisch und pessimistisch sind
Gorse	wenn wir zutiefst verzweifelt und ohne Hoffnung sind
Honeysuckle	wenn wir über den Verlust nicht hinwegkommen
Impatiens	wenn ein Partner nicht Geduld für die Prozesse des anderen oder für sich selbst aufbringen kann
Larch	wenn wir an mangelndem Selbstvertrauen leiden und uns als Versager fühlen
Mimulus	wenn wir spezifische, benennbare Ängste haben, z.B. vor dem Tod
Olive	wenn wir völlig erschöpft sind an Körper, Geist und Seele

Bach-Blütenessenz	Persönliche Situation
Pine	wenn wir von Schuldgefühlen und Selbstvorwürfen geplagt sind
Red Chestnut	wenn wir überbesorgt sind um geliebte Menschen
Rock Rose	wenn wir voll Panik und akuten Angstgefühlen sind
Star of Bethlehem	wenn wir ein seelisches Trauma, Schock und großes Leid erlebt haben, der »Seelentröster«
Sweet Chestnut	wenn wir uns in einem seelischen Ausnahmezustand und an der absoluten Grenze des Verkraftbaren befinden
Walnut	wenn wir vor einem entscheidenden Neubeginn stehen – die »Blüte, die den Durchbruch schafft«
Water Violet	wenn wir stolz und reserviert sind und meinen, »alles alleine schaffen« zu können; wenn wir selten weinen
White Chestnut	wenn unsere Gedanken kreisen; bei Schlaflosigkeit
Wild Oat	wenn wir keine Richtung für unser Leben finden
Wild Rose	wenn wir apathisch, resigniert und teilnahmslos sind
Willow	wenn wir verbittert sind und uns als »Opfer des Schicksals« betrachten

- *Die Kalifornischen Blütenessenzen*

Seit 1978 wird in Kalifornien nach weiterern Blütenessenzen gesucht. Dabei wurden 72 Blüten entdeckt, die eine noch differenziertere Anwendung ermöglichen. Für Mischung und Anwendung dieser Essenzen gilt das Gleiche wie bei den Bach-Blüten. Hier sind einige nützliche:

Kalifornische Blütenessenz	Wirkung
Aloe Vera	zur Regeneration
Arnica	zur Wiederherstellung der Geist-Körper-Einheit nach Schock
Borage	hilft, uns dem Leben wieder zuzuwenden, wenn wir uns ausgelaugt vom Trauern fühlen
Chaparral	fördert Verarbeitung in Träumen
Garlic	stärkt unsere Widerstandskraft und unser Sicherheitsgefühl
Lavender	bei Überspanntheit des Nervensystems, wenn wir uns gereizt und überempfindlich fühlen
Lotus	fördert Harmonie und spirituelle Öffnung
Morning Glory	hilft uns, einen neuen Sinn und eine neue Aufgabe zu finden
Quince	hilft, die Kraft der Liebe in uns zu stärken
St. John's Wort	bringt uns in Verbindung mit unserem inneren Licht und fördert unser Geborgenheitsgefühl
Shasta Daisy	für geistige Klarheit und Ordnung

- *Mehr über Naturheilmittel*

In dem Buch *Medizin der Erde* von Susanne Fischer-Rizzi können wir noch mehr über die Heilstoffe der Natur erfahren. In *Aroma-Heilkunst* und *Himmlische Düfte* gibt sie weitere Anweisungen für den Einsatz der Aromatherapie und -pflege, und in *Botschaften an den Himmel* erhalten wir Informationen über das Räuchern.

Des Weiteren können wir *pflanzliche Säfte* und *Heilöle* einnehmen, z.B. Hafersaft und Johanniskraut-Heilöl bei nervösen Erschöpfungszuständen und Holundersaft zur Stärkung der körpereigenen Abwehr. Naturheilmittel-orientierte ApothekerInnen werden uns gerne beraten. Wir können uns in der Apotheke Kräuter für ein *Kräuterkissen* mischen lassen, das – unter dem Kopfkissen liegend – den Schlaf fördert. Eine mögliche Mischung: je 30 g Melisse, Passionsblume, Honigklee, Lavendel und Johanniskraut, oder: Baldrianblüten, Hopfenblüten, Schlüsselblume und Lavendel. Auch Orangenblüten und Waldmeister sind geeignet.

Wir können uns fragen:
* ❧ Für welche Zustände brauche ich Hilfe? Was brauche ich?
* ❧ Möchte ich natürliche Heilmittel probieren? Welches spricht mich an?
* ❧ In welchen Bereichen glaube ich, dass natürliche Mittel meine seelisch-geistige Entwicklung fördern könnten?

Wenn wir in der Trauer »stecken bleiben«

Wie bereits gesagt kommen die meisten Menschen zu ihrer Zeit am anderen Ende der Trauer wieder heil hervor. Manchmal stagnieren wir, oder unser Weg durch die Trauer nimmt eine unkonstruktive Richtung. Nicht gelebte Trauer von vorangegangenen Verlusten kann unsere Trauer jetzt erschweren. Sie kann chronisch werden, und wir können das Gefühl bekommen, aus eigener Kraft überhaupt nicht mehr aus dem »Sumpf der Trauer« herauszufinden. Wir müssen dann genauer hinschauen, woran es liegen kann.

Unerledigte Aufgaben

Um Anhaltspunkte für unsere Stagnation zu bekommen, können wir uns an den *fünf Aufgaben Trauernder* orientieren (vier davon in Anlehnung an J. William Wordens *Beratung und Therapie in Trauerfällen*, eine weitere habe ich hinzugefügt aufgrund meiner Erfahrungen mit KlientInnen und trauernden Eltern). An unserem »Kraftplatz« (oder in der Natur) können wir uns fragen, wo wir stehen in Bezug auf diese Aufgaben, was uns noch zu tun bleibt und was/wer uns dabei helfen kann. Um zu heilen, können wir keine auslassen.

1. *Die Wirklichkeit des Verlustes begreifen und annehmen*
Für Menschen, die keine Erinnerungsstücke von ihrem Kind besitzen und die es nicht gesehen haben, ist die erste Aufgabe schwierig. Manchmal glauben Eltern selbst noch nach Jahren, dass sie alles nur geträumt hätten. Es ist schwer, uns von jemandem zu verabschieden, den wir noch

nicht begrüßt haben. Die Folge ist oft ein Nicht-wahrhaben-Können oder Verleugnen des Todes.

▶ Wenn unser Kind noch keinen Name hat, können wir jetzt überlegen, welchen Namen wir ihm geben möchten, angeregt durch die Vorschläge auf Seite 91.

▶ Vielleicht mögen wir den Namen singen, nur leise für uns ganz alleine oder laut in freier Natur, auf verschiedene Arten und in verschiedenen Tonhöhen. Wir hören uns selbst singen.

▶ Wenn wir nicht wissen, wo unser Kind begraben ist, können wir Nachforschungen anstellen.

▶ Wenn wir den Verlust in Isolation betrauert haben, können wir jetzt anfangen zu reden. Wir können uns Menschen suchen, denen wir unsere Geschichte erzählen wollen, vielleicht in einer Stützgruppe (s. S. 132 ff.). Wir können den Prozess auch noch verspätet in Gang bringen.

▶ Wir können uns um ein inneres Bild unseres Kindes bemühen (s. S. 119 f.) und »in Kontakt« mit unserem Baby treten. Darüber kommen wir vielleicht allmählich zur Annahme der Realität, um dann Abschied nehmen zu können.

▶ Wir fragen uns, was uns jetzt helfen kann, unser Kind und den Verlust »wirklich« werden zu lassen.

2. *Den Schmerz des Verlustes und andere starke Gefühle erleben und annehmen*

Dazu gehört natürlich das Fühlen *aller* Gefühle. Wenn Menschen auf ihrem Trauerweg stecken bleiben, geschieht dies oft, weil Wut und Schuld unterdrückt wurden. Aber auch Schmerz zu fühlen ist für viele schwer. Hilfestellungen für das Bewusstmachen und Ausdrücken unserer Emotionen sind auf S. 115 ff. gegeben.

▶ Wir können uns fragen, wie wir das Ausdrücken und Spüren unserer Gefühle verhindern und welche Abwehrmechanismen wir entwickelt haben.

▶ Wir können uns Erlaubnis geben, alles, was mit dem Verlust zu tun hat, noch einmal durchzugehen und aufzugreifen. Es ist gut, wenn wir mit unserer/n Familie/n und Freunden über unser Vorhaben sprechen, damit sie uns Verständnis und Unterstützung entgegenbringen können

und es nicht mit ihrem Unverständnis und mit Forderungen untermi-
nieren.
▶ Wir fragen uns, was uns jetzt helfen kann, unseren Gefühlen Ausdruck
  zu verleihen.

3. *Allmähliche Anpassung an ein Leben ohne unser Baby*
Wenn es uns nicht gelingt, uns auf ein Leben ohne unser Kind einzustellen, zeigt sich dies in anhaltender Hilflosigkeit und im Rückzug von unserer Umwelt.
▶ Wir fragen uns, was uns daran hindert, uns an die veränderte Situation
  anzupassen (z.B. unkonstruktive Gedanken; s. nächster Abschnitt),
  und was wir tun müssen, um es möglich zu machen?

4. *Sinn finden*
Menschen, denen es nicht gelingt, der Erfahrung einen Sinn zu geben, der
sich in neuen Lebenssinn umwandelt, bleiben oft in Verbitterung und
Hader stecken. Jene, denen dies hingegen gelungen ist, erleben sich oft als
verwandelt. Sinn wird sich unweigerlich offenbaren, wenn wir uns der
Tiefe unseres Prozesses hingeben.
▶ Dialog, Visualisierung, Malen und unsere Geschichte immer wieder
  erzählen (s. S. 125 f., 187 f., 191 f.) können uns dabei eine Hilfe sein (s.
  auch »Der Erfahrung einen Sinn geben – an Trauer wachsen«,
  S. 218 ff.), ebenso Meditation, Gebet, spirituelle Übungen und eine
  Klausur.

5. *Frei werden für neue Bindungen*
Wenn wir diese Aufgabe nicht lösen, werden wir keine neuen Bindungen
wagen. Gründe können vorangegangene Ambivalenz, Schuldgefühle oder
irrationale, unkonstruktive Denkmuster sein.
▶ Wir fragen uns, was uns daran hindert, uns mit gutem Gefühl und
  ohne Schuld in andere Beziehungen oder neue Aktivitäten hineinzube-
  geben.

Positive Gedanken formulieren

Wenn du bei Nacht den Himmel anschaust, so ist es dir, als leuchten tausend Sterne, weil
ich auf einem von ihnen wohne, weil ich auf einem von ihnen lache. Und wenn du dich
getröstet hast, wirst du froh sein, mich gekannt zu haben. (Antoine de Saint-Exupéry,
Der Kleine Prinz)

Unsere Gedanken sind die Grundsteine für unsere Realität und beeinflussen weitgehend unsere Gefühle und unser Handeln. Welche Einstellung wir zu Leben, Tod und Leiden haben, wird unsere Erfahrung prägen. Wenn wir der Meinung sind, dass das Leiden gleichwertig mit der Freude zu unserem Leben gehört und dass wir gerade an einer schweren Erfahrung auch wachsen, dann werden wir alle Gefühle, die damit verbunden sind, mutig durchleben. Wenn wir überzeugt sind, dass wir am Ende wieder heil – und vielleicht ein Stück in unserer menschlichen Entwicklung weitergekommen – aus unserem Schmerz hervorgehen, dann werden wir die Schritte entlang des Wegs besser annehmen können. Kontakt mit anderen, die auf ihrem Trauerweg weiter sind, kann uns helfen, darauf zu vertrauen, dass *auch wir* es schaffen werden.

Wenn wir in unserer Trauer »stecken bleiben«, können wir uns einmal unserer inneren Botschaften bezüglich Trauern gewahr werden, indem wir in unserem Tagebuch oder auf einem Blatt Papier eine Bestandsaufnahme der eigenen Überzeugungen machen, so wie Judy Tatelbaum dies in ihrem Buch *The Courage to Grieve* anregt. Manche Gedanken können uns im Zustand der Trauer festhalten. Unsere Überzeugungen können sein:

- Keine Gefühl zu zeigen, stoisch zu sein, ist ein Zeichen von Stärke.
- Dies ist ja kein richtiger Verlust – mein Kind hat ja noch nicht gelebt.
- Andere haben viel Schlimmeres durchgemacht.
- Über einen solchen Verlust kann man nie hinwegkommen.
- Je länger ich trauere, desto mehr habe ich mein Kind geliebt.
- Dieser Verlust ist eine Strafe für begangenes Unrecht – je schlechter es mir jetzt geht, desto mehr werde ich meine »Sünden« abgebüßt haben.
- Trauernde müssen schlecht aussehen.
- Trauernde dürfen keine Freude spüren.
- Am besten vergisst man alles ganz schnell.
- Trauer macht man mit sich alleine ab.
- Wenn ich ein weiteres Kind bekomme, werde ich meinem toten Kind untreu.
- Wut ist ein unangebrachtes Gefühl.
- Trauer ist eine ganz normale menschliche Erfahrung.
- Der Ausdruck von Gefühlen ist gesund.
- Ich kann mir Hilfe holen, wenn ich diese brauche.
- oder: ...

Nach einiger Zeit lesen wir noch einmal durch, was wir geschrieben haben, und sprechen darüber mit unserem Partner/unserer Partnerin oder FreundInnen. Wir reflektieren:

- Wie haben sich diese inneren Überzeugungen in meinem Leben ausgewirkt?
- Welche Botschaften waren und sind hilfreich für mich?
- Welche Glaubenssätze arbeiten meinem Heilwerden entgegen?

Den negativen, uns schädlichen Botschaften setzen wir persönliche positive Gedanken gegenüber, mit denen wir unser Heilwerden fördern wollen:

- Ich darf meine Gefühle fühlen.
- Ich habe den Mut, mich meinen Gefühlen zu stellen.
- Ich habe die Kraft, diese Erfahrung zu durchleben.
- Ich habe andere schwere Situationen in meinem Leben gemeistert, ich werde auch diese schaffen.
- Auch wenn mir meine Gefühle total fremd sind, weiß ich, dass sie normal sind für trauernde Menschen.
- Trauer bedeutet sehr viel innere Arbeit, und ich darf in dieser Zeit besonders gut zu mir sein.
- Ich gebe mir die Zeit, die ich brauche.
- Es ist in Ordnung, wenn ich eifersüchtig auf Mütter mit Kindern bin.
- Ich wachse an dieser Erfahrung.
- *Ich* habe Trauer. *Nicht*: Die Trauer hat *mich*.
- oder: ...

Wir lesen unsere positiven Botschaften mehrmals täglich durch oder sprechen sie auf eine Kassette (begleitet von einer meditativen Musik) und hören sie regelmäßig an, um unseren Geist umzuprogrammieren. Wir befestigen Zettel mit diesen Botschaften an Spiegel oder Kühlschrank. Wir bitten andere, uns diese Botschaften als »Du-Botschaften« zu geben. Selbst wenn es uns noch schwer fällt, *tun wir so, als ob wir es schon glauben könnten*. Wenn wir nicht weiterkommen, können wir unsere Gedanken bewusst einsetzen, um Ziele darüber zu formulieren, was wir tun können, um uns selbst aus der Trauer herauszuziehen und uns eine neue Richtung zu geben.

Falls wir allein nicht weiterkommen, mag es manchmal nötig sein, therapeutische Unterstützung in Anspruch zu nehmen, besonders wenn viele erschwerende Faktoren (z.B. tabuisierter Verlust, Plötzlichkeit, unverarbeitete Verluste, mehrere Verluste in kurzer Folge) zusammenfallen. Dort können wir Hilfe bekommen, Versäumtes nachzuholen und Unerledigtes zu erledigen, um wirklich Abschied nehmen zu können. Auch wenn wir unsere Trauer lange Zeit unterdrückt haben, wir können noch Jahre später unterdrückte Gefühle aktivieren und durchleben.

Wann ist therapeutische Hilfe notwendig?

Nachfolgend eine Zusammenfassung jener Symptome, die therapeutische Hilfe ratsam machen (von Sr. Jane Marie Lamb nach J. William Worden):

– Die fünf Aufgaben Trauernder werden nicht bewältigt
– Intensive Trauer beim Sprechen über Verlust, obwohl Jahre vergangen sind
– Übermäßige Trauerreaktion auf geringfügige Vorkommnisse
– Eltern räumen Babyzimmer über lange Zeit nicht aus
– Selbstzerstörerische Impulse (z.B. Alkohol- und Drogenmissbrauch, Essucht, Suizidandrohungen)
– Anhaltende Phobie bezüglich Krankheit und Tod
– Anhaltende Feindseligkeit, Wut oder unterdrückte Wut, was zu »hölzernem« Verhalten führt
– Depressive Symptome nach 18 bis 24 Monaten
– Mangelnde Funktionsfähigkeit im Alltag nach 18 bis 24 Monaten
– Anhaltende grobe Vernachlässigung sozialer Beziehungen
– Keine Anpassung an Situation bemerkbar (es sollte ein Prozess ersichtlich sein, selbst zunächst zum Schlechteren hin)
– Das Thema Verlust taucht immer wieder in Gesprächen auf.
– Anhaltendes extrem niedriges Selbstwertgefühl
– Anhaltende Partnerschaftsprobleme (Anschuldigungen, Groll)
– Bei Kindern: andauernder Leistungsabfall in der Schule und andauerndes aggressives, feindseliges Verhalten, Stottern sowie anhaltendes regressives Verhalten (z.B. Baby-Verhalten, Bettnässen usw.)

Wir können uns fragen:
✿ Zeige ich oder ein Familienmitglied Symptome, die therapeutische Unterstützung nahe legen würden?

5   Die Wunden heilen

Eine Zeit der Erneuerung und neuer Hoffnung

Ich hatte das Gefühl, wie Phönix aus der Asche neu zu erstehen.

Jede Nacht geht einmal zu Ende, und ein neuer Tag beginnt. Jedem Winter folgt ein Frühling. Irgendwann erreichen wir einen Tiefstpunkt, der gleichzeitig ein Wendepunkt ist – vielleicht sogar ein Wendepunkt für unser ganzes Leben.

Durch Nicolas hat mein Leben die größte Wende überhaupt genommen. Ich bin ganz sicher, dass sein Leben und sein Tod einen Sinn hatten. Ich hätte nie gedacht, aus einer so großen Krise letzlich doch eine positive Wendung für mein weiteres Leben zu erfahren.

Wie im Frühjahr erneut der Saft in den Bäumen hochtreibt und sie mit neuem Leben füllt, so spüren auch wir für immer verloren geglaubte Energien in uns aufsteigen. Allmählich werden unsere Lebenskräfte und unser Unternehmungsgeist wieder wach sowie ein erneutes Interesse an Aktivitäten und Beziehungen. Wir werden beseelt durch neue Hoffnung. Eine gewisse Normalität kehrt in unseren Alltag zurück. Unsere Konzentration, unser Gedächtnis und Denkvermögen normalisieren sich. Auch beim Schlafen und Essen finden wir wieder einen gesunden Rhythmus. Immer häufiger erleben wir Momente von Gleichgewicht und Friede in uns. Für viele ist der erste Jahrestag nach dem Verlust ein Meilenstein. Wenn es uns gelungen ist, dieser schrecklichen Erfahrung einen positiven Sinn abzuringen, werden wir daraus als reifere Menschen hervorgehen, gewachsen an dem Verlust. Wir können die kurze Existenz unseres Kindes würdigen und ehren durch die Art, wie wir unser Leben nach dem Verlust leben.

Abschließen, um neue Anfänge zu ermöglichen

Erneuerung kann allmählich geschehen. Oder wir können die Tendenz bewusst unterstützen, wenn wir fühlen, dass die Zeit dafür reif ist.

Nach einer halben Ewigkeit war es, als ob eine Stimme in mir sagte, dass jetzt die Zeit gekommen sei, mein Trauern zu beenden und mich wieder dem Leben zuzuwenden. Es kam mir in den Sinn zu fasten – etwas, was ich immer mal wieder gemacht hatte und was ich sehr reinigend empfand. Mein Hausarzt untersuchte mich und hatte nichts dagegen. Ich fastete zehn Tage mit täglich einer Tasse Gemüsebrühe und einem Glas Saft neben viel Wasser und ungesüßtem Kräutertee. Essen loszulassen half mir auch, anderweitig loszulassen. Mein Geist wurde wieder klar, meine Schwangerschaftsfigur, an der ich festgehalten hatte, normalisierte sich. Zur großen Freude meiner Mutter hatte ich – wie sie es ausdrückte – wieder Glanz in den Augen. Mein Herz wurde leichter, und ich hatte in der Tat das Gefühl, dass ich gerade in ein neues Leben geboren worden war.

»Alles hat seine Zeit. Weinen hat seine Zeit, Lachen hat seine Zeit. Trauern hat seine Zeit, Tanzen hat seine Zeit.« (*Prediger 3*, 1 + 4) Ja, es gibt eine Zeit, das Trauern zu beenden … Je mehr wir auf unsere innere Stimme hören, desto mehr sind wir im Einklang mit unserem Rhythmus und unserer inneren Uhr. Für Laura (s.o.) war vielleicht ganz unbewusst das Fasten eine Art Ritual, um von einer Lebensstufe in eine andere zu treten. Symbolisch reinigte und leerte sie sich für einen neuen Anfang.

▶ Ein weiteres Ritual könnte eine *Gedenkfeier* sein im Kreis von Familie und/oder guten Freunden. Wir schaffen eine feierliche Atmosphäre durch Symbole, Blumen, Gedichte, Lesungen und Musik unserer Wahl und reflektieren dabei, welche Auswirkung unser Baby und sein Fortgehen auf uns und unser Leben hatte. Wir schauen an, welche Spuren sein »ungelebtes« Leben hinterlassen hat und welche Menschen davon berührt worden sind und auf welche Weise. Unsere Freunde und Familien können sich durch ihre Aussagen dabei beteiligen. Wir können über den Sinn sprechen, den wir gefunden oder der Erfahrung gegeben haben, die bittersüßen Geschenke, die wir erhalten haben, und darüber, was in dem Vakuum entstanden ist, das unser Kind hinterließ. Wir können nach vorne schauen und darüber nachdenken, wie wir unser Leben leben wollen, damit es ein Tribut an unser Baby wird. Vielleicht können unsere Freunde, womöglich auch Geistliche, uns helfen, eine solche Zeremonie zu gestalten.

▶ Wenn wir uns bereit glauben, unsere Trauer zu beenden, können wir dies durch ein Feuerritual (in Anlehnung an Dr. Jorgos Canacakis) wirkungsvoll tun. Wir können dies allein als Paar machen oder mit wichtigen Freunden, die uns begleiten und unsere Handlung bekräftigen. Wenn wir die Gegenwart anderer wünschen, lassen wir sie unser Vorgehen wissen und ggf. die Rolle, die sie dabei einnehmen.

Wir stellen einen großen Topf, eine Kerze, Streichhölzer und eine Schüssel mit Wasser an unserem Kraftplatz oder einem anderen würdigen Platz bereit, ebenfalls zwei Blatt Papier und Schreibzeug. Auf ein Blatt schreiben wir: »*Ich lasse los: ...*«, auf das andere: »*Ich behalte: ...*« Mit meditativer oder klassischer Musik im Hintergrund geben wir uns Zeit, unser Leben vor unseren geschlossenen Augen Revue passieren zu lassen – unser Leben *vor* und unser Leben *nach* dem Verlust. Dann lassen wir alles auftauchen, was wir loslassen möchten, öffnen unsere Augen und schreiben als Erstes den Namen unseres Babys auf das erste Blatt (aber nur, wenn wir wirklich bereit sind) und was uns sonst noch in den Sinn kommt. Dann meditieren wir darüber, was uns nach dem Verlust und vielleicht gerade durch den Verlust unseres Babys zugekommen ist – tiefe Einsichten, Freunde, wertvolle Eigenschaften, Verstehen etc. Dies schreiben wir auf das zweite Blatt. Wir lesen dann noch einmal unsere Notizen auf beiden Blättern durch, um sicherzugehen, dass wir hinter allem, was wir aufgeschrieben haben, stehen können. Worüber wir uns nicht sicher sind, das streichen wir und fügen hinzu, was uns noch in den Sinn kommt.

Wenn wir bereit sind, zünden wir die Kerze an, sprechen die Worte: »*Dies lasse ich los und übergebe es dem Feuer zur Verwandlung*« und lesen laut Blatt eins vor. Während wir die »Loslassliste« über die Flamme halten und ihr beim Verbrennen zuschauen, lassen wir alle Gefühle zu, die hochkommen. Unsere Begleiter und unser Partner/unsere Partnerin bezeugen und bekräftigen unsere Aussage, indem sie laut sagen: »Wir haben dich gehört.« Wir waschen und trocknen unsere Hände. Dann sagen wir laut: »Und das behalte ich« und lesen, was wir auf Blatt zwei aufgeschrieben haben. Unsere Begleiter und unser Partner/unsere Partnerin bekräftigen auch dies mit einem: »*Wir haben dich gehört.*«

Dann ist der Partner/die Partnerin an der Reihe. Wir erlauben uns einen Moment der Stille und fühlen, ob und wie die Energie sich verändert hat. Wir können mit einem *Danke* enden.

▶ Vielleicht mögen wir in Stille an unserem besonderen Platz *das Ende unserer Trauer und »unsere Auferstehung« tanzen.*

▶ Wir können unserer *inneren Führung* trauen, uns den Weg zu zeigen, der für uns der geeignete Weg ist.

  ▸ Ich selbst hatte das Gefühl, dass ich ganz alleine auf einen Berg gehen musste.

- ▸ Andere hatten erstmals in ihrem Leben das Bedürfnis, einen »Pilger-pfad« zu gehen oder einige Tage in der Abgeschiedenheit eines Klos-ters oder einer anderen spirituellen Gemeinschaft zu verbringen.
- ▸ Wieder andere haben sich auf eine Visionssuche begeben.
- ▸ Und um einiges alltäglicher: Manche haben eine Verwandlung ge-spürt, als sie ganz entschieden begannen – vielleicht mit Hilfe eines Tagebuchs –, die alltäglichen Erscheinungsformen des »kleinen Glücks« zu zählen, die vielen Gelegenheiten, dankbar zu sein.

Wenn wir uns der Trauer hingeben konnten, werden wir verändert sein – bereichert durch diese tiefe und ungeheuer schwierige Erfahrung.

Durch dieses furchtbare Geschehen bin ich verwandelt worden. Ich wurde offener, gefühlvoller, annehmender. Ich gestattete mir zum ersten Mal in meinem erwachsenen Leben, alle meine Gefühle einfach zuzulassen, »unkontrolliert« zu sein – sehr seltsam. Dadurch kam ein Teil von mir zum Vorschein, den ich vorher nicht gekannt hatte.

Unser Kind wird für alle Zeiten in unserem Herzen weiterleben, doch die Erinnerung daran tut immer weniger weh. Die Zeit heilt wirklich Wun-den. Im ersten Jahr der Trauer fühlen wir uns oft wie von ozeanartigen Wogen überschwemmt – mit der Zeit werden die Wellen der Trauer klei-ner und kleiner, die Phasen der Ruhe dazwischen länger und länger. Für viele ist der Jahrestag des Verlustes ein Meilenstein. Früher oder später entsteht in uns ein neues Gleichgewicht und damit das Gefühl, dass der Trauerprozess – für jetzt – eine Abrundung gefunden hat. Möglicherweise werden sich uns im Lauf der Zeit immer wieder neue Dimensionen eröff-nen, werden wir immer wieder weitere Abschlüsse auf einer anderen Stufe erleben.

Der Tod meiner Tochter lag sieben Jahre zurück. Ich meinte, die Erfahrung gut in mein Leben integriert zu haben, und spürte auch Dankbarkeit darüber, wie sich mein Leben nach ihrem Tod in einer viel tieferen Dimension als zuvor entfaltet hatte. Ich war ein an-derer Mensch geworden. Doch kurz vor ihrem siebten Todestag war alles unerwarteter-weise wieder sehr präsent, und ich spürte eine Vielfalt von ziemlich heftigen Gefühlen, so dass ich gar nicht anders konnte, als mir Zeit und Raum für sie zu nehmen. Ich schrieb viel in mein Tagebuch, und an ihrem Todestag pflanzte ich ein Rosenbäumchen und nahm erneut durch ein Feuerritual Abschied. Danach spürte ich eine starke Zunahme an Lebenskraft, und ich fühlte mich noch freier als zuvor. Mir war schon oft bewusst gewor-den, dass mein Leben stark von Sieben-Jahres-Phasen geprägt ist, und doch war ich er-staunt, dass es auch in Bezug auf den Verlust meiner Tochter zutraf.

Wahrscheinlich werden unser ganzes Leben hindurch uns immer wieder einmal Wellen der Trauer erfassen, besonders an Geburts-, Sterbe- und Feiertagen. Wie Wellen kommen und gehen, so vergehen auch unsere schmerzlichen Gefühle von selbst, wenn wir sie akzeptieren und zulassen. Unsere Tränen sind Balsam für unsere Seele.

Irgendwo inmitten unseres schmerzlichen Heilungsprozesses beginnt eine Wandlung. Durch unsere etwas geröteten Augen beginnen wir das Leben anders zu sehen. Wir fangen an, all die kleinen Dinge wahrzunehmen und zu schätzen, die wir in der Hektik unseres Alltags gar nicht mehr beachtet hatten. Vielleicht ist dies unser Geschenk, aus Schmerzen und Verletzlichkeit geboren, dass wir wieder Augen zum Sehen bekommen haben.

Hoffnung ist
nicht so zu tun, als ob Probleme nicht existierten ...
Es ist das Vertrauen, dass sie nicht ewig währen,
dass die Wunden heilen
und wir Schwierigkeiten überwinden ...
Es ist der Glaube,
dass eine Quelle der Stärke und Erneuerung tief in uns liegt,
die uns aus dem Dunkeln
in die Sonne zurückführt ...
(*Quelle unbekannt*)

Es ist die Hoffnung
auf das sich ewig erneuernde,
stetig wiederkehrende,
immer von Neuem erstehende Leben,
das uns Menschen erhält.
(*Bärbel Kehrer-Kremer*)

Wollen wir es wieder versuchen?

Sich Zeit lassen

Für eine neue Schwangerschaft muss nicht nur der Körper geheilt und bereit sein. Noch wichtiger ist es, dass wir seelisch in der Lage sind, uns in Liebe für ein neues Baby zu öffnen – für ein Kind mit eigener Identität und einem eigenen Namen, das seinen eigenen Platz in unserer Familie einnehmen kann und nicht unser verstorbenes Baby ersetzt.

Susi, die sechs Wochen nach ihrer Totgeburt wieder schwanger wurde, erlebte große Gefühlsverwirrungen:

Während der neuen Schwangerschaft dachte ich manchmal, ich spinne. Da habe ich mittags während des Essens einfach angefangen zu heulen, weil ich auf einmal nicht mehr wusste, ob ich dieses Kind denn wollte. Ich wollte es sicher, aber wollte ich es so wie das Erste? Es war so, als ob ich meinem ersten Kind untreu werden würde. Ich ging unheimlich oft auf den Friedhof.

Und Johanna, deren drittes Kind tot zur Welt kam, berichtet über ihre darauf folgende Schwangerschaft:

Im Nachhinein weiß ich, dass ich zu früh wieder schwanger geworden bin. Ich musste während der Schwangerschaft viel liegen, was ich von früheren Schwangerschaften nicht kannte. Für mich bedeutete die Geburt eine seelische Frühgeburt. Ich war noch gar nicht in der Lage, mich seelisch auf etwas Neues einzustellen. Es dauert eine Zeit, bis dieses Urvertrauen in die natürlichen Prozesse und genug Lebenskraft, auch das Schlimmste zu überstehen, wieder in einem wächst.

Diese Schilderung bestätigt Donna Ewys Aussage: »Die Eltern müssen seelisch so weit erholt sein, dass sie die Kraft haben, eine weitere Schwangerschaft, eine weitere Geburt und – wie ein Paar es ausdrückte –, wenn es sein muss, auch einen weiteren Tod durchzustehen, falls er eintreten würde.« (Ewy, 1984) Je mehr wir den Tod als Teil unseres Lebens akzeptieren können, desto freier können wir als Menschen leben. Doch das Loslassen zu erlernen ist für die meisten von uns ein lebenslanger Prozess. In jeder Begegnung mit dem Tod liegt die Chance, ein wenig mehr die Angst davor zu verlieren, wie Ulli dies erlebte:

Ich habe eine gravierende Erfahrung gemacht, die anhält: Ich hatte immer wahnsinnige Angst vor dem Sterben. Jetzt graut mir vor dem Tod gar nicht mehr.

Wir können uns fragen:
✿ Fühle ich mich heil genug, um eine weitere Schwangerschaft in Erwägung zu ziehen?
✿ Bin ich bereit, meine Liebe einem neuen Baby zu geben?

Folgeschwangerschaften nach einem Verlust

Ich bin schwanger, im fünften Monat ... Diese inzwischen strampelnde Tatsache ist für mich genauso unglaublich wie Josefins Tod. Es ist unser viertes Kind, diesmal ein Bub. Dieser Bengel setzt sich mitten rein in dieses Jammertal. Ich habe das Gefühl, er sitzt da einfach in meinem Bauch und grinst mich an so nach dem Motto: Hallo, hier bin ich, jetzt schau mal, wie du damit klar kommst. Punkt.

Fast immer werden wir bei einer weiteren Schwangerschaft von neuem gefordert, unsere Ängste zu überwinden und Vertrauen zu finden. Manche Mütter halten sich ihrem Baby gegenüber emotional zurück, aus Angst, dass es wieder so wehtun könnte. Je intensiver und vollständiger wir unseren Trauerprozess durchlebt haben, desto mehr Stärke wird uns daraus zugeflossen sein.

Es gab Dinge, die mein Mann nicht aussprach, etwa: »Wie können wir so etwas jemals noch einmal durchmachen?« oder »Ich könnte das nicht nochmals aushalten, dich so leiden zu sehen.« Aber ich dachte mir, ich hab es einmal verkraftet, schlimmer könnte es ein zweites Mal auch nicht werden.

Uns in unserer Bindung zu unserem Kind zurückzuhalten erspart uns in der Regel keine Schmerzen. Das Risiko zu wagen, eine Bindung zu unserem Kind einzugehen, mag sie am Anfang auch noch so zaghaft sein, kann unsere Schwangerschaft unkomplizierter und unser Leben reicher machen.

Zu diesem Baby fühlte ich viel mehr Nähe als zu meinen anderen Kindern. Ja, ich hatte Angst, dass es auch dieses Mal wieder passieren könnte, doch wenn es so gekommen wäre, dann wollte ich wenigstens sicher sein, dass ich dieses Baby besser kenne als das letzte.

Gerade bei vorhergehenden Verlusten – und dies schließt auch Fehlgeburten in einem frühen Stadium ein – ist es wichtig, dass wir während der Folgeschwangerschaft Menschen haben, mit denen wir offen über unsere Gefühle sprechen können. Vielleicht haben wir gute Freundinnen, oder wir können uns in der Geburtsvorbereitungs- oder Stillgruppe mitteilen. Möglicherweise können wir uns telefonisch oder in einer Gruppe mit Mitgliedern von Stützgruppen aussprechen. Vereinzelt existieren sogar Gruppen für Schwangerschaften nach einem Verlust. Im Internet gibt es Informationen (in Englisch) und Foren für »subsequent pregnancies«.

Für Partner ist es wichtig, einander mitzuteilen, was sie bewegt, da sonst Reaktionen missverstanden werden können. Wir können uns gegenseitig helfen, indem wir offen sind für die Bedürfnisse des anderen und ihn aber auch ehrlich wissen lassen, was wir von ihm brauchen.

Vielleicht beschließen wir, uns während der Schwangerschaft von einer Hebamme betreuen zu lassen, die uns bei ihren Hausbesuchen zuhört und gleichzeitig über fundierte berufliche Kenntnisse verfügt. Wir brauchen keine Angst davor zu haben, »dumme« Fragen zu stellen. Wenn uns etwas beschäftigt, dann *müssen* wir darüber sprechen und fragen und immer wieder fragen, bis unsere Fragen beantwortet sind. Wenn wir meinen, eine intensivere Betreuung zu brauchen als zuvor, um unsere Ängste abzubauen, dann dürfen wir uns dies zugestehen.

Am Anfang der Schwangerschaft hatte ich ziemliche Angst, die sich dann aber legte, und alles war in Ordnung. Doch während der letzten Wochen kam die Angst wieder verstärkt hoch. Ich fuhr jeden Tag ins Krankenhaus und ließ mich an den Herzton-Wehenschreiber anschließen. Ob die dachten, ich sei hysterisch, war mir egal. Ich war nach jedem CTG unheimlich beruhigt.

Wenn wir den Signalen unseres Körpers lauschen, wird er uns sagen, was gut für uns ist, und uns helfen, unseren eigenen Rhythmus zu finden. Vielleicht können wir gerade unsere Ängste als Anlass nehmen, uns immer wieder Zeit für uns zu gönnen. Positive Gedanken und Vorstellungen – auch Meditation – können unseren Ängsten entgegenwirken. Vielleicht helfen uns auch Träume, Vertrauen zu finden. Einige der in Kapitel 2 bis 5 angegebenen Hilfestellungen können uns jetzt sicherlich nützlich sein.

Wir können uns fragen:
✿ Gibt es Menschen, mit denen ich offen über meine Gefühle sprechen kann? Kann ich mit meinem Partner/meiner Partnerin darüber reden?
✿ Was würde mir helfen, Ängste zu überwinden: Menschen, Schreiben, Malen, Meditation, Gebet, Tanz, Kreativität, ganzheitliche Therapien und Massagen, Arzttermine, Hebammenbesuche, positive Gedanken und Bilder usw.?

Unser Baby ist da

Selbst wenn diese neue Schwangerschaft zu einem Zeitpunkt eingetreten ist, an dem wir innerlich ganz offen und bereit für ein Baby waren, mögen wir seine Geburt mit den unterschiedlichsten Gefühlen erleben. Sicherlich werden wir uns unsagbar freuen und seine Existenz und Gesundheit umso mehr schätzen, als wir ja hautnah erfahren haben, dass dies nicht selbstverständlich ist. Ein anderes Verständnis von Glück ist entstanden. Unser Vertrauen und Selbstwertgefühl mag wieder gewachsen sein, doch kann sich darunter auch gleichzeitig Traurigkeit mischen in Erinnerung an unser totes Baby. Wir müssen darauf bedacht sein, nicht *über*fürsorglich auf das Wohlergehen dieses Kindes zu achten, da wir es sonst in der Entfaltung seiner Lebenskräfte und seines Potentials hemmen würden.

Wenn wir gegen diese Neigung in uns von alleine nicht ankommen, müssen wir uns Hilfe holen. Weiterhin werden wir gefordert loszulassen.

Mein Kind erkrankte im ersten Lebensjahr schwer an Keuchhusten, und ich stand Todesängste aus. Erst als ich in mir bereit war, alles so anzunehmen, wie es kommt, löste sich die Spannung in mir, und Friede entstand.

Wir können uns fragen:
✿ Welche Gefühle habe ich in Bezug auf unser Baby?

Wir bekommen kein weiteres Kind

Vielleicht haben wir uns gegen eine weitere Schwangerschaft entschieden, entweder aus persönlichen Gründen oder aufgrund von genetischen Untersuchungen und Prognosen, die uns entmutigen. Eventuell hat aber auch das Schicksal für uns entschieden. Wenn diese Situation von neuem Trauer in uns hervorruft, z.B. über nie lebbare Erfahrungen unseres Seins, dann brauchen wir Zeit und möglicherweise Unterstützung, um damit fertig zu werden. Die Frage einer Adoption sollten wir sorgfältig in uns bewegen (vgl. Hellinger/ten Hövel: *Anerkennen, was ist*).

Wir können uns fragen:
✿ Wenn wir unfreiwillig ohne (weitere) Kinder sind, können wir mit dieser Situation allein zurechtkommen oder brauchen wir Hilfe? Wenn ja, auf welche Art und von wem?

Der Erfahrung einen Sinn geben – an Trauer wachsen

Wir können es nicht verhindern, in unserem Leben auch Leid zu erfahren. Aber ob wir in Verzweiflung und Hoffnungslosigkeit verharren oder dadurch in unserem Wachstum weiterkommen, liegt bei uns. So ist ein wichtiger Aspekt des Trauerprozesses, ob es uns gelingt, der Erfahrung einen Sinn zu geben, damit sich unser Leiden in eine positive Kraft verwandeln kann. (Miles/Crandall, 1983) Menschen, die keinen Sinn finden, bleiben oft in Verwirrung und Verzweiflung stecken.

Der jüdische Neurologe und Psychiater, Viktor E. Frankl, der einige Jahre seines Lebens in einem Konzentrationslager verbringen musste, sagt, dass unser schlimmstes Leiden uns zum Erkennen des Sinns unseres

Lebens und unserer wahren Lebensaufgabe führen und uns helfen kann, negative Haltungen in uns auszulöschen. (Frankl, 1989) Es ist unsere Wahl, *wie* wir mit Leiden umgehen. Ob wir besser oder schlechter mit unserem Schicksal fertig werden, ist auch ein Stück Gnade.

Die Frage nach dem »Warum« kann uns zu immer tieferen, existentiellen Fragen führen über uns selbst, Leben und Tod, Gott, unsere Mitmenschen und nach dem Wesentlichen. Den Tod beginnen wir als zum Leben dazugehörig anzuerkennen.

Die Suche nach dem Sinn hebt in keiner Weise den intensiven, lang anhaltenden Schmerz beim Verlust eines Kindes auf. Wir können ihn jedoch so kanalisieren, dass er zur Heilung unserer selbst führen kann und uns hilft, zum Gemeinwohl beizutragen. (Cassem, 1975) Durch die Kraft der Erneuerung können wir unserem Leben eine andere Richtung geben. Nancy, eine ledige Mutter, veränderte ihr Leben von Grund auf nach dem Tod ihrer Tochter Brittany:

Vielleicht war ihre kleine Seele einfach zu gut, um durch die Hölle zu müssen, in der ich mit ihrem Vater lebte. Ich hätte zehn Stunden am Tag weg sein müssen zum Arbeiten. Sozialhilfe wollte ich keine. Und von ihm konnten wir keine Unterstützung erwarten. Wir lebten seit Jahren bei seinen Eltern – einfach so in den Tag hinein. Obwohl ich es gar nicht wollte, trank ich zusammen mit ihm und nahm Drogen. Brittanys Tod hat mir die Kraft gegeben, mich von diesem Mann zu lösen und mir ein neues Leben aufzubauen. Ich habe jetzt einen guten Job, bin ganz sportlich geworden, und vor kurzem habe ich beim Tennisspielen einen jungen Mann getroffen. Daraus ist eine ehrliche Freundschaft geworden, und so allmählich entwickelt sich noch etwas Tieferes. Es ist so neu für mich, mit Respekt, Verständnis und Fürsorge behandelt zu werden. Dies alles verdanke ich Brittany. Ohne ihren Tod hätte ich den Absprung sicher nicht geschafft.

Nancys Gefühl, ein wertvoller Mensch zu sein, der mehr verdient als die Existenz, die sie kannte, war erwacht durch einen »Dienst am Nächsten«. Auf dem Friedhof war sie einer anderen jungen Frau begegnet, die auch ein Kind verloren hatte und im Begriff stand, sich das Leben zu nehmen. Im Gespräch mit ihr wurde Nancy bewusst, wie viel neue Kraft ihr aus dem Verlust ihrer Tochter zugewachsen war. Die gewonnene Stärke befähigte sie, die andere Frau von ihrem Entschluss abzuhalten und ihr durch ihr Beispiel neuen Lebensmut zu geben. Diese Erfahrung spornte Nancy an, weiterhin diesen neuen Lebensweg zu gehen. Anderen zu helfen – der Menschheit zu dienen – kann uns aus der Selbstbezogenheit der Trauer herauslösen und für uns selbst heilend sein.

Wenn du einsam bist, denk an all die, die auch einsam sind. Gib von deiner Zeit und Liebe. Das wird dir helfen, nicht in einem Meer von Selbstmitleid zu versinken. Wenn du
Liebe brauchst, gib sie; sie wird hundertfach zurückkommen.

Die Liebe zu unserem verstorbenen Kind kann in viele Kanäle fließen.
Manche Menschen fühlen sich berufen, anderen, die ein ähnliches
Schicksal ereilt hat, oder überhaupt hilfsbedürftigen, leidenden Menschen in irgendeiner Weise beizustehen, sich für das Wohl dieser Menschen einzusetzen. So kann z.B. jemand, der vorher Angst vor Sterben
und Tod hatte, zu einer ganz besonders fähigen, angstfreien Sterbe- und
TrauerbegleiterIn werden. Andere übernehmen Patenschaften für eltern-
lose oder hungernde Kinder oder »adoptieren« ein Tier. Wieder andere
bekommen den Mut, neue Aktivitäten zu wagen, ihr eigentliches, wesen-
haftes Selbst zu verwirklichen. Die Sinnfindung mag gar nicht in großar-
tigen äußeren Taten liegen. Die wesentliche Veränderung vollzieht sich
im Inneren des Menschen.

Annahme ist das Ende einer langen Suche nach Frieden.

Wenn es uns gelungen ist, den Schicksalsschlag zu akzeptieren und die
Trauer in all ihren Stufen ganz zu durchleben, wenn wir sozusagen mit unserem Kind »gestorben« und davon wieder auferstanden sind, dann werden wir beschenkt. Wir empfinden mehr Lebendigkeit und Wachheit
und mehr Sensibilität für alles, was uns umgibt. Vielleicht ändert sich unsere Beziehung zu unserem Partner/unserer Partnerin und anderen Lieben. Neue Dinge werden uns wichtig. Ein Tor zur Spiritualität kann sich
uns geöffnet haben. Wir sind liebesfähiger. Wir nehmen nichts mehr für
selbstverständlich, sind dankbarer.

Wir können uns fragen:
✿ Auf welche Weise ist mein Leben jetzt anders, als es zuvor war?
✿ Auf welche Weise drückt sich die Liebe für mein/unser Kind jetzt aus?
✿ Habe ich Geschenke erhalten während dieser »langen Nacht« – und
   was für Geschenke sind das?

II

Trauernde begleiten

Wenn ein Mensch geboren wird, freuen wir uns,
wenn er heiratet, jubeln wir,
doch wenn er stirbt,
tun wir so, als ob nichts geschehen sei.

Margaret Mead

6 Heilender Umgang mit Trauernden

Der erste Teil dieses Buches hat hoffentlich Menschen, die selbst nie ein Kind verloren haben, einen Einblick in die Erlebenswelt von Frauen und Männern nach solch einem Verlust vermitteln können. Teil 2 gibt nun Personen, die mit Betroffenen – sei es privat oder beruflich – in Kontakt kommen, eine Zusammenfassung wesentlicher Informationen sowie wichtige Hinweise für den Umgang mit Trauernden.

Prinzipielle Informationen über den Trauerprozess

- ▶ Trauer ist ein ganz normaler und notwendiger Lebensprozess.
- ▶ Trauer hilft uns, Abschied zu nehmen, Verlorenes in unser Leben zu integrieren und allmählich wieder neuen Lebenssinn, neue Hoffnung und neues Gleichgewicht in unser Leben zu bringen.
- ▶ Der Weg durch die Trauer dauert länger, als die meisten Menschen vermuten. Er kann ein oder zwei Jahre oder sogar länger dauern und folgt einem wellen- oder spiralförmigen Muster. Menschen heilen zu *ihrer* Zeit. Wir sollten keine festgelegten Erwartungen haben.
- ▶ Ausmaß und Länge der Trauer werden durch Tiefe der Bindung, vergangene unbearbeitete Trauer, Umstände um den Todeszeitpunkt, innere Ressourcen, Persönlichkeit und weitere Faktoren bestimmt, die auf Seite 166 ff. und im Anhang beschrieben sind.
- ▶ Die Trauer von Eltern, die einen Schwangerschaftsverlust erleiden, kann erschwert werden durch die Tatsache, dass 1. die Gesellschaft solch einen Verlust abwertet, 2. er häufig mit einem Tabu belegt ist, 3. meistens niemand sonst das Baby kennt und es somit oft nicht als »wirklich« angesehen wird, 4. es keine Erinnerungen gibt, die sie mit anderen teilen können, und 5. sie sich isoliert fühlen.
- ▶ Der bei weitem *wichtigste Faktor* für einen gesunden Trauerprozess ist das *Ausmaß an Unterstützung durch das soziale Umfeld*.
- ▶ Nicht gelebte Trauer kann »durch die Hintertür hereinkommen« und uns gesundheitlich beeinträchtigen.

▶ *Der einzige Weg, wirklich über die Trauer hinwegzukommen, führt mitten durch sie hindurch.*

▶ Trauernde müssen »ihre Geschichte« immer und immer wieder erzählen dürfen, bis sie sie verarbeitet haben. Dies ist eine Hilfe zur Neuorientierung nach einem Verlust.

▶ Eine Wand des Schweigens lässt die Trauer sich »verkapseln«.

▶ Trauernde müssen *all* ihre Gefühle ausdrücken dürfen. Vielleicht brauchen sie Hilfe, ihre Wut in konstruktive Bahnen zu lenken. Sie müssen zwischendrin auch lachen dürfen.

▶ Trauer macht für eine Weile sehr selbstbezogen.

▶ Partnerschaften können durch Tod, Krankheit oder Behinderung eines Kindes stark belastet werden.

▶ Besonders schwierige Zeiten sind Jahrestage des Verlustes und Feiertage sowie der ehedem errechnete Entbindungstermin.

▶ Körperliche Bewegung tut Trauernden gut, doch die Eigeninitiative dazu ist zumeist gelähmt.

▶ Sich *zu* sehr beschäftigt zu halten kann auch ein Weg sein, vor seinen Gefühlen davonzulaufen. Es ist wichtig, eine gute Balance zu finden zwischen sich Zeit für Trauern nehmen und sich auf andere Aktivitäten einlassen.

▶ *Zu bedenken gilt:* Trauernde haben eine Geburt (oder einen medizinischen Eingriff) *und* die Konfrontation mit dem Tod hinter sich.

Trauerphasen: (angelehnt an Glen Davidson, 1984)

1. *Schock und Betäubung* (kann Stunden, Tage oder gar Wochen dauern):
Frisch Betroffene sind wie benommen und emotional betäubt, möglicherweise überwältigt von Gefühlsausbrüchen wie Panik und Verzweiflung. Sie haben Schwierigkeit, Entscheidungen zu treffen, und »funktionieren« mechanisch.

2. *Suchen und sich sehnen* (ca. vier bis sechs Monate):
Wenn der Schockzustand abklingt, brechen starke chaotische Gefühle auf: Schmerz, Wut, eventuell Schuldgefühle, Versagensgefühle, Bedauern, Traurigkeit, Einsamkeit, Eifersucht, Verzweiflung, Bitterkeit, Ruhelosigkeit – aber auch Liebe, ausgedrückt durch Sehnsucht nach dem, was hätte sein können, und Suche nach dem Warum.

3. *Desorientierung und Verwandlung* (ca. nach einem halben Jahr bis nach dem ersten Todestag, danach oft allmählich abklingend):
Die Realität holt Trauernde endgültig ein. Zustand der Desorientierung. Verarbeitung auf einer tieferen Ebene, Infragestellen früherer Werte, Su-

che nach neuem Sinn. Keine Energie, schlechtes Gedächtnis, depressions-
ähnlicher Zustand, Ess- und Schlafstörungen. Möglicherweise immer
noch unverarbeitete Gefühle, z.B. Schuld. Geringe Abwehr gegen Erkrankungen.

4. *Erneuerung und Neuorientierung* (meist im zweiten Jahr):
Allmähliche Integration des Verlustes in das Leben Betroffener. Neue
Energie, der Wunsch und die Fähigkeit, sich dem Leben, neuen Aufgaben
und vielleicht dem Gedanken an ein neues Baby zuzuwenden, sowie neue
Hoffnung wachsen. Selbstvertrauen nimmt zu. Einschätzung, wie der
Verlust das Leben verändert hat. Sinnfindung.

Aufgaben der Trauernden:
1. Die Wirklichkeit des Verlustes begreifen und annehmen.
2. Den Schmerz des Verlustes und andere starke Gefühle zulassen.
3. Sich einem Leben ohne das Kind stellen.
4. Der Erfahrung einen Sinn geben.
5. Frei werden für neue Bindungen und/oder Aufgaben.

Was Trauernden gut tut und was sie brauchen

Praktische Hilfestellungen

▶ Wir können den Schmerz nicht wegnehmen. *Es reicht aus, einfach da
zu sein.*

▶ Wir machen Trauernde *nicht* mehr leiden, wenn wir sie *auf den Verlust
hin ansprechen.* Mangelnde Anteilnahme (aus welchen Gründen auch
immer) tut mehr weh.

▶ Wenn andere auch Gelegenheit hatten, das *Baby »kennen zu lernen«,*
reduziert dies die Einsamkeit und Isolation. Das Kind wird dadurch
auch für andere »wirklich«, und sie können dadurch mehr Mitgefühl
haben.

▶ Gelegenheit zum *Weinen* zu haben ist heilsam für die Seele. Eltern
brauchen das Gefühl, dass es in Ordnung ist, in unserer Gegenwart
ihre Tränen zuzulassen.

▶ Eine *Berührung*, In-den-Arm-genommen-Werden, ein warmherziger
Blick, Tränen in den Augen, einfach schweigend dabeisitzen, dies alles
kann mehr bewirken als tausend Worte. Zu bedenken gilt: *In Krisenzeiten kann oft mehr Nähe zugelassen werden als sonst!*

▶ *Unsere Gegenwart* ist hilfreich und tröstend, selbst wenn wir uns unbeholfen und manchmal unbehaglich fühlen. Wir brauchen nicht zu reden. Zuhören, ein Resonanzboden sein für die Gefühle der Eltern ist wichtiger! Wir können Trauernden mit Worten, Ton und Blick vermitteln, dass wir offen sind, ihnen zuzuhören. Augenkontakt (je nach Situation) und zugewandte Körperhaltung signalisieren Offenheit.

▶ *Sprachlosigkeit und ein Gefühl der Hilflosigkeit sind normal* in solch einer Situation.

▶ Behutsam können wir *nach Erinnerungen, Vorangegangenem, Einzelheiten fragen.* Es tut gut, eigene Gefühle mitzuteilen.

▶ Wir sollten spüren, wann *Schweigen* angebracht ist, und Schweigen ertragen können.

▶ Wir müssen sensibel dafür sein, wenn Trauernde *Zeit für sich* brauchen.

▶ Wenn die Eltern ihrem *Baby einen Namen gegeben* haben, können wir namentlich von ihm sprechen. Zur Erinnerung: Dies hilft, die Wirklichkeit zu akzeptieren, und ist ein Zeichen der Würdigung seiner Existenz.

▶ Wir können beim *Aussortieren der Tatsachen* »ihrer Geschichte« helfen, damit Eltern zu neuen Antworten kommen können (s. S. 187 f.).

▶ Wir sollen Trauernde bei ihren Entscheidungen unterstützen, aber sie zu so viel *Selbstbestimmung und Selbstbeteiligung* wie möglich anregen.

▶ Den trauernden *Vater* nicht vergessen!

▶ Falls *Geschwister* vorhanden sind, sollten wir auch sie mitbedenken.

▶ Wo kein persönlicher Besuch möglich ist, können wir *anrufen*, einen *Brief* oder eine *Karte* mit persönlichen Worten schreiben (keine Klischees).

▶ *Blumen* bringen oder schicken.

▶ An *Jahrestage* oder andere wichtige Daten denken.

▶ Wenn die Bewältigung des Alltags zeitweise schwer fällt, können wir *praktische Hilfe* anbieten: mit zum Einkaufen gehen, im Haushalt helfen, Wäsche waschen, Geschirr spülen, Haustiere versorgen, Blumen gießen. Wichtig ist es, eine Balance zu finden zwischen hilfreich sein und hilflos machen.

▶ Lebende *Kinder* von Trauernden werden oft zwangsläufig vernachlässigt, weil die Eltern vor Kummer nur mühsam über sich hinausschauen können. Wir können bei der Betreuung dieser Kinder helfen, indem wir uns Zeit für sie nehmen, ihnen zuhören, mit ihnen einen Spaziergang machen, mit ihnen spielen oder sie zu einem Spielnachmittag einladen, damit sie zu Momenten der Unbeschwertheit finden können.

▶ Trauernde ernähren sich oft ungenügend. Dies verschlechtert ihren körperlichen und seelischen Zustand. Eine schöne Sache wäre, beim Besuch nahrhaftes *Essen mitzubringen* oder anzubieten, eine Mahlzeit zu *kochen*.

▶ Das Immunsystem Trauernder kann durch *Bewegung* verbessert werden. Dies können wir unterstützen, indem wir mit ihnen spazieren gehen, mit ihnen joggen oder sie zum Schwimmen einladen.

▶ Wir können die Gesundheit Trauernder fördern, indem wir ihnen eine *Massage* anbieten (von Intuition leiten lassen!), ihren Rücken beklopfen (so als ob Regentropfen darauf fallen würden) oder unsere Hände ruhig auf ihre Schulterblätter oder Schulterkuppen legen und Ruhe ausstrahlen (s. S. 181 f., 248 f.).

▶ *Zerstreuungsangebote* (z.B. Konzert-, Theater-, Restaurantbesuch oder zum Essen zu sich einladen) sind für Trauernde hilfreich, um einmal abschalten zu können. Dabei sollen wir akzeptieren, wenn sie nicht »so ganz dabei« sein können.

▶ Zu Singabend einladen. *Musik* ist heilend.

▶ Mit ihnen *tönen* (s. S. 61 f.).

▶ Sie in *Co-Meditation* anleiten (s. S. 249 f.).

▶ Zur *Entspannungsvisualisierung* anleiten. (z.B. nach Else Müller: *Du spürst unter deinen Füßen das Gras*, s. Literatur) und/oder gemeinsam mit ihnen eine Entspannungsübung machen.

▶ Wir können mit ihnen *meditieren* (s. Anhang) – zu zweit oder in der Gruppe, z.B. eine Bild- oder eine Wortmeditation (»Friede. Liebe. Heilwerden. Getragensein«) machen oder einen Text lesen.

▶ *Vorlesen* (z.B. Märchen, s. Literatur) ist ein Trost für die Seele.

▶ Wenn eine *Arbeitskollegin* betroffen ist, können wir ihr bei ihrer Rückkehr zur Arbeit eine Blume oder eine Karte auf den Arbeitsplatz stellen. Nicht meiden! Dies gilt natürlich auch für trauernde Väter!

▶ Trauernden ihre *eigene* Zeit und Form zu trauern zugestehen. Unterschiedlichkeiten *akzeptieren*. Nicht davon ausgehen, dass das, was gut für mich ist, auch für andere gilt!

▶ Ein Buch anbieten oder schenken, das hilft, den Trauerprozess einzuleiten, und Trost und Heilung bringt.

▶ Auch wenn Zeit verstrichen ist, können wir noch *unsere Gefühle gegenüber Trauernden ausdrücken*. Besser später als gar nicht.

▶ In der Suchphase den *Besuch einer Stützgruppe* anregen. Ggf. Adresse ausfindig machen (s. Adressen).

▶ In der Phase der Desorientierung *zu den Menschen gehen*, da sie es nicht schaffen, um Hilfe zu bitten. (Einfach sagen, dass wir kommen und nur wegbleiben würden, wenn sie dies ausdrücklich wünschen.)

▶ *Da sein*, wenn andere sich schon zurückgezogen haben. Das zweite Halbjahr nach dem Verlust ist auf seine Weise schwieriger als die Zeit davor. Vielleicht können wir uns mit FreundInnen absprechen, periodische Besuche zu machen. An kritische Zeiten denken: Todestage, errechneter Entbindungstermin, Muttertag, Feiertage.

▶ Ein *Gedicht* oder *Lied* für die trauernden Eltern schreiben.

▶ Eine *Spende* an eine Stiftung oder eine Selbsthilfegruppe (wie Regenbogen, Lonely Parents, GEPS, Verwaiste Eltern oder eine Gruppe, die sich mit der Krankheit oder Behinderung, die das Kind hatte, auseinander setzt) im Andenken an das Kind.

▶ Einen *Baum pflanzen* als Ort für die Trauer und zur Förderung der Heilung.

▶ *Auf ungesunden Trauerprozess achten* (s. S. 209 und 271) und ggf. den Eltern vorschlagen, sich Unterstützung zu holen.

▶ Das Kapitel »Uns umgebende Menschen« (s. S. 163 f.) lesen.

Passende Worte

▶ Es tut mir Leid.

▶ Das muss schwer für euch sein.

▶ Ich bin hier, und ich höre zu.

▶ Ich habe an euch gedacht und mich gefragt, wie es euch wohl geht.

▶ Lass dir Zeit.

▶ Ich weiß nicht, was ich sagen soll.

▶ Ich versteh das auch nicht.

▶ Wie geht es dir denn mit all dem?

▶ Es macht mich sehr betroffen/traurig ...

▶ Möchtest du mir erzählen, wie .../Möchtest du mir von deinem Baby erzählen?

▶ Wie kann ich etwas für dich tun?

▶ Du brauchst keine Hemmungen zu haben, vor mir zu weinen. Tränen tun gut.

▶ Gibt es Menschen, die Sie gerne bei sich hätten und die ich anrufen kann?

▶ Möchten Sie, dass noch jemand anders die Gelegenheit hat, Ihr Baby »kennen zu lernen«?

Zur Erinnerung: Zugewandtsein zählt mehr als passende Worte.

Was Trauernden wehtut oder schadet

Unpassendes Verhalten

- So tun, als ob nichts geschehen wäre. Ignorieren.
- Beschwichtigen wollen, um Schmerz zu lindern. Tatsachen herunterspielen, damit Trauernde sich besser fühlen.
- Gut gemeinte Worte.
- Die Gefühle Trauernder be- und verurteilen.
- Drängen, dass es ihnen besser gehen soll.
- Sie vor der Wirklichkeit abschirmen oder ungebeten Entscheidungen für Trauernde treffen wollen (beides behindert den Trauerprozess).
- Ihnen schmerzliche Konfrontationen ersparen wollen, z.B. durch Wegräumen der Babysachen, Ausräumen des Zimmers und Meiden des Themas in Gesprächen.

Die üblichen Phrasen

- Gott sei Dank hast du das Kind ja noch nicht gekannt.
- Besser jetzt als später.
- Du bist jung – du kannst noch andere Kinder haben.
- Gottlob hast du ja schon gesunde Kinder.
- Sei froh, dein Kind wäre nicht normal gewesen.
- Du kannst von Glück sagen, dass du selbst am Leben bist.
- Es war wohl das Beste.
- Es war Gottes Wille.
- Wein doch nicht./Bitte wein nicht.
- Zum Vater: Du musst/Sie müssen jetzt stark sein für deine/Ihre Frau.
- Ich weiß, wie es dir/euch geht (außer wenn man selbst eine solche Erfahrung schon gemacht hat).

7 Die Betreuung in der Klinik

Die wenigsten Menschen, die im klinischen Bereich arbeiten, haben gelernt, mit Sterben und Tod umzugehen. Daher ist es verständlich, dass, wenn wir der Konfrontation mit dem Tod gar nicht ausweichen können, die meisten auf Schemata zurückgreifen, die sich in unserer Gesellschaft in den letzten zwei Jahrhunderten zunehmend gebildet haben: Verdrängen, Ignorieren, Tabuisieren, so wenig wie möglich damit zu tun haben, nicht darüber sprechen, tun, als ob nichts geschehen wäre – dann ist alles bald vergessen! So haben wir in der Vergangenheit häufig Eltern ihr totes oder fehlgeborenes oder gar dem Sterben geweihtes Kind vorenthalten in dem Glauben, ganz in ihrem Interesse gehandelt zu haben. Selten haben wir erfahren, wie es ihnen nach der Klinikentlassung gegangen ist.

Ein Brief, der eine Klinikroutine veränderte

Der nachfolgende Brief an den Chefarzt eines Krankenhauses gibt uns Einblick in das Erleben einer Mutter, die ihr totes Kind nicht sehen konnte. Er spiegelt die Erfahrung vieler Frauen wider, mit denen ich gesprochen habe.

Lieber Dr. E.,

wahrscheinlich werden Sie sich wundern, von mir einen Brief zu bekommen. Vielleicht erinnern Sie sich auch gar nicht mehr an mich. Es ist drei Jahre her, dass mein Kind nach starker Wehentätigkeit kurz nach der Kaiserschnittentbindung gestorben ist. Alle, auch Sie, haben damals gesagt, »es wird schon wieder«, »medizinisch alles in Ordnung« usw. Schwanger geworden bin ich bis heute nicht mehr.

Ich schreibe Ihnen diesen Brief, damit Sie einmal hören, wie es Frauen oder besser Müttern, denen so etwas passiert, ergehen kann – denn es gibt einige Sachen, die Sie als Arzt, als Mann, der nie schwanger werden kann, wissen sollten.

Ich habe in den letzten drei Jahren viel versucht, um schwanger zu werden. Nie hat es geklappt, und es wurde immer frustrierender ... Seit ca. zwei Monaten mache ich eine psychologische Intensivberatung, die mir sehr gut tut. In diesem Rahmen ist mir vieles aufgefallen, was ich Ihnen mitteilen möchte. Ich kenne mein eigenes Kind nicht. Ich habe kein Bild – weiß nicht, wie es ausgesehen hat usw. Ist dies nicht eigentlich die unmöglichste Sache der Welt, dass eine Mutter ihr eigenes Kind nicht kennt? Diesem Bild laufe ich heute noch hinterher. Ich weiß, dass ich es nie finden werde, deshalb ist es sehr schwer, mich von meinem Kind zu verabschieden.

Das Kind ist zwar in der Realität gestorben, nicht aber in meinem Kopf; denn ich hatte mit der ganzen Sache eigentlich gar nichts zu tun. Das haben alles die anderen, und in der Hauptsache Sie, gemacht. Ich habe nicht entbunden, ich bin entbunden worden, und ich weiß nicht, wie, und ich weiß nicht, wovon. Sie haben mir die Entbindung, die Schmerzen und die Trauer genommen. Die Zeit damals in Ihrem Krankenhaus ist für mich ein Film, in dem ich die Hauptrolle gespielt habe, aber andere über mich bestimmt haben.

Durch all die Medikamente zum Ruhigstellen ist es für mich wie im Traum; denn so richtig mitgekriegt habe ich nichts. Das Einzige, was ich weiß, ist, dass ich mit dickem Bauch zu Ihnen kam und auf einmal nichts, aber auch gar nichts mehr, da war, so als hätte sich alles in Luft aufgelöst. Wo ist mein Kind? Durch all diese Erfahrungen habe ich mein Kind drei Jahre lang nicht »entbunden« und vor allem nicht sterben lassen können. Wie soll ich schwanger werden, wenn ich noch nicht entbunden habe? Ich hoffe, dass es mir durch die Beratung gelingt. Aber vieles werde ich nie erfahren.

Ich will Ihnen mit diesem Brief keine Vorwürfe machen, sondern auf einen für mich schwerwiegenden Fehler hinweisen, nämlich, dass Sie mir nicht angeboten haben, mein eigenes totes Kind zu sehen. Es war *mein* Kind. Ich hätte ein Recht darauf gehabt, mehr als jeder andere Mensch auf der Welt. Nur ich hatte dieses, mein Kind, im Bauch, und keiner kann nachvollziehen, was mir genommen wurde – fast vor mir versteckt wurde.

Keiner wusste, wie er mit mir oder der Situation umgehen sollte, weder Sie noch der ganze Rest des Krankenhauses. Die Tendenz war: Bloß nicht dran rühren, es vertuschen, schnell hinter sich bringen. Für Sie war es vielleicht in der Hauptsache ein medizinisches Problem, aber für mich ging es um Leben und Tod und hatte auch mit sehr viel Psychologie zu tun. Sie hätten mir anbieten müssen, mein Kind sehen zu können. Ich war leider nicht in der Lage, danach zu fragen, da ich viel zu sehr unter Medikamenteneinfluss stand. Ganz ehrlich sage ich Ihnen, das werde ich Ihnen nie verzeihen. Ich war schon sehr wütend und sauer auf Sie.

Sie haben täglich mit solchen oder ähnlichen Situationen zu tun, und es wäre gut, auch die psychologische Seite mit zu beachten. Auch in der Hinsicht tragen Sie einen Teil der Verantwortung, nicht nur für die medizinische Seite. Auch Sie haben Kinder, so viel ich weiß. Stellen Sie sich doch einmal vor, eins davon nicht zu kennen, es nie gesehen zu haben, nur zu wissen, dass es tot ist, dabei hätten Sie es noch nicht einmal im Bauch gehabt.

Für mich ist es zu spät. Mein Kind ist tot, und ich werde nie wissen, wie es ausgesehen hat. Ich weiß nicht, ob Sie mittlerweile in solchen Fällen anders reagieren, aber damit es sich vielleicht ändert – vielmehr: Es muss sich ändern! –, schreibe ich Ihnen meine Erfahrungen. Vielleicht können Sie diese auch in Gesprächen mit Kollegen einbringen. Geben Sie den Müttern die Chance, bieten Sie Ihnen auf jeden Fall ein oder zwei Tage danach an, ihr totes Kind sehen zu können. Sicherlich werden viele zustimmen. Es liegt nicht bei Ihnen, diese Entscheidung zu treffen. Die Einzige, die das Recht dazu hat, ist die Mutter und sonst keiner.

Für Sie ist der Fall, der irgendwann weg ist, »geheilt entlassen« und aus und vorbei. Aber was kommt danach? Mein Leben hat es jedenfalls entschieden beeinflusst, und das nun schon seit drei Jahren. Hätte ich mein eigenes Kind gesehen und mich davon verabschiedet, wäre bestimmt vieles anders gelaufen.

So schreibe ich diesen Brief nur z.T. für mich, aber in der Hauptsache für die Mütter, denen das gleiche traurige Schicksal widerfährt. Sollte so etwas noch einmal passieren, dann denken Sie vielleicht mal an mich und meine Erfahrungen. Verdrängen Sie nicht Ihre Verantwortung.

Ich hoffe, Sie haben mich verstanden. Ich wollte Sie mit diesem Brief nicht beleidigen, und sollte es doch passiert sein, ist es mir auch egal. Es geht um mein Leben und mein totes Kind, und es war mir ein dringendes Bedürfnis, diesen Brief zu schreiben.

In der Hoffnung, den trauernden Müttern geholfen zu haben
gez. M.S.

Der Arzt nahm den Brief auf in dem Geist, in dem er gemeint war, und setzte die Anregung um. Sarah kam fünf Jahre nach dem zuvor erwähnten Ereignis in demselben Krankenhaus tot zur Welt. Ute, ihre Mutter, erinnert sich an die Zeit direkt nach der Geburt:

Sarah wurde von allen Beteiligten mit Respekt und Liebe behandelt. Sie und uns umgab während der ganzen Zeit eine schützende und mitfühlende Atmosphäre. Gleich nach der Geburt wurde sie ein wenig sauber gemacht und in ein Tuch eingeschlagen, so dass nur das Köpfchen herausschaute. So konnten wir uns langsam an ihren Anblick gewöhnen. Natürlich hatten wir vorher Angst gehabt – aber sie sah ganz süß aus. Wir hielten sie im Arm und konnten sie in Ruhe ansehen. *Wir hatten das wichtige Gefühl, uns so viel Zeit lassen zu können, wie wir brauchten.* Über die lähmende Angst, in dieser Situation gefangen zu sein, halfen uns immer wieder Impulse der Menschen um uns herum hinweg. Diese Menschen waren uns eine große Hilfe, aber wichtiger noch, sie zeigten uns, dass ein Mensch geboren worden war, der mit Würde behandelt wurde.

Nachdem wir einen Fußabdruck von Sarah gemacht hatten, zogen wir sie an, und eine Ordensschwester taufte sie. Ein kleines Tischchen mit einem Kissen und einem weißen Tuch war vorbereitet worden, auf das wir sie legen konnten, erleuchtet von einer Kerze und geschmückt mit einer Rose, die eine Schwester uns aus dem Krankenhausgarten gebracht hatte. Unsere Tochter sah sehr friedvoll aus. So hatten wir sie einige Stunden bei uns, und alle, die uns geholfen hatten, verabschiedeten sich von ihr. Trotz aller Trauer hatte dies etwas Beglückendes, und ich war stolz auf mein Kind.

Frank, Sarahs Vater, beschrieb seine Eindrücke so:

Als unser Kind kam, war das ein ganz tiefes Gefühl. Die Menschen um uns herum waren
wie ein Schutzwall. Man merkte, dass alle ganz dabei waren, ihr Mitgefühl war spürbar,
und das war enorm wichtig. Ich glaube, die meisten haben mitgeweint. Das überwältigt
mich. Wir hatten so ein Gefühl von Getragensein. Wenn das nicht gewesen wäre ... !

Erfahrungen aus der Praxis für die Praxis

Ein Kind zu verlieren ist eine schlimme Erfahrung. Die meisten Paare machen sie in einer Klinik. Im ersten Schock, total unvorbereitet, auf das,
was ihnen da geschehen ist, sind die Eltern ganz und gar auf die einfühlsame, behutsame Begleitung der sie Betreuenden angewiesen. Wie die Situation von Anfang an gehandhabt wird, bestimmt, wie sich der Verlust
auf das zukünftige Leben der Betroffenen – und sogar zukünftige Generationen! (vgl. Hellinger/ten Hövel: *Anerkennen, was ist*) – auswirkt. Wie
viel Unterstützung sie bekommen (oder auch nicht), ob sie ihre Gefühle
ausdrücken können, ob sie mitentscheiden und die Situation im Sinne ihrer eigenen Werte und Bedürfnisse durchleben können, ob sie genügend
Gelegenheit haben, ihr Kind kennen zu lernen und sich von ihm zu verabschieden – all diese Faktoren sind wesentlich. Auch der Verlauf weiterer
Schwangerschaften wird natürlich davon beeinflusst.

Aufgrund vieler Jahre des Zuhörens und der Fürsorge für Eltern, deren
Kind gestorben war, fühlt Sr. Jane Marie Lamb, dass Trauernde von ihren
BetreuerInnen Informationen erhalten müssen, um qualifizierte Ent-
scheidungen im Einklang mit ihren eigenen Werten treffen zu können.
Wenn wir ganz für sie da sein können und uns emotional nicht zurückzie-
hen, werden sie sich nicht allein gelassen fühlen.

Trauerbegleitung: Aufgabe und Verantwortung

Als BetreuerInnen von Eltern, deren Kind in der Klinik tot zur Welt
kommt, haben wir eine besonders hohe Verantwortung, die besten Vor-
aussetzungen für eine gesunde Trauerverarbeitung zu schaffen. Die meisten von uns sind ja auch willig, ihr Bestes zu geben, aber sie brauchen Hilfe, ihre eigene Hilflosigkeit überwinden zu können. Wissen darüber, welche Erfahrungen andere Betroffene gemacht haben und was sich als hilf-

reich erwiesen hat, kann Unsicherheit und Angst überwinden helfen. Mit der Zeit lernen wir von den Eltern selbst.

Im letzten Kapitel habe ich bereits Basisinformationen für den Umgang mit trauernden Eltern gegeben. Die »Rechte von Eltern, wenn ein Baby stirbt« und die »Rechte des Babys« (s. Anhang) können als weitere Grundlage genutzt werden. Nachfolgend nun eine z.T. stichpunktartige Zusammenfassung wichtiger Aspekte für *fünf Stadien der klinischen Betreuung –*

1. Klinikaufnahme
2. Begleitung während der Geburtsarbeit
3. Entbindung und postpartale Betreuung
4. Klinikaufenthalt
5. ggf. ambulante Nachbetreuung

– die das gynäkologisch-geburtshilfliche, pädiatrisch-neonatologische und pflegerische Personal angehen. Vielleicht kann die Liste kopiert und auf den zuständigen Stationen aufgehängt werden. Auch gibt es einen kompletten Kreißsaalordner bei der Regenbogen-Initiative zu bestellen.

Praktische Hinweise für die Betreuung von Eltern bei Totgeburt, Fehlgeburt und Neugeborenentod

(Quelle: Hannah Lothrop: *Gute Hoffnung – jähes Ende*)

- *Klinikaufnahme*

Im Falle von Kindstod:
▶ Falls die Klinik von einer Gynäkologenpraxis über einen intrauterinen Tod vorinformiert wird, alle Dienst habenden Hebammen und Ärzte *vor* Einlieferung davon unterrichten.
▶ Wenn ein perinatales Trauerteam besteht, ein Mitglied von Anfang an mit hinzuziehen.
▶ Durch Ultraschalluntersuchung die Frau (und Mann, wenn anwesend) selbst zu der Erkenntnis kommen lassen, dass das Herz nicht mehr schlägt und das Baby sich nicht mehr bewegt.

▶ Mit einfachen, einfühlsamen Worten die Tatsache bestätigen, dass das Kind nicht mehr lebt.

▶ Nach Bestätigung des Befundes des Kindstodes ist Präsenz und Anteilnahme wichtig.

▶ Wir sollten vorsichtig in der Wahl unserer Worte sein, da in dieser Situation unter Umständen manche Äußerungen leicht als Schuldzuweisung missverstanden werden können.

▶ Meistens sind Berührung oder In-den-Arm-Nehmen (s. S. 248 f.) wohltuend und helfen, die Erstarrung aufzulösen. Einschätzen, was angebracht ist.

▶ Die »Erlaubnis geben«, Trauer zulassen zu dürfen (Eltern spüren genau, bei wem sie es dürfen und bei wem nicht). Erwachsene – vor allem Männer – mögen Schwierigkeiten haben, in der Gegenwart von »Autoritätspersonen« ihre Gefühle zu zeigen, besonders wenn sie als Kinder zurückgewiesen oder beschämt wurden, sobald sie Traurigkeit oder »unangenehme« Gefühle äußerten.

▶ Den Eltern die Unterstützung des Personals zusichern.

▶ Auch der Vater verliert sein Kind! Ihn in die Betreuung mit einbeziehen.

▶ Auf Unterschiede in Trauerreaktionen vorbereitet sein und sie akzeptieren: Gefühlsausbrüche sind ebenso normal wie Zurückgezogenheit und Lähmung.

▶ Die Schockreaktion ist eine natürliche Form von Anästhesie. Aufgrund einer hohen Adrenalinausschüttung kommt es vorübergehend zu eingeschränkter Denkfähigkeit, trotz Funktionierens nach außen. Je nach Situation bessert sich dies nach etwa einer Stunde.

▶ Möglichst keine Beruhigungsmittel geben – sie behindern den Trauerprozess.

▶ Die Eltern über zu erwägende Vorgehensweisen und die ihnen zur Verfügung stehenden Optionen aufklären. Wo immer möglich, sie in Entscheidungsprozesse einbeziehen*, Vor-, Nachteile und mögliche Risi-

---

* Bei einer Untersuchung an der medizinischen Fakultät der University of Florida, wo ein Perinatal Mortality Counseling Program (Beratungsprogramm für betroffene Eltern), besteht, fielen die Entscheidungen der 165 beteiligten Familien anders aus als vorher erwartet: (1) Weniger als ein Drittel der Eltern wünschten eine sofortige Einleitung nach Bekanntwerden des Todes. (2) 91 % entschieden sich, ihr Kind zu sehen, unabhängig vom Ausmaß möglicher Fehlbildung oder Mazerierungen. (3) 48 % der Frauen und 33 % der Männer hielten ihr Kind im Arm. (4) Über den Vorschlag, ihrem Kind einen Namen zu geben, waren alle Eltern überrascht. Insgesamt kamen ihm 77 % nach, von den Eltern mit lebenden Kindern sogar 86 %, denn sie wollten, dass ihre Kinder wissen sollten, dass sie ein Geschwisterchen hatten. (Angaben lt. »Allow Parents Choices in Fetal or Perinatal Deaths«, in: *OB/GYN News.* 6/1984, S. 15-30.)

ken der Alternativen mitteilen und sagen, was Eltern in solchen Situationen auf lange Sicht zu helfen schien und was sie bedauerten. *Sie so viel wie möglich selbst bestimmen lassen* reduziert Hilflosigkeit und gibt ein Stück Selbstwertgefühl zurück.

▶ Dabei bedenken, dass die Denkprozesse anfänglich verlangsamt sind. Daher langsam, klar und mit einfachen, verständlichen Worten sprechen. *Für die Entscheidungen so viel wie möglich Zeit lassen!*

▶ Die Eltern fragen, ob sie eine Weile miteinander allein sein wollen. Ihnen sagen, wie sie uns erreichen können, wenn sie uns herbeirufen wollen.

▶ *Wenn Eltern Unterstützung aus ihrem Umfeld haben und es keine medizinischen Kontraindikationen gibt*, kann es hilfreich sein, nicht sofort die Geburt einzuleiten, sofern die Eltern gewillt sind zu warten. Dies gibt ihnen Zeit zu begreifen, was geschehen ist, und sich auf die Geburt einzustellen. Es müssen den Eltern möglicherweise die Vorteile des Wartens erläutert werden (s. S. 57 ff.). Ambulante Hebammenbetreuung einleiten oder zumindest in Telefonkontakt mit den Eltern stehen. Auf Wunsch Kontakt mit betroffenen Eltern oder Stützgruppen vermitteln.

▶ Bemühen um Früherkennung, wer möglicherweise anfällig sein könnte für einen pathologischen Trauerverlauf (s. Anhang). Wir sollten uns über eventuelle vorangegangene Verluste und deren Handhabung (z.B. negative Klinikerfahrung, keine Trauerarbeit geleistet, keine Unterstützung aus dem Umfeld) sowie zusätzliche gegenwärtige Stressfaktoren informieren und um vorangegangene emotionale oder psychische Probleme wissen (s. Fragebogen 1 im Anhang). Das Ausmaß sozialer Unterstützung nach der Klinikentlassung ermessen. Beurteilen, wo psychosoziale Betreuung und/oder nachgeburtliche Intervention und Trauerbegleitung nötig sind. Ggf. notwendige Schritte einleiten oder Empfehlungen geben. Information an betreuenden Arzt weiterleiten.

▶ Allein stehende Frauen brauchen besonders viel Zuwendung.

▶ Es wäre optimal, wenn eine Person abgestellt werden könnte, um sich ohne große Unterbrechungen der Betreuung dieser Eltern zu widmen.

Im Falle einer Fehlgeburt:

▶ Viele der obigen Punkte gelten auch für die Behandlung von Eltern, die mit drohender Fehlgeburt in die Klinik kommen (besonders nach dem ersten Trimester).

▶ Eine Fehlgeburt wird oft als chirurgischer Eingriff behandelt. Medizinische Termini wie »Frucht« oder »Fetus« verschleiern oft den Verlust und machen es Eltern schwerer, die »Erlaubnis« zu trauern zu empfinden. Wir müssen uns daran erinnern, dass die Bindung an ein Kind schon früh beginnt. Die meisten Eltern möchten gewürdigt bekommen, dass sie *ihr Baby* verlieren.

▶ Natürlich haben bei einer Notaufnahme medizinische Aspekte Vorrang. Jedoch ist auch hier der menschliche Faktor maßgeblich für die Verarbeitung. *Auch hier ist emotionale Zuwendung notwendig.*

• *Begleitung während der Geburtsarbeit*

▶ Sich einlassen, »da sein«, sich einfühlen, sich nicht zurückziehen, Zeit haben.

▶ Eins nach dem Anderen: Die Frauen können sich meistens nicht auf beides – Geburt und Tod – gleichzeitig konzentrieren.

Zum Geburtsverlauf:

▶ Nach Vorstellungen und Wünschen für den Geburtsverlauf fragen. Ermutigen, so viele Wünsche wie möglich umzusetzen.

▶ Die Frauen über Vor- und Nachteile bestimmter Vorgehensweisen aufklären. Sie, wo immer möglich, *unbedingt mitbestimmen lassen.*

▶ Medikamente nicht routinemäßig verabreichen, sondern in Absprache.

▶ Viel Anerkennung dafür geben, wie gut die Frau die Geburtsarbeit unter diesen schweren Bedingungen bewältigt.

▶ Körperlicher Kontakt, die Hand halten mag hilfreich sein.

▶ Wasser kann zur Entspannung und Schmerzbewältigung beitragen.

▶ Die *Bindung* der Eltern zu ihrem Kind ist Voraussetzung für eine gesunde Bewältigung der Trauer. Nicht binden = Abspaltung = Enge. Zum Gelingen des Bindungsprozesses beitragen, damit ein guter Abschied möglich wird.

▶ Ziel soll sein, dass Eltern auch ihr totes Kind als *ihr Kind* annehmen und »Ja« zu ihm sagen können. Sich über den Bauch streichen, liebe-

voll sich auch dem toten Kind im Bauch zuwenden kann der Frau dabei helfen. Wir können den Vater ermutigen, den Bauch der Mutter zu
streichen und zum Baby zu sprechen, und Vorbild dafür sein.

▶ Durch sanfte, einfühlsame Fragen können wir fördern, dass Eltern
nach dem ersten Schock die Bindung zu ihrem Baby wieder aufnehmen: »Was waren Ihre ersten Gedanken, als Sie herausfanden, dass Sie
schwanger waren? Wie ist die Schwangerschaft verlaufen? Wann haben
Sie die ersten Bewegungen gespürt? War Ihr Baby ein ruhiges oder ein
lebhaftes Kind? Hatten Sie schon einen Namen ausgesucht? Wollen Sie
Ihrem Baby diesen Namen geben? Oder ist Ihnen ein anderer Name
eingefallen?« Damit können wir ein Ventil geben, Enttäuschung über
verlorene Träume, Hoffnungen und Wünsche zu äußern und sich der
Realität bewusst zu werden. Wir müssen uns gewahr sein, dass hie und
da zunächst auch *Erleichterung* ein Teil der Gefühlspalette sein kann.
Eine einfühlsame, urteilsfreie Reaktion ist wünschenswert.

▶ Wir können die Eltern wissen lassen, dass sie alles fragen dürfen, was
ihnen unklar ist oder in den Sinn kommt. Auf ungefragte Fragen »lauschen«. Gefühle intuitiv zu erfassen versuchen. Ggf. direkt fragen:
»Was ist Ihre größte Angst?«

▶ Den Vater so weit wie möglich in die Betreuung seiner Frau einbeziehen. Ihn womöglich anleiten, wie er helfen kann: ihre Hand halten, ih-
ren Kopf in seiner Handschale bergen, massieren (Kopf, Oberschenkel,
Rücken), Nacken von der Halswirbelsäule aus seitlich ausstreichen, die
Hände ruhig auf ihre Schulterkuppen oder Schulterblätter legen, streicheln, ihr Gesicht abwischen, sie in den Arm nehmen, ggf. sie bei der
Hockstellung stützen, hinter ihr sitzen, ihr den Rücken stärken. Die
Mutter anleiten, sich der Berührung intensiv zuzuwenden (s. auch
181 f.). Den Vater ggf. in Co-Meditation (s. S. 249) anleiten. Falls die
Eltern sich gemeinsam auf die Geburt vorbereitet haben, Erlerntes an-
wenden.

▶ Wenn kein Partner vorhanden ist, die Frau ermutigen, eine nahe stehende Person als *Doula* – als Geburtsbegleitung und Stütze – mitzubringen.

▶ Ggf. die Frau selbst in Co-Meditation begleiten.

▶ Bach-Blüten: *Rescue-Tropfen* (No. 39) (s. S. 200) gegen Schockauswir-
kungen für Gebärende und ggf. auch für Helfer selbst (Dosierung: vier
Tropfen in eine Tasse Wasser, schluckweise trinken, bis der Schockzustand abklingt, danach alle 15, 30 oder 60 Minuten). Zur Not auch
zwei bis vier Tropfen unverdünnt auf die Zunge träufeln.

▶ Allmählich auf danach anstehende Entscheidungen vorbereiten: z.B. Begegnung mit dem Kind, Namensgebung, ggf. Taufe, Entscheidung bezüglich Beerdigung, Autopsie.

▶ *Bei allen Entscheidungen viel Zeit lassen!* »Sie brauchen jetzt keine Entscheidung zu treffen. Lassen Sie sich Zeit. Wir können später noch einmal in Ruhe darüber sprechen.«

▶ Mitteilen, was anderen geholfen hat: »Ich habe viele Frauen gesprochen, die unheimlich bereuen, dass sie ihr Kind nicht gesehen haben, aber keine einzige, die bereute, dass sie es gesehen hat.« Jedoch *nicht bedrängen!*

▶ Wenn Eltern ihr Kind nicht sehen wollen, kann das heißen: (a) »Ich habe Angst, dass es dann nur noch mehr wehtut« oder (b) »Ich habe Angst vor dem, was mich da erwartet«.

▶ Den Eltern versichern im Falle von (a), dass dem so ist, dass sie aber erfahrungsgemäß auf lange Sicht besser »heilen«, im Falle von (b), dass es normal ist, Angst zu haben und dass ihnen jemand bei-stehen wird. Wir können fragen (insbesondere bei Fehlbildungen), ob die Eltern meinen, dass es hilfreich wäre, ihnen ihr Kind zu beschreiben, bevor sie sich entscheiden, ob sie es sehen wollen.

▶ Wissen lassen, wie viel Zeit besteht, Entscheidungen zu revidieren: »Wir werden Ihr Kind [z.B.] 48 Stunden hier behalten, Sie können jederzeit Ihre Meinung ändern.«

▶ Auch wenn der Partner oder die Begleitpersonen nicht befürworten, dass die Mutter ihr Kind sieht: *Wir sind moralisch und gesetzlich dem Wunsch der Mutter verpflichtet.*

▶ Falls Schichtwechsel und keine Dienstverlängerung möglich ist, stellen wir die Folgebetreuungsperson vor, verabschieden uns und verabreden, wann wir wieder vorbeikommen. Kontinuität ist wichtig. Wenn ein gutes Verhältnis zwischen uns und den Eltern bestand und wir glauben, dass sie entlassen werden, bevor wir zurückkommen, können wir sie wissen lassen, wie sie uns erreichen können, wenn sie das Bedürfnis haben, mit uns zu sprechen.

• *Entbindung und postpartale Betreuung*

Die Geburtserfahrung wird oft losgelöst vom Tod erlebt. Ein positives Geburtserlebnis (was immer dies für ein Paar bedeutet) sollte angestrebt werden! Womöglich die ursprünglichen Geburtsvorstellungen trotz Kindstod beibehalten.

Begegnung mit und Abschied vom toten Kind:
▶ Das entbundene *Kind mit Liebe und Würde behandeln.*
▶ Die Geburtsleistung der Frau würdigen.
▶ Wenn Frauen sich durch vorangegangene Gespräche der Annahme und Unterstützung der sie umgebenden Menschen sicher sind und wissen, dass sie ihren Instinkten folgen dürfen, kann ein ähnliches Bindungsverhalten (»*Bonding*«) festzustellen sein wie bei Frauen, die ein lebendes Kind gebären: erst schauen, dann danach greifen, es mit den Fingerspitzen, dann mit den Handflächen berühren, es eventuell aufnehmen wollen. All dies zulassen! Der Wunsch der Eltern zählt.
▶ Falls eine *vorherige Beschreibung* des toten Kindes erwünscht wurde, können wir das Baby mit den »Augen des Herzens« anschauen – wie Eltern dies tun würden. Wir schildern ihnen ihr Kind klar und liebevoll. Dabei langsam sprechen, Blickkontakt, wo angebracht, auch Körperkontakt aufnehmen (z.B. Hand auf Schulterkuppe legen), sagen, was positiv am Baby auffällt (z.B. kleine Stupsnase, ggf. wem es ähnlich sieht).
▶ *Wenn Eltern Angst haben*, ihr Kind zu sehen, können wir sanft ihre Neugierde anregen und dadurch »eine Brücke bauen«. Schritt für Schritt können wir helfen, ihr Baby für sie »wirklich« und sie damit vertraut zu machen. Nachdem wir Fragen gestellt und Information gegeben haben, lassen wir ihnen viel Zeit zur Verarbeitung vor jedem nächsten Schritt. *Zur Erinnerung*: Das Denken ist verlangsamt!
  ‣ Zu Beginn können wir fragen, ob sie wissen wollen, ob es ein Mädchen oder Junge ist. Dann:
  ‣ ob sie einen Namen gewählt haben (falls das der Fall ist, nennen wir das Kind nur noch beim Namen),
  ‣ ob sie eine Bettkarte mit dem Namen des Babys und mit seinen Fuß- und Handabdrücken haben wollen. (Wir bereiten die Karte oder eine Geburts-/Todesbescheinigung vor, einschließlich Datum, Uhrzeit der Geburt, Länge und Gewicht des Kindes, besondere Merkmale und, wenn möglich, eine Haarlocke.)

‣ Nach einer Weile können wir etwas sagen wie: »Sie haben also Angst, Ihr Baby zu sehen?« ... »Was ist denn Ihre Angst?« Nachdem die Eltern diese ausgedrückt haben, können wir vielleicht sagen, dass ihre Befürchtungen nicht zutreffen (wenn dem tatsächlich nicht so ist), und sie fragen, ob sie wissen wollen, wie ihr Baby *wirklich* ausgesehen hat.

Wenn die Eltern dies bejahen, beschreiben wir das Baby liebevoll. Vielleicht hat es sehr friedvoll ausgesehen, dann sagen wir das natürlich. Wir finden freundliche, jedoch der Wahrheit entsprechende Worte, um zu beschreiben, welchen Anblick Eltern erwarten können, z.B.: »Sarah sieht aus, als ob sie himbeerroten Lippenstift auf den Lippen hat ... Es sind ein paar dunkle Flecken auf ihrem Gesichtchen, so als ob sie sich gestoßen hätte. Die verschwinden gewöhnlich nach etwa einem Tag ... Ein bisschen Haut hat sich an ihrem Bein abgeschält, so wie das bei uns manchmal geschieht, wenn wir uns geschürft haben.« Wahrscheinlich haben wir bis dahin die Angst vor dem Unbekannten genommen, und die Neugierde siegt.

▶ Wenn das Baby *Fehlbildungen* hat und die Eltern darüber Bescheid wissen wollen, erklären wir diese auf achtsame Weise und passen dabei auf, dass wir keine Worte gebrauchen, die angsterregende Fantasien entstehen lassen könnten. Eltern können fast alles ertragen, wenn sie ausreichend vorbereitet sind. Wenn wir das Baby später zu den Eltern bringen, können wir es zuerst in eine Decke einwickeln oder es so umhüllen (z.B. mit einem Mützchen), dass der Blick nicht als Erstes auf die Anomalien fällt. Eltern können dann für sich entscheiden, wie viel sie sehen wollen. Wir können ihnen helfen wahrzunehmen, was an diesem Kind besonders ist: der Gesichtsausdruck, die perfekten kleinen Fingerchen, eine mögliche Ähnlichkeit mit Mutter oder Vater. Eltern übersehen in den meisten Fällen die Deformation und konzentrieren sich auf das, was einmalig an ihrem Kind ist.

▶ Wenn Eltern ihr Kind erstmals bekleidet oder eingewickelt sehen, müssen wir sie wissen lassen, dass sie es gerne entkleiden oder auswickeln dürfen, wenn sie dies wollen. Viele haben dieses Bedürfnis, doch auch Angst, es zu tun, wenn sie nicht ganz konkret gesagt bekommen, dass das in Ordnung ist. Bedauern bleibt dann zurück.

▶ Zeit, Raum und Hilfestellung geben, damit Bindung und Abschied gelingen können.

▶ Die Intimität der Eltern respektieren. Ihnen Zeit mit ihrem Kind *allein* geben. (Besonders Väter haben oft Schwierigkeiten, Gefühle im Beisein anderer zuzulassen.)

▶ Das Paar so viel wie gewünscht an der nachgeburtlichen Behandlung beteiligen: »Wollen Sie Ihr Baby waschen/baden? Anziehen? Halten?« Wir müssen uns bewusst sein, dass dies die *einzige* Gelegenheit für die Eltern ist, ihr Kind zu pflegen. So weit machbar und der Situation gemäß, sollte die Möglichkeit bestehen, alles zu tun, was man auch mit einem lebenden Baby tun würde. (Bekleidung s. Bezugsquellen)

▶ Wir sollten uns vergegenwärtigen, dass wir *den Eltern als Vorbild dienen*. Wenn wir das Baby zärtlich berühren, halten und mit ihm sprechen, wird es ganz natürlich für die Eltern sein, dies auch zu tun.

▶ Falls die Eltern zunächst Angst haben, sich ihrem Kind zu nähern, können wir es eine Weile mit ihnen allein im Zimmer lassen. Meistens siegt die Neugier.

▶ Das Baby kann bei den Eltern bleiben, solange sie dies wünschen – zum Anschauen, Halten oder was auch immer. Wir bedenken, dass dies *die einzige Zeit ist, die die Eltern je mit ihrem Kind haben werden –* und *nur sie* wissen, wann es genug ist. »Es ist in Ordnung, wenn Sie noch mehr Zeit mit Ihrem Kind verbringen wollen.« Oder: »Wenn Sie wollen, kann ich es Ihnen morgen wiederbringen.«

▶ Wenn Eltern ihrem Kind noch keinen Namen gegeben haben, taucht vielleicht jetzt erst die Frage nach seinem Namen auf.

▶ *Erinnerungen schaffen* (s. S. 93 ff.):
  ‣ Fuß- und Handabdrücke (mit Hilfe eines Stempelkissens) und ggf. Haarlocke auf einer Bettkarte mit Namen, Geburtszeit und kindlichen Daten
  ‣ eventuell eine eigens erstellte (inoffizielle) Geburtsurkunde mit Namen und kindlichen Daten
  ‣ liebevoll aufgenommene Fotos (s. S. 247) (angezogen oder ohne Kleidung, gehalten von den Eltern oder anderen Familienangehörigen)
  ‣ das Tuch, in das das Baby eingewickelt war
  ‣ ein Mützchen oder Jäckchen – irgendetwas, was die Haut des Babys berührt hat
  ‣ Fuß- und Handabdrücke in Plastilin oder Gips
  ‣ eine »Totenmaske« in Gips

▶ Eine Segnung oder Taufe, falls gewünscht, kann von Krankenhausseel-
sorgerInnen durchgeführt werden (s. S. 90 f.) oder jedem, der selbst getauft ist. Eventuell eine (inoffizielle) Taufurkunde erstellen.

▶ Eine Namensgebungszeremonie kann gehalten werden (wie in dem
Buch *Bittersweet ... hellogoodbye* vorgeschlagen).

▶ Wenn gewünscht, können wir das Baby im Zimmer *aufbahren*. Ein
würdevoller Rahmen kann improvisiert werden, z.B. indem wir ein
Kissen auf einen Instrumententisch legen und mit Laken bedecken,
eine Kerze anzünden und eine Blume hinlegen oder in eine Vase stellen. Vielleicht haben wir uns handbemalte Seidentücher mit symbolischen Mustern (bedeutungsvolle Aufgabe für freiwillige HelferInnen)
besorgt oder von der Regenbogen-Initiative ein »Moses-Körbchen« ge-
stiftet bekommen. Eine Totenwache hat ebenfalls ihre Berechtigung,
denn Babys können nach dem Tod noch eine – ich bin sicher – messba-
re energetische Ausstrahlung haben, so dass es sich nicht richtig anfüh-
len mag, sie einfach »wegzupacken«.

▶ Wir beziehen Geschwisterkinder mit ein, sofern die Eltern das wollen.
Wir behalten die verschiedenen Themen und ihre Vorstellungen von
Tod in den einzelnen Altersstufen (s. S. 151 ff.) im Hinterkopf. Kinder
können gewöhnlich besser mit dem Tod umgehen, wenn sie »begreifen« können, als wenn dieser abstrakt bleibt. Kleine Kinder sind zu ab-
straktem Denken noch nicht fähig.

▶ Wir helfen, das tote Geschwisterchen für sie »wirklich« zu machen.

▶ Wir bereiten Kinder darauf vor, dass die Eltern traurig sind.

▶ Wir beschreiben das Baby kindgerecht.

▶ Wir machen auf Besonderheiten aufmerksam: »Siehst du die süßen
Öhrchen? Die sind ganz winzig.«

▶ Vielleicht wollen die Kinder das Baby halten. Dann zeigen wir ihnen,
wie man das Baby hält und streichelt, und lassen sie, wo immer möglich, gewähren. Auf Wunsch machen wir davon Fotos.

▶ Wir können ein Stofftier oder eine Stoffpuppe bereithalten, durch die
wir mit den Kindern sprechen können, besonders wenn sie schüchtern
sind.

▶ Wir können Bilderbücher über die Trauer bereithalten, die wir mit den
Kindern gemeinsam durchgehen können.

▶ Großeltern und andere Nahestehende müssen die Möglichkeit haben,
das Baby zu sehen, sofern dies von den Eltern gewünscht wird. Eltern
werden dadurch in ihrer Trauer weniger isoliert und einsam sein, weil
es jetzt Menschen gibt, die bezeugen können, dass ihr Kind »wirklich«

ist. Davon abgesehen haben Großeltern eigentlich ein Recht darauf, ihr Enkelkind kennen zu lernen und sich von ihm zu verabschieden (auch sie trauern!).

▶ Wenn das Baby während eines Kaiserschnitts zur Welt kam, soll die Mutter die Möglichkeit haben, ihr Kind zu sehen, wenn sie aus der Narkose erwacht.

Im Falle einer Fehlgeburt:

▶ Wenn das Kind bei einer Fehlgeburt nach einer Kürettage noch intakt ist (etwa ab der zwölften Woche, vielleicht sogar schon früher), können wir Eltern fragen, ob sie es sehen wollen. Wenn ja, beschreiben wir zuvor, welcher Anblick sie erwartet.

▶ Wir können:
  ‣ eine Namensgebung vorschlagen
  ‣ ggf. das winzige Baby anziehen (Puppenkleider passen; s. auch Bezugsquellen)
  ‣ eine (inoffizielle) Urkunde seiner Existenz erstellen

▶ Das Geschlecht ist vor der zehnten Woche nicht deutlich erkennbar: die geschwollene Klitoris sieht aus wie ein Penis, die geschwollenen Labien sehen aus wie Hoden. Ab der achten Woche jedoch ist mit Hilfe einer Lichtquelle (Durchleuchten) das Geschlecht feststellbar.

▶ Wir lassen Eltern die Optionen wissen, die sie bezüglich des Verbleibs des Körpers ihres kleinen Babys haben, und helfen ihnen bei der Entscheidungsfindung durch Reflektieren der Vor- und Nachteile.

Abschied von einem sterbenden Kind:

▶ Wenn das Leben eines Neugeborenen bedroht ist, geben wir den Eltern so viel Gelegenheit wie möglich zu Kontakt mit ihm und zu seiner Betreuung. Wir können sie zu »nährender Berührung« (s. S. 181 f.) anleiten, damit sie am eigenen Leib die wohltuende Auswirkung spüren und ihre Ängste vor Kontakt mit ihrem Baby überwinden.

▶ Wenn möglich und ursprünglich geplant, können wir das Stillen ermöglichen.

▶ Wenn das Baby auf der Intensivstation liegt, bereiten wir die Eltern auf seinen Anblick (Schläuche) freundlich vor.

▶ Auf Wunsch der Eltern sollten Geschwister und Großeltern oder andere Nahestehende zugelassen werden.

▶ Wenn der Tod naht, können wir Eltern ermuntern, zugegen zu sein und ihr sterbendes Kind im Arm zu halten, damit sie sicher wissen, dass ihr Kind in seinem Sterben nicht allein gelassen ist.

▶ Wenn das Kind in der Kinderklinik stirbt, lassen wir das tote Kind zur Mutter in die Frauenklinik bringen.

• *Klinikaufenthalt*

▶ Eine trauernde Frau soll entscheiden können, wo sie untergebracht wird (s. S. 75 ff.).

▶ Feingefühl walten lassen in der Auswahl von möglichen Zimmernachbarinnen. Diese ggf. durch Handzettel auf den Umgang mit Trauernden und deren Bedürfnisse vorbereiten.

▶ Dafür empfindsam sein, dass die meisten Betroffenen anfänglich kein Babygeschrei ertragen können!

▶ Eine familienbezogene Unterbringung wäre ideal – mit freiem Zugang und möglicherweise sogar Übernachtungsmöglichkeiten für Partner, Geschwister, Familie und nahe stehenden Freunde falls gewünscht.

▶ Die Zimmertür und das Bett der Trauernden mit einem unauffälligen, aber eindeutigen Symbol markieren, das allen bis hin zur Reinemachefrau signalisiert, dass hier eine Frau liegt, die einen Verlust erlitten hat (z.B. Blüte mit einem abgefallenen Blütenblatt, Träne, Herz, Rose, Regenbogen). An alle sollte die Aufforderung ergehen, mit der trauernden Frau behutsam umzugehen und *sie nicht zu meiden*!

▶ Zur Verarbeitung und Klärung offener Fragen sollte weiterhin die Möglichkeit zu Gesprächen mit dem Geburtsbegleitpersonal bestehen, das helfen kann, jene Teile des Geschehnisses beizusteuern, die die Mutter nicht mehr erinnert oder die in ihrer Erinnerung verzerrt sind: »Wenn Sie an ... (Name des Kindes, Entbindung, Moment des Erfahrens der Todesnachricht usw.) denken, was fällt Ihnen da ein?«

▶ Wenn das Kind von den Eltern nicht gesehen wurde, können wir noch einmal behutsam darauf hinweisen, dass die Möglichkeit dazu immer noch besteht (nicht mehr als dreimal insgesamt fragen, sonst ist es bedrängend!). *Wie* gefragt wird, ist ausschlaggebend!

▶ Wut, Gefühlsausbrüche nicht persönlich nehmen, sondern als gesunde Trauerreaktion verstehen und nicht als Angriff auf das Personal wegen mangelnder Kompetenz.

▶ Wir können die Eltern zur Beteiligung an den Beerdigungsvorberei-
  tungen ermuntern, ohne sie zu bedrängen. Anregungen für ein Ritual
  oder Literaturempfehlung geben.

▶ Bei längerem Klinikaufenthalt der Frau kann die Beerdigung möglicherweise verschoben werden, oder es mag sein, dass sie für diese Zeit
  beurlaubt wird (ggf. Teilnahme im Rollstuhl). Eine Abschiedsfeier
  kann auch in der Krankenhauskapelle gehalten werden, bei Bedarf sogar im Zimmer.

▶ Wir können Eltern sanft und undogmatisch auf ihren Trauerweg vorbereiten.

Bei Entlassung:

▶ Beantwortung von noch offenen Fragen.

▶ Sich erkundigen, ob zu Hause Zuwendung und Betreuung zu erwarten
  ist.

▶ Ggf. Überweisung an eine niedergelassene Hebamme.

▶ Wo angezeigt, Vermittlung von Adressen für psychologische Begleitung mit Verständnis für Trauerprozesse.

▶ Information über lokale Stützgruppen übergeben oder eine überregionale Telefonnummer oder Adresse (z.B. Lonely Parents, Regenbogen).

▶ Wenn gewünscht, Kontakt mit Betroffenen vermitteln.

▶ Danach fragen, ob die Eltern gewillt sind, später von frisch Betroffenen
  kontaktiert zu werden (ggf. in Kartei aufnehmen).

▶ Eventuell speziell entworfenen Handzettel mit Informationen, Adressen, Literatur etc. überreichen.

▶ Fotos und Erinnerungsstücke mitgeben, wenn gewünscht. Andernfalls
  Hinweis, wie lange Fotos aufbewahrt werden.

▶ Ggf. Termin für ein Nachgespräch zwei bis vier Wochen nach der Klinikentlassung vereinbaren.

▶ Bei Gelegenheit den Mann gesondert auf die mögliche Länge und Intensität der Trauer vorbereiten und auf die Wichtigkeit des Ausdrückens
  der Gefühle hinweisen. Wir können dabei einfließen lassen, dass es bei
  Müttern und Vätern oft Unterschiede im Ausdruck der Trauer gibt (s.
  S. 137 ff.).

▶ Zur Erinnerung an die Begleitung und an das Baby können wir ein
  Symbol mitgeben, z.B. einen schönen Stein.

- *Ambulante Nachbetreuung*

Optimal wäre Kontinuität in einer Nachbetreuung, die sich bis über den ersten Todestag heraus erstreckt (s. S. 257 ff.).

Natürlich bekommen wir Sicherheit im Umgang mit dieser besonderen Situation durch theoretische Informationen sowie praktische Anleitungen. Doch was im Endeffekt mehr zählt als unser Wissen und Können ist unsere liebevolle Präsenz, unsere Menschlichkeit und unser Mut, uns mit den Eltern zusammen dem Tod zu stellen und uns berühren zu lassen. Dann kann selbst in dieser schlimmen Situation so etwas wie Friede da sein.

Ein ganz wichtiges Foto

Fotos von einem toten Kind sind etwas Einzigartiges, Unwiederbringliches. Oft sind sie die einzige konkrete Erinnerung, die Eltern von ihrem Kind verbleibt, oft sind sie der einzige Weg, anderen Menschen ihr Baby »vorzustellen«. Deshalb müssen jene, die die Fotos machen, dies *mit besonders viel Liebe und Sorgfalt* tun.

Es ist wichtig, auf einen würdevollen Rahmen zu achten. Wir können mehrere Fotos machen: ohne und mit Kleidung (eventuell von den Eltern bereits für das Kind bereitgelegt), auf einem Kissen aufgebahrt und je nach Situation – wenn gewünscht – auch welche, wo das tote Baby von Eltern, Großeltern oder Geschwistern gehalten wird. Wenn wir selbst das Baby auf den Arm nehmen, verlieren die Umstehenden ihre Angst und Befangenheit (Vorbild sein). Wir können Familienmitglieder ermuntern, selbst Fotos (mit dem eigenen Fotoapparat) zu machen, um einfangen zu können, was *ihnen* wirklich wichtig ist. Doch ist es auch gut, eine Schnellbildkamera zu haben für den Fall, dass bei der Entwicklung des Films etwas schief gehen sollte.

Wenn Eltern ihr Baby nicht gesehen haben und vorerst auch keine Fotos von ihm haben wollen, sollten diese unter Verschluss aufbewahrt werden (vertraulich behandeln!). Eltern müssen wissen, wie lange sie in der Klinik belassen werden (in manchen amerikanischen Krankenhäusern z.B. bis zu sechs Jahren). Eltern kommen oft noch Jahre später zurück, um ihre Fotos abzuholen.

Fehlgeborene Babys in der Klinik belassen

In dem Krankenhaus, in dem Sr. Jane Marie arbeitet, werden fehlgeborene Babys bei Sammelbegräbnissen in Würde beigesetzt. Bis dahin verbleiben sie in der Klinik. Da dies bei uns bis jetzt unüblich ist, will ich die praktischen Erfahrungen von Sr. Jane Marie weitergeben:

Wir bewahren das Baby in Formalin auf, einer einbalsamierenden Flüssigkeit, wie ich den Eltern erkläre. Es liegt in dieser klaren Flüssigkeit in einer verschließbaren Tüte, die mit dem Namen der Mutter und ihrer Krankenhausnummer versehen wird, damit eine klare Identifizierung möglich ist. So legen wir es in einen winzigen Sarg.

Es kommt oft vor, dass Eltern ihre Meinung ändern und zurückkommen, um ihr Baby zu sehen. Wir holen es dann aus der Lösung heraus, baden es, damit es den Geruch des Formalins verliert, und falls es groß genug ist, ziehen wir ihm ein winziges Kleidchen über (wir machen Hemdchen in sechs verschiedenen Größen). Wenn das Baby klitzeklein ist, geht das nicht [es können auch Puppenkleider benutzt werden; s. auch Bezugsquellen]. Wir schlagen es dann in kleine, selbst gemachte angewärmte Decken ein, etwa die Größe eines quadratischen Waschlappens, in grün oder gelb, weil wir manchmal nicht in der Lage sind, das Geschlecht des Kindes zu identifizieren und wir kein Geschlechtssymbol damit verbinden wollen. Das soll von den Eltern kommen.

»Nährende« Berührung

Trauer bringt uns in einen regressiven Zustand. Wir wissen, dass Berührung eines unserer biologischen Bedürfnisse ist. In Krisenzeiten haben die meisten Menschen ein *größeres Verlangen nach Nähe* als sonst. Viele betroffene Eltern, mit denen ich gesprochen habe, meinten, dass sie sich sehr gewünscht hätten, von jemandem einfach gehalten worden zu sein. Wenn Eltern die Hiobsbotschaft bekommen, ist es so, als ob ihnen das Blut in den Adern einfriert. Berührung und Gehaltenwerden kann »das Eis zum Schmelzen bringen«. Ihr Atem und ihre Lebensenergie kommt wieder ins Fließen. Berührung hilft, den körperlichen Schock zu reduzieren und den emotionalen Schock zu mildern. Sie bringt Trauernde auf sanfte Weise mit ihren Gefühlen in Berührung, und heilende Tränen können fließen.

Eltern auf eine nährende Weise zu berühren (s. S. 181 f.) – z.B. ihre Hand nehmen, auf natürliche, herzerwärmende Weise unsere Hand auf Arm oder Schultern legen, freundlich über ihr Haar streichen, unseren Arm fürsorglich um sie legen oder sie ganz unerschütterlich in den Arm zu nehmen und mit unserer ganzen inneren Präsenz bei ihnen sein – kann sehr hilfreich sein. Wenn wir empfindsam gegenüber den Bedürfnissen der Eltern sind und unserer Intuition vertrauen, werden wir wissen, wann

Berührung willkommen und nötig ist. Wenn wir ganz aus dem Herzen handeln, dann stimmt es auch. Wenn wir unsicher sind, fragen wir einfach, ob es den Eltern gut tun würde, wenn wir ihre Hand hielten oder sie in den Arm nähmen. Oder wir bieten an, sich an uns festzuhalten.

Wir können uns an die verschiedenen Qualitäten von Berührung erinnern, die wir in unserem Leben erfahren haben, und diese Empfindungen in uns noch einmal wach werden lassen. Wir können uns Momente vergegenwärtigen, in denen wir uns durch die Berührung oder Umarmung eines anderen Menschen wirklich genährt fühlten – Zeiten, in denen wir uns wirklich unterstützt fühlten und wir gespürt haben, dass jemand für uns da war. Was hat sich gut dabei angefühlt? Was war daran nährend?

Dann können wir uns an Situationen erinnern, in denen uns jemand auf Arm oder Rücken getätschelt hat. Vielleicht drückte die Berührung für uns aus, dass der andere sich unwohl fühlte oder unseren Schmerz nicht aushalten konnte und wollte, dass wir aufhören zu weinen und dass der Schmerz verschwindet. Was war nicht hilfreich daran, was war uns unangenehm?

Durch Experimentieren mit den Übungen auf Seite 181 f. können wir uns für die Qualität nährender Berührung sensibilisieren. Wir können selbst erleben, wie nährende Berührung Teile von uns belebt und unseren Atem wieder fließen lässt. Wir können auch mit einem Partner oder einer Kollegin experimentieren, um Rückmeldung zu bekommen. Auch Eltern von Frühgeborenen, die sich ängstlich von ihrem Kind fern halten, werden sich durch Experimentieren mit dieser Eigenberührung der lebensanregenden und -fördernden Wichtigkeit ihres Kontakts bewusst.

Meditative Begleitung der Gebärenden bei einer Totgeburt

Richard Boerstler, ein amerikanischer Psychotherapeut und Thanatologe, beschreibt in seinem Buch *Letting Go* einen Weg, Menschen im Umgang mit Tod und Sterben in ihrer tiefen Angst und Verzweiflung zu unterstützen: die Co-Meditation. Die folgende Abwandlung davon ist gut geeignet für die Begleitung einer Gebärenden bei einer Totgeburt, besonders während der frühen Geburtsarbeit. Sie kann eine Hilfe sein loszulassen, sich einzulassen. Sie kann aber auch während der »tiefen Nacht der Trauer« nützlich sein.

Das Zimmer ist warm und abgedunkelt und vor Störungen abgeschirmt. Der Vater oder die Hebamme geben der Frau Anweisungen, sich zu entspannen (den ganzen Körper »durchgehen«, erst mit einem Fuß beginnend). Wir können anleiten, den Atem kommen zu lassen, gehen zu lassen und zu warten, bis er von selbst wieder kommt. Die Begleitperson beginnt, sich mit ihrer ganzen Aufmerksamkeit der Gebärenden zuzuwenden, sich in sie einzufühlen und sich auf ihren Atem einzustimmen. Sie atmet über einen langen Zeitraum, mindestens eine halbe Stunde, einfach mit und ist bereit, alles zuzulassen, was aufkommt.

Nach einer Weile, besonders wenn der Atem sehr schnell und flach ist, können HelferInnen die Gebärende unterstützen, indem sie den Ausatem mit einem »Aaahhhhh« begleiten – einem Ton, der hilft loszulassen und der gleichzeitig alles verbindet. Die Gebärende kann laut oder innerlich mittönen oder sich ganz auf das Hören des Tons konzentrieren.

Bei jedem Einsatz von etwas Neuem bereiten wir die Gebärende auf den Wechsel vor. Ton der Begleitperson und Ausatem der Gebärenden verweben sich, und es entsteht so etwas wie ein gemeinsamer Tanz. Wenn es sich richtig anfühlt, können wir die Atemzüge zählen bis zehn, dann jeweils wieder von vorne anfangen. Auch können wir ein Mantra tönen – ein Wort oder einen Satz, der unserer Seele wohl tut und sie tröstet. Wenn wir die Gebärende fragen, fällt ihr meistens ganz spontan das Passende ein.

Friede erwächst und das Vertrauen des Eingebettetseins in dem großen Ganzen. So kann ein Gefühl von Einssein mit dem toten Kind entstehen, Grenzen heben sich auf.

Sich kultureller, religiöser und ethnischer Traditionen bewusst sein

Der Umgang mit dem Tod ist sehr stark kulturell und religiös geprägt. Menschen mit einem anderen ethnischen Hintergrund mögen stärker als wir in ihren Traditionen und kulturellen Riten eingebettet sein. In vielen Kulturen wird viel natürlicher und heilsamer mit dem Tod umgegangen als bei uns. In Nepal und Bali z.B. sind die Totenverbrennungen große, bunte, fröhliche Feste. Im Umgang mit Menschen aus anderen Kulturen brauchen wir besonders viel Feingefühl. Es ist für uns eine regelrechte Gratwanderung: Wir müssen einerseits andere Bräuche und Glaubensformen respektieren, aber auch sehen, wo diese vielleicht, wie auch manche Handhabungen bei uns, einer wirklichen Verarbeitung und Anpassung an die Situation im Wege stehen.

In manchen Ländern wird der Totgeburt keine Beachtung geschenkt, von der Fehlgeburt ganz zu schweigen. Bei den Juden z.B., die wunderschöne, hilfreiche Trauerrituale beim Tod eines Erwachsenen haben (sehr viel Unterstützung), zählt ein Kind unter 30 Lebenstagen noch nicht als Mensch. Nach dem islamischen Glauben hingegen muss ein totes Baby, sobald es als Mensch erkennbar ist (etwa ab der 8. bis 10. SSW), beerdigt werden, und man muss ihm wie allen Toten mit großem Respekt begegnen (die Autopsie eines Menschen wird nur bei absoluter Notwendigkeit zugelassen). Wenn es nur einen Schrei getan hat, müssen rituelle Gebete für das Kind abgehalten werden, ansonsten ist dies vom Wunsch der Eltern abhängig. In der orientalischen Welt werden Tote bis zur Beerdigung nicht allein gelassen, sie verbleiben im Haus, umringt von Verwandten und Angehörigen. Klageweiber strömen aus allen Himmelsrichtungen herbei, um mit der Frau den Tod zu beweinen. Die Beerdigung ist allein Sache der Männer. Abends gibt es ein gemeinsames Ritual. Menschen aus südlichen Ländern zeigen in der Regel ihre Gefühle viel offener (was ja gesund ist), als wir dies gewohnt sind. In manchen Kulturen trauert man nur drei Tage lang, da man glaubt, bei längerem Trauern die Totenruhe der Verstorbenen zu stören.

Wo das möglich ist, können wir uns über Andachtshäuser und Kulturzentren der religiösen Hauptgruppen in unserem Umfeld sowie die ethnologische Fakultät einer nahe gelegenen Universität schon ein wenig über die Bräuche um Sterben, Tod und Beerdigung der jeweiligen Kultur vorab informieren. Vielleicht finden wir in der Bibliothek aufschlussreiche Bücher. Ggf. müssen wir die betroffenen Menschen selbst über ihre kulturellen und spirituellen Bräuche befragen. In einem Gespräch, in dem Trauernde auch erfahren, was sich für andere Eltern als hilfreich erwiesen hat, können wir dann gemeinsam mit ihnen weitere Vorgehensweisen beschließen.

Die Situation des Betreuungspersonals

Die Verfasser des Buches *Bereavement: Reactions, Consequences and Care* (Osterweis et al., 1984), herausgegeben vom Komitee zur Untersuchung der gesundheitlichen Konsequenzen von Trauerstress, sind der Ansicht, dass die Begleitung Trauernder in der Vergangenheit nicht genug Beachtung fand. Sie nennen dafür folgende Gründe: 1.) mangelhafte Ausbildung hinsichtlich der Auswirkung von Verlust und Trauer, 2.) Versäumnis unseres Gesundheitssystems, sich für die Nachbetreuung von Trauernden verantwortlich zu fühlen, 3.) Versäumnis, die Betreuung Trauernder als

Stress für das Personal anzuerkennen, 4.) Versäumnis, genügend Zeit für entsprechende Aktivitäten einzuplanen.

Sicherlich sind jedoch nicht nur organisatorische, sondern vor allem auch persönliche Gründe die Ursache für Schwierigkeiten im Umgang mit Tod und Trauer. Auf einem Gebiet, wo immer mehr Siege über den Tod errungen werden – der Medizin –, kann man sehr leicht im tiefsten Inneren den Tod als persönliches Versagen erleben.

In der Alltagsroutine des Krankenhauses haben wir nicht die Zeit innezuhalten und zu verarbeiten, was mit uns oder den Angehörigen geschieht, wenn ein Mensch stirbt. Oft haben wir nicht die Zeit, die wir uns wünschen, ganz für Menschen in ihrer Not da sein zu können. Wir werden vielleicht ins nächste Zimmer gerufen, wo eine Geburt stattfindet, und sind dann wieder Zeuge von der Glückseite des Lebens. Uns wird bewusst, dass Glück und Leid Tür an Tür wohnen.

Die Begegnung mit dem Tod belebt auch oft Gefühle eigener unverarbeiteter Trauer oder die Angst vor der eigenen Sterblichkeit. Viele glauben, dass die Angst vor dem Tod überhaupt unsere größte Angst ist. Wenn wir Glück haben und es uns gelingt, uns wirklich einzulassen, können wir auch den *Frieden* des Todes erleben, und unsere Ängste können allmählich abnehmen.

Zu viele von uns haben nie hilfreiche Modelle oder Anweisungen bekommen, mit den Verlusten unseres Lebens umzugehen. Anstatt zu trauern, haben wir einfach unsere Gefühle unterdrückt, nach dem Motto: »Das Leben muss weitergehen.« Vielleicht sind wir noch nicht genügend geheilt von den Wunden der Vergangenheit. Wenn wir dann Tod und Verlust in unserer beruflichen Sphäre begegnen, mag es uns schwer fallen, die momentane Situation von unserer eigenen Geschichte zu trennen: Neue Verluste öffnen alte Wunden. Unsere eigene unverarbeitete Trauer kann die Begegnung mit dem Schmerz einer anderen Person fast unerträglich machen.

Mir wurde klar, dass ich nicht die Eltern vor dem Anblick des toten Babys schützen wollte, sondern mich selbst.

In einem Buch über den Plötzlichen Kindstod meint Stanley Weinstein, dass es ebenso wichtig sein kann, uns unserer eigenen Gefühle bewusst zu werden und uns ihnen zu stellen, wie Trauerprozesse zu kennen und zu verstehen. Dr. Elisabeth Kübler-Ross fragt in ihrem Buch *Kinder und Tod*:

Wie lange wird es noch dauern, bis die Mitglieder der helfenden Berufe einsehen, dass Psychopharmaka auf ihre Weise so viele Menschen umbringen wie Krebs? Wie lange wird es noch dauern, bis wir lehren, wie man solche Tragödien verhindern kann, indem wir Drogen durch die Bereitschaft zu verständnisvollem Zuhören ersetzen, durch einen Menschen, der oder die mit sich im Reinen ist und keine Angst davor hat, wenn ein Kranker seinen Schmerz und Kummer ausschüttet, um Platz zu schaffen für den Heilungsprozess? (S. 39 f.)

In vielen Seminaren mit klinischem Betreuungspersonal habe ich die Teilnehmer ermuntert, ihre eigenen persönlichen Erfahrungen, Geschichten, Emotionen und Haltungen gegenüber Sterben, Tod und Trauern mitzuteilen. Den Mut aufzubringen, sich ihren Gefühlen zu stellen, war für viele heilend. Für manche fing der Tod an, seinen Schrecken zu verlieren.

Der Fragebogen 2 im Anhang kann solch einen Heilungsprozess einleiten helfen und uns das Bewusstwerden unserer jetzigen Haltungen erleichtern. Der Fragebogen kann auch für Teamtreffen von Trauerteams (s. nächsten Abschnitt) benutzt werden. Wir können durch ihn erkennen, ob es unerledigte Dinge in unserem persönlichen Leben gibt, die uns bei der Begleitung Trauernder im Wege stehen und für die wir Hilfe beim Aussortieren brauchen. Vielleicht fallen uns auch ein oder zwei Fälle aus unserem Berufsleben ein, die nicht aufgelöst sind und für die wir uns am besten Supervision holen. Auch die Bücher von Elisabeth Kübler-Ross, besonders *Was können wir noch tun? Antworten auf Fragen nach Sterben und Tod und Befreiung aus der Angst*, können weiterhelfen. Das Buch *Beratung und Therapie in Trauerfällen* von Dr. J. William Worden bietet einen theoretischen Hintergrund für die Arbeit.

Medizinisches und Pflegepersonal brauchen selbst ein Stütznetzwerk und einen Ort, wo sie ihre Gefühle herauslassen und ihre Erfahrungen verarbeiten können. Institutionalisierte Unterstützung in Form von Supervision und Fortbildung ist dringend nötig. Doch auch »Peer«-Unterstützung in Form eines perinatalen Trauerteams ist sehr hilfreich. Manche von uns haben das Glück, anteilnehmende Familienmitglieder zu haben, die die seelische Kraft besitzen, uns zuzuhören.

Wenn Betreuer es schaffen – vielleicht durch Teamunterstützung –, die eigenen Ängste zu überwinden, kann es ihnen so gehen, wie Dr. L. es formulierte, vier Stunden nachdem sie zum ersten Mal bei einer Totgeburt zugegen gewesen war:

Ich wage es kaum auszusprechen, aber es ist so: Es war schön. Ich habe mich immer vor solchen Erfahrungen gedrückt, weil ich Angst hatte, dabei zu sein. Wenn mir jemand er-

zählt hätte, dass es gar nicht mehr schlimm sei, wenn man sich als Mensch wirklich ein-
lässt, dann hätte ich das nicht geglaubt. Es war unheimlich beeindruckend.

Wie sehr uns der Umgang mit dem Tod belastet und bedroht, hat viel mit
unserer Lebensphilosophie zu tun: Wenn wir glauben, dass mit dem Tod
alles radikal zu Ende ist, dann mag es sehr schwer sein, in unserer Arbeit
mit dem Tod konfrontiert zu werden, ebenso wie es schwer ist, wenn wir
meinen, alle Menschen vor Schmerzen bewahren zu müssen. Wenn wir
glauben, dass alles, was wir schaffen, unserer Egokraft entspringt, wird
uns diese Arbeit mehr Energie kosten, als wenn wir aus Kraftquellen
schöpfen, die über uns selbst hinausreichen.

Und letztlich kann dadurch ein Ausgebranntsein verlangsamt oder so-
gar verhindert werden, wenn wir – genau wie die direkt Betroffenen –
Wege finden, uns zu regenerieren und gut zu uns zu sein. Zunächst sollten
wir uns genügend Zeit gönnen, bedeutsame Begebenheiten in unserem
Leben zu verarbeiten. Der Aufbau eines unterstützenden sozialen Netzes
ist nötig. Und auch als Pflegende ist es unabdingbar, dass wir für unser
Wohlergehen sorgen. Dazu können die vielen Anregungen in diesem
Buch zu körperlichem, seelischem und geistigem Wohl beitragen.

Ein Trauerteam gründen

Die oben erwähnten Handhabungen mögen ein Durchdenken und Verändern der klinischen Praxis erfordern. Veränderungen sind natürlich
leichter, wenn sie vom Teamgeist getragen werden. »Perinatal Bereavement Teams«, multidisziplinäre Teams, die sich um die Belange der Eltern
kümmern, deren Kind tot ist, werden in den USA immer verbreiteter.
Ann Coon vom North Shore Hospital in Miami berichtet über die Entste-
hung solch eines Programms an ihrem Krankenhaus:

Nach einem Fortbildungsseminar in unserem Krankenhaus, bei dem wir uns auch mit
den Verlusten in unserem eigenen Leben beschäftigt hatten und somit sensibler geworden waren, entstand sehr spontan ein Trauerteam – bestehend aus Gynäkologen, Neona-
tologen, Krankenschwestern, Hebammen, SozialarbeiterInnen, Geburtsvorbereiterinnen, Ausbildungspersonal und einem Seelsorger. Zuerst nahmen wir die Gepflogenhei-
ten unseres Hauses in der Handhabung von Eltern, die ein Kind verloren hatten, unter
die Lupe, und uns wurde klar, dass wir bisher die Trauerverarbeitung behindert anstatt
gefördert hatten.

Es bildete sich eine Kerngruppe von engagierten Mitarbeitern heraus, die im ersten
Jahr in regelmäßigen Teamtreffen neue Vorgehensweisen für die Entbindungsabteilung,
die gynäkologische Abteilung und die Neugeborenenintensivstation erarbeiteten und

laufend Erfahrungen und Probleme austauschten. Auch an eine Nachbetreuung der trauernden Eltern wurde gedacht. Eine Krankenschwester war besonders für die Betreuung Trauernder abgestellt worden. Nach etwa einem Jahr starteten wir eine SHARE-Stützgruppe, moderiet von Teammitgliedern. Nur die Zusammenarbeit mit der Pathologie war manchmal etwas schwierig; sie wollten uns die Babys nach der Autopsie auf Verlangen nicht so gern zurückgeben. Der nächste Schritt war die Bildung einer Stützgruppe für werdende Eltern nach einem vorausgegangenen Verlust. Periodisch organisieren wir ein zwangloses Lunchtreffen mit Mitarbeitern aller Krankenhäuser im Großraum Miami, um gemachte Erfahrungen miteinander auszutauschen und zu reflektieren.

Bei den Teamtreffen erfahren die Mitglieder auch gegenseitige Unterstützung und Katharsis für ihre eigenen Gefühle. So ernst das Thema auch ist, es geht dort alles andere als nur traurig zu. Eine gesunde Portion Humor schafft ein Gegengewicht, das die Belastungen der Arbeit erträglich macht. Die Erfahrungen sind durchweg positiv. Es wäre wünschenswert, dass sich solche Teams auch an vielen unserer Krankenhäuser bilden würden.

Kommentare, die zum Nachdenken anregen

Susi:
Am Anfang habe ich nur geheult. Man ist da ja so allein. Das Einzige, was hilft, ist, dass jemand einen in den Arm nimmt – wo man sich hängen lassen kann. Das wäre so nötig gewesen, aber es hat bestimmt eine halbe Stunde gedauert, bis jemand mal auf diese Idee kam.

Als mein Kind geboren wurde, habe ich instinktiv nach ihm gegriffen, da tat man sofort meine Hände weg. Es ist dann mit einem richtigen Platsch in eine Schüssel gefallen, so wie bei der Nachgeburt. Ich werde diesen Ton im Leben nicht vergessen; es war hörbar, dass es nicht lebte – nicht, dass sie es ein bisschen getragen hätten ... Da sagte ich: »Ich will es nicht mehr sehen.«

Es wäre gut, wenn Frauen ein oder zwei Stunden nach der Geburt noch einmal gefragt würden, ob sie ihr Kind sehen wollen. Selbst wenn sie wieder »Nein« sagen, sie *müssen* trotzdem gefragt werden. Im Moment der Geburt wollte ich nur Abstand, doch dann habe ich mir noch lange danach Vorwürfe gemacht. Was würde ich dafür geben, wenn ich mein Kind gesehen hätte!

Ulli:
Mit Schmerzmitteln wollte ich zuerst gar nichts zu tun haben. Irgendwann sagten sie dann, das müsste jetzt sein. Der Arzt wollte, dass ich bei der Geburt eine Kurznarkose bekomme. Er wollte mir den Anblick ersparen ... 'ne Kurznarkose – dann wollten sie es mir wegnehmen. Das wollte ich nicht, aber dann überlegte ich: »Was könnte denn sein? Etwas Schlimmes? Was für ein Anblick erwartet mich denn da?«

Die zweite Hebamme, die dann kam, sagte mir, das wäre letztendlich meine Entscheidung, und sie meinte, es wäre zum Verarbeiten besser, wenn ich mein Kind sehen würde, damit ich mir nicht ewig und ewig Vorstellungen machen müsse, wie es ausgesehen habe.

Zuerst habe ich Allison nicht angefasst. Da war gerade zuvor eine Sendung über Semmelweiß im Fernsehen gewesen, und da spukte noch diese Angst vor Leichengift in meinem Kopf herum. Ich hab sie dann doch gestreichelt.

Wenn der Arzt auf die Durchtrittsnarkose bestanden hätte, hätte ich vielleicht klein beigegeben. Ich bin unheimlich froh, dass wir es nicht gemacht haben. Weil es so wichtig war, sie zu sehen, sie anzufassen und das mitzuerleben ... Aber eines bedaure ich: Ich wäre so gerne mit ihr allein gewesen. Mich haben die Leute gestört, das glaubst du gar nicht. Ich ärgere mich noch heute, dass ich es nicht geschafft habe zu sagen: »Lasst uns doch ein bisschen allein, haut doch mal alle ab.«

Marion:
Jonathans Geburt war eine solch schöne Erfahrung. Wir brachten ihn in einem Geburtszimmer zur Welt. Mir wurde sehr deutlich, wie wichtig eine gute Geburtserfahrung ist. Es ist die einzige glückliche Erinnerung, die wir haben. Wenigstens etwas, was lief, wie wir es uns vorgestellt hatten und worauf ich stolz sein kann!

Kirsten:
Ich hätte ihn gern noch einmal gesehen, meinen Jungen. Aber das wurde mit der Begründung verweigert, dass er nicht mehr »sehenswert« sei.

Susan:
Ich hatte große Angst davor, mein Baby zu sehen. Ich glaube, es ist wichtig, dass die Hebamme einer Mutter sagt, wie ihr Kind aussieht. Es wäre mir leichter gefallen, wenn sie zu mir gesagt hätte: »Es ist ein süßer kleiner Junge, er hat rote Haare und blaue Augen, sein Körper ist unbeschadet.« Selbst wenn er nicht perfekt gewesen wäre, wenn sie gesagt hätte: »Es fehlt ihm ein Arm oder ein Teil seines Gesichts«, zumindest hätte ich mich darauf vorbereiten können. Ich meine, dass es ganz, ganz wichtig ist, dass man sein Baby anschaut und hält, egal welche Probleme es haben mag.

Ich würde dem Personal vorschlagen, viele Fotos zu machen, sie in der Klinik aufzubewahren und dann nach einer Weile die Eltern anzurufen und zu fragen, ob sie diese Fotos haben wollen. Es ist einfach zu viel verlangt, so viele Entscheidungen auf einen Schlag treffen zu müssen.

8 Die Betreuung nach dem Verlassen der Klinik

Begleiten in der Trauer bedeutet: dem Trauernden auf seinem Weg folgen! Nur er selbst kann wissen, wie sein Weg aussehen wird. (Michaela Sieh)

Verschiedene Möglichkeiten der Begleitung

Für Frauen, die ein Kind verloren haben, wäre eine kontinuierliche, ganzheitliche Nachbetreuung über ein Jahr hinaus wichtig, um einen gesunden Trauerverlauf zu gewährleisten. Doch unser Gesundheitssystem macht es schwer, dass die Nachbetreuung trauernder Eltern, sofern sie überhaupt angeboten wird, »in einer Hand« bleibt. Allzu selten können dieselben Menschen, die zum Zeitpunkt des Verlustes anwesend waren, Trauernde weiter begleiten.

Die ambulante Weiterbetreuung durch die Klinik

Wünschenswert wäre in den Kliniken die Organisation eines Teams von Personen (ÄrztInnen, Hebammen, Krankenschwestern, SozialarbeiterInnen, PsychologInnen), die mit Trauerprozessen und Trauerarbeit vertraut und speziell für eine geburtliche und nachgeburtliche Betreuung der Betroffenen zuständig sind. Eine Person sollte als KoordinatorIn eingesetzt sein. Sofern eine kontinuierliche ambulante Weiterbetreuung durch die Geburtsklinik nicht üblich ist, sollte *zumindest ein Nachgespräch* mit jenen Menschen ermöglicht werden, die die Familie während des Verlustes betreut haben. Die Möglichkeit zu haben, die Geschehnisse aus der Sicht der BegleiterInnen zu erfahren, noch offene Fragen zu stellen, vielleicht auch die Räumlichkeiten zu besuchen, wo sie die schweren Stunden ihres Lebens verbracht haben, kann Eltern helfen, Lücken in ihrer Erinnerung zu füllen, das Geschehene weiterverarbeiten und damit in ihrem Trauerprozess weiterkommen zu können.

Die Weiterbetreuung durch niedergelassene ÄrztInnen

Fehlgeburten kommen häufig vor und erstaunlicherweise auch perinatale oder frühkindliche Todesfälle. Mindestens jede vierte oder fünfte Schwangerschaft endet in einer Fehlgeburt, ca. jedes 220. Baby kommt tot zur Welt und über 2400 Kinder überlebten in Deutschland den ersten Lebensmonat nicht. Verdrängte, unverarbeitete Trauer kann und wird Folgeschwangerschaften pathologisieren und kommt spätestens dann wieder zur Oberfläche – wie überhaupt unverarbeitete Trauer der Ursprung vieler seelischer und somit auch körperlicher Störungen ist. (Lazare, 1979) Das seelische Trauma einer Frau, die ihr Baby verloren hat (selbst wenn es sich »nur« um eine Fehlgeburt handelt), ist bei weitem schwerwiegender als das körperliche Trauma einer Geburt oder eines chirurgischen Eingriffs.

Schon deshalb muss es in den Aufgabenbereich des weiterbehandelnden Gynäkologen gehören, nach einer Totgeburt nicht nur auf eine ordnungsgemäße Rückbildung, sondern auch auf einen gesunden Trauerverlauf zu achten. Dies ist mit Sicherheit keine leichte, aber eine wichtige Aufgabe. Wir gehen einer Zeit entgegen, in der eine symptombezogene, abspaltende Medizin immer mehr einer ganzheitlichen Sichtweise und Behandlung des Menschen weichen wird.

Neben weiterbetreuendem Frauenarzt oder der Frauenärztin sollten Hausarzt oder Hausärztin, die oft einen besseren Einblick in die Familiensituation insgesamt haben, die Auswirkungen eines perinatalen Verlustes auf die Frau und die Familie als Ganzes überwachen. Es wäre denkbar, dass auch Arzthelferinnen in gynäkologischen und allgemeinmedizinischen Praxen hier große Hilfe leisten könnten. Sie könnten in Fortbildungen für Trauerprozesse und für den Umgang mit Trauernden sensibilisiert werden, um auf förderliche Weise mit Betroffenen umgehen zu lernen. Sie könnten eine kontinuierliche Betreuung Betroffener im Auge behalten und dazu beitragen, indem sie z.B. eine Kartei anlegen, auf kritische Daten achten, periodische Telefongespräche führen und bei zukünftigen Schwangerschaften sich vergangener Verluste bewusst sind.

Die häusliche Betreuung durch eine niedergelassene Hebamme

Wenn Frauen aus der Klinik nach Hause kommen, beginnen sie allmählich zu realisieren, dass ihr Kind tot ist. Die Schmerzen der Sehnsucht und der Trauer überfallen sie. In unserer mobilen Gesellschaft haben sie häufig keine Familienangehörigen in der Nähe, und auch anteilnehmende Nachbarn können fehlen. Der Partner muss oft schon nach einigen Tagen seine Arbeit wieder aufnehmen.

Wer wäre da besser geeignet, Betroffenen bei-zu-stehen, sie aufzufangen, als die Hebamme, die »weise Frau«, die durch ihre Erfahrungen mit Geburten vielleicht auch den Geheimnissen des Todes schon etwas näher gekommen ist und sich daher möglicherweise (neben Menschen, die eine ähnliche Verlusterfahrung hatten) am besten in die Seele der Trauernden einfühlen kann. Bei einem häuslichen Besuch kann die Bedeutung und Auswirkung der Erfahrung viel besser ermessen und die gesamte Familie in die Betreuung integriert werden. Wenn besondere Umstände den Trauerprozess erschweren, können – mit Begründung – auch spätere Hebammenbesuche in größeren Abständen von einem Arzt verordnet werden.

Seelsorgerische Betreuung

Auch PfarrerInnen und Priester können wichtige Bezugspersonen für trauernde Eltern sein. Gerade wenn es um Fragen der Taufe oder Beerdigung geht, tragen sie durch ihre Haltung maßgeblich dazu bei, dass Eltern in dieser schmerzlichen Situation Frieden finden (s. S. 276 ff.). Manche sind durch eine Ausbildung in »Pastoral Counseling« besonders befähigt, in Gesprächen auf Trauernde einzugehen. Sie können Trauernde auf ihrer Suche nach neuem Sinn begleiten. Es fällt jedenfalls in ihren seelsorgerischen Aufgabenbereich, für diese da zu sein. Wie die Hebammen sind sie in der Lage, Hausbesuche zu machen, auch über die Anfangszeit der Trauer hinaus.

Psychotherapeutische Begleitung

Trauer ist ein normaler Lebensprozess. Doch manchmal, wenn viele erschwerende Faktoren zusammen fallen (s. Fragebogen 1 im Anhang), können sich Menschen davon überwältigt fühlen. Dann ist professionelle Hilfe angesagt. Es ist wesentlich, dass die/der BeraterIn oder die/der TherapeutIn mit dem Verlauf von gesunden Trauerprozessen vertraut ist. Information über Anzeichen für einen pathologischen Trauerverlauf und über Trauertherapie wird auf Seite 271 ff. gegeben. Viele Anregungen für die Begleitung von Trauernden sind in den Kapiteln 2 bis 5 zu finden, Adressen von Fort- und Ausbildungsanbietern im Anhang.

Wissenswertes für die Begleiter

Vermitteln von Information über Trauerprozesse und Richtlinien für den Umgang mit Trauernden finden erst ganz zögerlich Eingang in medizinische Fakultäten, Krankenpflege- oder Hebammenschulen. Selbst manche Seelsorger fühlen sich mit dieser speziellen Situation überfordert. Fortbildungsveranstaltungen zu diesem Thema werden angeboten, doch jene, die sich am unwohlsten im Umgang mit der Situation fühlen, machen in der Regel am wenigsten davon Gebrauch. Guter Wille allein ist nicht genug. Information ist nötig.

Im Folgenden wird eine Zusammenfassung der Aspekte gegeben, die von speziellem Interesse für die Behandlung und Nachbetreuung von Eltern sind, deren Baby nicht mehr lebt. Die Informationen basieren zum Teil auf Arbeitsblättern von Sr. Jane Marie, die sich auf Material von Dr. J. William Worden und Dr. Glen Davidson stützt.

Prinzipien und Vorgehensweisen in der Trauerbegleitung

▶ Die Geschichte etwaiger früherer Verluste kennen.

▶ Eltern über Trauer aufklären.

▶ Normales Verhalten und normale Reaktionen definieren.

▶ Eltern bei Entscheidungsfindungen unterstützen (nötige Informationen geben, Zeit lassen für Entscheidungen).

▶ Individuelle Unterschiede annehmen (s. S. 166 ff., 138 ff. und Fragebogen 1 im Anhang).

▶ Menschen *ihre* Zeit lassen zu trauern.

▶ Sie bei der Erfüllung der fünf Aufgaben (s. S. 264 f.) unterstützen.

▶ Ihnen helfen zu reflektieren, wie sie den Verlust bewältigen und, wenn nötig, gemeinsam konstruktivere Bewältigungsweisen finden.

▶ Kontinuierliche Unterstützung anstreben (Anrufe, Besuche, persönliche Gespräche, wichtige Daten kennen, über Selbsthilfegruppen informieren, Kontakt mit Betroffenen vermitteln, Rundbrief).

▶ Wissen, wohin sich Trauernde bei ungesundem Trauerverlauf wenden können (Ressourcen).

▶ Versäumtes nachholen helfen.

Eine kontinuierliche Betreuung

▶ Tägliche Besuche der Hebamme in der Anfangszeit und weitere Besuche nach Bedarf.

▶ Erstes Gespräch mit dem klinischen Betreuungspersonal etwa zwei bis vier Wochen nach der Klinikentlassung, wenn der Schockzustand allmählich überwunden ist und viele Fragen auftauchen.

▶ Weiteres Gespräch vielleicht einen Monat danach, gründliche Untersuchung zwischen dem vierten und sechsten Monat nach der Geburt und dann noch einmal um die Zeit des ersten Todestages.

▶ Wenn erforderlich, kann telefonisch auch häufiger Kontakt aufgenommen werden (z.B. an »Monatstagen« des Verlustes).

Die Trauersituation einschätzen

Der Fragenkatalog 1 im Anhang kann den Einstieg in Gespräche mit Trauernden erleichtern. Die Fragen können helfen, den Kontext des Verlustes besser zu überblicken. Sie können auch aufzeigen, ob zusätzliche Trauerbegleitung erforderlich ist – z.B. wenn mehrere erschwerende Faktoren zusammenkommen oder wenn frühere Verluste ungenügend verarbeitet wurden und die jetzige Situation pathologisieren.

Unterstützung während der vier Phasen der Trauer

1. Schock und Betäubung:

▶ *Da sein.* Mitgefühl zeigen. Nicht sich hinter der eigenen Professionalität verstecken.

▶ Berührung ist die Grundform menschlicher Kommunikation.

▶ Eltern helfen, die Wirklichkeit dieses Verlustes zu begreifen und das Baby »wirklich« zu machen.

▶ Eltern in einfachen Worten einfühlsam darauf vorbereiten, was geschieht (in Kürze anstehende Entscheidungen, Optionen, Vor- und Nachteile).

▶ Zeit lassen für Entscheidungsfindung – sagen, wie viel Zeit sie haben.

▶ Herausfinden, wen die Eltern zu ihrer Unterstützung bei sich haben wollen und wer das Baby sehen soll.

▶ Das »Kennenlernen« des Babys fördern als gute Grundlage für die weitere Trauerbewältigung.

▶ Das Baby ggf. beschreiben (mit den liebevollen Augen der Eltern betrachten).

▶ Weitere Anregungen in Kapitel 2.

2. Suchen und sich sehnen:

▶ Die Eltern auf den normalen Trauerverlauf vorbereiten.

▶ Helfen, Gefühle wahrzunehmen und auszudrücken, besonders Schmerz, Wut und Schuld (s. Kapitel 3).

▶ Bei Wut gegenüber dem Betreuungspersonal: *einfach anhören, sich nicht verteidigen.*

▶ Den Trauernden beim Ringen um Antworten auf sie beschäftigende Fragen beistehen. (Mögliche Fragen: Warum? Bin ich daran schuld? Hat das Baby gelitten? Was hat die Autopsie gezeigt? Kann mir das wieder passieren? Kann und soll ich wieder schwanger werden oder nicht? Wenn ja, wann? Ist eine genetische Beratung sinnvoll? Welche Verhütungsmittel sind geeignet?)

▶ Nicht die Trauer verschleiern und Ausdruck der Gefühle untergraben durch Fokussierung auf medizinische und körperliche Faktoren.

▶ Einsicht in die Krankenakte gewähren, wenn erwünscht.

▶ Trauernde ggf. an lokale Selbsthilfegruppen verweisen oder überregionale Telefonnummer geben, da sie in dieser Phase besonders offen dafür sind.

▶ *Betroffenen helfen, ihre eigenen Antworten zu finden!*

▶ *Zur Erinnerung:* Fertige Antworten werden nicht erwartet und sind auch nicht konstruktiv.

3. Desorientierung und Verwandlung:

▶ Sich zur Verfügung stellen als »Resonanzboden«, während Trauernde nach Sinn, neuen Werten und einer neuen Orientierung suchen.

▶ Literatur kennen und empfehlen, die tiefere Einsichten und Inspiration geben kann.

▶ Eltern helfen, diese Phase der Desorientierung als einen normalen Teil des Trauerweges anzunehmen.

▶ Den Trauernden helfen zu reflektieren, wie gut sie für sich selbst sorgen und wie ihre Grundbedürfnisse erfüllt werden.

▶ Anregungen aus Kapitel 4 vorschlagen, um körperliche, emotionale und seelisch-geistige Heilung und Gesundheit zu fördern.

▶ Zuraten, wenn irgend möglich in dieser Zeit keine weitreichenden Entscheidungen zu treffen.

▶ Zwischen dem vierten und sechsten Monat eine eingehende körperliche Untersuchung durch den Hausarzt empfehlen, da die Abwehrkräfte stark reduziert sein können und Trauernde jetzt für schwerwiegende Erkrankungen anfällig sind (s. S. 269 f.).

▶ Wenn von ärztlicher Seite ein ungesunder Trauerverlauf vermutet wird: eventuell Hausbesuch durch Arzt/Ärztin oder Verordnung weiterer Hebammenbesuche. Das Ausmaß der Desorientierung ist zu Hause besser einschätzbar.

▶ Wenn weitere Kinder da sind, auf Auswirkungen der Trauer der Eltern auf sie achten, ggf. die Hinzuziehung von »TrauermentorInnen« (s. S. 158 ff.) ans Herz legen.

▶ Bei ungesundem Trauerverlauf: Überweisung an in Trauerprozessen kundige/n PsychotherapeutIn.

▶ Bei Entwicklung von Süchten wie Alkoholabhängigkeit, Essproblemen etc., auf 12-Schritte-Selbsthilfegruppen (z.B. Anonyme Alkoholiker) aufmerksam machen.

▶ Wenn Trauer aus schlimmen Kindheitserfahrungen (Alkoholikerfamilien oder sonstige dysfunktionale Familiensysteme) auftaucht, Verweis an Selbsthilfegruppen für spezifische Probleme (s. Anhang) oder Familientherapeuten.

▶ Den Trauernden helfen zu reflektieren, wann sie reif für eine neue Schwangerschaft sind.

4. Erneuerung und Neuorientierung:

▶ Einfühlsame Begleitung bei erneuter Schwangerschaft. Bewusst sein, dass der Angstpegel höher sein mag als »normal«.

▶ Falls es eine Gruppe für Schwangere nach einem Verlust gibt, darauf aufmerksam machen.

▶ Besondere Betreuung für ein Paar ist nötig, wenn eine erwünschte Schwangerschaft ausbleibt. Dies ist eine besondere Art von Verlust und Trauer (s. S. 218).

Die fünf Aufgaben zur Trauerverarbeitung

1. *Die Wirklichkeit des Verlustes begreifen (s. auch Kapitel 2):*

▶ Helfen, das Baby »wirklich« zu machen. Die Eltern einfühlsam dabei begleiten (dies fällt leichter, wenn sie ihr Kind gesehen haben).

▶ Helfen, Erinnerungen zu schaffen.

▶ Nicht routinemäßig Beruhigungsmittel vergeben.

▶ Helfen, Rituale zu planen (z.B. eine Beerdigung).

▶ Einfühlsam unterstützen. Für die Trauernden wirklich *da sein*.

▶ Zur Erinnerung: Diese Aufgabe ist leichter, wenn Eltern ihr Kind sehen.

2. *Den Schmerz des Verlustes und andere Gefühle zulassen (s. auch Kapitel 3):*

▶ Den Eltern helfen, sich all ihrer Gefühle bewusst zu werden und sie auszudrücken. Beim Durchleben dieser Gefühle unterstützen.

▶ Aufmerksam zuhören. »Resonanzboden« sein. Nicht Schmerz wegnehmen wollen.

▶ Schmerz nicht durch Medikamente betäuben wollen.

▶ Den Eltern helfen zu bemerken, wie sie Gefühle blockieren.

▶ Uns unserer eigenen Reaktionen auf verschiedene Gefühle bewusst werden.

▶ Den Trauernden ggf. helfen, Wege zum konstruktiven Ausdruck ihrer Wut zu finden.

▶ Anregungen geben zum Umgang mit weiteren Gefühlen, ggf. beistehen.

▶ Menschliche Nähe geben. Die Eltern ggf. halten, um den Ausdruck der Gefühle zu erleichtern und aushaltbarer zu machen (s. S. 248 f.).

▶ Auf Stützgruppen hinweisen, Adressen und Informationen mitgeben.

▶ An Ritualen teilhaben, sofern erwünscht.

▶ Zur Erinnerung: Das Fühlen von Schmerz am Anfang zu verhindern verursacht größeren Schmerz zu einem späteren Zeitpunkt.

3. *Sich einem Leben ohne das Kind stellen:*

▶ Den Trauernden helfen, sich ihrer eigenen inneren Ressourcen bewusst zu werden und diese zu nutzen.

▶ Hilfe zur Selbsthilfe geben: Sie durch Gespräche und Zuhören unterstützen, zu ihren eigenen Antworten und zu neuer Orientierung zu finden.

▶ Ihnen helfen, die Liebe zu ihrem Baby in andere Kanäle fließen zu lassen.

▶ Rituale entwickeln helfen, um Versäumtes nachzuholen.

4. Der Erfahrung einen Sinn geben (s. auch Kapitel 4 und 5):

▶ Durch Gespräche und aktives Zuhören Sinn finden helfen.

▶ Eltern möglicherweise helfen, »Geschenke« des Babys zu entdecken – mit großer Sensibilität für den richtigen Zeitpunkt und die Wahl der Worte.

▶ Hilfreiche Lektüre empfehlen (s. Literatur).

▶ Begleitung bei Anregungen in Kapitel 4.

▶ Schreiben oder sonstigen kreativen Ausdruck vorschlagen.

▶ Eltern möglicherweise bei ihrer spirituellen Suche und bei der Suche nach Sinn unterstützen.

5. Allmählich dieses Baby loslassen und die freigesetzte Liebesenergie ohne Schuldgefühle neuen Bindungen und/oder Aufgaben zufließen lassen:

▶ Die Eltern darin unterstützen, eine erneute Schwangerschaft nicht zu früh zu planen (sich genügend Zeit lassen, diesen Verlust zu verarbeiten – kein Kind kann ein anderes ersetzen).

▶ Helfen, den Wendepunkt zu erkennen, sich dem Leben wieder zuzuwenden. Erlaubnis geben, allmählich (nicht verfrüht!) das verstorbene Baby »loszulassen« und ein neues Baby in ihrem Leben willkommen zu heißen.

▶ Ihnen helfen zu erkennen, dass »Loslassen« nicht vergessen heißt. Das Baby soll für immer Teil der Familie bleiben.

▶ Helfen, Wege zu finden, das Trauern zu beenden (s. Kapitel 5).

▶ Die Trauernden darauf aufmerksam machen, dass ein Rest Trauer um Verlorenes immer bleibt, doch dass Intensität, Häufigkeit und Länge immer mehr abnehmen.

Positive Bedingungen für Gespräche

Diese Aspekte sind wichtig: Zugewandtsein, Augenkontakt (außer in Fällen, wo es nicht angebracht ist), Wärme, Annahme, Respekt, Einfühlungsvermögen, Klarheit, Aufrichtigkeit, über eigene Erfahrungen sprechen, wenn angezeigt, Offenheit und Bereitschaft zuzuhören durch Körperhaltung signalisieren, genügend Zeit lassen, offen sein – auch für nicht
in das Normale einzuordnende (paranormale) Erfahrungen (s. S. 130 ff.
und 268 f.). *Wenn die Eltern ihrem Baby einen Namen gegeben haben, namentlich von ihm sprechen.*

Typisches Trauerverhalten

1. Ausgedrückte Frustration:
– Direkt: »Ich konnte mein Baby nicht sehen« etc.
– Indirekt: Ruhe- und Schlaflosigkeit, nervöse Handlungen

2. Wut:
– Auf den Partner, auf das Baby, auf das Betreuungspersonal etc.

3. Außergewöhnliches Verhalten und Suchen:
– Die Trauernde spielt möglicherweise mit Puppen, hört Babygeschrei,
  trägt einen Gegenstand gleicher Größe oder gleichen Gewichts umher
  (dieses Stadium erreicht seinen Höhepunkt zwei bis vier Monate nach
  dem Verlust).

4. Absorbiert von der Erfahrung:
– Gedankliche Beschäftigung mit Entbindung, vorgeburtlicher Zeit und
  wie die Frau da behandelt wurde oder sich verhalten hat
– Gedankenlose Handlungen (z.B. Kartoffeln schälen, bis nichts davon
  übrig ist)

5. Desorganisiert:
– Vorübergehend unfähig, einfache Handlungen durchzuführen

Anzeichen normaler Trauer:

Seufzen, Zugeschnürtsein im Hals, abgestumpfte Empfindung (Trauernde brauchen Berührung, um sich der Wirklichkeit bewusst zu bleiben), schnell wechselnde Gefühle (die, die *nicht* weinen, brauchen *mehr* Aufmerksamkeit), Schuldgefühle, Zurückhaltung (sie tun unbedeutende Dinge, um Kontakt mit anderen zu vermeiden und sich selbst abzulenken) und/oder eine ausgeprägte Verhaltensänderung – all dies sind normale Begleiterscheinungen von Trauer.

Beachtung von Grundbedürfnissen

Anhand folgender Faktoren können wir ermessen, ob Trauernde mit dem Verlust fertig werden oder ob weitere Hilfe nötig ist. (Davidson, 1984) Dies dient der Erkennung von »Risikotrauernden«. Die Fragen können wir locker in ein Gespräch einflechten, um ein »Ausfragen« zu vermeiden.

▶ *Unterstützendes soziales Netz* (wesentlichster Faktor, wirkt sich nachweisbar verbessernd auf das Immunsystem aus)
  ‣ Wen haben Sie, mit dem Sie offen sprechen können? Können Sie und Ihr Partner über das Geschehene reden? Wie reagieren ihre Familien und Freunde auf den Tod/die Behinderung/ ... ihres Kindes?

▶ *Ausgewogene Ernährung* (bei Gewichtszunahme von über 10 kg ist größere Desorientierung und mehr Krankheit zu erwarten)
  ‣ Wie steht es mit Ihrem Appetit? Haben Sie zu- oder abgenommen? Was essen Sie gern?

▶ *Genügend Flüssigkeitszufuhr* (Vorsicht mit Kaffee und schwarzem Tee)
  ‣ Wie viel und was trinken Sie am Tag? Ist es schwer, daran zu denken, genug zu trinken?

▶ *Ausreichend Bewegung* (bei angemessener körperlicher Aktivität erfolgt Ausschüttung von Endorphinen, die stimmungshebend wirken)
  ‣ Wie sieht es mit körperlichen Aktivitäten aus?

▶ *Genügend Ruhe* (Trauerprozess verbrennt zusätzliche Energien)
  ‣ Können Sie nachts durchschlafen? Bekommen Sie genügend Ruhe?

Bewertung der Effektivität des Stütznetzwerks Trauernder

25 % soll aus eigenen Kräften kommen,
20 % durch den Partner,
55 % von außen (andere Menschen, Aktivitäten, Kunst, Musik, Tanz,
Schreiben, Meditation, Glaube, Arbeit, Gruppe, Kurse)
(Angaben nach O. Carl Simonton und Stephanie Matthews-Simonton:
Wieder gesund werden)

Wissen um Ressourcen im Umkreis

▶ Selbsthilfegruppen für Trauernde
▶ Selbsthilfegruppen für spezifische Probleme (wie Alkoholabhängig-
  keit, Essucht usw.), z.B. 12-Schritte-Gruppen (AA – Anonyme Alko-
  holiker, EKA – Erwachsene aus Suchtfamilien etc.)
▶ Beratungsstellen
▶ TherapeutInnen mit Wissen um normale Trauervorgänge
▶ TrauertherapeutInnen oder -seminare
▶ KindertherapeutInnen
▶ PaartherapeutInnen/Eheberatung
▶ Wegbegleiter in Sinnfragen, spirituelle oder religiöse Inspiration
▶ Pro Familia (Sexual- und Familienberatung)

Außergewöhnliche Erfahrungen von Trauernden

Menschen machen in der Begegnung mit dem Tod tief greifende Erfahrungen, die nicht in das Alltägliche einzuordnen sind. Diese können sein:
Träume, Intuitionen, Visionen, Empfindungen usw. Trauernde müssen
über diese Phänomene sprechen können, haben aber oft Angst, für »nicht
normal« gehalten zu werden. Wenn es Andeutungen darüber gibt, können wir ihnen das Sprechen etwa mit den folgenden Worten erleichtern:
    »Im Zusammenhang mit Tod machen Menschen manchmal Erfahrun-
gen, die nicht erklärbar sind. Manche berichten von Begegnungen mit ihrem Kind in irgendeiner Form. Das ist nichts Abnormales. Haben Sie
Ähnliches erlebt?«
    Dies gibt Trauernden das Gefühl, angenommen zu sein. Wenn uns
eine solche Erfahrung geschildert wird, können wir Trauernden durch
Fragen helfen, die Erfahrung konkreter werden zu lassen. So können sie
allmählich entdecken, welche Bedeutung diese für sie haben könnte. Wir

können anregen, dass sie eventuell mit Wachs- oder Pastellkreide ein Bild dazu malen (s. auch S. 191 f.). Keinesfalls sollten wir diese Bilder interpretieren, außer wir sind darin entsprechend ausgebildet. Alleine schon indem Trauernde darüber sprechen, was die Bilder in ihnen auslösen, wird ihr Unterbewusstsein diese weiterverarbeiten.

Medizinische Überwachung während der Trauerzeit

Trauer macht Menschen anfälliger für Krankheiten, besonders dann, wenn sie ein ungenügendes soziales Netzwerk haben. (Jacobs/Ostfeld, 1977) Forscher haben herausgefunden, dass der Lymphozytenspiegel (wichtig für unser Abwehrsystem) sich innerhalb von sieben bis acht Monaten von 2000 auf 400 reduzieren kann. Die Labor-Testwerte verbessern sich erheblich, wenn Menschen in ein gutes Stütznetzwerk eingebunden sind.

Erhöhte Anfälligkeit für Krankheiten

Eine Untersuchung (Lindemann, 1944) zeigte, dass *ernsthafte (zum Teil lebensbedrohliche) Erkrankungen* nach einem Verlust bedeutend häufiger auftreten. Diese schließen Herzinfarkt, Darmkrebs, Bluthochdruck, Arthritis, Diabetes und Schilddrüsenerkrankungen mit ein. Die Ausbreitung dieser Erkrankungen ist eventuell zu verhindern, wenn diese frühzeitig erkannt werden. Daher ist eine eingehende ärztliche Untersuchung zwischen dem vierten und sechsten Monat empfehlenswert. Hausärzte sollten auch auf folgende weitere möglichen *pathologischen Veränderungen* nach einem Verlust achten:

- chronische Depression
- Alkohol-, Medikamenten- oder Drogenabhängigkeit
- Fehlernährung (Über- oder Untergewicht von 10 bis 15 kg)
- Elektrolytenstörung
- Suizidgedanken

Auch folgende *psychosomatische Beschwerden* sind häufig auf einen Verlust zurückzuführen:

- Kopfschmerzen
- Rückenschmerzen
- Erkältungen und grippale Infekte
- chronische Müdigkeit
- sexuelle Störungen
- Schlafstörungen

Sparsamer Einsatz von Medikamenten bei Trauernden

In einer amerikanischen Untersuchung (Dayringer/Davidson et al., 1981) zeigte sich, dass 87 % der Ärzte Menschen zum Zeitpunkt eines Verlustes routinemäßig Barbiturate und Tranquilizer verordneten. 83 % hielten dies auch noch nach einer Woche für notwendig. Andere verschreiben Antidepressiva. Meinen Interviews nach zu schließen ist die Verordnung von entsprechenden Medikamenten auch in Deutschland üblich. Dr. J. William Worden meint jedoch dazu:

> Im Zusammenhang mit einer akuten Trauerreaktion ist die Verabreichung von Antidepressiva im Allgemeinen nicht ratsam. Diese Antidepressiva brauchen lange, um zu wirken, beheben normale Trauersymptome selten und könnten einer abnormen Trauerreaktion Vorschub leisten. (Worden, 1987, S. 64)

Dr. Glen Davidson empfiehlt, Medikamente ggf. nur vorübergehend und mit Zurückhaltung zu verordnen, z.B. ein Schlafmittel nur jede zweite Nacht über einen kurzen Zeitraum, mit dem Ziel, tagsüber ein normales Funktionieren zu ermöglichen. In Kapitel 4 wird auf natürliche Heilmittel und Verfahren hingewiesen, die zu weitreichenden positiven Reaktionen und zu innerer Ruhe und Entspannung führen. Meditation z.B. führt zu wachem Geisteszustand und zu Tiefenentspannung, verbunden mit weniger Sauerstoffverbrauch, niedrigem Blutzuckerspiegel, Ansteigen des Hautwiderstands, Ansteigen der Alpha-Hirnströme, niedrigerer Herz- und Atemfrequenz. Menschen zu helfen, ihre Erfahrungen zu verarbeiten ist hilfreicher, als Psychopharmaka zu verabreichen.

Der ungesunde, komplizierte Trauerprozess

Laut Dr. Glen Davidson (1984) haben nur 5 bis 15 % der Bevölkerung ungesunde Trauerreaktionen. Wir müssen uns bewusst sein, dass »ein Teil des Adaptationsprozesses eine depressive Periode persönlicher Umordnung nötig macht«. Die Mehrzahl der Trauernden verarbeitet den Verlust in gesunder Weise innerhalb von ein bis zwei Jahren. Doch es gibt auch Menschen, bei denen eine psychotherapeutische Intervention notwendig wird. Wir können zwei Gruppen unterscheiden:

– Trauernde haben das Gefühl, »in der Trauer stecken geblieben« zu sein und suchen von sich aus therapeutische Hilfe.
– Menschen kommen zum Arzt wegen eines körperlichen oder seelischen Problems, ohne dessen gewahr zu sein, dass ungelöste Trauer ihr Problem verursacht.

Bei der zweiten Gruppe kommt es auf die Fähigkeiten des Arztes an, die unverarbeitete Trauer als das *primäre Problem* zu diagnostizieren und, neben notwendig werdenden Behandlungen, eine psychotherapeutische Behandlung (durch eine möglichst mit Trauer vertrauter Fachkraft) zu verordnen.

Varianten ungesunder Trauer

Dr. J. William Worden hilft mit seinem wichtigen Buch *Beratung und Therapie in Trauerfällen*, Anzeichen von pathologischer Trauer zu erkennen und damit umzugehen:

1. *Chronische Trauer:*
Nicht endend, hinausgezogen, kann nicht abschließen, Trauernder hat Gefühl, »nicht weiter zu kommen«.
Fragen: Welche Traueraufgaben (s. S. 264 f.) wurden nicht gelöst? Und warum nicht?
Intervention: Bei der Lösung der Aufgaben unterstützen.

2. *Verzögerte Trauer:*

Unterdrückte, verschleppte Trauer, taucht bei einem späteren Verlust auf.

Anzeichen: Überschießende Reaktionen bei späterem Verlust, überschießende Trauergefühle beim Anschauen eines Films, in dem ein Verlust vorkommt, oder wenn andere einen Verlust erleiden.

Intervention: Unterstützung beim Aktivieren und Durchleben unterdrückter Gefühle (s. zweite Aufgabe Trauernder, Kapitel 4 und S. 264).

3. *Übertriebene Trauerreaktionen:*

Entwicklung von Phobien (meistens bezogen auf Tod) und Verzweiflung, die auch mit der Zeit nicht weichen.

Hintergrund: Oft vorangegangene Ambivalenz bezüglich der Schwangerschaft, Schuldgefühle.

Intervention: Hilfe zum Erkennen und Durcharbeiten der Gefühle.

4. *Verdeckte oder verdrängte Trauer:*

Trauersymptome (z.B. körperliches Symptom oder seltsames Verhalten oder Denken), die nicht als solche erkannt werden.

Hintergrund: Sich nicht dem Schmerz der Trauer stellen wollen.

Intervention: Hindurchführen durch die Aufgaben der Trauer.

Indikatoren für therapeutische Intervention

– Die fünf Aufgaben Trauernder (s. S. 264 f.) werden nicht bewältigt:
  1. Verleugnen des Todes
  2. Nicht-Fühlen der Gefühle
  3. Hilflosigkeit, Rückzug
  4. keinen Sinn finden
  5. keine neuen Bindungen oder Aktivitäten wagen
– Intensive Trauer beim Sprechen über den Verlust, obwohl Jahre vergangen sind.
– Übermäßige Trauerreaktion auf geringfügiges Vorkommnis.
– Mutter räumt Babyzimmer über lange Zeit nicht aus.
– Selbstzerstörerische Impulse (z.B. Alkohol- und Drogenmissbrauch, Essucht, Suizidandrohungen).
– Anhaltende Phobie bezüglich Krankheit und Tod.
– Anhaltende Feindseligkeit, Wut oder unterdrückte Wut, was zu »hölzernem« Verhalten führt.

- Anhaltendes extrem niedriges Selbstwertgefühl.
- Anhaltende grobe Vernachlässigung sozialer Beziehungen.
- Subklinische depressive Symptome nach 18 bis 24 Monaten.
- Mangelnde Funktionsfähigkeit im Alltag nach 18 bis 24 Monaten.
- Keine Anpassung an die Situation bemerkbar (es sollte ein Prozess ersichtlich sein, selbst zunächst zum Schlechteren hin).
- Thema Verlust taucht immer wieder im Gespräch auf.
- Bei Kindern: andauernder Leistungsabfall in der Schule und andauerndes aggressives, feindseliges Verhalten.
- Anhaltende Partnerschaftsprobleme.

Trauertherapie

In seinem Buch *Beratung und Therapie in Trauerfällen* gibt Dr. J. William Worden detaillierte Anweisungen für die Therapie von Trauernden, deren Trauerprozess ungesund verläuft. Hier eine Zusammenfassung:

Vorgehensweise:
1. Körperliche Krankheit ausschließen
2. Vertrag mit Klienten abschließen
Zeit: begrenzt auf acht bis zehn therapeutische Sitzungen
Ziel: Exploration des Verlustes und der Beziehung zum gegenwärtigen Problem:
- die den Tod umgebenden Konflikte, die der Bewältigung der fünf Traueraufgaben im Wege stehen, erkennen und lösen
- die fünf Traueraufgaben bewältigen

Inhalte:
1. Wiederbeleben der Erinnerungen an Schwangerschaft, Geburt und Baby,
2. erfassen, welche Traueraufgaben nicht bewältigt wurden,
3. mit den durch Erinnerungen belebten Gefühlen (oder aber auch mangelnden Gefühlen) umgehen,
4. herausfinden, wo »Verbindungsgegenstände« der Trauerbewältigung im Weg stehen, und den Bezug dazu auflösen,
5. die Endgültigkeit des Todes annehmen,
6. in der Vorstellung, sich mit dem Ende der Trauer befassen,
7. sich endgültig vom Baby verabschieden.

Die Trauertherapie bleibt auf die Bewältigung der Trauer fokussiert, um das Überwinden innerer Widerstände zu ermöglichen. Die Teilnahme an einem Trauerseminar (Adressen s. Anhang) wäre eine weitere Möglichkeit, wobei die Gemeinschaft zusätzlich heilend wirkt.

Nun können natürlich im Verlauf der Trauertherapie darunter liegende Persönlichkeitsprobleme (Selbstwert, Identität, Umgang mit Wut etc.), Partnerschaftsprobleme oder auch lebensgeschichtliche Probleme in den Vordergrund treten. (Zum Beispiel kann bei erwachsenen Kindern aus Alkoholiker- oder anderen dysfunktionalen Familien – auf die Janet G. Woititz in ihrem Buch *Um die Kindheit betrogen* näher eingeht – ungelöste Trauer aus der Kindheit bei dem Verlust eines Babys wieder belebt werden und vehement hervorbrechen.) In diesem Fall können die Therapieziele nach Abschluss der Trauertherapie erweitert oder die Klienten an eine Fachkraft weiterverwiesen werden, die auf die besondere Problematik spezialisiert ist (Familientherapie, Paartherapie, Suchtprobleme) oder an entsprechende Selbsthilfegruppen (s. Adressen).

Die Betreuung bei Folgeschwangerschaften nach einem vorangegangenen Verlust

In vergangenen Jahren war es üblich, Frauen, deren Baby tot geboren wurde, schon in der Klinik anheim zu stellen, bald wieder schwanger zu werden, um über den Verlust hinwegzukommen. In Einzelfällen mag dies keinen Schaden angerichtet haben, doch die Erfahrungen haben gezeigt, dass eine erneute Schwangerschaft reibungsloser verläuft, wenn nicht nur der Körper wieder geheilt ist, sondern Frauen auch seelisch bereit sind, ihre Liebe einem neuen Menschen zu schenken.

Frauen, die ein Kind verloren haben (auch durch Fehlgeburt und Schwangerschaftsabbruch), brauchen spezielle Zuwendung während der nächsten Schwangerschaft und Geburt, insbesondere wenn mehr als ein Verlust vorangegangen ist. Die Angst, dass ihnen »so etwas noch einmal passieren könnte«, erlaubt es ihnen nicht, sich uneingeschränkt auf ihr Baby zu freuen. Da mischen sich Erleichterung und Glücksgefühl mit Besorgtheit und Ängstlichkeit. Wenn eine erneute Schwangerschaft eintritt, bevor der Trauerprozess um das verstorbene Kind abgeschlossen ist, kann dies große Gefühlsverwirrung auslösen: Freude auf das Baby wird überschattet durch die Trauer um das tote Kind. Oft haben Mütter dann das

Gefühl, dem toten Kind untreu zu werden. Wenn das Kind früh in der Schwangerschaft starb, ist der Schwangerschaftszeitpunkt, zu dem es tot geboren wurde, bei der nächsten Schwangerschaft eine besonders schwierige Klippe, die es zu überwinden gilt. Die ohnedies von Anfang an erlebte Angst kann sich dann in Panik steigern. Häufig treten auch Schmierblutungen auf. Ein vorangegangener Verlust kann Folgegeburten pathologisieren, vor allem wenn die Trauer unverarbeitet blieb.

Frauen, die ein Kind verloren haben, haben bei Folgeschwangerschaften meistens ein stärkeres Bedürfnis nach Absicherung, vor allem in jenen Fällen, wo sie meinen, dass der Tod durch einen rechtzeitigen Eingriff hätte verhindert werden können. Sie drängen wahrscheinlich auf häufigere Untersuchungen, vor allem in den letzten Wochen. Dies ist verständlich, deshalb sollten sie wegen ihrer Ängste nicht für »überspannt« oder »hysterisch« gehalten werden. Prophylaktische Maßnahmen schließen ebenfalls körperliche Anwendungen (Massage, Autogenes Training, psycho-physische, atemtherapeutische oder haptonomische Behandlung [s. Kapitel 4], Entspannungsübungen) und positive Visualisierungen ein.

Frauen, die nicht mehr schwanger werden, obwohl sie es bewusst wollen, bedürfen ebenfalls zusätzlicher Unterstützung. Sie brauchen womöglich auch Hilfe bei den Überlegungen bezüglich einer eventuellen Adoption (dazu siehe auch Hellinger/ten Hövel, *Anerkennen, was ist* und S. 218). Dies sollte mit großer Sensibilität und Weisheit angegangen werden.

9 Seelsorgerischer Umgang mit Trauernden

Selig sind die Trauernden,
denn sie werden getröstet werden.

Die Frage der Taufe und Beerdigung

SeelsorgerInnen können für Menschen nach einem Verlust auf vielfältige Weise da sein und zu ihrer Heilung beitragen. Zunächst findet häufig der erste Kontakt um den Zeitpunkt des Verlustes herum statt, mit der Bitte um Taufe oder Segnung des verstorbenen oder sterbenden Kindes. Eltern, mit denen ich gesprochen habe, waren enttäuscht und erschüttert, wenn die SeelsorgerInnen, mit denen sie zu tun hatten, Dogma über Menschlichkeit und Mitgefühl stellten. Es gibt Spielraum im Auslegen der Kirchen- und Lebensordnungen, und es ist in das Ermessen des Einzelnen gestellt, bestimmte Handlungen aus seelsorgerischer Verpflichtung vorzunehmen.

Die Gefühle einer Mutter

In dem ökumenisch orientierten Handbuch *Bittersweet ... hellogoodbye* (zu beziehen über SHARE, s. Adressen) hat Sr. Jane Marie Lamb u.a. unzählige Rituale zum Abschied eines toten Babys gesammelt. Auch der folgende Brief, der Einblick in die Gefühle einer Mutter gibt, findet sich in diesem außergewöhnlichen und umfassenden Buch. Ich habe ihn übersetzt und leicht gekürzt:

Timothy John wurde am 6. April 1984 tot geboren. Ich wünschte mir, dass mein Baby getauft würde. Der Krankenhauspfarrer verweigerte uns die Taufe ...
Als Katholikin hatte es sich mir als Heranwachsende in den fünfziger und sechziger Jahren eingeprägt, dass man nicht ins Himmelreich eintreten könne, wenn man nicht zwei wichtige Kriterien erfüllt: Glaube und Taufe. Vor diesem Hintergrund bat ich um die Taufe für mein Kind. Ich wollte es nicht im Limbo wissen. Es war mein Kind. Ich hatte es in mir getragen. Ich hatte seine Bewegungen in mir gespürt. Für mich war es Le-

ben in mir. Wir hatten eine Beziehung zueinander. Ich streichelte oft meinen Bauch und sagte meinem Baby, dass alles in Ordnung sei: »Mama hat dich lieb.« Ich wollte auch, dass bei seinem Sterben alles in Ordnung ist, und deshalb wollte ich es taufen lassen.

Dass mir die Taufe verweigert wurde, war in der schlimmsten Zeit meines Lebens ein zusätzlicher Stressfaktor für mich. Ich konnte nicht verstehen, warum mein Baby nicht getauft werden sollte – selbst wenn die Taufe nur deshalb gewährt würde, damit ich mich besser fühlen konnte. Ist das denn nicht ein Teil des Heilungsprozesses? Ist das denn nicht einer der Gründe, warum wir Seelsorger in Krankenhäusern haben?

Unser Gemeindepfarrer taufte dann mein Kind am Grab im Rahmen einer Beerdigungsfeier. Diesem lieben, verständnisvollen Priester werde ich für diesen einen zusätzlichen Dienst an meinem Baby ewig dankbar sein. Später versuchte ich, mich mit dem Krankenhausseelsorger noch einmal auszusprechen. Er bestand darauf, dass die Taufe ein Sakrament für die Lebenden sei und dass man tote Babys nicht taufe. Ich verstehe das immer noch nicht. Mein Baby wurde zwar tot geboren, aber davor hatte es doch gelebt.

Es ist solch eine kurze, tumulthafte Zeit, bevor einem das Baby weggenommen wird. Kann man da nicht wenigstens eine zusätzliche Unterstützung geben? Kann nicht wenigstens noch eine Handlung vorgenommen werden, die unseren Glauben in solch schwierigen Stunden stärkt?

Die Erfahrungen eines Pfarrers

In demselben Buch beschreibt ein Geistlicher, der an das Kreißbett einer Frau gebeten wurde, deren tot zur Welt kommendes Kind zu taufen, seine Gedanken und Erfahrungen. Hier ein übersetzter Auszug:

Die Mutter, der Vater und ich sprachen sanft miteinander, standen beieinander und erlebten gemeinsam einen Moment des Entsetzens. Ich strich der Mutter über das Haar ... Während sich die Minuten in Stunden verwandelten, begann ich zu verstehen, was wir da taten – aus theologischer wie seelsorgerischer Sicht. Dies war kein Fetus, sondern ein ausgetragenes Kind. Die Eltern mussten den Verlust dieses Kindes betrauern wie den Tod irgendeines ihrer anderen Kinder. Doch bevor sie es verabschieden konnten, mussten sie es willkommen heißen können. Die Taufe ist der Moment, in welchem die Glaubensgemeinde ein Kind aufnimmt und begrüßt. Der Gott, der Alpha und Omega ist, würde gegenwärtig sein.

Ich begann, tiefer zu verstehen. Eines der wichtigsten Elemente der Taufe ist es, einen Namen zu geben. Diese Vergabe eines Namens hat die Kraft zu sagen, »dieser Mensch ist ›wirklich‹« ... Ich fragte die Eltern, ob sie dem Kind einen Namen geben wollten. Ja, sie hatten schon Namen ausgesucht.

Die Wehen wurden immer stärker, und um 15 Uhr wurde das Baby geboren. Eltern, Familienmitglieder und ich versammelten uns wieder im Kreißsaal, und das Kind wurde der Mutter in den Arm gelegt. Während diese junge Mutter den einzigen Moment mit ihrem Baby verbrachte, den sie je mit ihm haben würde, standen wir schweigend als Zeugen dabei. Es war ein packender Moment voller Andacht. Nach einiger Zeit begann ich zu sprechen. Ich sprach von Gottes Wunsch nach Leben und Güte, und ich sprach von Gottes Liebe und dass dieses Kind eine Bedeutung habe, wie immer die Umstände auch sein mögen ...

Wie viele andere Male zuvor nahm ich das Baby auf meinen Arm ... Ich schaute ihm ins Gesicht und sprach die Worte, die Tausende Jahre alt sind. »Welchen Namen soll dieses Kind bekommen? ... Nathan Andrew, ich taufe dich im Namen des Vaters und des Sohnes und des Heiligen Geistes. Amen.«

Unter Tränen, die eine echte Taufe durch Wasser und Geist bedeuteten, übergaben wir Nathan Andrew an Gott und baten um zärtliche und sanfte Aufnahme. Der Vater nahm das Baby von meinem Arm ... Mit der vollen Autorität meines Amtes sagte ich, dass dieses Kind begraben werden und ich ein Beerdigungsritual halten würde. Dieses Baby würde nicht verschwinden, sondern seinen Platz in der Geschichte haben, damit wir uns verabschieden können ... Gerade hatten wir Nathan Andrew willkommen geheißen, und nun mussten wir »auf Wiedersehen« sagen – aber wir würden es tun in der Gewissheit, dass dieses Leben nicht vergessen sein wird ...

Eltern sehen die Sache anders

Die Kirchenordnungen machen Unterschiede zwischen Kindern, die gelebt, und solchen, die nicht gelebt haben. Mütter, die das Leben in sich wahrgenommen haben, denken anders darüber.

Es machte für mich ja keinen Unterschied in meinem Schmerz und in meiner Trauer, ob mein Kind schon einen Atemzug getan hatte oder ob es bereits im Mutterleib tot war. Ich habe es in mir lebend gespürt. Die Trauer ist die gleiche.

Pfarrer John D. Stoneking, dessen Bericht ich im letzten Abschnitt zitierte, hat durch das Geschenk, während der Geburt dieses toten Kindes anwesend sein zu dürfen, gelernt zu begreifen ...

Wenn ein Ritual verweigert wird, kann dies zu Verzweiflung, Entfremdung und einer inneren Ruhelosigkeit führen. Ein Ritual durchzuführen kann Friede und Trost bringen. In meinen vielen Gesprächen mit trauernden Eltern habe ich erfahren, dass die Frage der Beerdigung eine ganz wichtige ist. Viele haben die berechtigte Angst, dass ihr Baby nicht mit Ehrfurcht und Würde behandelt wurde. Ihre Fantasien darüber, was mit ihm geschehen sein mag, lassen sie nicht zur Ruhe kommen. Nach einer Beerdigung, vor allem, wenn Eltern von ihren SeelsorgerInnen einfühlsam und anteilnehmend begleitet werden, tritt oft ein tiefer Friede ein, besonders wenn die Beerdigung von ganzem Herzen gewünscht war. In manchen Fällen ziehen die Eltern ein Trauerritual zu Hause oder am Krankenhausbett einer Feier am Grab vor. Je persönlicher eine Feier gestaltet wird und je mehr die Eltern in die Vorbereitungen mit einbezogen werden, umso mehr Heilung und Friede kann sie bringen. Es muss ein oberstes Ziel sein, zur emotionalen und spirituellen Heilung der Eltern beizutragen.

Hinweise für die Ratsamkeit einer Beerdigung bei Totgeborenen und für deren Durchführung sind in der Rundverfügung G 14/1985 des Ev.-Luth. Landeskirchenamts Hannover vom 13. Juni 1985 an alle Pfarrämter und Krankenhausseelsorger zu finden. Es gibt auch eine Empfehlung des Vorstandes des Katholischen Krankenhausverbands Deutschlands e.V. vom 14.11.1986 *Über den Umgang mit Tot- und Fehlgeburten* und Arbeitshilfe 109 von 1993 der Deutschen Bischofskonferenz *Eltern trauern um ihr totes neugeborenes Kind* – Hinweise zur seelsorgerischen Begleitung. Für die Betroffenen, denen eine Beerdigung ein Anliegen ist, spielt es keine Rolle, ob ihr Baby die 500-Gramm-Grenze erreicht hatte. Die meisten Bundesländer ändern gerade ihre Gesetze dahingehend, dass auf Wunsch auch kleinere Babys ganz offiziell begraben werden dürfen (s. S. 96 ff.).

Kraftvolle Rituale

Bestätigung durch ein Ritual zu verweigern vermittelt Familien die Botschaft, dass ihr Baby überhaupt nicht wichtig und keine wirkliche Person war. Geistliche haben die Verantwortung, Trauernde durch Rituale zu trösten. (Rabbiner Robert H. Loewy, aus: *Journal of Reformed Judaism*, Frühjahr 1988)

Viele Menschen empfinden, dass Rituale zunehmend an Kraft verloren haben. Dabei sind Rituale so wichtig (s. S. 102 ff.). Vielleicht sollte von kirchlicher Seite einmal überlegt werden, wie man bestehenden Ritualen wieder mehr Gehalt geben kann. Oder man sollte nach neuen Ritualen suchen, die in unsere Zeit passen und Eltern wirklich Trost und Hilfe sind.

Manchmal kommen Eltern zu Geistlichen voller Schmerz und Trauer über einen Verlust, der schon lange zurückliegt. Rituale können auch zu einem späteren Zeitpunkt noch nachgeholt werden, besonders wenn Menschen großes Bedauern empfinden, zum gegebenen Zeitpunkt nicht alles getan zu haben, was möglich gewesen wäre. Wenn z.B. zum Todeszeitpunkt des Kindes keine Beerdigung stattgefunden hatte, kann man anbieten, eine Gedenkfeier zu halten, selbst wenn Jahre vergangen sind. In dem bereits erwähnten sehr umfassenden Buch *Bittersweet ... hellogoodbye* gibt es viele Anregungen, die Heilung fördern. Einige Rituale daraus sind im Anhang zu finden.

Die Begegnung mit Trauernden

Die Eltern, mit denen ich sprach, konnten »frommen Sprüchen« nichts abgewinnen, und Hinweise auf »Gottes Willen« machten sie zornig. Angenommen fühlten sie sich, wenn auch Geistliche in der Lage waren, ihre Hilflosigkeit zuzugeben. Erst durch diese Aufrichtigkeit und das Annehmen unserer Sprachlosigkeit können wir wirklich begegnungsfähig werden. Martin Buber sagte: »Alles wirkliche Leben ist Begegnung.« Wenn wir in diesem Sinne wirklich wagen, dem »Du« im Anderen zu begegnen, dann fällt uns die Sprache des Herzens zu, dann spricht Gott durch uns. »Siehe, ich lege meine Worte in deinen Mund.« (Jeremiah 1,9)

Das Büchlein *Die Trauernden trösten* von Reinhold Bärenz gibt viele Ideen und regt vor allem zum Nachdenken und Überdenken an (z.B. Jesus in der Begegnung mit den Jüngern auf dem Weg nach Emmaus als Modell für den Umgang mit Trauernden und auch phasenmäßige Begleitung durch die Trauer).

Sr. Jane Marie, die über viele Jahre trauernden Eltern gedient hat, meint:

Begleite sie von Anfang an auf ihrem Weg, und bleib bei ihnen, wenn sie das dunkle Tal erreichen. Durch deine Gegenwart und Begleitung auf ihrem Weg werden sie Gottes Gegenwart erleben, anstatt in ihrer Trauer und ihrem Schmerz allein gelassen zu sein. Es ist nicht die Zeit, ihnen zu predigen oder ihnen Vorhaltungen zu machen, dass sie nicht öfter in der Kirche waren. Stattdessen habe Mitgefühl, und lass dir zeigen, wo sie in ihrem Trauerprozess stehen. Durch Verständnis und Unterstützung können sie zu einer tieferen Beziehung zu Gott finden.

Gib ihnen die Erlaubnis, alles zu erleben, was Teil ihrer Reise ist – Schmerz, Verwirrung, Hilflosigkeit, Wut, Zweifel an Gott, Isolation und andere solch schmerzhafter Emotionen. Viele dieser Gefühle mögen neu für sie sein, und in ihrer Verletzlichkeit mögen sie sich dafür schämen und Angst davor haben, ihre Wut und Eifersucht zuzugeben.

Wenn Trauernde in ihrem Trauerprozess stecken bleiben, können wir sanft nach möglichen Gefühlen der Schuld fragen. Oft müssen wir mindestens einem Menschen gegenüber unsere Schuld oder vermeintliche Schuld eingestehen, bevor wir innerlich davon frei werden und Vergebung finden können.

Wenn wir andere Menschen in ihrer Trauer begleiten wollen, ist es unabdingbar, uns unserer eigenen Trauer gestellt und sie in einer guten Weise verarbeitet zu haben, da wir uns sonst nicht wirklich einlassen können (s. auch S. 251 f.).

Die Sache mit dem Glauben

Nach dem Tod eines Kindes taucht immer wieder die Sinnfrage auf. Auf der Suche nach Antworten auf ihre Fragen verzweifeln manche Menschen an einem Gott, an den sie bisher geglaubt und dem sie vertraut hatten. Viele hadern mit ihm, haben Wut auf ihn, wenden sich von ihm ab.

Während Evas Schwangerschaft habe ich oft gebetet. Nicht direkt zu Gott, sondern zu jemandem, der alles regelt. Gott anzubeten war unmöglich, weil ich ihn ja nach Lauras Tod so beschimpft und verflucht hatte.

Durch das Wagen dieses »Nein« können Menschen in der Tiefe ihrer Trauer vielleicht zu einem wirklichen »Ja« kommen. Sie brauchen dazu Mitmenschen, die sie in ihrem Hadern und Unglauben urteilslos und bedingungslos annehmen und ihnen als Resonanzboden für ihre Gefühle und Gedanken dienen können.

Andere, die zuvor ein materiell ausgerichtetes Leben lebten, entdecken eine Kraft, die sie mitten in der schlimmsten Situation ihres bisherigen Lebens trägt. Sie finden zu einem Gott, den sie möglicherweise bis jetzt vergeblich gesucht hatten. Und vielleicht ist gerade die menschliche Liebe, die sie durch ihre Begleiter in ihrer tiefen Not erfahren, Hilfe auf ihrem Weg dahin.

Ich bin auf einmal wieder ... – religiös kann ich nicht gerade sagen, aber so in der Richtung ... Ich hab so ein ganz sicheres Gefühl bekommen, »da ist was«, im Gegensatz zu früher, wo ich das Gefühl hatte, »da ist nichts«.

Wie SeelsorgerInnen zusätzlich helfen können

- ▶ Sie können mit Zustimmung der Betroffenen eine Kartei anlegen mit wichtigen Daten (Jahrestage etc.) und Art des Schicksalsschlags.
- ▶ Innerhalb der Gemeinde zwischen Eltern, die dasselbe Schicksal ereilt hat, Kontakt herstellen.
- ▶ An bestimmten, im Kalender vermerkten »Monatstagen« (dritter/sechster/zwölfter Monat), und natürlich an Jahrestagen, wo die Trauer Höhepunkte erreicht, zu den Eltern Kontakt aufnehmen und in Liebe da sein. Dies gilt besonders dann, wenn andere aufgehört haben zuzuhören.

▶ Eltern, die auf ihrem Heilungsweg schon weiter sind, fragen, ob sie für Frischbetroffene da sein und sie ein Weilchen »an der Hand« nehmen möchten.

▶ Das Entstehen von Selbsthilfegruppen anregen und Raum dafür zur Verfügung stellen.

▶ Adressen von zusätzlichen Stützgruppen weitergeben.

▶ Die Gemeinde für die Gefühle und die Situation trauernder Eltern, deren Kind noch niemand kennen lernen konnte, sensibilisieren. Ein eigens erstelltes Merkblatt zum Umgang mit Trauernden für Nachbarn, Freunde, Bekannte in der Gemeinde auslegen oder aushängen.

▶ Meditationszeiten für Trauernde anbieten mit der Möglichkeit zu einem anschließenden Gespräch.

▶ Spezielle Andachten für fehlgeborene und tot geborene Kinder anbieten, z.B. mit einem »Heilungswegritual« (oder s. Anhang).

10 Eine Stützgruppe für trauernde Eltern gründen

Niemand versteht betroffene Eltern so gut wie andere trauernde Eltern. Nach dem Tod eines Babys brauchen wir die Unterstützung von Menschen, die wissen, wie es uns geht. Diejenigen, die schon ein Stück des Weges gegangen sind, können frisch Betroffenen Orientierung und Hoffnung geben und »ganz sicher eine Wegbegleitung aus den Tiefen der Trauer in eine neue Lebensperspektive« (Lonely Parents) sein. Die Gruppenmitglieder sind lebender Beweis dafür, dass die Sonne irgendwann wieder scheinen wird. Sie zeigen aber auch, dass die Steine entlang des Weges dazugehören und was helfen kann. Aus der natürlichen Selbstbezogenheit der Trauer allmählich aufzuwachen und für andere in Liebe da zu sein ist in sich heilend.

Bei der Gründung einer Stützgruppe bei Schwangerschaftsverlusten mag uns das lokale Krankenhaus durch Zurverfügungstellung von Räumlichkeiten, anderen Ressourcen oder gar einer Begleitung durch den psychosozialen Dienst unterstützen. (Im Vinzenz Pallotti Hospital in Bensberg [s. Anhang] ist dies so.) Auch bei Gemeindepfarrern sollte man ruhig einmal anfragen. Kontakt zu trauernden Eltern können wir finden über einen Aushang beim Frauenarzt, eine Notiz in der Tageszeitung, eine Anfrage bei einem Frauen- und Mütterzentrum, Gemeindezentrum, einer Beratungsstelle, Pro Familia, Familienbildungsstätte, kirchlichen Einrichtung oder Ähnlichem – oder durch Networking der jeweiligen überregionalen Gruppe. SeelsorgerInnen, das Krankenhaus oder uns vertraute ÄrztInnen können möglicherweise Beziehungen zu anderen trauernden Familien vermitteln, die in derselben Lage sind wie wir (Verlust durch Fehlgeburt, Totgeburt, Neugeborenentod, Plötzlicher Kindstod, Freigabe des Babys zur Adoption, Abbruch einer erwünschten Schwangerschaft).

Vielleicht mag die Redakteurin der Frauenseite der lokalen Tageszeitung durch einen kleinen Artikel über Thema und Anliegen der jungen oder entstehenden Gruppe zu deren Bekanntmachung beizutragen. Vielleicht können wir auch die regionale Radio- oder TV-Station für eine Sendung interessieren. ÄrztInnen in der Klinik oder in eigener Praxis teilen sicher gerne Handzettel aus, die betroffenen Eltern »erste Hilfe« geben und zeigen, wo sie sich in Gruppen oder durch ein persönliches Gespräch weitere Hilfe holen können.

Selbsthilfe-Initiativen im deutschsprachigen Raum

Wo noch keine Gruppen für Eltern, die ein Kind durch Totgeburt, Neugeborenentod oder Fehlgeburt verloren haben, bestehen, können motivierte betroffene Eltern eine Selbsthilfegruppe ins Leben rufen. Dabei ist es günstig, wenn sie schon ein Stück »des Weges« gegangen sind. Die Adressen folgender und auch weiterer regionaler Gruppen sind im Anhang zu finden.

Die engagierten, ehrenamtlich arbeitenden Mitglieder der *Initiative Regenbogen »Glücklose Schwangerschaft e.V.«* – 1984 von Barbara Künzer-Riebel und Regine Schreier gegründet – stehen Eltern durch brieflichen, telefonischen oder persönlichen Kontakt bei. Sie geben gern Starthilfe für die Gründung einer Regionalgruppe, stellen Broschüren und Handzettel zur Verfügung und geben Anleitung für die Durchführung von Gruppentreffen und Fortbildungen. Sie bieten Fortbildungen in Kliniken an und haben einen Kreißsaalordner zusammengestellt. Gruppen dürfen Briefbögen mit dem Logo der Initiative Regenbogen nutzen. Auf regelmäßigen überregionalen Treffen tauschen die leitenden Gruppenmitglieder sich untereinander aus.

1984 erwuchs in Hamburg die *Kontakt- und Informationsstelle »Verwaiste Eltern in Deutschland«* – gegründet von Dr. theol. Mechtild Voss-Eiser und Dipl.-Psych. Birgitt Lösch. Auch sie setzt sich für die Belange verwaister Eltern ein (Durchführung von Trauerseminaren, Zusammenführung und Kontaktvermittlung zwischen Betroffenen, Unterstützung beim Gründen von Gruppen). Die damit in Verbindung stehende Evangelische Akademie Nordelbien bietet Ausbildungsmöglichkeiten für TrauerbegleiterInnen und Erfahrungsaustausch zwischen GruppenleiterInnen an. Ein das vielfältige Angebot beschreibendes Faltblatt kann von dort angefordert werden.

Die Elternorganisation *GEPS – Gesellschaft für die Erforschung des Plötzlichen Kindstodes* – ist bundesweit organisierter Ansprechpartner für vom Plötzlichen Säuglingstod betroffene Eltern, Geschwister und weitere Angehörige. Adressen von aktiven Gesprächsgruppen können bei den jeweiligen Bundesverbänden abgefragt werden. Außer der Vermittlung von

Kontakten Betroffener untereinander und Starthilfe für Gruppengründungen begleitet und berät die GEPS Eltern während einer nachfolgenden Schwangerschaft und beantwortet Fragen zum Folgekind sowie Heimmonitoring. Die Organisation (gemeinsam mit Fachleuten verschiedener Disziplinen) von Informationsveranstaltungen zum Plötzlichen Säuglingstod und zur Trauerbewältigung, die Erstellung von Informationsbroschüren (z.B. *Empfehlung zur Betreuung von Säuglingen zur Risikoverminderung*), Plakaten und Rundbriefen, Telefondienst, Fortbildungsveranstaltungen für mit dem Plötzlichen Kindstod konfrontierte Berufsgruppen (z.B. Angehörige des Rettungsdienstes, der Polizei und des Bestattungswesens, im kirchlichen Dienst Tätige, ÄrztInnen in Kliniken und Praxen, Hebammen, Pflegekräfte) und aufklärende Öffentlichkeitsarbeit gehören zu ihrem Aufgabenbereich. Der GEPS steht ein wissenschaftlicher Beirat von zahlreichen Experten verschiedener Fachrichtungen zur Seite. Hier werden wissenschaftliche Informationen ausgetauscht und kritisch gesichtet. Die GEPS pflegt auch internationale Kontakte zu ähnlichen Vereinigungen.

Die Gruppen »*CARA e.V.*« und »*Via Nova*« zur Unterstützung von Paaren, die sich informieren möchten über pränatale diagnostische Tests oder während der Schwangerschaft die Botschaft erhalten, dass ihr Kind nicht gesund ist, sind in Kapitel 1 (s. S. 46) beschrieben. Auch »LEONA – Verein für Eltern chromosomal geschädigter Kinder e.V.« berät Eltern, die durch Pränataldiagnostik oder nach der Geburt von einer seltenen Chromosomenschädigung ihres Kindes erfahren haben, und vermittelt Adressen gleich oder ähnlich betroffener Familien. – Alle drei Gruppen unterstützen Eltern bei ihrer Trauerarbeit.

Das Modell der SHARE-Gruppen

SHARE (Source of Help in Airing and Resolving Experiences) wurde 1977 von Sr. Jane Marie Lamb (s. Nachwort) gegründet. Da die SHARE-Gruppen die Mitarbeit von engagierten, einfühlsamen Fachkräften (Krankenschwestern, Hebammen, SozialarbeiterInnen, SeelsorgerInnen) nicht ausschließen, ist dieses Modell besonders geeignet für Personen, die von Seiten eines Krankenhauses als Teil der Nachbetreuung Stützgruppen innerhalb der Klinik institutionalisieren wollen. Natürlich geht es außerdem auch um Hilfe *von* Betroffenen *für* Betroffene. SHARE veranstaltet regelmäßig Kongresse, kann international für Fortbildung engagiert werden und veröffentlicht englischsprachige Literatur (s. Adressen), u.a. das Handbuch *Starting Your Own SHARE Group* und ein umfassendes Buch mit Ritualen – *Bittersweet ... hellogoodbye.*

Die KoordinatorInnen der regionalen Gruppe laden alle Eltern, deren Kind tot oder fehlgeboren wurde oder kurz nach der Geburt starb, per Brief zu den Gruppentreffen ein. Ein Kärtchen mit Informationen über SHARE (Zeitpunkt der regelmäßigen Treffen – z.B. jeden vierten Montag im Monat – und Uhrzeit, Telefonnummern von Personen, die Auskunft geben oder für Gespräche offen sind) wird Betroffenen in der Klinik routinemäßig überreicht. Eine Kerngruppe bereitet die Treffen vor. Bei den Treffen kann es sich um offene Gesprächsabende handeln oder um Veranstaltungen, die durch eine/n ReferentIn (SeelsorgerIn, PsychologIn, BestatterIn, GynäkologIn, PathologIn) eingeleitet werden. Die Sprecher werden gebeten, ein kurzes von Herzen kommendes Referat zu halten. Diese Art von Veranstaltung spricht Personen an, die zunächst ihre Schwellenangst überwinden müssen, vor einer Gruppe über ihre Situation zu sprechen oder zu weinen. Gesprächsabende können auch unter ein bestimmtes Thema gestellt werden.

Richtlinien

Richtlinien für Stützgruppen trauernder Eltern geben Orientierungshilfe und Sicherheit. Sie können vor den Treffen schriftlich überreicht oder vorgelesen werden:

1. Wir sind eine Gruppe von Frauen und Männern, die ihr Baby durch Fehlgeburt, Totgeburt oder einen frühen Tod verloren haben. Die Erfahrungen einer/s jeden Einzelnen von uns sind einzigartig und haben Gültigkeit.

2. Du kannst frei entscheiden, ob du über deine Gefühle sprechen möchtest oder nicht. Wir werden nicht »nachbohren«. Wenn dich Erfahrungen einer Teilnehmerin/eines Teilnehmers anrühren, kannst du gerne daran anknüpfen.

3. Du kannst auf das Thema des Abends eingehen oder über das sprechen, was dir besonders am Herzen liegt. Wir ermuntern dazu, aufeinander einzugehen.

4. Du brauchst Tränen nicht zurückzuhalten. Wir werden auch unsere Tränen zulassen. Bitte sei auch für deine/n NachbarIn da, wenn Gefühle hochkommen.

5. Papier und Stifte stehen zur Verfügung, um Worte oder Gedanken aufzuschreiben, die dir in den Sinn kommen. Du kannst ruhig schreiben, während andere reden. Notizen sind für dich gedacht.

6. Wenn du ohne PartnerIn hier bist, sprich später mit ihm/ihr über die Erfahrungen hier – uns ist daran gelegen, dass sich eure Kommunikation verbessert und die mögliche Kluft zwischen euch nicht größer wird.

7. Wenn du mit einem Krankenhaus, einem Arzt/einer Ärztin, einer Hebamme oder einer Schwester schlechte Erfahrungen gemacht hast, dann nimm dir die Freiheit, darüber zu sprechen. Wir möchten dich jedoch darum bitten, keine Namen zu nennen.

8. Wir können während der Gruppenzeit keinen medizinischen Rat geben. Wenn du medizinische Fragen hast, können wir sie nach dem offiziellen Schluss beantworten.

9. Um die Privatsphäre eines jeden zu schützen, bitten wir darum, Besprochenes nicht nach außen zu tragen, sondern nur unter SHARE-Mitgliedern zu bereden.

Aus der Kerngruppe wird nach dem Rotationsprinzip ein/e LeiterIn oder »Chairperson« zur Verfügung gestellt. Die Chairperson moderiert die Meetings und greift nötigenfalls ein, um unproduktiven Tendenzen eine produktivere Richtung zu geben. Schon daher ist es besser, ein Stück weiter »auf dem Weg« zu sein, um einen besseren Überblick über den gesamten Trauerprozess und einen schon wieder klarer gewordenen Kopf zu haben.

Die Kerngruppenmitglieder sollten auch Bescheid wissen über Hilfsangebote (z.B. mit Trauer vertraute TherapeutInnen, Beratungsstellen, Eheberatung, soziale Hilfen, seelsorgerische Kontakte etc.) in der Gemeinde und Umgebung, um Menschen, die zusätzliche Unterstützung brauchen, ggf. weiterverweisen zu können. Sie sollten sich auch mit den Bestattungsvorschriften auskennen (Wo gibt es Kindergräber? Wie bekommt man eine Sondergenehmigung zur Beerdigung, wenn erwünscht? etc.). Und sie sollten auch im Austausch sein mit den ansässigen Bestattern. Auch eine politische Arbeit kann daraus erwachsen, die hilft, das Bewusstsein zu schärfen für bestehende, der Trauerarbeit abträgliche Gesetze, Regelungen und Handhabungen. Regional und überregional können

Arbeitsgruppen gebildet werden, die Informationen sammeln, die Öffentlichkeit informieren und Veränderungen anstreben.

Gestaltung der Gruppentreffen

Die nachfolgenden Themen können bei der Gestaltung eines Gruppentreffens helfen. Der Aufstellung liegen Ideen von Pat Stauber zugrunde, einem Mitglied des Perinatal Bereavement Teams am North Shore Hospital in Miami und eine der Moderatorinnen der dortigen SHARE-Meetings.

Trauer:
Trauer verstehen
Der Weg durch die Trauer
Aufgaben Trauernder
Mit Schock umgehen
Mit Wut umgehen
Mit Schuld umgehen
Weinen – eine gesunde Reaktion
Geschwister und Trauer
Feiertage und »Jahrestage« überstehen
Wenn wir keine Erinnerungen haben
Bedeutungsvolle Rituale

Meine Beziehung zu mir selbst:
Hilfen zum Heilwerden – meine Bedürfnisse wahrnehmen und sie einordnen
Körperliches Wohlbefinden fördern
Auf gesunde Ernährung achten
Wie reduziere ich meinen Stress?
Zu mir kommen – mit mir selbst gut umgehen
Entspannung und Meditation – zwei Säulen auf dem Weg zur Heilung
Die Gefühle heilen
Selbstwert
Selbstachtung und Selbstbehauptung
Schreiben als Therapie
Malen als Therapie
Die Entfaltung meiner Kreativität

Über »seltsame« Träume und Erfahrungen sprechen
Dienen als Instrument zu Heilung
Die Kraft der Liebe

Meine Beziehung zu anderen:
Die Auswirkung des Verlustes auf die partnerschaftliche Beziehung
Die Trauer der Mutter, die Trauer des Vaters – einander besser verstehen
Kommunikation
Sexualität und Verlust
Reaktionen von Familie, Freunden, Nachbarn
Die Bedürfnisse der lebenden Kinder erfüllen

Die Zeit vergeht:
Unerledigtes erledigen
Nach vorne schauen, nach hinten schauen – wie schaffe ich ein Gleichge-
wicht?
Trauer verwandelt mich
Sinn finden
Spiritualität – was ist das für mich?
Mich dem Leben wieder zuwenden
An Trauer wachsen
Wer bin ich denn jetzt beim Herauskommen auf der anderen Seite des
»Tunnels«?
Wer sind »wir« jetzt?
Wieder schwanger werden!?
Folgeschwangerschaften

Kontakte mit Fachleuten:
In Trauerbegleitung erfahrene/n TherapeutIn einladen
Austausch mit Klinikpersonal
– unsere Erfahrungen, Wünsche und Bedürfnisse mitteilen
– Betreuer teilen sich mit (Gefühle, wenn ein Kind stirbt)
Austausch mit Bestattern – unsere Bedürfnisse und Erfahrungen
Seelsorgerische Perspektive – religiöse Handhabung und Möglichkeiten
Genetische Beratung

Videos oder Diaserien (s. S. 191 und Anhang) können auch als guter Einstieg für Gruppentreffen oder ggf. für öffentliche Informationsabende dienen.

Zusammenarbeit mit der Klinik

Eine gute Beziehung der Selbsthilfegruppen zu den örtlichen Kliniken ist für beide Seiten wichtig. Manche Gruppen in den USA haben Stationen mit kleinen, selbstgenähten Hemdchen und Deckchen für Frühgeborene versorgt. Andere Gruppen verschenkten handbemalte Seidenschals mit symbolischen Mustern, um darin die tot geborenen Babys liebevoll und sanft zu umwickeln. (Kreative Arbeit ist in sich schon eine heilsame Aufgabe.) Die Regionalgruppen von Regenbogen haben ihren örtlichen Krankenhäusern kleine »Moses-Körbchen« überreicht, in die tot und fehlgeborene Babys gebettet werden können, sowie »Kreißsaalordner« mit dem gesamten erhältlichen Informationsmaterial der Initiative (außer Fotobroschüre) für die Situation im Kreißsaal. In vielen Krankenhäusern ist man sehr dankbar für Angebote von Selbsthilfegruppenmitgliedern, frisch betroffene Eltern im Krankenhaus aufzusuchen.

11 Der Umgang mit Tod in der Geburtsvorbereitung

Ja, es stimmt, werdende Eltern wollen sich auf die Geburt ihres Kindes freuen, und Geburtsvorbereitungsgruppen sind Gelegenheiten für Eltern, sich auf seine Ankunft vorzubereiten und ihre Vorfreude auf ihr Baby mit anderen Paaren teilen zu können. Das Hauptanliegen ist, Sicherheit und Vertrauen in die eigenen Fähigkeiten zu stärken, sich innerlich auf die Elternschaft einzustimmen und Wege zu erlernen, die ein positives Geburtserlebnis ermöglichen. Eine positive Grundhaltung hilft, Positives hervorzurufen. Doch dürfen wir darüber nicht eventuelle Ängste unter den Teppich kehren. Tief im Inneren bewegt fast alle werdenden Eltern die Sorge, dass ihre Träume nicht erfüllt werden, dass »etwas schief gehen könnte«.

Das Thema Verlust ansprechen – oder besser nicht?

Wenn die Ängste immer mehr einem tiefen Vertrauen weichen können – wunderbar! Wenn wir sie jedoch einfach nur verdrängen, können sie in entstellter Form hervortreten – vielleicht in Gestalt von frühzeitigen Wehen oder einer schwierigen Geburtsarbeit, die das Kind gefährden. Oft erleichtert es uns, mit Menschen, die uns ungeteilt zuhören, über das sprechen zu können, was uns innerlich bedrängt und eng macht. Dies kann heilend sein. Wir spüren, wir sind nicht allein.

Manche Ängste stellen sich als irrational heraus. Für andere bekommen wir neue Perspektiven oder können im Miteinander Wege der Bewältigung finden. Selbst die schlimmste der Vorstellungen, dass ein Kind nicht gesund oder gar tot zur Welt kommen könnte, ist für die meisten, wenn sie sie ausgesprochen haben, besser zu verarbeiten, als wenn die Angst unausgesprochen im Inneren nagt.

Wie kann das Thema Verlust in die Geburtsvorbereitung einfließen?

Grundvoraussetzung ist natürlich, dass wir eine warmherzige, annehmende, stützende Atmosphäre geschaffen haben, wo Paare es wagen können, sich und den anderen selbst ihre größten Ängste einzugestehen. Es muss Raum da sein, dass dieses Thema sich entwickeln darf. Am besten erarbeiten wir uns einen natürlichen Bezug dazu.

Vielleicht kann das Thema Verlust auftauchen durch Fragen wie: Worauf freue ich mich am meisten? Was ist meine größte Angst? Wenn die Möglichkeiten von Behinderung und Tod nicht von selbst genannt werden, können wir – als Geburtsvorbereiterinnen – behutsam darauf hinweisen, ohne zu bedrängen und auf dem Thema zu bestehen. Es muss Zeit eingeplant sein für eventuell entstehende Gespräche oder auch das Zulassen von Gefühlen.

Ein weiterer möglicher Einstieg kann im Zusammenhang mit Erwartungen für das Geburtsereignis entstehen: Was, wenn es anders kommt, als wir es uns wünschen? Wir können Paare vorbereiten auf den Umgang mit möglichen unerwarteten Ausgängen wie eine äußerst schwierige Geburtsarbeit, negative Geburtsumstände, Kaiserschnitt, Trennung vom Baby nach der Geburt, das »falsche« Geschlecht, ein Kind, das nicht unseren Vorstellungen entspricht ... und dabei können auch die Themen Behinderung oder gar Tod auftauchen.

Dies ist eine gute Gelegenheit, in einem allgemeinen Kontext das Thema Verlust anzusprechen. Verluste in unserem Leben sind vielfältig. Jeder Entwicklungsschritt wie z.B. auch das Mutter- oder Vaterwerden bedeutet Abschied von Vergangenem. (Elisabeth Kübler-Ross spricht von »den kleinen Toden«, die wir sterben müssen, um für den *einen* Tod bereit zu werden.) Wir können in diesem Zusammenhang von der Ratsamkeit und Notwendigkeit sprechen, Trauer für etwas, was wir verloren haben (auch wenn es »nur« unsere Träume und Vorstellungen sind) zuzulassen und zu durchleben, anstatt sie zu verdrängen.

Wenn Familien erst akzeptiert haben, dass Trauer und Geburt Hand in Hand mit dem Leben gehen und dass ihre Gefühle normal sind, und wenn sie Wege finden, damit umzugehen, dann kann ein neues Gefühl innerer Stärke daraus erwachsen. (Limbo/Wheeler, 1986)

Der Verlauf solcher Gespräche ist nicht vorausplanbar. Jede Gruppe ist anders. Wir müssen gefasst darauf sein, eventuell sehr gezielte Fragen beantworten zu müssen. Gerade weil wir flexibel, feinfühlig und behutsam mit der Gruppe »fließen« müssen, erfordert dies ein gewisses Maß an Vertrautsein mit dem Thema Trauer und Verlust. Wir dürfen auch nicht blockiert sein durch eigene noch unverarbeitete Trauer.

Eine weitere Gelegenheit kann sich ganz natürlich ergeben, wenn ein Paar in der Gruppe ist, das bereits einen Schwangerschaftsverlust erlitten hat (rein statistisch gesehen ist das in jeder Geburtsvorbereitungsgruppe mindestens eines).

Umgang mit Paaren nach einem vorangegangenen Verlust

Als Gruppenleiterin sollten wir über den Hintergrund der Paare, die zu uns kommen, in groben Zügen Bescheid wissen. Ein Weg dazu wäre, sie vor Kursbeginn zu bitten, einen Fragebogen auszufüllen, auf dem auch die Frage nach einem möglichen vorangegangenen Verlust gestellt wird. Für Frauen, die schon ein Kind verloren haben, ist eine Folgeschwangerschaft immer mit mehr Angst besetzt und stärker risikobelastet; zusätzliche Zuwendung ist daher angebracht. Viele Frauen haben keine ärztliche Begleitung, die auch die seelischen Belange mit berücksichtigt. Es wäre ideal, wenn wir als Geburtsvorbereiterin diese Lücke schließen könnten, indem wir mit Paaren, die eine Fehl- oder Totgeburt hinter sich haben, vor Kursbeginn ein Einzelgespräch führen. Wir sollten Bescheid wissen über den gesunden Verlauf eines Trauerprozesses, um einschätzen zu können, an welchem Punkt Paare stehen.

Hierbei bietet sich den Paaren noch einmal Gelegenheit, über ihre vergangene Erfahrung zu sprechen und zu reflektieren, wie sie diese körperlich, emotional, mental und spirituell verarbeiten konnten. Sie können nachsinnen, welche Auswirkung der Verlust auf ihr Leben gehabt hat – für sie als Einzelne und für sie als Paar. Manchmal kann sich Unverarbeitetes in einem intensiven Gespräch entknoten (Orientierung dafür bietet Fragebogen 1 im Anhang). Im Besonderen interessiert uns natürlich, wie sich der vergangene Verlust auf die jetzige Schwangerschaft auswirkt. Betroffene Eltern sollten uns zwischen den Gruppentreffen anrufen können, wenn Ängste sie bedrücken. Manchmal stellt sich im Verlauf der Gruppenabende heraus, dass die angebotene Vorbereitung (Entspannungs- und Atemübungen, Gespräche, Visualisierungen etc.) nicht ausreicht, um etwaige von tiefsitzenden Ängsten herrührende Blockaden hinreichend aufzulösen. In diesem Fall wäre es gut, Bescheid zu wissen, an wen wir die

Eltern ggf. weiterverweisen können (z.B. AtemtherapeutIn, HaptotherapeutIn, Beratungsstelle, PsychotherapeutIn – s. Anhang).

Wenn Paare sich im Einzelgespräch verstanden und gut aufgehoben gefühlt haben, fällt vielleicht ein wenig von dem Tabu ab, das Verluste meistens umgibt. In einer vertrauensvollen Gruppenatmosphäre werden sie wahrscheinlich bei passender Gelegenheit natürlich und selbstverständlich darüber sprechen können, wenn wir die Bedingungen dazu schaffen. Besonders wenn Paare zu einer Annahme ihres Verlustes gekommen und vielleicht sogar daran gewachsen sind, kann dies anderen helfen.

Wenn es eines der Paare aus der Geburtsvorbereitungsgruppe trifft

Die erste Person, die wir anriefen, als wir erfuhren, dass wir ein totes Baby zur Welt bringen würden, war unsere Geburtsvorbereiterin. Wir baten sie um Rat bezüglich Medikamente unter der Geburt und übten uns darin ein, Menschen die fürchterliche Nachricht zu überbringen. Ohne dass wir es wussten, rief sie sofort im Krankenhaus an und sorgte dafür, dass wir unser Kind sehen konnten, und gab den Menschen dort noch andere Hilfestellungen zu unserem Besten.

Ich glaube, wir hätten auch dankbar angenommen, wenn sie uns gefragt hätte, ob sie kommen und uns beistehen dürfe. Wir brauchten jemanden, der für uns Sorge trug und bei dem wir uns anlehnen konnten. Als die Zeit kam, unseren Geburtsfragebogen auszufüllen, tat ich dies bis ins kleinste Detail, weil jemand sich dafür interessierte und ich ein solches Bedürfnis hatte, darüber zu berichten ... (Ilse, 1987)

Wie kann die Geburtsvorbereiterin stützen?

Die Beziehung eines werdenden Elternpaares zur Geburtsvorbereiterin ist oft eine ganz besondere. Daher ist es nicht verwunderlich, dass die Person, die so ganz intensiv die Vorfreude über das Baby geteilt hat, auch unter Umständen die Erste ist, die von der Trauer um es erfährt. Wenn ein Anruf kommt, bevor das tote Kind zur Welt gekommen ist, können wir den Eltern sagen, was anderen in dieser Situation geholfen hat bzw. was andere danach bedauert haben. Wir können dazu ermuntern, die Geburt so durchzuführen, wie sie es sich vorgestellt hatten. Wir können ggf. anbieten, die Eltern bei der Geburt zu begleiten, wie wir das ja hie und da auch bei einer glücklichen Geburt tun. Vielleicht bitten uns die Eltern auch um unsere Anwesenheit. Das ist sicherlich keine leichte Aufgabe, doch gerade in dieser Situation für Menschen da sein zu können, kann unvorstellbar bereichernd sein.

Wenn ein Baby krank zur Welt gekommen ist und es verlegt wurde, können wir eventuell mit der Mutter zusammen in die Kinderklinik fahren. Wir können sie ermuntern, sich so weit wie möglich an der Pflege ihres kranken oder sterbenden Kindes zu beteiligen, es im Arm zu halten, es vielleicht sogar zu stillen, sofern das möglich ist. Wir können ihr helfen, ihre Bedürfnisse zu erspüren und sich dafür einzusetzen, diese zu verwirklichen.

Wenn wir über andere erfahren, dass »etwas schief gegangen ist«, sollten wir die Eltern auf jeden Fall anrufen und uns als Gesprächspartner anbieten (in der Schocksituation sind diese vielleicht unfähig, Kontakt aufzunehmen): »Ich habe gehört, dass euer Baby tot auf die Welt gekommen ist. Wenn ihr darüber sprechen mögt, ich würde gerne mehr über euer Kind und die Geburt erfahren.« Meistens sind Eltern froh, wenn jemand auf sie zugeht und ihnen nicht ausweicht, wie sie das häufig in ihrer Umgebung erleben. Wir können unser Interesse bekunden, indem wir Fragen stellen darüber, ob sie Zeit mit ihm verbringen konnten, wie ihr Baby ausgesehen hat usw. Eine mir bekannte Geburtsvorbereiterin setzte sich für die Eltern ein, dass sie das zu ihrem Bedauern Versäumte nachholen und ihr Baby noch nachträglich sehen konnten. Vielleicht erfahren wir auch etwas über etwaige Angst, Wut oder Schuldgefühle und können helfen, mit diesen Gefühlen umzugehen. Dabei dürfen wir den Vater nicht vergessen, der leider allzu häufig von anderen ignoriert wird.

Wenn das Verfassen eines Geburtsberichts schon für Eltern, bei denen die Geburt einen glücklichen Ausgang hatte, für die Verarbeitung von Bedeutung sein kann, ist dies erst recht der Fall für Eltern, deren Kind gestorben ist. Ihre »Geschichte« vermitteln zu können hilft ihnen, nach und nach ein wenig besser zu begreifen, was geschehen ist (s. S. 187 f.). Wir sollten auch sie um einen Geburtsbericht bitten, wenn dies für den Rest der Gruppe üblich ist.

War eine Frau bereits während der Schwangerschaft einer *Stillgruppe* verbunden, mag viel von dem Gesagten sinngemäß auch auf die Stillgruppenleiterin und auf die Stillgruppe zutreffen.

Wie kann die Gruppe stützen?

Das Ausmaß an Unterstützung ist der maßgeblichste Faktor dafür, wie Eltern den Verlust eines Kindes überstehen. Es wäre schön, wenn sie jetzt, wo ihnen etwas Schreckliches passiert ist, nicht von ihrer Gruppe, in der häufig enge Beziehungen gewachsen sind, ausgeschlossen würden. Natürlich werden die Gruppenmitglieder wahrscheinlich die üblichen Ängste, die übliche Hilflosigkeit und vielleicht auch Schuldgefühle darüber verspüren, dass ihr Kind lebt und gesund ist. Aber mit Hilfe der Leiterin werden sie diese wahrscheinlich akzeptieren können.

Es ist gut, die trauernden Eltern zu dem Nachtreffen einer Geburtsvorbereitungsgruppe persönlich einzuladen. Manche werden möglicherweise absagen. Andere, besonders die, die vielleicht gerade aufgrund ihres Kontaktes mit der Leiterin mit ihrer Trauer zurechtgekommen sind, werden dankend annehmen. Es ist vielen wichtig, über die Geburt sprechen zu können. Für ihre Leistung – eine Geburt unter solch schwierigen Bedingungen – anerkannt zu werden, tut gut. Im Alltag wird in der Regel kaum jemand darauf eingehen oder sich für die Umstände der Geburt interessieren. Ute, eine Geburtsvorbereiterin, hat mit der Einladung betroffener Paare gute Erfahrungen gemacht:

Zunächst war allgemeine Hilflosigkeit zu spüren. Dann gab ein Vater seine Unbeholfenheit zu, indem er meinte, er wisse nicht, wie er mit den beiden umgehen solle, und sie sollten es ihm doch bitte sagen. Das brach das Schweigen. Es wurde den anderen klar, dass sie das Leid zwar nicht wegnehmen konnten, aber dass es gut tat, für das Paar da sein zu können. Die betroffene Mutter konnte auch ihre Eifersucht zugeben und ihre Gedanken, am liebsten ein Baby entführen zu wollen.

Von den Eltern hörte ich danach, wie wichtig es ihnen gewesen war, dass jemand ihnen zugehört hatte, dass ihre Geburtserfahrung gleichwertig neben denen der anderen stehen durfte und dass sie positive Rückmeldung bekommen hatten. Sie waren stolz auf ihre Geburt. Sie fühlten sich mit dem unglücklichen Ausgang ihrer Schwangerschaft in der vertrauten Gruppe aufgefangen, und es war möglich, weiterhin die Freundschaften aufrechtzuerhalten.

In einem anderen Fall fing die verwaiste Mutter sehr zu weinen an, als sie die Babys sah, doch sie bat darum, eines halten zu dürfen. Alle Frauen in der Gruppe weinten mit. Nachdem das Paar über die Geburt erzählt hatte, ging es wieder, und erst dann konnten die anderen über ihre Geburten sprechen.

Gerade in der warmherzigen, persönlichen Atmosphäre von Geburtsvorbereitungsgruppen entstehen oft Männerfreundschaften in einer Tiefe, wie sie sonst nicht üblich sind. Von daher sind gerade die Männer der Gruppe prädestiniert dafür, einen trauernden Vater zu stützen. Im Alltag hat er kaum die Möglichkeit, seine Gefühle zu zeigen. Die Aufmerksamkeit ist vor allem nach einigen Monaten nötig, wenn die meisten anderen sich zurückgezogen haben. (Die Leiterin kann kurz über Trauer, den Trauerprozess und die Bedürfnisse Trauernder aufklären.)

Es wäre schön, wenn Leiterinnen und Gruppenfreunde Trauernde weiterhin telefonisch oder persönlich ein Stück des Wegs begleiten könnten. Vor allem ist es eine willkommene Geste, am ersten Todestag durch ein Telefonat, einen Besuch oder Blumen zu zeigen, dass jemand sich erinnert.

12 Trauerbegleitung durch Beerdigungsunternehmen

Der Einfluss der Bestatter

Neben Klinikpersonal und SeelsorgerInnen haben Bestatter eine Schlüsselposition im Trauerprozess von Eltern, deren Kind gestorben ist. Meistens ist ihnen nicht so recht bewusst, wie viel sie zu einem heilenden Trauerprozess beitragen können.

Der Bestatter war unheimlich nett. Er sagte zu meiner Mutter, ihre Enkelin würde so schön und friedlich aussehen ... ob denn nicht noch einmal jemand das Kind anschauen möchte. Meine Mutter wollte mir Schmerzen ersparen und verneinte, ohne nachzufragen. Ich bedaure das sehr. Doch allein schon seine Aussage hat mir im Inneren etwas Friede gebracht.

Andererseits können Bestatter Eltern eine unwiederbringliche Erfahrung nehmen und somit die Verarbeitung der Trauer behindern:

Das Einzige, was ich bedaure, ist, dass der Bestatter uns unsere Tochter nicht mehr sehen ließ und wir nicht dagegen protestierten! Wir hatten ein Taufkleid für sie gekauft, und sie trug den Ring ihrer Mutter um den Hals. Wir hatten sie im Krankenhaus gehalten, und wir hätten sie so gern noch einmal in dem Kleidchen und mit dem Ring gesehen. Dass wir das nicht mehr taten, wird für immer Bedauern in uns hinterlassen.

Eine ethische Fragestellung

Aber zurück zur ersten Aussage. Eine Passage aus einem Aufsatz von Thomas Attig, dem ehemaligen Vorsitzenden der Association for Death Education and Counseling (s. Anhang) und Autor des Buches *How We Grieve*, hilft uns, diese Handlungsweise noch einmal genauer zu überdenken:

Ein älteres Paar nimmt Kontakt mit einem Bestatter auf und drängt darauf, er möge eine baldige, einfache Beisetzung für das tot geborene Baby arrangieren, das ihre junge, unverheiratete Tochter gerade zur Welt gebracht hat. Sie wollen ihre Tochter vor einer schmerzlichen Erfahrung schützen, die ihrer Meinung nach deren Schmerz und Leid noch vergrößert. Sie handeln so, wie sie denken, dass Eltern handeln sollten, und bitten den Bestatter, so zu verfahren, wie sie denken, dass es für ihre Tochter am besten sei. Sie geben nicht vor, auf deren Wunsch hin zu handeln und auch nicht mit deren Einwilligung. Kurz und gut, sie handeln paternalistisch und bitten den Bestatter, dasselbe zu tun. Soll der Bestatter nun auf die Wünsche der Eltern eingehen? Gibt es eine Handlungsweise, die zu bevorzugen ist? Mehr noch, gibt es für seinen Berufsstand eine Verpflichtung, das Gegenteil zu tun? Wenn es eine Verpflichtung gibt, auf welcher ethischen Grundlage beruht sie?

Im Verlauf seines Aufsatzes spricht sich Thomas Attig klar gegen das paternalistische Modell aus und begründet das auch:

Die Hinterbliebenen in die Entscheidungsprozesse mit einzubeziehen ist wichtig angesichts dessen, dass Hilflosigkeit häufig auftretender Bestandteil des Trauerprozesses und ein Hauptaspekt der persönlichen Verletzlichkeit ist. Eine der großen Gefahren für die Hinterbliebenen ist, dass ihre Hilflosigkeit verstärkt und ihre von anderen wahrgenommene Unfähigkeit wirklich und chronisch wird und zu einer ungelösten Depression führt. Als Konsequenz wird damit eine gefühlsmäßige Anpassung an den Tod, eine Neuorientierung und kompetentes menschliches Funktionieren unterbunden.

Die Möglichkeiten für bedeutungsvolles Handeln zu übersehen oder zu verneinen fördert die vorübergehende Handlungsunfähigkeit im Leben der Trauernden, anstatt sie zu vertreiben. Somit kann Paternalismus in der Tat effektive Trauerarbeit untergraben. (Attig, 1983)

Wie Bestatter zur Trauerverarbeitung beitragen können

Wissen über diese spezielle Situation ist nötig

Um wirklich beistehen zu können, brauchen Bestatter zunächst Wissen über Trauerprozesse im Allgemeinen – und diese spezielle Situation im Besonderen. Berichte von Eltern in diesem Buch geben Einblicke in deren Erfahrungswelt und deren Bedürfnisse. In den Kapiteln 6, 7 und 8 geht es um die Umsetzung des Wissens über den Trauerweg in die Praxis. Hier nun einige Anregungen, wie Bestatter Eltern unterstützen können.

Was sich als hilfreich erwiesen hat

– Wenn Eltern zur Mitentscheidung angeregt werden, können sie den Zustand der Hilflosigkeit besser überwinden. Dazu brauchen sie Information über Möglichkeiten, Anregungen ohne Bedrängen, Offenheit und Zugewandtheit und das Gefühl, dass sie *alles* tun können, was *ihnen* langfristig hilft, Friede zu finden.

– Das Eingebundensein der Eltern in ihrer Umgebung ist wichtig für die Trauerverarbeitung. Wenn das Baby auch für andere »wirklich« geworden ist, können diese sie in ihrer Trauer besser unterstützen, und die Eltern fühlen sich nicht so allein.

– Kinder können besser begreifen, was geschehen ist, wenn sie im wahrsten Sinne des Wortes »be-greifen« können (s. S. 147 ff.).

Alles tun, was den Eltern hilft, die Wirklichkeit des Verlustes anzunehmen (s. S. 264 f.):

▶ Eltern eine letzte Gelegenheit bieten, mit ihrem Kind zusammen zu sein, besonders wenn sie es vorher noch nicht gesehen haben. Ihnen helfen, ihre eigenen Bedürfnisse wahrzunehmen.

▶ Vater *und* Mutter persönlich ansprechen (es mag sein, dass einer den anderen vielleicht vor Schmerz beschützen will, dieser aber danach bedauert, unwiederbringliche Chancen verpasst zu haben).

▶ Eltern vermitteln, dass sie so viel Zeit haben, wie sie es wünschen! Auf angenehmen Rahmen achten.

▶ Nicht selbst darüber entscheiden, ob ein Kind »sehenswert« ist oder nicht. Eltern sehen ihr Baby anders – »mit den Augen des Herzens«. Falls unentschlossen, fragen, ob Beschreibung erwünscht ist (s. auch S. 241).

▶ Falls Eltern ihr Kind noch nicht gesehen haben, sie auf den Anblick mit liebevollen, einfühlsamen Worten vorbereiten.

▶ Eltern fragen, ob sie ihrem Baby einen Namen gegeben haben oder ob sie das noch tun wollen. Wenn das Kind bereits einen Namen hat, namentlich von ihm sprechen.

▶ Eltern auf die neuesten gesetzlichen Bestimmungen bezüglich Eintragung ins Geburtenregister und Bestattungsmöglichkeiten hinweisen.

▶ Da Männer ihre Trauer gut durch Aktion verarbeiten, überlegen, wie Väter oder Großväter zu Tätigkeiten angeregt werden können, z.B. Zimmern eines kleinen Sargs oder eines anderen Behältnisses, um dem Körper des Babys eine »Heimat« zu geben. Bei der Auskleidung des Sarges teilnehmen lassen. Der Sarg kann von den Eltern bemalt werden.

▶ Eltern in der Versorgung des Kindes ggf. beteiligen. Fragen, ob sie ihr Baby waschen oder anziehen wollen. Sie fragen, ob sie besondere

Kleidungsstücke für das Kind bereitgelegt haben, ggf. Puppenkleidung für ein sehr kleines Baby (s. auch Bezugsquellen im Anhang).

▶ Den Eltern anbieten, das Kind selbst in den Sarg zu legen und bei der Sargschließung zugegen zu sein.

▶ Den Vater auf Wunsch sein Kind selbst zum Auto tragen und ihn mit zum Leichenhaus fahren lassen.

▶ Die Beisetzung erst nach Entlassung der Mutter aus der Klinik vornehmen, um ihre Teilnahme zu ermöglichen. Oder eine Sondergenehmigung einholen, um die Bestattung zu verschieben.

▶ Fragen, ob es Erinnerungsstücke gibt. Wenn nicht, ist jetzt die letzte Chance, dies nachzuholen, z.B. Fotos, Totenmaske, Fußabdruck.

Die Familie integrieren helfen:

▶ Kinder sollen ganz natürlich »ihr« Baby sehen, mit ihm sprechen, es ggf. berühren und halten können. Es ist gut, wenn eine Person zugegen ist, bei der sie sich wohl fühlen und alle Fragen stellen können, die sie beschäftigen.

▶ Kinder dazu ermuntern, »ihrem Baby« etwas in den Sarg zu legen (manche tun es heimlich): ein kleines Briefchen, ein Bildchen oder ein Spielzeug oder ... Stets Papier, Farben und Stifte bereithalten.

▶ Auch Großeltern, anderen Familienmitgliedern und Freunden Gelegenheit geben, das Baby kennen zu lernen und sich von ihm zu verabschieden, falls das noch nicht zuvor geschehen ist.

▶ Alle ermuntern, dem Baby etwas für sie Bedeutungsvolles mitzugeben.

Rituelle Ausdrucksweise fördern:

▶ Die Eltern ermuntern, ein Ritual (s. S. 102 ff. und Anhang) mitzugestalten, das für sie Bedeutung hat: Luftballons an den Sarg binden oder aufsteigen lassen, ein Gedicht verlesen, besondere Texte und Musik auswählen oder ein bedeutungsvolles Lied singen. (Eine Vielfalt von Ritualen sind in dem Buch *Bittersweet ... hellogoodbye* [leider nur auf Englisch erhältlich bei SHARE, s. Adressen] zu finden).

▶ Den Eltern vorschlagen, Familie und Freunde mit einzubeziehen, jedoch ohne zu bedrängen. Eventuell Freunde zur Mitgestaltung der Trauerfeier ermuntern. Vielleicht streckenweises Tragen des Sarges durch Freunde oder durch die Eltern selbst.

Auf Wunsch auch fehlgeborene Babys beerdigen:

▶ Die Bindung der Eltern auch an ein noch nicht beurkundetes Baby respektieren. Das Gesagte bezüglich Namensgebung gilt auch hier.

▶ Eventuell mit Friedhofsverwaltungen und Selbsthilfegruppen zusammen praktikable, kostengünstige Wege der Beisetzung kleinerer Babys, die nicht einem Bestattungszwang unterliegen, überdenken – die Anlegung eines speziellen Bereichs auf dem Friedhof anregen.

Ein Bestatter:

Wenn ein Familiengrab besteht, dann legen wir die fehlgeborenen Babys z.B. zu der Großmutter. Die bekommen keinen richtigen Sarg, sondern ich zimmere ein kleines, weißes Kästchen, das ich innen auskleide, so dass ein würdevoller Rahmen gegeben ist.

Den gesunden Trauerprozess fördern:

▶ Sich leiten lassen von der Frage, welche Handlungen und Vorgehensweisen diesen Eltern Friede bringen würden.

▶ Eltern vorbereiten auf ihren Trauerweg und auf die mögliche Länge und Tiefe der Trauer (s. S. 261 f.).

▶ Sie informieren, welche möglichen Auswirkungen bestimmte Entscheidungen auf den Trauerprozess haben können. Ihnen ungefragt Informationen über ihre Optionen geben und die jeweiligen damit verbundenen Vor- und Nachteile.

▶ Die Autonomie und die Werte der Eltern respektieren – nach *ihren* Werten handeln.

▶ Auch Bestatter können die Gründung von Stützgruppen fördern.

▶ Ggf. eine Kartei von Betroffenen anlegen und mit deren Erlaubnis ihre Adresse aufnehmen und Kontakte herstellen.

Kontakte zu Trauergruppen pflegen:

▶ Mit Betroffenen, z.B. Stützgruppen, periodisch über ihre Erfahrungen sprechen, um herauszufinden, was hilfreich war und was veränderungsbedürftig ist.

▶ Gemeinsam hilfreiche Handlungsweisen erarbeiten.

Der Bestatter Fritz Roth, auch ausgebildet in Trauerbegleitung, ermuntert Eltern, »all das zu tun, was *ihnen* hilft, und sich nicht von Normen einschränken zu lassen«. In seinem menschenfreundlichen Bestattungshaus, das »Haus der menschlichen Begleitung« heißt, schafft er in herzerwärmenden Räumlichkeiten »eine Plattform, wo Eltern in der Begegnung mit ihrem toten Kind ihren Gefühlen und Bedürfnissen nachspüren können«. Im Wissen um die Bedeutsamkeit der ersten Zeit für den weiteren Trauerverlauf gibt er dann »Raum und Zeit, auf denen sie *diese* Realität werden lassen können«. Sein Konzept ist in dem bewegenden Buch *Der Trauer eine Heimat geben. Ein Plädoyer für eine lebendige Trauerkultur* (Bode/Roth, 1998) beschrieben.

Bestatter sind wichtige Bezugspersonen für Trauernde. Mögen diese Zeilen ihnen ihre Hilfsmöglichkeiten und ihre Verantwortung noch mehr verdeutlichen und sie zu einem noch bewussteren, kreativeren, individuelleren Umgang mit trauernden Eltern inspirieren – zu deren Wohl. Und mögen wir in unserer Kultur allmählich wieder zu einem natürlichen Umgang mit dem Tod zurückfinden, damit wir besser leben können.

Nachwort

Als Kinderkranken- und Geburtshilfeschwester arbeitete ich oft mit Eltern, deren Kind starb. Die erste Erfahrung mit Trauer über die anfängliche Trauersituation hinausgehend machte ich 1974, als ich Pam und Bob Sampson begleitete. Pam bekam Eklampsie, eine Schwangerschaftsvergiftung. Eines Morgens hatte sie einen Krampfanfall, währenddessen ihr ungeborenes Baby starb. Die kleine Anna Marie wurde per Notkaiserschnitt geboren, Pam blieb die nächsten drei Tage im Koma und erfuhr erst bei ihrem Wiedererwachen von der Geburt, dem Tod und der Beerdigung ihrer kleinen Tochter. Sie hatte keine Fotos, keine Erinnerungen, keine Rituale oder wirkliche Erfahrungen, die ihr durch den Trauerprozess hindurchhelfen konnten.

Aufgrund schwerwiegender Komplikationen durch die Eklampsie blieb Pam einen Monat lang im Krankenhaus. Ihre Familie, dankbar dafür, dass Pam am Leben war, vermied es, über den Tod des Babys zu sprechen, und trug so nur noch mehr zu Pams Schmerz und Isolation bei. Sie musste aber mit jemandem darüber reden und sammelte jedmögliche Information. Während des Krankenhausaufenthaltes baten Bob und Pam mich oft, mit ihnen zu sprechen, und durch ihre offenen Gefühlsäußerungen lernte ich ungeheuer viel über den Schmerz von Eltern nach dem Verlust eines Babys. In den darauf folgenden Monaten kamen Bob und Pam häufig zurück, und ich erfuhr, wie groß ihr Bedürfnis war, sich mit Menschen in einer ähnlichen Situation auszutauschen. Trauer in Isolation war für sie fast unerträglich. Oft sprachen sie von ihrem Wunsch, ich möge eine Gruppe für betroffene Eltern ins Leben rufen. Damals gab es keine Modelle dafür. 1976 erfuhr Bob von einer Gruppe verwaister Eltern in St. Louis – AMEND, die erste Stützgruppe in den USA, die sich der Betreuung trauernder Eltern widmete. Bob kam wieder, um mich um Mithilfe bei der Gründung einer regionalen Gruppe in unserer Stadt zu bitten. Ich willigte ein, und für die nächsten 16 Jahre widmete ich mein Leben der Unterstützung von Eltern, deren Baby gestorben ist.

Nach einem Umzug nach Springfield, wo keine organisierte Unterstützung vorhanden war, führte ich auch dort auf Drängen des Psychologen Professor Glen Davidson und trauernder Eltern meine Aufgabe weiter. Da ich mit dem Krankenhaus verbunden war, sah ich es als wertvoll an, die Philosophie der Unterstützung im Krankenhaus in einer Weise zu integrieren, dass auch wirklich jeder, der mit diesen Familien zusammenkam, sich deren Bedürfnissen bewusst war und ihnen entgegenkam. Es war offensichtlich, dass ein Teamansatz nötig war, um alle Bedürfnisse abzudecken, von dem Zeitpunkt an, wo ein Verlust befürchtet wurde, durch die Anfangszeit der Trauer hindurch, bis hin zur Nachsorge. Im Herbst 1977 wurde im St. John's Hospital in Springfield SHARE geboren. Jetzt gibt es über 100 Gruppen in den USA und in anderen Ländern, auch in Deutschland. Im Herbst 1987 hielt ich einen Vortrag in Holzhausen auf Einladung von Hannah Lothrop, im Juni 1989 weitere neun an verschiedenen Orten in Deutschland.

Hannah Lothrops Buch ist eigentlich schon lange fällig gewesen, aber es war es wert, darauf zu warten. Hannahs Buch, das sich gleichermaßen sorgsam und einfühlend an Trauernde wie auch an die Menschen richtet, die sie begleiten, ist mit dem Herzen geschrieben. Es ist nicht nur aus ihren eigenen Erfahrungen entstanden, sondern auch aus den Erfahrungen der Menschen, die sie auf ihrem Weg begleitet hat. Hannah hat anderen geholfen, einen »guten Tod« zu erfahren, von dem der Psychiater Avery Weisman sagt: »Manche Tode sind besser als andere, wie auch manche Leben besser als andere sind. Ärzte, Hebammen, Schwestern und Seelsorger müssen mithelfen, dass der Tod unter bestimmten Bedingungen als ein ›guter Tod‹ erfahren werden kann – in Übereinstimmung mit bestimmten Werten, das heißt das, was wichtig ist, wird aus dem Unbewussten vermittelt. Bei einem ›guten Tod‹ können die Überlebenden in Frieden damit leben, nicht ohne Schmerzen, nicht ohne Verletzung, aber Friede geht aus von ihrer Art zu leben, ihrer Lebenssituation, ihren Wünschen und ihrem Streben. Wenn wir von einem ›guten Tod‹ sprechen, dann denken wir dabei nicht nur an die Sterbenden, sondern auch an die nächsten Angehörigen. Ein ›guter Tod‹ – ein Tod, mit dem sie leben können.«

Der Tod eines Babys scheint nicht »richtig«. Das ganze Potential des Kindes für ein erfülltes Leben zerrinnt, ehe die Eltern es lieb haben und umsorgen konnten, so wie es ihren Hoffnungen und Träumen entsprach. Eltern erleben einen »guten Tod«, wenn sie die Möglichkeit hatten, mit ihrem Kind zusammen zu sein, auch wenn es tot war, es zu umsorgen, sich von ihm zu verabschieden – wenn sie nach ihren Werten entscheiden konnten, nachdem sie erfahren hatten, was für andere Eltern hilfreich gewesen ist und welche Möglichkeiten diesen offen standen. Die Einzelheiten dazu hat Hannah in ihrem Buch beschrieben. Einen »guten Tod« zu erleben wird nur möglich sein, wenn einfühlsame, informierte Betreuer und Familienmitglieder für die Eltern wirklich da sind, sobald sie vom Tod erfahren, wenn sie durch die Erfahrung »hindurchgehen«, bei der Beerdigung und in den Wochen und Monaten danach.

Wir brauchen keine Antworten für diese Eltern zu haben. Sie erwarten nicht von uns, dass wir ihren Schmerz wegnehmen. Sie brauchen uns aber zum *Zuhören* beim Verarbeiten ihrer Trauererfahrung und dem Hindurchgehen durch ihren Trauerprozess. Wenn wir bei ihnen sind und uns vielleicht hilflos fühlen, können wir daran denken, dass wir zwei Augen, zwei Ohren und einen Mund haben. Es scheint mir, dass wir viermal so viel zuhören und beobachten sollten, als wir sprechen. Zuhören ist unser größtes Geschenk an Trauernde.

Wir müssen Eltern die »Erlaubnis« geben, zu fühlen, was sie fühlen, und nach den Dingen zu verlangen, die sie für sich und ihr Baby wünschen. Es hat lange gebraucht, bis wir das begriffen hatten. Es wurde uns zum ersten Mal klar, als ein Paar zu Hause eine Fehlgeburt hatte und danach das Baby zu uns ins Krankenhaus brachte. Sie wollten es wieder mit nach Hause nehmen; sie sagten, es ist ihr Kind. Und wir sagten »Nein«. Es verstieß gegen unsere übliche Handhabung. Und dann dachten wir darüber nach: »Wessen Baby ist es eigentlich? Wieso haben wir das Recht, über dieses Baby zu entscheiden? Die Eltern haben es hierher gebracht, sie hätten es ja auch zu Hause lassen können. Sie hätten es nicht zur Klinik bringen müssen. Sie trugen Sorge für es.« Und da begann es uns langsam klar zu werden, dass das eigentlich so war, wie es sein sollte – dass es Sache der Eltern sein sollte, darüber zu bestimmen, was geschehen soll.

Eltern, meine Botschaft an euch ist: Folgt eurem Herzen und tut die Dinge, die der Liebe für euer Baby entspringen. Dies ist einer der Wege, wie sich euer Kind vielleicht auf dieser Welt bemerkbar machen kann. Manche Menschen mögen nicht reagieren, wie ihr es erhofft habt, aber ihr werdet sehen, dass andere die Botschaft der Liebe verstehen, annehmen und an andere weitergeben werden.

Während meiner langjährigen geburtshilflichen und seelsorgerischen Tätigkeit habe ich eine wichtige Tatsache begriffen: Es ist der Traum aller Eltern, dass man ihr Kind kennt und als »jemand Besonderes« anerkennt, dass ihr Baby eine Auswirkung auf diese Welt haben möge. Sie wollen, dass man ihr winziges Kind sogar schon am Anfang seines Lebens als Mensch ansieht. Von ihm mit seinem Namen zu sprechen, die eigenen Gefühle und Erfahrungen mitzuteilen ist ein Weg, um das Baby als »jemand Besonderes« anzuerkennen.

Wir werden nie ein perfektes »Rezept« im Umgang mit Trauernden oder unserer eigenen Trauer haben. Jeder Mensch wird die Trauer aus seiner eigenen Perspektive verarbeiten. Richtlinien sind hilfreich, aber sie sind nicht alles. Jeder von uns, Eltern wie Betreuungspersonal, handelt gemäß seiner eigenen Persönlichkeit und Art, Dinge zu tun, je nach Lebensgeschichte und -erfahrungen. Unsere Intuition, gekoppelt mit unserem inneren und äußeren Horchen, ist ein großes Geschenk. Während wir den Weg gemeinsam gehen, werden wir uns des Lichts gewahr, das am anderen Ende des Tunnels scheint. Hannahs Buch hilft uns, durch den Tunnel zu gehen in der Gewissheit, dass das Licht da ist und dass die Dunkelheit es niemals auslöschen wird.

Springfield, Illinois, im September 1996
Sister Jane Marie Lamb
(SHARE)

Dank

Viele Menschen haben dazu beigetragen, dass dieses Buch entstehen konnte. Danke vor allem jenen Frauen und Männern, die mich in dieser für sie besonders tragischen Situation an ihrem Leben, ihren Gefühlen und Gedanken so offen teilhaben ließen, die sich die Zeit nahmen, mir von ihren Erfahrungen zu berichten, oder die ich bei der Totgeburt und in den Wochen und Monaten danach begleiten durfte. Ihre Berichte bilden das Herzstück dieses Buches. Ich bin sicher, dass sie damit vielen tausend Menschen helfen werden und somit der Tod ihrer Kinder einen Sinn bekommt. Ich fühle mich Dr. Gerd Eldering und dem geburtshilflichen-pflegerischen Team des Vinzenz Pallotti Hospitals in Bensberg sehr verbunden für meine unkomplizierte, harmonische Aufnahme im Team bei der Begleitung dieser Eltern.

Mein besonderer Dank gilt meiner Familie – meinem Mann Rob und meinen Kindern Anya und Kerry –, die das Werden dieses Buches mitgetragen hat, obwohl ich viele Monate länger daran arbeitete als ursprünglich gedacht. Auch empfinde ich ein tiefes Gefühl des Dankes gegenüber meiner langjährigen Freundin Mechthild Fuchs, die mir in ihrem »Einfach-da-Sein« über die Klippen der oft nicht leichten »Geburtsarbeit« hinweghalf, die den größten Teil des Buches genauestens durchlas und mich klug beriet. Sr. Jane Marie Lamb sei Dank für ihre Freundschaft, ihre Freundlichkeit, ihre Hilfsbereitschaft und Großzügigkeit, ihre Erfahrungen und Materialien mit mir zu teilen, und ihre informativen, ermunternden und einfühlsamen Briefe und Telefonanrufe, die passenderweise immer dann eintrafen, wenn mir der Mut ausging. Von ihr durfte ich vieles lernen.

Danke auch den Frauen in Florida, die ihre beruflichen Erfahrungen freizügig an mich weitergaben: Chris Pfeffer vom Baptist Hospital in South Miami (auch dafür, dass sie mich mit Sr. Jane Marie zusammengeführt hat), Ann Coon und Pat Stauber vom North Shore Hospital in Miami, Edie Kaplan und Barbara Woodward von den Compassionate Friends in Plantation und Edie Stark sowie Dorothea Luytjes und Dr. Poldi Orlando, die mich im Anfangsstadium immer wieder ermutigten; ebenso den Frauen im Norden: Cathy Romeo und Marilyn Unger sowie Sandy

Gould und ganz besonders Susan Hodge, die ich oft zitiert habe. Danke, Julia, Otto Betz, Felicitas Betz, Dorothea Bobzin, Martin Fromme, Rainer Habel, Karl Hamm, Albert Heil, Ute Herber-Ohler, Friederike Hock-Schmidt, Kusum Hofmann-Kachel, Dr. José Klapp, Joyce Krijger, Barbara Künzer-Riebel, Veronika Langguth, Jutta Röhrig, Herrn Seidel und Gerhard Wolf, die mir bei meinen Recherchen behilflich waren, sowie all den anderen, die ich nicht einzeln genannt habe.

Danke, Jonathan Benz, Dr. Trudel Giesbrecht, Elena Feuchtenhofer, Susanne Kühnel und Ulli Woogk, die Teile des Manuskripts lasen und kommentierten, an Mechthild Scheffer und Susanne Fischer-Rizzi für ihren fachlichen Rat und Petra Pfeifer, Christa Pfeifer-Reuter und Claudia Vogt, die mir bei der Übertragung der Gesprächskassetten halfen. Dank an Bärbel Kehrer-Kremer für Austausch und die Inspiration durch ihre Geschichte und Texte. Dank an Barbara Trübner dafür, dass sie einige Gespräche mit Betroffenen geführt hat. Danke, Joy Johnson von der Centering Corporation, Ute und Frank sowie Julie Fritsch für die Erlaubnis zur Veröffentlichung von Fotos. Ich danke auch Dr. J. William Worden für seine Genehmigung, einige seiner Konzepte der Trauerberatung in mein Buch aufzunehmen, ebenso Dr. Glen Davidson für seine Information über die Trauerphasen und Dr. John Bowlby und Dr. Collin Murray Parkes, von deren Arbeit diese Phasen abgeleitet wurden. Danke, Thomas Attig, Richard Boerstler, Sr. Beate Brandt, Dr. Jorgos Canacakis, Alma Daniel et al., Susan Scrimshaw und David March, Judy Tatelbaum, Howard Cupp und den anderen Compassionate Friends, deren Arbeit mich inspiriert hat oder aus deren Veröffentlichungen ich zitieren durfte. Danke meinen PsychosyntheselehrerInnen, von denen ich viel gelernt habe. Noch einen besonderen Dank an Dr. Eldering, dass ich den an ihn gerichteten Brief einer Mutter abdrucken durfte, und an M. S. für ihre Zustimmung dazu.

Danke an Allegra für Inspiration und Begleitung bei dem Entstehen der erweiterten Auflage dieses Buches sowie an Cathi Lammert von SHARE, Mechthild Fuchs, Sr. Jane Marie und meiner Lektorin Beate Herbinger, die alle dazu beigetragen haben, dass dieses neue Buch hoffentlich noch tiefer helfen kann.

Nicht zuletzt gilt mein tiefer Dank meinem Kind Cara.

Anhang

Rechte von Eltern, wenn ein Baby stirbt

- ▶ Die Gelegenheit zu bekommen, ihr Baby jederzeit vor und/oder nach dem Tod, in Maßen, zu sehen, zu halten und zu berühren.

- ▶ Fotografien von ihrem Baby aufgenommen und zur Verfügung gestellt oder sicher aufbewahrt zu bekommen, bis die Eltern sie sehen möchten.

- ▶ So viele Erinnerungsstücke wie möglich zu erhalten, z.B. Bettkarte, Identifikationsband, Ultraschallbild und/oder andere Fotos, eine Haarlocke, Fuß- und Handabdrücke und Daten über Gewicht und Körpergröße des Babys.

- ▶ Ihrem Kind einen Namen zu geben und eine Bindung zu ihm eingehen zu können.

- ▶ Kulturelle und religiöse Praktiken ausüben zu können.

- ▶ Von einfühlsamen Betreuern umsorgt zu werden, die ihre Gefühle, Gedanken, Überzeugungen und individuellen Wünsche respektieren.

- ▶ Während des Krankenhausaufenthaltes so viel wie möglich zusammen sein zu können.

- ▶ Mit dem Baby allein sein zu dürfen, je nach persönlichen Bedürfnissen.

- ▶ Eine Autopsie anfordern zu dürfen. Im Falle einer Fehlgeburt zu erbeten, eine Autopsie (Obduktion) zu machen oder nicht, gemäß geltendem Gesetz.

- ▶ In einer verständlichen Sprache Information vermittelt zu bekommen bezüglich Status und Todesursache des Babys, einschließlich Obduktionsbefunde und Krankenhausakte.

▶ Ein Abschiedsritual, Begräbnis oder Verbrennung gemäß lokalen Gesetzen und Verordnungen und persönlichen, religiösen oder kulturellen Traditionen zu planen.

▶ Information über Ressourcen zu erhalten, z.B. Stützgruppen, Beratung, Literatur und Rundbriefe, die den Heilungsprozess stützen.

(SHARE Pregnancy and Infant Support Loss, Inc., 1991)

Rechte des Babys

▶ Anerkannt zu werden als ein Mensch, der geboren wurde und starb.

▶ Einen Namen zu erhalten.

▶ Von den Eltern gesehen, berührt und gehalten zu werden.

▶ Würdigung des Lebensendes.

▶ Mit Würde begraben zu werden.

(SHARE Pregnancy und Infant Support Loss, Inc., 1991)

Fragebogen 1 – für Eltern

Was ist meine besondere Trauersituation?

Dieser Fragebogen ist für Eltern gedacht als Hilfe, eine bessere Perspektive über die Umstände des Verlustes und ihrer Erfahrung zu bekommen. TherapeutInnen, ÄrztInnen , Hebammen, Krankenschwestern und andere Fachleute können die Fragen als Basis für ihre Gespräche mit Eltern benutzen. Dieser Fragenkatalog kann auch dazu dienen herauszufinden, welche Eltern aufgrund vieler erschwerender Faktoren zusätzliche Hilfe bei ihrer Trauerverarbeitung brauchen. Diese Fragen können gedanklich beantwortet oder als Teil eines Gesprächs mit anderen benutzt werden.

1. Intensität der Beziehung:
Wie viel Bindung ist bereits entstanden? Wie tief ist die Liebe gewachsen? Habe ich meine Liebe zurückgehalten aus Angst vor einem möglichen Verlust? Habe ich als Mutter das Kind schon in mir gespürt, oder habe ich als Mann noch keine Beziehung aufnehmen können? Hatte ich zwiespältige Gefühle dem Kind gegenüber?

2. Was war mit dieser Schwangerschaft noch für mich verbunden?
Habe ich mich wohler gefühlt als sonst? Habe ich mich aufgewertet und wichtig gefühlt? Bekam ich mehr Aufmerksamkeit durch meinen Partner als zuvor? Oder schien mein Partner mehr distanziert? Haben wir gehofft, eine kränkelnde Partnerschaft zu kitten? Wollte ich einer unangenehmen Situation (z.B. Arbeitsstelle) ausweichen? War dieses Kind die lang ersehnte Tochter oder der lang ersehnte Sohn? Hatte ich das Gefühl, durch das Elternwerden eine Lebensaufgabe zu erfüllen? Wie wahrscheinlich ist es, dass wir kein weiteres Baby mehr bekommen können?

3. Was waren die Todesumstände?
Hatte ich Vorahnungen? Hatte ich von vorneherein das Gefühl, dass »etwas nicht stimmt«? Oder wurde ich aus »heiterem Himmel« überrascht? Waren Schwangerschaft oder Tod mit einem gesellschaftlichen Tabu belegt? Wie habe ich vom Tod meines Kindes erfahren? Wie wurde mir die

Tatsache mitgeteilt? Wie wurde ich während der Geburt und der Zeit danach begleitet? Hatte ich die für mich nötige Zeit, mein Kind kennen zu lernen und mich von ihm zu verabschieden? Konnte ich diese Zeit nach meinen Wünschen und Bedürfnissen gestalten? Oder was hätte ich gern anders gehabt? Konnten wir *die* Menschen zugegen haben, die wir uns wünschten? Konnten wir ggf. ältere Geschwister mit einschließen? Habe ich irgendwelches Bedauern? Habe ich das Gefühl, dass ich oder sonst jemand den Tod hätte verhindern können?

4. Historische Fakten:
Gab es noch andere Schwangerschaftsverluste in der Vergangenheit? Was waren die Umstände? Waren welche mit einem gesellschaftlichen Tabu belegt? Haben wir lange vergeblich versucht, ein Kind zu bekommen? Gab es andere Verluste oder traumatische Vorkommnisse in meinem Leben (nicht nur Verluste durch Tod mit einschließen)? Wie bin ich damit umgegangen? Wie viel oder wie wenig Unterstützung hatte ich dabei? Wie viel unverarbeitete Trauer trage ich noch in mir? Wie gehe ich mit den »kleinen täglichen Toden« um? Gab es während meiner Kindheit unzeitige Tode in meiner Familie? Wenn ja, wie ging man damit um? Welche Informationen bekam ich bezüglich Trauern von meiner Familie und meinem Umfeld? Leben meine Eltern noch? Ist ein Elternteil früh gestorben? Wenn ja, gibt es Unerledigtes? Wie war meine Beziehung zu meiner Mutter? Wie war mein seelischer Gesundheitszustand in der Vergangenheit? Gab es Perioden depressiver Verstimmung in der Vergangenheit?

5. Persönlichkeitsfaktoren:
Kann ich anderen Menschen mein Herz ausschütten, oder mache ich Dinge mit mir alleine ab – mit anderen Worten: Bin ich eher extravertiert oder introvertiert? Verarbeite ich Ereignisse eher mit dem Verstand oder eher über das Gefühl? Sind meine Wahrnehmungen eher konkreter oder intuitiver Natur (bin ich eher ein pragmatischer Mensch oder ein Mensch, der seiner Intuition folgt)? Bin ich eher auf die Gegenwart bezogen, oder tendiere ich dazu, mehr in der Zukunft oder in der Vergangenheit zu leben? Mag ich Dinge gern schnell zum Abschluss bringen, oder lasse ich ihnen eher ihren freien Lauf? Tendiere ich zu übermäßiger Selbständigkeit, oder kann ich Hilfe von anderen annehmen? Tendiere ich zu übermäßiger Abhängigkeit? Wie gehe ich normalerweise mit Stress um – bin ich stressanfällig, oder kann ich auch unter extremen Belastungen

noch funktionieren? Kann ich Gefühle zulassen, oder tendiere ich dazu, sie zu verdrängen oder zu verleugnen? Kann ich ausdrücken, was in mir vorgeht? Neige ich zu Schuldgefühlen oder zu einem starken Verantwortungsgefühl? Was ist mein Selbstbild (z.B. »die Starke«, »die Heulsuse«, »Immer ich«). Tendiere ich dazu, mit körperlichen Beschwerden auf seelische Schmerzen zu reagieren? Welche Gefühle kann ich schlecht ausdrücken oder sogar schlecht wahrnehmen? Welche Persönlichkeitsfaktoren hat mein Partner? Wo sind Konflikte entstanden aufgrund der Persönlichkeitsmerkmale der Menschen aus meiner Umgebung, und wie habe ich sie gelöst bzw. kann ich sie angehen?

6. Soziale Variablen:

Wie viel Unterstützung habe ich von meinen Freunden, meiner Familie, meinem sozialen Umfeld, meinem Partner/meiner Partnerin, BetreuerInnen, SeelsorgerInnen? Welche anderen Ressourcen habe ich außerhalb meiner selbst – Selbsthilfegruppen, Literatur, Aktivitäten etc.? Welche Ressourcen habe ich in mir: Fähigkeiten aufgrund vergangener Erfahrungen, soziales Lernen und internalisierte Rituale, Kreativität, Glaube und Spiritualität? Gibt es Menschen in meinem Leben, denen ich meine innersten Gefühle anvertrauen kann? Wird dieser Verlust als »gesellschaftlich nicht akzeptabel« angesehen (z.B. aufgrund von Abtreibung, in Verbindung mit AIDS oder Sucht, der Abbruch einer erwünschten Schwangerschaft aus medizinischer oder genetischer Indikation)?

7. Weltanschauung und Wertesystem:

Was ist meine Vorstellung von Leben und Tod? Vertrete ich eher eine materielle Lebenseinstellung, oder betrachte ich mich als spirituellen Menschen? Wie steht es mit meiner Lebensreife? Glaube ich, dass das Leben mit dem Tod beendet ist? Oder glaube ich an ein Leben nach dem Tod? Glaube ich an ein ewiges Leben der Seele? Glaube ich an Reinkarnation? Glaube ich, dass wir zufällig auf der Erde sind? Oder glaube ich, dass jeder Mensch eine Aufgabe in seinem Leben hat? Glaube ich, dass Kinder sich ihre Eltern aussuchen? Kann ich meinem Leben einen Sinn geben?

Fragebogen 2 – für BetreuerInnen

Persönliche Erfahrungen mit und Haltung gegenüber Sterben und Tod

Dieser Fragebogen ist für Fachleute gedacht, die Trauernde begleiten. Er soll dazu anregen, sich über seine eigenen Gefühle und Ängste, Erfahrungen mit dem Tod, innere Haltungen und ihre Quellen sowie unverarbeitete Verluste klarer zu werden. Ich möchte dazu ermutigen, über gefundene Antworten, Gedanken und gewonnene Einsichten mit Freunden und TeamkollegInnen zu sprechen, um aus der Sprachlosigkeit, die den Tod umgibt, herauszufinden. Wenn sich unverarbeitete oder problematische Themen zeigen, die in der Begegnung mit Trauernden möglicherweise hinderlich sein könnten, ist Supervision oder ggf. professionelle Unterstützung sinnvoll. Die Fragen können auf einem separaten Blatt beantwortet werden.

1. Meine erste persönliche Begegnung mit Tod war im Alter von ... Jahren, als ... starb.

2. Ich kann mich an folgende Gefühle von damals erinnern: ...

3. Die erste Beerdigung, der ich beiwohnte, war die von ..., als ich ... Jahre alt war.

4. Meine deutlichste Erinnerung von damals ist: ...

5. Folgender Todesfall liegt am kürzesten zurück (Person, Zeitpunkt, Umstände), und so bin ich damit umgegangen: ...

6. Der Tod, der mir am meisten zu schaffen macht, ist der Tod von: ...

7. Er war schwierig für mich, weil: ...

8. Von den Menschen in meinem Leben, die mir etwas bedeuten, würde mir der Tod von ... am schwersten fallen, weil ...

9. Folgende Erfahrungen von Tod habe ich noch nicht wirklich verarbeitet: ...

10. Meine Art, mit Verlusten umzugehen, ist: ...

11. Ich werde wissen, dass meine Trauer nach einem Verlust beendet ist, wenn ...

12. Es ist in Ordnung, mit Klienten/Patienten/Betroffenen über meine eigene Trauerarbeit zu sprechen, wenn ...

13. Als ich klein war und meine Familie über Tod sprach, dachte/fühlte ich: ...

14. So stellte ich mir als Kind den Tod vor: ...

15. So stelle ich mir heute den Tod vor: ...

16. Meine heutige Einstellung zum Tod ist so entstanden: ...

17. Für mich bedeutet Tod: ...

18. Meine größten Ängste bezüglich Tod und Sterben sind ... Ich würde mit ... darüber sprechen wollen.

19. Meine Meinung zu lebenserhaltenden Geräten bei zum Tod geweihten Menschen ist Folgende: ...

Für diejenigen, die beruflich oder in der Ausbildung mit Sterben und Tod in Berührung kamen/kommen:

20. Folgende Erfahrungen hatte ich mit Tod und Verlust in meiner Arbeit oder Ausbildung: ...

21. Am schwierigsten dabei war für mich: ...

22. Reaktionen von Eltern bei einer Totgeburt oder beim Sterben ihres Kindes machen mir am meisten Schwierigkeiten: ...

23. Dies mag damit zusammenhängen, dass ...

24. Ich möchte mit jemandem über die folgenden Themen, Gefühle, Fragen, Erfahrungen, unverarbeiteten Ereignisse sprechen bzw. mir im Umgang damit Hilfe holen: ...

(Inspiriert durch und basierend auf Dr. J. William Worden [1987] und Dr. Elisabeth Kübler-Ross)

Anregungen zur Meditation

Variation 1

1. Eine innere Entscheidung treffen:
»Ich will meditieren.«

2. Den Platz bereiten:
Wir suchen uns einen Platz im Haus aus, wo wir uns wohl fühlen. Er sollte Friede ausstrahlen und wenig Ablenkung (optisch und akustisch) bieten. Wir können diesen Platz in einen besonderen Ort für uns verwandeln (s. S. 112 f.). Auf ein Seidentuch oder ein anderes ansprechendes Tuch können wir für uns bedeutsame Gegenstände legen oder stellen – eine Engelstatue, ein Mandala, ein Bild von einem Herzen, einen Kristall oder Edelstein, ein Symbol, das religiöse oder spirituelle Bedeutung für uns hat ... was immer unser Herz oder unseren Geist öffnet und friedlich macht. Wir können eine Duftlampe aufstellen mit einer der Meditation zuträglichen Essenzen: Weihrauch, Zeder, Ysop, Iris, Wacholder und Majoran (s. S. 198 f.). Wir können ein Tagebuch und einen Stift bereithalten. Wenn wir an unseren besonderen Ort gehen, zünden wir dort eine Kerze an. Wir können den Platz mit frischen Blumen oder mit einer Zimmerpflanze schmücken.

Wir richten eine Sitzgelegenheit her: einen Hocker oder einen harten (Holz-)Stuhl mit flacher Sitzfläche oder ein Meditationskissen oder mehrere Kissen übereinander (ausprobieren, bei welcher Höhe kein Hohlkreuz auftritt und der Rücken in eine aufrechte Haltung strebt!).

Wir wählen eine Tageszeit aus, zu der wir uns an unserem besonderen Ort täglich, möglichst zu einem bestimmten Zeitpunkt für eine bestimmte Zeit, zum Meditieren niederlassen. Soweit möglich vermeiden wir ein abruptes Beenden der Meditation. Wir betreten und verlassen diesen Ort mit Bewusstheit und Respekt. Mit der Zeit wird er eine besondere Energie entwickeln.

3. Sich auf das Ziel einstellen (Ziel = Sinnziel, Wesensziel):

Wir erwecken eine innere Meditationshaltung mit einem Zielwort oder einem Zielsatz:

- Friede durchströmt mich.
- Eins-Werden!
- Heil-Sein
- Unendliche Liebe!
- Loslassen – Gott überlassen
- Dich suchen – mich finden lassen

4. Durch unsere Sitzhaltung einen meditativen Zustand begünstigen:

Allein schon uns im Leib, in unserer Sitzhaltung zu »ordnen« verhilft dem Geist, sich zu klären, zu ordnen und zur Ruhe zu kommen. Wenn wir auf einem Stuhl oder Hocker sitzen, setzen wir uns auf dessen Vorderkante. Ober- und Unterschenkel sind im rechten Winkel zueinander (ggf. Decke unterlegen), die Füße stehen parallel und beckenbreit mit gutem Kontakt zum Boden. Dadurch wird der Rücken automatisch gerade, ohne dass wir uns bemühen müssen. Wir lassen uns vom Scheitelpunkt aus nach oben in den Raum und in die Aufrichtung wachsen und achten darauf, dass wir uns nicht strecken und dabei innerlich verfestigen (mit einem zarten Ziehen der Haare am Scheitelpunkt können wir uns die Richtung vorgeben). Wir nehmen den Kontakt zum Stuhl und Boden wahr und lassen uns innerlich nieder. Unsere Arme können wir kurz »hochfliegen« und dann unsere Hände mit den Handflächen nach unten auf unseren Oberschenkeln sanft landen lassen; der »Landeplatz« ist der günstigste Platz für sie. Wir lassen uns los in unseren Gelenken – dem Fußgelenk, Hüftgelenk, all den kleinen Gelenken der Wirbelsäule und den Schultern.

Wir lassen die Atemwelle ungehindert unseren Körper durchströmen. Es atmet in uns! Wir werden immer ruhiger. Die Augen können offen oder geschlossen sein. In beiden Fällen soll die Ausrichtung der Augen im rechten Winkel zur Wirbelsäule sein, und zwar so, dass wir nicht starr nach vorne blicken, sondern so, als ob wir »weich« vom Hinterkopfraum her rundum und nach vorne schauen. Dann lenken wir unsere Aufmerksamkeit zu unserem Scheitelgebiet und stellen uns vor, dass dieser Punkt sich öffnet und von goldenem Licht durchflutet wird.

Anstatt auf einem Hocker können wir auch auf einem Kissen im Schneidersitz meditieren. Wir beruhigen unsere Gedanken, indem wir die linke Hand mit der Handfläche nach oben in die rechte Hand legen. Die Daumen berühren sich.

5. Ganz präsent sich der Übungsweise zuwenden – dabei verweilen:

– dem Atem folgen

– einen Ton innerlich oder hörbar tönen (a, o, ö, u, e)

– ein Mantra oder Kurzgebet innerlich sprechen, z.B.: Om – Gott – Ja! – Vertrauen – Hingabe – Klarheit – Trost – Liebe – Friede usw. und sich im Körper ausbreiten lassen.

6. Liebevoll mit sich aufdrängenden Gedanken umgehen:

Gedanken nicht verjagen wollen, sondern vorüberziehen lassen – immer wieder sanft unsere Aufmerksamkeit zum Atem zurückbringen und zu einer Haltung des Wahrnehmens und zum »Hier und Jetzt« zurückkehren.

7. Sich dem, was kommt, ruhig und wach überlassen:

In der wachsenden Stille, im Schweigen »wohnen«. Absichtslos bleiben – einfach sein! Empfangen. Uns bedanken, wenn wir unsere Meditation beenden. Wenn gewünscht, Notizen in unserem Tagebuch machen über das, was uns zugekommen ist.

(Nach Sr. Beate Brandt: *Sitzen – Schweigen – Hören*. Mainz: Matthias Grünewald, [3]1991)

Variation 2

Teil 5 von Variation 1 kann durch ein *Meditieren über einen Text* ersetzt werden. Es gibt viele 24-Stunden-Bücher (s. Literatur) mit täglichen Meditationstexten, z.B.

– *Herzenstüren öffnen*

– *Jeder Tag ein neuer Anfang*

– *Jeder Morgen bringt neue Hoffnung*

– *Das tägliche Wort*

– *Kraft zum Loslassen*

Wir können die jeweiligen Texte in der Stille in uns bewegen und uns davon berühren lassen. Hier ist ein weiterer möglicher Text:

Mein Herz ist schwer,
in mir sind so viele Fragen,
möge ich stille werden, um nach und nach Antworten zu hören,
möge ich durch Aufruhr hindurch zu Frieden finden,
möge ich im Chaos Ordnung erkennen,
möge inmitten des Dunkels Licht in mir werden,
möge ich in meiner Traurigkeit Trost empfangen,
möge mein Leib und meine Seele wieder heil und weit werden,
möge ich mich inmitten des Schlimmen getragen fühlen,
möge ich in meinem Schmerz die Liebe erfahren,
möge ich gerade in meiner Verletzlichkeit deine Kraft in mir spüren,
möge neues Leben und neuer Geist entstehen.

Variation 3

Wir können auch über einem *Bild*, das in uns die Eigenschaften des Höheren Selbst erweckt, meditieren. Dies können das Antlitz eines gütigen Menschen (Jesus, ein alter weiser Indianer etc.), die Natur (eine schöne Landschaft, ein Baum, eine Blume) oder transzendente Gemälde sein (z.B. *kosmische Bilder*: »Licht, Liebe, Kraft«, »Auferstehung«; *Licht-Mandalas*: »Göttliches Licht«, »Heiliger Baum«; *phantastische Bilder*: »Garten der Heilung«, »Tal der Geheimnisse« von Heita Copony; Bezugsquelle siehe Adressen).

Trauerrituale

Variation 1

Der Anruf einer Mutter nach einer Fehlgeburt brachte Pater Thomas Turner dazu, eine jährliche Gedenkmesse für fehlgeborene Babys einzurichten:

... 50 Menschen mehr als an anderen Tagen erschienen zu unserer »Messe für Fehlgeburten«. Zu Beginn der Messe sagte ich den Menschen, dass wir ihre Kinder, die sie verloren hatten, in unserer Gemeinde aufnehmen wollten. Die katholische Kirche hat immer betont, dass ihre Gemeinschaften aus lebenden und toten Gemeindemitgliedern bestehen. Außerdem wollte ich in meiner Einführung die schmerzlichen Gefühle der Mütter anerkennen.

Diese zwei Wirklichkeiten – die volle Kirchenmitgliedschaft der ungeborenen Kinder und die Schmerzen der Mütter – waren der Kern des Rituals. Diese beiden Wirklichkeiten im Zusammenhang eines Gebets zu bestätigen brachte den Teilnehmenden viel Heilung.

Im Hauptgang der Kirche, ganz vorne, wo sonst bei Beerdigungen der Sarg aufgebahrt ist, stand ein kleines rechteckiges verhülltes Tischchen. Weihkerzen umrahmten den Tisch, und frische Blütenblätter waren in die Mitte gestreut. Zu Beginn der Messe bat ich die Mütter und Familien, im Gebet die Seelen ihrer verlorenen Kinder zu bitten, während dieser Feier bei uns zu sein. Ich zeigte auf den kleinen Tisch als symbolischen Ort für die Seelen, und ich segnete sie mit heiligem Wasser ... (Lamb, 1988, S. 3 – 29)

Variation 2

Pfarrer Jim Cunningham aus Toledo lässt nach speziellen Gedenkfeiern Luftballons in den Himmel steigen mit den Worten:

Mit diesen Luftballons
gedenken wir unserer geliebten Kinder,
die gestorben sind.
Der Tod hat uns gezwungen, diese Kinder,
die wir so gerne halten möchten, loszulassen.
Während wir unsere Ballons loslassen,

schicken wir auch eine Botschaft los.
An die Gemeinde ist die Botschaft:
Unsere Babys waren erwünscht,
waren »wirklich«,
wurden geliebt, werden betrauert und werden erinnert.
Als trauernde Familien geben wir einander die Botschaft:
Ihr seid nicht allein.
Mit gegenseitiger Unterstützung schaffen wir es und wachsen.
Die Botschaft an unsere geliebten Kinder,
von denen wir heute gesprochen haben, ist:
Wir denken an euch!
Wir vermissen euch!
Und vor allem,
wir lieben euch!

Variation 3

Hier der Vorschlag, wie eine Lesung für ein fehlgeborenes Kind gestaltet werden könnte:

Heute kommen wir zusammen, um den Tod des Kindes von ... und ... zu betrauern. Ihr Baby, geschaffen in Liebe und sehnsüchtig erwünscht, ist gestorben, und sie werden es in diesem Leben nie geborgen in ihren Armen halten können. Für diese Eltern ist der Schmerz und die Enttäuschung groß; sie werden den Verlust in ihren Herzen tragen für alle Tage. In den folgenden Wochen und Monaten werden sie ihr Kind schmerzlich vermissen, und sie werden von uns allen Liebe, Mitgefühl, Zeit und Verständnis brauchen.

Jedes Leben kommt in diese Welt mit einer Aufgabe. Manchmal ist uns diese Aufgabe ganz klar, manchmal ist sie vage und in Missverständnisse gehüllt. Mit der Zeit werden wir die Aufgabe dieses Babys auf Erden erkennen. Kann es die gewesen sein, nur einen kleinen Funken Liebe zu entzünden, der sonst nie aufgeleuchtet wäre? Kann es die gewesen sein, unsere Herzen zu erweichen, dass wir wiederum andere zu trösten vermögen? Kann es die gewesen sein, uns näher zu unserem Gott und zueinander zu bringen?

Das Leben dieses Kindes war kurz, doch hat sein Tod eine große Leere in unseren Herzen und unserem Leben hinterlassen. Lasst uns heute und für immer dieses winzigen Babys gedenken, das nie Kindheit oder Erwachsenenalter erfahren wird, sondern für immer unser winziges Baby bleibt.

Du Gott, heute können wir zusammen mit den Psalmisten sagen: »Mein Gott, mein Gott, warum hast du mich verlassen? Ich schreie, aber meine Hilfe ist ferne.« Mögen wir uns deines Versprechens erinnern, dass du uns nicht mutwillig Leid zufügst. Wir bitten dich, mitfühlend mit uns zu sein in dieser Zeit der Trauer um dieses Kind, das die Eltern erwartet hatten und welches nun nicht mit uns sein wird. Wie du Leid und Tod deines eigenen Sohnes gekannt hast, so sei jetzt bei uns und erhöre den Kummer und die Schmerzen der Eltern, damit sie in den Tagen, die folgen, Trost und deinen Frieden finden.

(Lesung von Susan Erling, aus: *A Precious Goodbye,* abgedruckt in: Lamb, 1988, S. 4 – 25)

Weitere liturgische Texte, Gebete, Lieder

- Dieses Gebet wurde von der Dortmunder Vikarin Kathrin Ellhaus verfasst:

Gott,
wir verstehen die Wege nicht,
die wir geführt werden.
Wir sind betrübt und traurig
und können uns unserer Tränen nicht wehren.

Wir müssen annehmen,
was uns unannehmbar ist.
Wir müssen abgeben,
was wir festhalten wollen.
Wir müssen Unabänderliches hinnehmen.

Gott der Liebe,
lass uns Hilfe finden,
Menschen, die uns auf unserem Weg begleiten;
lass uns wieder ein Ziel finden,
dem entgegen wir unsere Schritte lenken können.
Lass uns wieder zu uns selbst
und zu dir finden,
wenn wir dich verloren haben.

- Die beiden folgenden Gebete entstammen der Examensarbeit von S. Jestadt, *Die Bestattung tot geborener Kinder* (Heidelberg, o.J.):

Gott, ich bitte dich,
stärke die Eltern in der Zeit der Trauer.
Gib ihnen die Kraft, ihren Fragen und aller Ungewissheit standzuhalten.
Schenke Verwandten und Freunden Offenheit und Geduld,
ihnen beizustehen, damit sie über ihren Schmerz reden

und einmal wieder neuen Lebensmut und Lebensfreude bekommen.
Gott, wir haben uns gefreut und alles vorbereitet,
dass unser Kind in ein schönes Zuhause kommen kann.
Was haben wir alles bedacht – und jetzt dieser unvermutete Abschied.
Das ist so schwer, Gott.
Wir haben die Bewegungen gespürt,
die Veränderungen bemerkt, sein Wachstum verfolgt.
Unsere Beziehung ist schon gewachsen –
dieses Kind, dieser kleine Mensch sollte mit uns leben –
Gott, es tut so weh.
Unvorbereitet traf uns dieser Tod.
Mit dem toten Kind stehen wir da und wissen nicht, was das soll.
Wir suchen nach Trost, nach tröstlichen Gedanken.
Fast verschlägt es uns die Sprache.
Nur eins bleibt uns,
und wir sagen es stockend und doch von Herzen:
Wir danken dir, dass dieses Kind ... Monate wuchs und wurde.
Wir danken dir für die Erfahrungen,
die wir während der Schwangerschaft machen konnten,
für manche Entscheidung, die fiel,
für die Stunden des Glücks, für alle Hoffnungen und Träume.
Dafür wollen wir danken – ohne Wenn und Aber.
Und wir bitten dich, Gott, nimm unser Kind auf in dein Reich.
Umhülle es sanft, und lass es bei dir geborgen sein.

- Ein weiteres Gebet für schmerzliche Zeiten, adaptiert von »Prayer« in *Comfort Us Lord, Our Baby Died* der Centering Corporation:

Vater Mutter Gott – umhülle mich mit deinem Verstehen und deiner Gnade. Halte mich, tröste mich, lass mich wissen, dass ich irgendwann wieder lachen kann – aus einer Freude heraus, die so tief ist, wie meine Trauer jetzt ist. Es fühlt sich an, als ob mein Herz tief innen zerrissen worden ist. Der Schmerz ist mehr, als ich ertragen kann, und ich bin nicht sicher, ob ich mit solch einem Schmerz leben kann. Berühre mich zärtlich und gib mir Trost. Gib mir Friede und Trost.

- Ein Gebet von Sr. Jane Marie Lamb für Zeiten der Zweifel und Seelenangst:

Gott, in der Vergangenheit habe ich dich als einen Gott der Liebe und Fürsorge für deine Menschen erfahren. Jetzt fühle ich mich verlassen von dir – allein gelassen in diesem tragischen Geschehen. Mein Kind ist gestorben, und mein Herz zerbricht. Ich frage »Warum?« und finde keine Antwort auf meine Fragen. Manchmal fühle ich mich so leer, dass ich mich frage, ob ich je wieder fühlen kann – ob ich je meine bitteren und zerbrochenen Gefühle überwinden kann. Der Verlust lässt mich meinen Glauben an dich und mein Verständnis von dir in Frage stellen. Zeig mir Wege, neue Kraft zu finden. Bring meinem Geist wieder Trost und Frieden. Gib mir Erinnerungen und Hoffnungen, an die ich mich halten kann. Sei mit mir, Gott, denn ich schaffe es nicht allein. Ich brauche jetzt deinen Trost und deine Unterstützung mehr als je zuvor in meinem Leben. Amen.

- Eine Anregung für ein stilles Gebet von Sr. Jane Marie (aus: *Bittersweet ... hellogoodbye*):

Ihr mögt Gott danken für die Tiefe der Liebe,
die ihr im Leben und Tod eures Babys erfahren habt.
Ihr mögt denen danken, die euch in eurem Leid umgeben haben.
Ihr mögt um Führung bitten auf eurem Weg durch die Trauer.
Ihr mögt Gott danken für euer persönliches Wachsen auf diesem Weg.

- Gedanken an die Mutter Erde, adaptiert von Deborah Guenther:

Ich stehe neben diesem winzigen Grab
Und lege die Frucht meines Leibes
In die Arme der Mutter Erde.
Wir sind sehr vertraut miteinander, Mutter Erde und ich.
Wir haben oft zusammengearbeitet,
Meine Hände tief in ihrem warmen, nährenden Grund,
Um Bäume zu pflanzen, die Früchte tragen.
Sie hat für die kleinen Sämlinge gesorgt,
Hat sie tief in ihrem Leib sicher verankert,

Hat ihre Wurzeln tief in ihrem Herzen gehalten,
Hat sie genährt, während ich sie gepflegt habe.
Wir sind ein Team, sie und ich,
Die besten Freunde.
Jetzt muss ich ihr mein kostbarstes Gut anvertrauen.
Ich bin gekommen, um ihr mein Baby zu übergeben
Wissend, dass sie mein Kleines
An ihre Brust nimmt
Und es dort gut aufgehoben ist
Und an anderer Stelle
Neues Leben aus ihr erwachsen wird.

• Das Lied »Ob Gott den bunten Schmetterling wohl vermisst?«:

Bei den weiteren Versen statt »das grüne Blatt am Baum« einsetzen:

2. ... den bunten Schmetterling ...
3. ... den kleinen Frosch im Teich ...
4. ... den Vogel in der Luft ...
5. ... die Blume auf dem Weg ...
6. ... uns beide, dich und mich ...
7. ... mein totes Kind da draußen ...
8. ... mein Baby, (*Name*), ...

• Das Lied »Manchmal kennen wir Gottes Willen« (aus: *Werkbuch zum Gotteslob*, Freiburg: Herder 1975 – leicht abgeändert):

2. Manchmal spüren wir Gottes Liebe, manchmal spüren wir nichts. Begleite uns, Gott, wenn die Ängste kommen.

3. Manchmal sehen wir Gottes Zukunft, manchmal sehen wir nichts. Bewahre uns, Gott, wenn die Zweifel kommen.

• Bibelstellen, die Trauernde interessieren können:

1. Mose 9:13-17; Hiob 6:1-3; 7-13; 7:3-4, 13-16; Prediger Salomo 3:1-11, Prediger Salomo 7:3, Jeremia 4:9; Jeremia 31:13; Lukas 6:21, Hosea 6:1-2; Ps. 30, 12, Matthäus 5:1-12

• Engelkarten können trostreich sein (s. Adressen)

Ärztliche Unbedenklichkeitsbescheinigung

Für die Bestattung eines toten Babys unter 500 Gramm hat Dr. Barbara Valentin vom Sozialmedizinischen Dienst Berlin folgende Unbedenklichkeitsbescheinigung entworfen:

Frau _____, geb._____, wohnhaft _____
ist am _____, um _____ Uhr von einer toten Leibesfrucht entbunden worden. Bei der toten Leibesfrucht handelt es sich nicht um eine Leiche im personenstandsrechtlichen Sinne. Die Herausgabe vom Krankenhaus an den Bestatter erfolgt zu einer dem sittlichen Empfinden entsprechenden Beseitigung gemäß §15 Abs. 2 des Bestattungsgesetzes (auf Wunsch der Kindesmutter).
Ort des Aborts:
Gewicht des Feten bei der Entbindung:
Bei Mehrlinsschwangerschaft Zahl der Feten:
Liegen Anhaltspunkte für eine Meldepflicht nach dem Bundesseuchengesetz vor?
Ja _____ Nein _____

Besteht die Gefahr einer Krankheitsübertragung?
Ja _____ Nein _____

Ich bin für die obigen Angaben verantwortlich.
Ort _____ Datum _____

Unterschrift _____
(Stempel des Krankenhauses, Name des Arztes)

Dreifache Ausfertigung
für die bestattungswilligen Eltern
für den Bestatter
für das Krankenhaus

Unterstützung, Information, Ressourcen, Bezugsquellen

Stützgruppen (s. auch Kapitel 10)

Initiative Regenbogen »Glücklose Schwangerschaft e.V.« – Hauptgeschäftsstelle
Kontakt: Renate Dreier, Westring 100, 33378 Rheda-Wiedenbrück
E-mail: HGST@initiative-regenbogen.de
Internet: www.initiative-regenbogen.de
(Bei schriftlichen Anfragen bitte Euro 1,00 in Briefmarken beilegen)

Öffentlichkeitsarbeit: Martina Severitt, Hillebachstr. 20, 37632 Eimen, Tel./Fax: 05565-911 91 13, E-mail: MS@initiative-regenbogen.de

Schriftliche Kontaktadressenvermittlung: Sandy Solan, Hauptstr. 95, 15320 Neutrebbin, E-mail: KAV@initiative-regenbogen.de

Broschürenversand: Annegret Schrempf, In der Schweiz 9, 72636 Frickenhausen, Tel.: 097025/72 25

(Regelmäßige Gruppentreffen; briefliche und telefonische Kontakte und Beratung, auf Wunsch Besuch im Krankenhaus; haben gesetzliche Änderungen für Betroffene erreicht und bemühen sich um weitere rechtliche Veränderungen. Erhältliches Material: (1) Informationsbroschüre, Euro 1,50 + 1,60 Portound Verpackung [PuV], (2) Erfahrungsberichte I, II und Folgeschwangerschaften jew. Euro 7,— + 1,60 PuV, (3) Erfahrungsberichte Fehlgeburten, Euro 8,50 + 1,60 PuV, (4) das Buch *Ein sehr wichtiges Bild*, Euro 7,50 + 1,60 PuV, (5) Kreißsaalordner, der alles Infomaterial enthält, Euro 17,50 + 4,— PuV, (6) Elternmappen mit Namenskärtchen, Broschüre und weiterführendem Infomaterial, Euro 3,50 + 1,60 PuV, (7) Namenskärtchen für fehl- und totgeborene Kinder, Euro 0,50 + 1,60 PuV. Die aufgeführten Broschüren sind nur gegen Vorauskasse erhältlich (V-Scheck). Das von REGENBOGEN herausgegebene Buch von Lutz/Künzer-Riebel *Nur ein Hauch von Leben*, Kaufmann-Verlag, ist im Buchhandel erhältlich.)

GEPS Deutschland e.V., Gemeinsame Elterninitiative Plötzlicher Säuglingstod, Bundesgeschäftsstelle, Simone Beardi, Fallingbosteler Str. 20, 30625 Hannover, Tel./Fax: 0511/838 62 02, E-mail: geps-deutschland@t-online.de

GEPS Baden-Württemberg e.V., Anne Bannert, Postfach 1106, 73438 Bopfingen, Tel./Fax: 0700/01 00 05 22, E-mail: geps-bw@gmx.de

GEPS Bayern e.V., Petra Scheuring, Friedensstr. 26, 97276 Margetshöchheim,
   Tel.: 0931/46 40 76, E-mail: Familie.Scheuring@gmx.de
GEPS Hessen e.V., Manuela Krebs, Am Kalkberg 17a, 34633 Ottrau,
   Tel.: 06628/77 24 68, E-mail: gepshessen@aol.com
GEPS Nord e.V., Heike-Petra Lippert, Rolfsbötteler Str. 25, 38543 Hillerse,
   Tel.: 05373/93 06 64, E-mail: heike-petra.lippert@geps-nord.de
GEPS Nordrhein-Westfalen e.V., Hildegard Jorch, Stadtlohnweg 34, 48161
   Münster, Tel./Fax: 0251/86 20 11, E-mail: geps-nrw@schlafumgebung.de
GEPS Rheinland-Pfalz/Saarland e.V., Geschäftsstelle: Postgrabenstr. 35, 76756
   Bellheim, Tel.: 0700/61 26 12 61,
   E-mail: hermann-josef.schwab@geps-rp-saar.de

Bundesverband »Verwaiste Eltern in Deutschland e.V.«, Mag. theol. Christine
   Fleck-Bohaumilitzky, Eichenstr. 14, 85232 Bergkirchen-Lauterbach,
   Tel./Fax: 08135/87 06, E-mail: kontakt@veid.de, Internet: www.veid.de
   (Jahresheft *VERWAISTE ELTERN. Leben mit dem Tod eines Kindes* [mit
   unterschiedlichen Schwerpunkten, u.a. 1993 »Geschwistertrauer«, 1996
   »Tod am Anfang des Lebens«] gegen Euro 10,— + Euro 2,50 Porto)

Verein Verwaiste Eltern Aachen e.V., Kasinostr. 55, 52066 Aachen,
   Tel.: 0241/93 20 56 oder 0241/766 88,
   Internet: www.verwaiste-eltern-aachen.de
   (Betreuung, Beratung, Begleitung für Mütter und Väter, die ein Kind durch
   Fehl-, Früh-, Totgeburt oder Säuglingstod verloren haben; Begleitung und
   Gruppe bei Folgeschwangerschaften)

NAKOS – Nationale Kontakt- und Informationsstelle zur Anregung und Unterstützung von Selbsthilfegruppen, Wilmersdorfer Str. 39, 10627 Berlin, Tel.:
   030/31 01 89 60, Fax: 030/31 01 89 70, E-mail: selbsthilfe@nakos.de
   Internet: www.nakos.de
   (Bei NAKOS erhalten Sie Informations- und Aufklärungsmaterial über
   Selbsthilfegruppen sowie Kontaktadressen von bundesweit tätigen Selbsthil-
   fevereinigungen und solche von professionellen Selbsthilfekontaktstellen auf
   örtlicher Ebene. Anfragen bitte schriftlich mit einem adressierten und fran-
   kierten Rückumschlag – DIN A4/Euro 1,45 Porto.)

TABEA e.V., Beratungsstelle für Trauernde, c/o Foyer an der Gedächtniskirche,
   Breitscheidplatz, 10789 Berlin, Tel.: 030/495 57 47
   E-mail: info@TABEA-ev.de, Internet: www.tabea-ev.de
   Zweigstelle: TABEA e.V. Lüneburg, Rehrweg 6, 21335 Lüneburg
   Tel.: 04131/73 30 77
   (Schwerpunkt: Verwaiste Eltern, auch Fortbildung zur Sterbe- und Trauer-
   begleiterin speziell für Mitarbeiterinnen im Gesundheitswesen)

Offener Gesprächskreis »Nur ein Hauch von Leben« in der
Evangelischen Familienbildungsstätte, Schwanenwall 34, 44135 Dortmund,
Tel.: 0231/84 94-404, Fax: 0231/84 94-406
E-mail: familienbildung@vkk-do.de, Internet: www.familienbildung-do.de
(Begleitung von Eltern, die in einer frühen Phase ihr Kind verloren haben;
auch Seminare für Menschen mit unerfülltem Kinderwunsch)

Leere Wiege, c/o Lucia Bald, Havelring 60, 47608 Geldern, Tel.: 02831/33 61

Familienbildungsstätte, Kasinostr. 55, 52066 Aachen, Tel.: 0241/60 80 53-0
(Betreuung, Beratung, Begleitung für Mütter und Väter, die ein Kind durch
Fehlgeburt, Frühgeburt, Totgeburt oder Säuglingstod verloren haben; Ge-
burtsvorbereitung für Paare bei Folgeschwangerschaften)

Beratungsstelle für Natürliche Geburt und Eltern-Sein e.V., Häberlstr. 17/Hof,
80337 München, Tel.: 089/55 06 780, Fax: 089/55 06 78 78
E-mail: natuerliche-geburt@t-online.de,
Internet: www.natuerliche-geburt.de
(Gruppe für trauernde Eltern, Kurs »Neufindung für trauernde Eltern«)

Hospiz Stuttgart, Bereich Kinderhospiz, Stafflenbergstr. 22, 70184 Stuttgart,
Tel.: 0711/237 41 53, Fax: 0711/237 41 54
E-Mail: hospiz.stuttgart@t-online.de, Internet: www.hospizstuttgart.de

TrauerWege, Beratung und Begleitung für Menschen in Verlust- und Krisensituationen e.V., Breite Str. 21, 55124 Mainz, Tel.: 06131/23 11 00
(außerdem Aus- und Fortbildung von Menschen in helfenden Berufen,
Supervision, Trauergruppen, Seminare)

Ute Plass, Dirmsteiner Str. 4, 67551 Worms, Tel.: 06247/90 43 44
(Trauerbegleitung in Krisen- und Verlustsituationen, Ehe-, Familien- und
Lebensberaterin)

• *Stützgruppen in Österreich:*

Haus der Frau, Volksgartenstr. 18, 4020 Linz, Tel.: 0732/66 70 26

Selbsthilfegruppe »Verwaiste Mütter, Väter, Geschwister«, Kontaktadresse: Elisabeth Maurer, Schererstr. 50/4/9, 1210 Wien, Tel.: 01/259 23 80 (abends
und Wochenende)

»Gesprächsgruppe für Verwaiste Eltern«, Sabine Reisinger, Fluchtgasse 6/11,
1090 Wien, Tel.: 0664/485 19 29, E-mail: sabine.reisinger@aon.at

Initiative Regenbogen, »Verein zur Hilfestellung bei glückloser Schwangerschaft«, Mag. Elisabeth Widensky, Bachgasse 3, 3950 Dietmanns,
Tel.: 0650/371 05 37, Internet: www.gluecklosesschwangerschaft.at

- *Stützgruppen in der Schweiz:*

Anita Frei, Hofmatt 30, 3053 Münchenbuchsee (bei Bern), Tel.: 031/869 36 73

Pia Baumann de Moliner, Fürlaui, 6485 Meien/Ur, Tel.: 041/885 10 31

Regenbogen Schweiz, Selbsthilfevereinigung von Eltern, die um ein verstorbenes Kind trauern, Sekretariat: Hildegard Kägi, Glärnischstr. 11, 8632 Tann
ZH, Tel.: 055/241 15 05, Fax: 055/241 15 06 (Di + Do 9.00 bis 11.00 Uhr)

Silvia Bruhin, Römertorstr. 23, 8404 Winterthur, Tel.: 052/242 82 33

- *Besondere Adresse in den USA:*

SHARE, St. Joseph's Health Center, 300 First Capitol Drive, St. Charles,
MO 63301, USA, Tel.: 001/314/947 61 64, Fax: 001/314/947 74 86
(Kontaktadressen, z.B. für Austausch besonders bei spezifischen Todesursa-
chen des Babys; 100-seitige Broschüre *Starting Your Own SHARE Group* –
in Englisch – zum Aufbau einer Stützgruppe; 200-seitiges Buch über Rituale
Bittersweet ... hellogoodbye und Bilderbuch *Thumpy* mit Arbeitsbuch für
Kinder)

Weitere Gruppen und Einrichtungen

CARA-Beratungsstelle e.V. – Beratung zu pränataler Diagnostik und bei unge-
wollter Kinderlosigkeit, Große Johannisstr. 110, 28199 Bremen,
Tel.: 0421/59 11 54, Fax: 0421/597 84 95
E-mail: cara-ev@t-online.de, Internet: www.cara-beratungsstelle.de
(Beratung zur vorgeburtlichen Diagnostik [Amniozentese, Ultraschall etc.],
um Frauen und ihren Partnern eine reflektierte Entscheidung zu ermöglichen;
Begleitung bei dem Weg, für den sie sich entscheiden; Vermittlung von Kon-
takten, Öffentlichkeitsarbeit, Broschüre: *Schwanger sein – ein Risiko?*)

Via Nova – Vorgeburtliche Diagnose, Kindliche Fehlbildung, c/o Beratungsstelle für Natürliche Geburt, Häberlstr. 17/Rgb., 80337 München,
Tel.: 089/550 67 80, Fax: 089/55 06 78 78
(für Frauen, die mit einer Fehlbildung ihres Babys konfrontiert wurden)

FrauenGesundheitsZentrum für Frauen und Familien, Neuhofstr. 32 H, 60318 Frankfurt, Tel.: 069/59 17 00

Netzwerk gegen Selektion durch Pränataldiagnostik, c/o Bundesverband für Körper- und Mehrfachbehinderte, Brehmstr. 5-7, 40239 Düsseldorf, Tel.: 0211/64 00 40, Fax: 0211/6 40 04 20, E-mail: info@bvkm.de Internet: www.bvkm.de

LEONA – Verein für Eltern chromosomal geschädigter Kinder e.V., Auf dem Klei 2, 44263 Dortmund, Tel.: 0231/427 17 37, Fax: 0231/427 17 36, E-mail: info@leona-ev.de, Internet: www.leona-ev.de
Kontaktvermittlungsstelle: E-mail: kontaktvermittlung@leona-ev.de
Telefonische und schriftliche Anfragen: Bianca Pietryga, Rügener Zeile 64, 26388 Wilhlemshaven, Tel.: 04421/74 86 69
Arbeitskreis Trauernde Eltern: E-mail: trauer@leona-ev.de
Trisomie 13: Heike Duschek, Stuhr, E-mail: duschek@leona-ev.de
Chromosom 22: Rudi Stahl, Armsheim, E-mail: stahl@leona-ev.de
(Beratung von Eltern, die durch Pränataldiagnostik oder nach der Geburt von einer seltenen Chromosomenschädigung ihres Kindes erfahren haben; Vermittlung von Adressen gleich oder ähnlich betroffener Familien; Veranstaltung von Familientreffen zum Erfahrungsaustausch; Elternheft; Trauerbegleitung)

»Das frühgeborene Kind« e.V., Bundesverband, Kurhessenstr. 5, 60431 Frankfurt/Main, Tel.: 01805/87 58 77

Förderkreis für Früh- und Risikogeborene e.V., Oberarzt Dr. Friedrich Porz, Kinderklinik am Klinikum Augsburg, Stenglinstraße, 86156 Augsburg, Tel.: 0821/400 02

Aktionskomitee »Kind im Krankenhaus« e.V., AKIK-Bundesverband, Geschäftsstelle: Postfach 940316, 60461 Frankfurt/Main, Tel.: 01805-25 45 28, E-mail: info@akik.de Internet: www.akik.de (Informationen zu allen Themen bezüglich Kinder und Krankenhaus)

Interessensgemeinschaft IDHK »Das herzkranke Kind«, c/o Krause, Siegerlandstr. 1, 45665 Recklinghausen

Bundesarbeitsgemeinschaft »Hilfe für Behinderte« e.V., Kirchfeldstr. 149, 40215 Düsseldorf, Tel.: 0211/31 00 60

»Zwillinge«, Zeitschrift für Mehrlingseltern, Marion von Gratkowski, Bahnhofstr. 56 E, 86916 Kaufering, Tel.: 08191/96 67 39 oder 97 37 37, Internet: www.twins.de

ABC-Club e.V., Internationale Drillings- und Mehrlingsinitiative, Bethlehemstr. 8, 30451 Hannover, Tel.: 0511/215 19 45, Fax: 0511/210 14 31

GfG – Gesellschaft für Geburtsvorbereitung – Familienbildung und Frauengesundheit – Bundesverband e.V., Ebersstr. 68, 10827 Berlin,
Tel.: 030/45 02 69 20, Fax: 030/45 02 69 21, E-mail: gfg@gfg-bv.de
Internet: www.gfg-bv.de

Pro Familia, Deutsche Gesellschaft für Familienplanung, Sexualpädagogik und Sexualberatung e.V., Bundesverband, Stresemannallee 3, 60596 Frankfurt, Tel.: 069/63 90 02, Fax: 069/63 98 52, E-mail: info@profamilia.de
Internet: www.profamilia.de
(psychologische und medizinische Beratung in Bezug auf Sexualität, Verhütung, Schwangerschaftskonfliktberatung, Schwangerschaftsabbruch sowie Begleitung nach Verlust u.a.; Büros von Pro Familia in den meisten Städten, s. Telefonbuch)

Ernährungsberatung:
über Krankenkassen oder UGB – Verband für unabhängige Gesundheitsberater e.V., Keplerstr. 1, 35390 Gießen, Tel.: 0641/777 85

Hebammenverbände

Bund Deutscher Hebammen e.V., Geschäftsstelle: Gartenstr. 26, 76133 Karlsruhe, Tel.: 0721/98 18 90, Fax: 0721/981 89 20, E-mail: info@bdh.de
Internet: www.bdh.de und www.hebammen-forum.de

BfHD – Bund freiberuflicher Hebammen Deutschlands e.V., Andrea Bolz, Geschäftsstelle: Kasseler Str. 1a, 60486 Frankfurt/Main, Tel.: 069/79 53 49 71, Fax: 069/79 53 49 72, E-mail: geschaeftsstelle@bfhd.de,
Internet: www.bfhd.de
(Adressen freiberuflicher Hebammen sind auch von den Gesundheitsämtern zu erfahren.)

Österreichisches Hebammen-Gremium, Postfach 438, A-1060 Wien,
Tel./Fax: 01/597 14 04, E-mail: oehg@hebammen.at,
Internet: www.hebammen.at

Schweizerischer Hebammenverband, Zentralsekretariat, Rosenweg 25 c,
  CH-3000 Bern 23, Tel.: 031/332 63 40, Fax: 031/332 76 19,
  E-mail: info@hebamme.ch, Internet: www.hebamme.ch

(Adressen von Hebammen erfahren Sie von Ihrer Krankenkasse, vom Gesund-
heitsamt, aus dem Branchenfernsprechbuch oder von den genannten Verbän-
den; Adressen von trauernde Eltern begleitenden Hebammen können auch
über die Hebammengemeinschaftshilfe in Erfahrung gebracht werden.)

Klinik mit Trauerbegleitung

Vinzenz Pallotti Hospital, 51429 Bensberg, Tel.: 02204/413-0

Bestattung

Kuratorium Deutsche Bestattungskultur, Volmerswertherstr. 79, 40221 Düsseldorf, Tel.: 0211/16 00-820, Fax: 0211/16 00-850
  (sieht sich als Lobby für Trauernde)

Bundesverband Deutsche Bestattung e.V., Volmerswertherstr. 79, 40221 Düsseldorf, Tel.: 0211/160 08 10

Bestattungshaus Pütz-Roth, »Haus der menschlichen Begleitung«, Kürtener
  Str. 10, 51465 Bergisch-Gladbach, Tel.: 02202/935 80, Fax: 02202/371 23
  (individuelle Bestattung und Trauerbegleitung für verwaiste Eltern mit Möglichkeit der Gestaltung eigener Rituale, Abschieds- und Bestattungsmöglichkeiten; private Trauerakademie; Tagungen)

Trauerbegleitung, Therapie

- *Fortbildung für Fachleute und Seminare für Trauernde*

Dr. Jorgos Canacakis, Akademie für menschliche Begleitung, Goldammerweg
  9, 45134 Essen, Tel.: 0201/44 24 69, Fax: 0201/47 18 00
  (Autor von *Ich sehe deine Tränen* und *Ich begleite dich durch deine Trauer;* Seminare für Trauernde sowie Fortbildungen für Fachleute und engagierte
  Laien finden das ganze Jahr hindurch an verschiedenen Orten in Deutschland und im europäischen Ausland statt)

»Verwaiste Eltern«, Hamburg (Adresse s. Stützgruppen)
(ein- bis zweijährige TrauerbegleiterInnen-Ausbildung, einzelne Fortbil-
dungsseminare, auf Anfrage auch bundesweit; Unterstützung bei Gruppen-
gründung; dreimal jährlich Segeberger Trauerseminar für verwaiste Eltern
und Geschwister)

Barbara Künzer-Riebel (Gründerin und langjährige Vorsitzende der Elterninitiative Regenbogen), Burgstr. 6, 73614 Schorndorf
(Vorträge/Seminare für medizinisches Fachpersonal und Seelsorger in Kliniken zum behutsamen und sicheren Umgang mit Betroffenen sowie Informationsabende für andere Berufsgruppen, Interessierte und verwaiste Eltern
zum Thema »Tod am Anfang des Lebens«)

TrauerWege (Adresse s. Stützgruppen)

Evangelische Akademie, Herr Crüsemann, Akademieweg 11, 73087 Bad Boll,
Tel.: 07164/79-0

Dipl.-Psych. Gerda Mehl, Zwischen den Wassern 24, 27356 Rotenburg/
Wümme, Tel.: 04261/830 55

Meinolf Schnier, Barbarastr. 57, 51147 Köln oder
Mommsenstr. 123, 50935 Köln, Tel.: 0221/41 85 99 oder 0170/485 95 86
E-mail: Translogos@brainbow.de
(Gestalttherapie und Holotrope Therapie; Schwerpunkt: Tod und Sterben;
Fortbildung mit Organisationen und Einzelarbeit)

Tine Rein, Obere Brandstr. 44 B, 70567 Stuttgart, Tel.: 0711/71 19 99
(Infos über Nachfolge-Workshops von Dr. Elisabeth Kübler-Ross mit Beth
Weiner und Gregg M. Furth [Interpretation von Zeichnungen])

Mag. Irmgard Fennes, Faulmanngasse 6/4, A-1040 Wien,
Tel.: 01/581 98 88
(Trauerbegleitung; Psychotherapeutin, Körpertherapeutin)

SeKo, Hamburger Str. 3, A-1050 Wien, Tel.: 01/587 31 41,
Fax: 01/587 41 22

SHARE (Adresse s. Stützgruppen)

Zusätzliche Internet-Adressen

- *bezüglich Trauer und Verlust:*

deutschsprachig:

Adoptionsforum – www.adoptionsforum.com

Die Muschel – Mehr Austausch für trauernde Eltern – www.die-muschel.de

Suche nach durch Adoption Getrennte – www.interadopt.de

Sternenkinder-Eltern – Forum für trauernde Eltern – www.sternenkinder-
eltern.de

Verwaiste Eltern Hamburg e.V. – www.verwaiste-eltern.de

Wunschkind e.V. – Selbsthilfegruppe für Fragen ungewollter Kinderlosigkeit –
www.wunschkind.de

englischsprachig:

ADEC Association for Death Education and Counselling – www.adec.org
Fehlgeburt und Unfruchtbarkeit (Informationen) – www.pinelandpress.com

HYGEIA interaktives Online-Journal für trauernde Eltern, Herausgeber Yale-
Professor Dr. Michael Berman – www.hygeia.org

SHARE Stützgruppen für trauernde Eltern – www.NationalSHAREOffice.com

Tom Goldens Seite über Männertrauer – www.webhealing.com

Hilfen zum Heilwerden

- *Akupunktur*

Universitätsfrauenklinik Essen, Zentrum für Frauenheilkunde, Prof. A. E.
Schindler, Hufelandstr. 55, 45147 Essen, Tel.: 0201/723 24 40 (Sekretariat)
Fax: 0201/723 59 62, E-mail: ufk@uni-essen.de
(Informationen über Akupunktur in der Geburtshilfe; Adressenvermittlung)

• *Anonyme Selbsthilfegruppen (Kontaktstellen)*

AA für Menschen mit Alkoholproblemen, Tel. 089/55 56 85 oder 316 43 43
AL-ANON Familiengruppen für Angehörige von Menschen mit Alkoholpro-
blemen, Zentr. Dienstbüro, Emilienstr. 4, 45128 Essen, Tel.: 0201/77 30 07
EA für Menschen mit emotionalen Problemen, Tel.: 0711/24 35 33
OA für Menschen mit Essproblemen, Postfach 10 62 06, 28062 Bremen

• *Aromatherapie*

Arven-Schule für Aromatherapie und Heilpflanzenkunde, Susanne Fischer-
Rizzi, Postfach 24, 87475 Sulzberg, Internet: www.susanne-fischer-rizzi.de
(Ausbildung für Hebammen und ÄrztInnen in Aromatherapie und -pflege
sowie Therapeutische Aroma-Massage in der Krankenpflege)

• *Atemtherapie*

Ilse-Middendorf-Institute für Atemtherapie und Atemunterricht (Berlin und
Beerfelden), Postweg 23, 64743 Beerfelden, Tel.: 06068/91 20 26
E-mail: Helge.Langguth@t-online.de, Internet: www.erfahrbarer-atem.de
(Adressen von AtemtherapeutInnen in Deutschland und Österreich; Wo-
chen- und Wochenendseminare)

Atemschule Ursula Schwendimann, Asylstr. 50, CH-8708 Mennedorf,
Tel.: 0041/1/920 28 66
(Ausbildungsstätte nach Ilse Middendorf)

• *Bach-Blütentherapie*

Institute für Bach-Blütentherapie, Forschung und Lehre, Mechthild Scheffer:
Dr. Edward Bach Centre, Deutschland, Postfach 20 25 51, 20218 Hamburg
Tel.: 040/43 25 77 10, Fax: 040/43 52 53
E-mail: info@bach-bluetentherapie.de
Internet: www.bach-bluetentherapie.com
Dr. Edward Bach Centre, Österreich, Pfeilgasse 29, A-1080 Wien
Tel.: 0043/(0)1/53 38 64 00, Fax: 0043/(0)1/53 38 64 015
E-mail: bach-bluetentherapie@aon.at
Dr. Edward Bach Centre, Schweiz, Fluhstr. 29, CH-4244 Röschenz
Tel.: 0041/(0)61/763 09 93, Fax: 0041/(0)61/763 09 48
E-mail: jeggenschwiler@freesurf.ch
(Bach-Blüten; Adressenvermittlung von TherapeutInnen)

- **Cranio-Sacral-Arbeit**

Verband der Upledger CranioSacral TherapeutInnen (UCD) e.V., Schwartauer
Landstr. 114-118, 23554 Lübeck, Tel.: 0451/400 38 44,
Fax: 0451/407 98 68

Verband der Upledger CranioSacral-Therapeuten Österreich, Franz-Schöpfer-
Gasse 39, A-8570 Voitsberg, Tel.: 0041/(0)3142/220 84,
E-mail: verband@upledger.at, Internet: www.upledger.at

Cranio-Suisse, Hochfarbstr. 2, CH-8006 Zürich, Tel.: 0041(0)43/268 22 30,
E-mail: contact@craniosuisse.ch, Internet: www.craniosuisse.ch

- **Haptonomie**

Dr. Frans Veldman, Mas del Ore, Oms, F-66400 Céret

- **Initiatische Therapie**

Existential-Psychologische Bildungs- und Begegnungsstätte, Schule für Initiatische Therapie, 79682 Todtmoos-Rütte, Tel.: 07674/350

- **Jugend- und Familienberatungsstellen**

Vielerorts unter der Trägerschaft von Caritas oder dem Diakonischen Werk
(auch Kirchen). Adressen bei Stadt- und Kreisverwaltungen, bei Sozialämtern
zu erfahren oder aus dem Telefonbuch.

- **Jungsche Therapie**

C.G. Jung Institut, Hornweg 28, CH-8700 Küsnacht,
Tel.: 0041/01/910 53 23

- **Meditation/Spiritualität/Besinnung/Vergebung**

Bildungshaus der Pallottinerinnen (Adresse s. Tanztherapie)

Neumühle, Ökumenisches Zentrum für Meditation und Begegnung, 66693
Mettlach-Tünsdorf, Tel.: 06868/91 03-0, Fax: 06868/12 70

Bildungsstätte Seeg, Sylvia Ostertag, Landhaus, 87637 Seeg/Allgäu,
Tel.: 08364/14 82, Fax: 08364/91 72

Frankfurter Ring e.V., Oeder Weg 43, 60318 Frankfurt, Tel.: 069/51 15 55,
Fax: 069/51 22 20, E-mail: frankfurter-ring@t-online.de
Internet: www.frankfurter-ring.org

• *Psychosynthese*

Circadian Institut, Im Hilgersfeld 60, 51427 Bergisch Gladbach,
Tel.: 02204/635 95, Fax: 02204/220 92, E-mail: circadian@t-online.de
Internet: www.circadian.de
(Vergebungsarbeit, Einzelarbeit in Krisensituationen – Prospekt anfordern)

• *Seminare zur Selbstwerdung und Heilung*

Odenwald-Institut für personale Pädagogik, Tromm 25,
69483 Wald-Michelbach, Tel.: 06207/50 71
(viele unterschiedliche Themen [Partnerschaft, Familie, Abschied, Traum-
arbeit, Spiritualität, Heilung etc.] und Ansätze [TA, TZI, Körpertherapien,
Psychosynthese, Familientherapie, Gestalt etc.]; Programm anfordern)

• *Stationäre Therapie*

(für Menschen in Lebens- und Sinnfindungskrisen, u.a. bei psychovegetativen
und -somatischen Beschwerden und Abhängigkeitserkrankungen; in Heiligenfeld auch reine Frauengruppe, die sich u.a. speziell Problemen infolge Fehlgeburt und Abtreibung widmet)

Klinik Rastede für Sozio-Psychosomatische Medizin, Mühlenstr. 80, 26180
Rastede, Tel.: 04402/937-0, Fax: 04402/937-999
E-mail: pli@www.klinik-rastede.de, Internet: www.klinik-rastede.de

Hochgrat-Klinik [für Psychosomatische Therapie], 88167 Stiefenhofen,
Tel.: 08386/20 72

Fachklinik Heiligenfeld, Euerdorfer Str. 4-6, 97688 Bad Kissingen,
Tel.: 0971/820 60, Fax: 0971/685 29

• *Tanztherapie*

Bildungshaus der Pallottinerinnen, Weilburger Str. 5, 65549 Limburg,
Tel.: 06431/20 09 55, Fax: 06431/20 09 56
(Seminare zum Thema »Trauer und Tanz«)

Wirkstatt e.V., Steinstr. 23, 76133 Karlsruhe, Tel.: 0721/37 80 75
  Fax: 0721/35 86 47
  (Tanzfortbildungen)

- *Telefonseelsorge*

Bundesweit gleiche Telefonnummer, kostenlos, Tag und Nacht, anonym
  Tel.: 0800 111 0 111 evangelisch
  Tel.: 0800 111 0 222 katholisch

Stützgruppen, andere Organisationen und Kliniken, die in das Adressenverzeichnis aufgenommen werden möchten, können sich an den Kösel-Verlag wenden.

Bezugsquellen

- *Bücher und Informationen*

Das aus dem Amerikanischen übersetzte Buch *Ein sehr wichtiges Bild* – eine behutsame Anleitung zur Gestaltung von Aufnahmen tot geborener Babys und verstorbener Kleinkinder – von Joy und Marvin Johnson der Centering Corporation wurde von der Initiative Regenbogen übersetzt und ist für Euro 7,50 + Euro 1,60 Porto dort erhältlich (Adresse s. Stützgruppen).

Unendlich ist der Schmerz ... Eltern trauern um ihr Kind, München: Kösel, 4. Aufl. 2006
  (Die Dias zu diesem Bildband mit Tonskulpturen und Gedichten sind über die Autorin Julie Fritsch erhältlich: 3630 Eileen St., Maple Plain, MN 55359, USA), Internet: www.wintergreenpress.com

Bittersweet ... hellogoodbye (Anleitung für Trauerrituale, 200 Seiten, gegen $ 20,— Vorauszahlung in US-Währung) ist erhältlich bei SHARE (Adresse s. Stützgruppen)

Swallowed by a Snake ($ 13,95 + $ 5,— Porto – internationale Postanweisung) zu beziehen bei: Golden Healing Publishing, 10400 Connecticut Avenue, Suite 514, Kensingtonk MD 20895, USA, Tel: 001/301/942-91 92,
  E-mail: tgolden@dgsys.com

Englischsprachige Trauerbücher sind erhältlich über: Rainbow Connection, 477 Hannah Branch Road, Burnsville, NC 28714, USA, Tel.: 001/704/675-59 09, Fax: 001/704/675-96 87, E-mail: Rainbo@aol.com

A Guide to Resources in Perinatal Bereavement (kostenlos): National Maternal and Child Health Clearinghouse, 38th and R Streets, N.W., Washington, D.C., 20057, USA

Shattered Dreams – Coping with Miscarriage (erscheint viermal jährlich; Übersee-Abonnement zum Preis von kanadischen $ 24,—): Debbie Anderson, 2672 Hickson Crescent, Ottawa, Ontario K2H 6Y6, Kanada

Bezüglich Abbruch nach Pränataldiagnose:
A Heartbreaking Choice (viermal jährlich erscheinender Rundbrief); *A Mother's Dilemma – A Spiritual Search for Meaning Following Pregnancy Interruption After Prenatal Diagnosis; Yesterday I Dreamed of Dreams; A Time to Decide, A Time to Heal* zu beziehen über Pineapple Press, P.O. Box 56, Mullett Lake, MI 49761, USA.

Das Büchlein für Geburtsvorbereiterinnen *Presenting Unexpected Outcomes: A Childbirth Educator Guide* kann von Wintergreen Press, 3630 Eileen Street, Maple Plain, MN 55359, USA, bezogen werden.

Sonderheft »Pränatale Diagnostik« Rundbrief 1/93 der GfG – Gesellschaft für Geburtsvorbereitung (Adresse s. Weitere Gruppen und Einrichtungen)

Sonderhefte »Pränatale Diagnostik« und »Trauer«, 8-9/94 und 4-5/98, der AFS – Arbeitsgemeinschaft Freier Stillgruppen, c/o Gertraud Azar, Zieblandstr. 14, 97209 Veitshöchheim

Arbeitshilfe 109 »Eltern trauern um ihr totes neugeborenes Kind« (Hinweise zur seelsorglichen Begleitung): Sekretariat der Deutschen Bischofskonferenz, Kaiserstr. 163, 53113 Bonn

Ein hilfreicher Ratgeber zur Bestattungsplanung ist erhältlich über den Berufsverband des Deutschen Bestattungsgewerbes e.V. (Adresse s. Bestattung)

• *Meditationshilfen, Märchenbücher und Bücher zu den Themen Lebenssinn, spirituelles Wachstum etc.*

ebenfalls Engelkarten, Klangschalen, Sitzkissen, inspirative Postkarten: Versandbuchhandlung des Odenwald-Instituts, Tromm 25, 69483 Wald-Michelbach, Tel.: 06207/60 50

Sophia Babyshop, Lerchenstr. 13, 75447 Diefenbach-Sternenfels,
  Tel.: 07043/55 56, Fax: 07043/72 06, E-mail: wwagner-@s-direktnet.de

Das tägliche Wort (positive spirituelle Affirmationen): Frick Verlag, Bernhardstr.
  40, 75177 Pforzheim, Tel.: 07231/10 28 42

Kunstkarten – Transzendente Malerei von Heita Copony, Gilbert Williams u.a.
  (Prospekt anfordern): Aquamarin Verlag, Vogelherd 1, 85567 Grafing,
  Tel.: 08092/94 44

- *Dia-Serie*

The Anguish of Loss (Unendlich ist der Schmerz) für Vortragsabende und Fortbildung geeignet: Julie Fritsch, 3630 Eileen St., Maple Plain, MN 55359,
  USA

- *Audiocassetten und CDs*

Begleitmusik zur Dia-Serie »The Anguish of Loss«: Julie Fritsch
  (Adresse s. Dia-Serie)

Musik zur Heilung und Meditation:
z.B. Sandelan: *Spiritual Healing*, David Sun: *Serenity, Angels of Healing*,
Daniel Kobialka und viele andere (Musikkatalog anfordern): Aquamarin Verlag, Vogelherd 1, 85567 Grafing, Tel.: 08092/94 44

Klassische Musik:
Kindertotenlieder nach Gedichten von Friedrich Rückert. Erhältlich als CD im
  Musikfachhandel.

Wortkassetten von Mora Knöpfler:
Amon-Re Verlag, Escherwiese 5, 56581 Kurtscheid, Tel.: 02634/82 85: *Was
  Ungeborene uns mitzuteilen haben – § 218 in der Reinkarnations-Praxis, Part-
  nerschafts- und Selbstheilung, Kontakt zum Höheren Selbst* (auch Begleitbuch)

- *Videocassette*

Auch Babys sterben/Some Babys Die (anrührender australischer Film über den
  Tod eines Babys nach seiner Geburt in der Klinik und die Einbeziehung der
  Geschwisterkinder): GfG – Gesellschaft für Geburtsvorbereitung (Adresse s.
  Weitere Gruppen ...)

- **Bücher und Märchen zum Lesen oder Vorlesen**

Manfred Kyber: *Die drei Lichter der kleinen Veronika. Roman einer Kinderseele in dieser und jener Welt.* München: Heyne 2005.

Hans-Christian Andersen: »Die Geschichte einer Mutter«, in: Rosel und Hein Kohn: *Mutter. Ein Buch des Dankes.* München: Heyne, 1986.

Märchen und Erzählungen in Teil IV von Arie Boogerts Buch: *Beim Sterben von Kindern. Erfahrungen, Gedanken und Texte zum Rätsel des frühen Todes.* Stuttgart: Urachhaus, 2. Aufl. 1998.

Gebrüder Grimm: »Das Totenhemdchen« (KHM 109), in: *Kinder- und Hausmärchen* (KHM). (Ein Märchen für Menschen, die in der Trauer stecken geblieben sind.)

»Die alte Frau, die das Land der Toten besuchte« (grönländisches Märchen), in: Otto Betz: *Tausend Tore in die Welt – Märchen als Weggeleit.* Freiburg: Herder, 1985.

»Die Mutter und der tote Sohn«, in: Russische Volksmärchen. München: Diederichs, 29. Aufl. 1994.

Öyen, Wenche/Kaldhol, Marit: *Abschied von Rune* (Bilderbuch). Hamburg: Ellermann, 16. Aufl. 2000.

Schindler, Regine: *Pele und das neue Leben.* Lahr: Ernst Kaufmann, ⁹1997 (ab vier Jahren).

Jennings, James: *George. Die Autobiographie eines Engels.* München: Schneekluth, 2000.

Dodge, Nancy C.: *Thumpy's Story. A Story of Love and Grief Shared by Thumpy, the Bunny.* Springfield: Prairie Lark Press, 1984. (Ein anrührendes Bilderbuch über Hasen in Trauer. Bezug über SHARE, s. Stützgruppen)

Eine Broschüre *Helft Kindern, den Tod zu begreifen,* herausgegeben vom Fachverband des deutschen Bestattungsgewerbes, ist über Fachbestatter kostenlos erhältlich.

Werkmeister, Hans Friedrich: *Myrikos oder Andreas Freundschaft mit ihrem Schutzgeist.* Eine wahre Begebenheit. Neuwied: Die Silberschnur, 1990.

Levang, Elizabeth/Ilse, Sherokee: *Remembering with Love – Messages of Hope for the First Year of Grieving and Beyond* (tägliche Meditations- und Kontemplationstexte). Minneapolis, MN: Deaconess Press, 1992. Zu beziehen über: Wintergreen Press, 3630 Eileen Street, Maple Plain, MN 55359, USA.

- *Kleinstkindsarg*

in der Größe 33 x 15 cm: Fa. Eva Kästner, Saarstr. 4, 55469 Simmern, Tel.: 06761/32 93, Fax: 06761/55 37

- *Kleidung für Kleinstbabys*

Rita Schäfer, Ortsstr. 7, 56357 Münchenroth, Tel.: 06772/945 70, Fax: 06772/945 72, Internet: www.rita.schaefer.de

- *Veränderungen von Babyfotos oder Zeichnungen per Computer*

Graphic Design Claudia Brandstädter, Schloßstr. 4, 65558 Holzheim, Tel.: 06432/912 05, Fax: 06432/912 06

- *Naturheilmittel*

Kalifornische Blütenessenzen u.v.m.: Chrüter-Drogerie Egger, Unterstadt 28, CH-8200 Schaffhausen, Tel.: 0041/52/624 50 30, Fax: 0041/52/624 64 57

Literatur

(Vergriffene Bücher sind ggf. über Antiquariate oder Bibliotheken erhältlich.)

Über Sterben und Tod

Aliti, Angelika: *Die Sucht unsterblich zu sein.* Stuttgart: Kreuz, 1991.
Boerstler, Richard W.: *Letting Go. A Holistic and Meditative Approach to Living and Dying.* South Yarmouth, MA: Associates in Thanatology, 1985.
Boerstler, Richard W./Kornfeld, Hulen S.: *Life to Death – Harmonizing the Transition – A Holistic and Meditative Approach for Caregivers and the Dying.* Rochester, VT: Healing Arts Press 1995.
Diers, Michaela: *Vom Nutzen der Tränen. Über den Umgang mit Leben und Tod im Mittelalter und heute.* Köln: DuMont, 1994.
Habel, Rainer: »Den Tod neu be-greifen«, in: *Deutsche Hebammen-Zeitschrift,* Nov. 1987.
Killinger, Petra Franziska: *Schmetterlingsflüstern. Botschaften einer Kinderseele.* München: Kösel, 2005.
Kübler-Ross, Elisabeth: *Über den Tod und das Leben danach.* Melsbach: Die Silberschnur, 1996.
Kübler-Ross, Elisabeth: *Befreiung aus der Angst. Erfahrung zu »Leben, Tod und Übergang«.* München: Droemer/Knaur, 2004.
Kübler-Ross, Elisabeth: *Leben, bis wir Abschied nehmen.* Gütersloh: Gütersloher Verlagshaus, [4]2001.
Kübler-Ross, Elisabeth: *Verstehen, was Sterbende sagen wollen. Einführung in ihre symbolische Sprache.* München: Droemer/Knaur 2000.
Schnier, Meinolf: *Phänomenologische Studien zum Tod.* Köln: unveröffentlichte Diplomarbeit, 1982.
Schwarz, Jürgen (Hg.): *Sterben ist das Schwierige am Werden.* Eschbach: Verlag am Eschbach, 1985.
Weisman, Avery: »Death and Responsibility: A Psychiatric's View«, in: *Psychiatric Opinion,* 1966, 3, S. 22 – 26.
Wittkowski, Joachim: *Psychologie des Todes.* Darmstadt: Wissenschaftliche Buchgesellschaft, 1990.

2111

111

1111

111

Über Trauer

1. Allgemein

Attig, Thomas: *How We Grieve*, New York: Oxford University Press, 1996.

Attig, Thomas: »Whose Grief Is it Anyway? Towards an Ethic for Funeral Directors«, in: *Creativity in Death Education and Counseling*, Lakewood, OH: Forum for Death Education & Counseling, 1983.

Bode, Sabine/Roth, Fritz: *Der Trauer eine Heimat geben. Ein Plädoyer für eine lebendige Trauerkultur*, Bergisch-Gladbach: Lübbe, 2000.

Canacakis, Jorgos: *Ich begleite dich durch deine Trauer*. Stuttgart: Kreuz, 2002.

Canacakis, Jorgos: *Ich sehe deine Tränen. Trauern, klagen, leben können*. Stuttgart: Kreuz, 2002.

Cassem, N. H.: »Bereavement as Indispensable for Growth«, in: Schoeberg, B. et al. (Hg.): *Bereavement: Its Psychosocial Aspects*. New York: Columbia University Press, 1975, S. 9 – 17.

Cullberg, Johan: *Keiner leidet ganz umsonst*. Gütersloh: Gütersloher Verlagshaus, 1984.

Davidson, Glen W.: *Understanding Mourning*. Minneapolis: Augsburg Publishing, 1984.

Dayringer, Richard/Davidson, Glen et al.: »Ethical Issues in the Practice of Medicine: A 1980 Study of the Behavior and Opinions of 800 Illinois Physicians«, in: *Department of Medical Humanities Report, 81/1*. Springfield: Southern/Illinois University School of Medicine, 1981.

Freud, Sigmund: *Mourning and Melancholia*. (1917), Standard Edition Vol. XIV, London: Hogarth Press, 1957.

Franz, Marie Louise von: *Traum und Tod*. München: Kösel, 1984.

Frey, William H. II/Langseth, Muriel: *Crying: The Mystery of Tears*. New York: Harper & Row, 1985.

Harper, Jeanne M.: »Plateaus of Acceptance, Pits of Pain«, in: *Creativity in Death Education and Counseling*. Lakewood, OH: Forum for Death Education & Counseling, 1983.

Jacobs, S./Ostfeld, A.: »An Epidemiological Review of the Mortality of Bereavement«, in: *Psychosomatic Medicine*, 1977, 39, S. 344 – 357.

Kast, Verena: *Trauern. Phasen und Chancen des psychischen Prozesses*. Stuttgart: Kreuz, 2002.

Kingsolver, Barbara: *High Tide in Tucson*, New York: Harper Collins, 1995.

Krupp, G. R./Kligfeld, B: »The Bereavement Reaction: A Cross-cultural Evaluation«, in: *Journal of Religion and Health*, 1962, 1, S. 222 – 246.

Kushner, Harold: *Wenn guten Menschen Böses widerfährt*. Gütersloh: Gütersloher Verlagshaus, 2004.

Läpple, Alfred: *Vom Tod sprechen*. Donauwörth: Auer, 1979.

Lazare, Aaron: »Unresolved Grief«, in: *Outpatient Psychiatry: Diagnosis and Treatment*. Baltimore: Williams & Wilkins, 1979.

Lindemann, E.: »Symptomatology and Management of Acute Grief«, in: *American Journal of Psychiatry*, 1944, 101:141.

Meyer, Rudolf: *Vom Schicksal der Toten*. Stuttgart: Urachhaus, 2002.

Osterweis, Marian et al.: *Bereavement. Reactions, Consequences and Care*. Washington, D.C.: National Academy Press, 1984.

Parkes, Colin Murray/Weiss, Robert S.: *Recovery from Bereavement*. New York: Aronson, 1995.

Rech, D.: »Bestattung von Kleinstkindern«, in: Das Bestattungsgewerbe, 6/95.

Robbins, H.W.: *Grief.* Grand Rapids, MI: Zondervan, 1976.

Tatelbaum, Judy: *The Courage to Grieve – Creative Living, Recovery & Growth Through Grief.* New York: Harper & Row, 1980.

Volkan, V.: »A Study of a Patient's ›Re-Grief Work‹«, in: *Psychiatrics Quarterly,* 1971, 45/1, S. 255 – 273.

2. Die Trauer von Kindern

Baßler, Margit/Schins, Marie Thérèse (Hg.): *Warum gerade mein Bruder? Trauer um Geschwister. Erfahrungen, Berichte, Hilfen.* Hamburg: Rowohlt, 1992.

Hormann, Elizabeth, »Explaining Death to Children«, in: *Single Parent*, Nov. 1983.

Kübler-Ross, Elisabeth: *Kinder und Tod*. Stuttgart: Kreuz, 2000.

Nagy, Maria: »The Child's Theories Concerning Death«, in: *Journal of Genetic Psychology*, 1948, 73, S. 3 – 27.

Schaefer, Dan/Lyons, Christine: *How Do We Tell the Children*. New York: New Market Press, 1986.

Schins, Marie Thérèse: *Plötzlich ändert sich alles. Die erfahrene Autorin spricht mit Kindern über ihre Fragen, Gedanken und Perspektiven im Umgang mit Trauer, wenn plötzlich jemand aus dem persönlichen Umfeld stirbt. Für viele eine Hilfe.* (Tonkassette), Hamburg: Jumbo, 1998.

Scrimshaw, Susan/March, Daniel: »I had a Baby Sister, but She Only Lasted One Day«, in: *JAMA*, 1984, 251/6, S. 732 – 733.

Student, Johann Ch. (Hg.): *Im Himmel welken keine Blumen. Kinder begegnen dem Tod.* Freiburg: Herder 2005.

Wass, Hannelore/Corr, C.A. (Hg.): *Childhood and Death*. Washington/New York: Hemisphere Publishing Corp & McGraw Hill International, 1984.

Wass, Hannelore: »Death Fears and Anxieties in Children: Three Theoretical Perspectives and Their Implications for Helping«, in: *Creativity in Death Education and Counseling.* Lakewood: Forum for Death Education and Counseling, 1983.

Wüthrich, Käthy/Gauda, Gudrun: *Botschaften der Kinderseele. Puppenspiel als Schlüssel zum Verständnis unserer Kinder*. München: Kösel, ³1997.

3. Die Trauer von Teenagern

Cunningham, Linda: *Teen Age Grief – TAG – A training manual for initiating and facilitating grief support groups for teens.* Panorama City, CA: TAG, 1990.
Grollman, Earl A.: *Straight Talk About Death for Teenagers.* Boston, MA: Beacon Press, 1993.

4. Die Trauer von Männern

Tom Golden: *Swallowed by a Snake. The gift of the masculine side of healing.* Kensington, MD: Golden Healing Publishing, 1996.
Gray, John: *Männer sind anders. Frauen auch.* München, Goldmann, 2002.
Staudacher, Carol: *Men and Grief.* Oakland, CA: New Harbinger, 1992.

5. Die Trauer von Paaren und Familien

Bowlby, John/Parkes, Colin Murray: »Separation and Loss Within the Family«, in: E. James Anthony/Cyrille Koupernik (Hg.): *The Child in His Family.* New York: Wiley, 1970.
Keirsey, David/Bates, Marilyn: *Please Understand Me.* Del Mar, CA: Prometheus Nemesis, 1984.
Kennell, J. H. et al.: »The Mourning Response of Parents to the Death of a Newborn Infant«, in: *New England Journal of Medicine,* 1970, 283:344.
Schiff, Harriet: Verwaiste Eltern. Stuttgart: Kreuz, 2001.

Über Schwangerschaftsverluste

1. Fehlgeburt

Chalmers, B./Meyer, D.: »A Cross-Cultural View of the Psychosocial Management of Miscarriage«, in: *Journal of Psychosomatics in Obstetrics and Gynecology,* 13, 1992, S. 163 – 176.
Sommerhoff, Barbara: *Fehl- und Frühgeburten. Ursachen, Vorbeugung, Hilfen.* Reinbek: Rowohlt, 1993.

2. Totgeburt und Neugeborenentod

Bauer, Waltraud: »Feto-infantile Todesfälle im Erleben der Hebamme und der betroffenen Eltern«, in: *Deutsche Hebammen-Zeitschrift*, März/April/Mai 1990.

Benfield, D. Gary et al.: »Grief Response of Parents to Neonatal Death and Parent Participation in Deciding Care«, in: *Pediatrics*, 1978, 62/2, S. 171 – 175.

Börgens, Sylvia: »Der intrauterine und perinatale Kindstod: Begleitung und Hilfen zur Bewältigung«, in: *Die Hebamme*, 10/1997.

Börgens, Sylvia: »Leibseelisches Trauererleben der Mütter frühverstorbener Kinder«, in: *Wege zum Menschsein*, 7/1997.

Borg, Susan/Lasker, Judith: *Glücklose Schwangerschaft*. Berlin: Ullstein, 1987.

Clyman, Ronald I. et al.: »Do Parents Utilize Physician Follow-Up After the Death of Their Newborn?«, in: *Pediatrics*, 1979, 64/5, S. 665.

Eltern, 5/95: »Ich fühle mich um meine Schwangerschaft betrogen«

Ensslen, Gina: »Wie behandeln wir Frauen, die ein totes Kind gebären?«, in: *Die Hebamme*, 1990, 3, S. 17 – 20.

Ewy, Donna/Ewy, Rodger: *Death of a Dream*. New York: Dutton, 1984.

Grützner-Könneke, Helga: *Drillinge*. Sindelfingen: Bissinger, 2004.

Hahn-Lepper, Monika: *Nicht zum Leben geboren. Trauerarbeit nach dem Verlust meiner Kinder*. Frankfurt/M.: Fischer, [2]1992.

Hebammen-Info, 1989, 4, S. 15 – 17, »Mein Erleben einer Totgeburt zu Hause«.

Ide, Helga: *Mein Kind ist tot. Trauerarbeit in einer Selbsthilfegruppe*. Reinbek: Rowohlt, 1988.

Ilse, Sherokee: »The Baby Blues and No Baby«, in: *International Journal of Childbirth Education*, 1987, 2/4, S. 12 – 14.

Kehrer-Kremer, Bärbel: »Geboren – verloren: Der pränatale und perinatale Säuglingstod«, in: *KEU – Kind, Ernährung und Umwelt*, 3/1995.

Kehrer-Kremer, Bärbel: »Der intrauterine Kindstod in Klinik und Kreißsaal«, in: *Krankenpflege-Journal/Krankenhaus Magazin*, 10/1991.

Kehrer-Kremer, Bärbel: »Und immer stirbt ein Teil von uns. Aspekte der Trauerbegleitung verwaister Eltern in Klinik und Kreißsaal (1) und (2)«, in: *Die Schwester/Der Pfleger*, (32) 6/1993.

Körner-Armbruster, Angela: *Totgeburt weiblich. Ein Abschied ohne Begrüßung*. Tübingen, Attempto 2005

Kuse-Isingschulte, Martin W. et al.: »Die psychische Reaktion auf eine Totgeburt«, in: Kentenich, Heribert (Hg.): *Mythos Geburt*, Gießen: Psychosozial-Verlag, 1996.

Limbo, Rana/Wheeler, Sara Rich: »Coping with Unexpected Outcome«, in: *Nacoog Update Series*, 1986, 5/3, S. 2 – 8.

Lippens, Frauke: »Felix – Eltern begleiten ihr sterbendes Kind«, in: *Deutsche Hebammen-Zeitschrift*, 7/1988.

Lutz, Gottfried/Künzer-Riebel, Barbara: *Nur ein Hauch von Leben. Eltern berichten vom Tod ihres Babys und von der Zeit ihrer Trauer.* Lahr: E. Kaufmann, 2002.

Michel, Gabriele: *Ich trage dich wie eine Wunde. Nach dem plötzlichen Säuglingstod – eine Mutter erfährt in einer neuen Schwangerschaft wieder Lebensmut.* Freiburg: Herder, 1995.

Sieh, Michaela: »Tod am Lebensanfang. Ärztliche Begleitung für Familien, in denen ein Kind um die Geburt herum stirbt«, in: Kentenich, Heribert et al. (Hg.): *Mythos Geburt und weitere Beiträge der Jahrestagung Psychosomatische Gynäkologie und Geburtshilfe 1995/1996.* Gießen: Psychosozial-Verlag, 1996.

Stoller, Caroline: *Eine unvollkommene Schwangerschaft.* Zürich: Theologischer Verlag, 1996.

Strutman, Stephanie: »Jonathan – Geburt am Ende des Lebens«, in: *Hebammen-Info,* 4/1998.

Student, U./Student J.-Ch.: »Wider alle Natur: Der Tod im Kreißsaal«, in: *Deutsche Hebammen-Zeitschrift,* März 1990, S. 78 – 80.

Wehkamp, K. H.: »Umgang mit dem perinatalen Kindstod: Ethischer Imperativ und psychoprophylaktische Aufgabe«, in: Schmidt-Matthiesen, H./Wulf, K.H.: *Klinik der Frauenheilkunde und Geburtshilfe,* 1990, 7/II, S. 441 – 447.

3. Plötzlicher Kindstod und der Tod älterer Kinder

Boogert, Arie: *Beim Sterben von Kindern. Erfahrungen, Gedanken und Texte zum Rätsel des frühen Todes.* Stuttgart: Urachhaus, 1998.

Hartmann, Jutta: *Lautlos und unbemerkt. Der Plötzliche Kindstod.* München: Beck, 1990.

Ott, Andreas: *Risiko Plötzlicher Säuglingstod. Empfehlungen zur Vorbeugung.* Reinbek: Rowohlt, 1995.

Rau, Christoph (Hg.): *Kinderseelen – Geistesboten. Sinn und Sendung der früh Verstorbenen.* Stuttgart: Ogham, 1990.

Schilling, Karen von: *Der Tod meines Kindes. Leben lernen mit dem Schicksal.* Urachhaus, ²1992.

Weinstein, Stanley (Hg.): *Mental Health Issues in Grief Counseling – Sudden Infant Death Syndrome.* Rockville, MD: U.S. Department of Health, Education and Welfare, 1979.

4. Sterilität und Risikoschwangerschaften

Auhagen-Stephanos, Ute: *Wenn die Seele nein sagt. Unfruchtbarkeit – Deutung, Hoffnung, Hilfe.* München: Kösel, 2002.

Döring, Hans-Walter: Unfruchtbar durch Umweltgifte. Hamburg: Rowohlt, 1992.

5. Pränatale Diagnostik und schmerzhafte Entscheidungen

Blatt, Robin: *Bekomme ich ein gesundes Kind?* Reinbek: Rowohlt, 1991.

Blumberg, Bruce D. et al.: »The Psychological Sequelae of Abortion Performed for a Genetic Indication«, in: *American Journal of Obstetrics and Gynecology*, 1975, 122/7, S. 799 – 808.

Fletcher, John C./Evans, Mark E.: »Maternal Bonding in Early Fetal Ultrasound Examinations«, in: *The New England Journal of Medicine*, 308/7, S. 392 – 393.

Frühauf, Johanna: »Zur Problematik der vorgeburtlichen Diagnostik«, in: *Hebammen-Info*, 12/1990.

Golbus, Mitchell S. et al.: »Intrauterine Diagnosis of Genetic Defects: Results, Problems, and Follow-Up of One Hundred Cases in a Prenatal Genetic Detection Center«, in: *American Journal of Obstetrics & Gynecology*, 1. April 1974, S. 897 – 905.

Gontard, A. von: »Psychische Folgen des Schwangerschaftsabbruchs aus kindlicher Indikation«, in: *Monatsschrift für Kinderheilkunde*, 134, S. 150 – 157, 1986.

Hodge, Susan E.: »Waiting for the Amniocentesis«, in: *The New England Journal of Medicine*, 1989, 320/1, S. 63 – 64.

Kehrer-Kremer, Bärbel: »Nur eine normale Routineuntersuchung? Gedanken zur Amniozentese«, in: *Die Schwester/Der Pfleger*, 3/1993.

Korenromp, M.J. et al.: »Termination of pregnancy on genetic grounds; coping with grieving«, in: *J. Psychosomatic Obstetrics and Gynaecology*, 13 (1992), 93 – 105.

Lloyd J., Laurence K.M.: »Sequelae and support after termination of pregnancy for malformation, in: *British Medical Journal*, 1985, 290:907 – 909.

Neuenschwander, E.: »Techniken der pränatalen Diagnostik – Amniozentese, Chorionbiopsie, Nabelschnurpunktion«, in: *Die Hebamme*, 1990, 3, S. 11 – 16.

Petersen, Peter: *Schwangerschaftsabbruch – Unser Bewusstsein vom Tod im Leben. Tiefenpsychologische und anthropologische Aspekte der Verarbeitung.* Stuttgart: Urachhaus, 1986.

Schindele, Eva: *Schwangerschaft. Zwischen »guter Hoffnung« und medizinischem Risiko.* Hamburg: Rasch und Röhring, 1995.

Schmidt, Ulrike/Wolff, Gerhard/Jung, Christine: »Verarbeitung des Schwangerschaftsabbruchs nach pathologischem Amniozentesebefund«, Freiburg: Institut für Humangenetik, unveröffentlicht.

Vogel, Thea: »Beratungsangebot vor und nach einer Fruchtwasseruntersuchung im Frauengesundheitszentrum Neuhofstraße e.V.«, in: *GfG-Rundbrief*, 1/97. (Über GfG erhältlich.)

Weigert, Vivian: *Bekommen wir ein gesundes Baby? Was Sie über pränatale Diagnostik wissen sollten.* München: Kösel 2006.

6. Tod eines Zwillingskindes

Levi, S.: Ultrasonic assessment of the high rate of human multiple pregnancy in the first trimester, in: *Journal of Clinical Ultrasound*, 1976, 4:3.

Riehn, A.: »Über das Risiko nach intrauterinem Fruchttod eines Feten bei Zwillingsschwangerschaft«, in: *Zentralblatt der Gynäkologie*, 104, 1982, S. 1530 – 1536.

Schwizer, Viviane: *Januarkinder. Vom Überleben auf der Intensivstation.* Zürich: Unionsverlag, ²1988.

Swanson-Kauffman, Kristen: »There should have been two: Nursing care of parents experiencing the perinatal death of a twin«, in: *Journal of Perinatal and Neonatal Nursing,* 1988, 2(2):78 – 86.

7. Wieder schwanger werden

Abbott Northwestern Hospital: *Pregnancy After a Loss.* Wayzata, MN: Pregnancy Loss & Infant Loss Center, 1994.

Church, Dawson: *Zwiesprache. Kontakt mit der Seele deines ungeborenen Kindes.* Köln: Smaragd, 2002.

Ilse, Sherokee/Maribeth W. Doerr: *Another Baby? Maybe. Thirty Most Frequently Asked Subsequent Pregnancy Questions.* Maple Plain, MN: Wintergreen Press, 1996.

Palm, Gerda/Salzmann, Jan: »Gute(r) Hoffnung nach jähem Ende – Folgeschwangerschaften nach Fehlgeburt, Totgeburt, Säuglingstod«, in: *GfG-Rundbrief,* 1/97. (Über GfG erhältlich.)

8. Information und Unterstützung für die Betreuenden

Johnson, Joy/Dr. Marvin et al.: *Ein sehr wichtiges Bild.* (Über Initiative Regenbogen erhältlich.)

Kübler-Ross, Elisabeth: *Was können wir noch tun? Anworten auf Fragen nach Sterben und Tod.* München: Droemer/Knaur, 2003.

Lindstrom, Bonnie: »Exploring Paranormal Experiences of the Bereaved«, in: *Creativity in Death Education and Counseling.* Lakewood: Forum for Death Education and Counseling, 1983.

Worden, William, J.: *Beratung und Therapie in Trauerfällen.* Ein Handbuch. Bern/Stuttgart: Hans Huber, 1999.

Hilfen zum Heilwerden

1. Zuwendung zum Körper

Bartrop, R.W. et al.: »Depressed Lymphocyte Function After Bereavement«, in: *The Lancet*, 1977, S. 834 – 839.

Benson, Herbert et al.: »Historical and Clinical Considerations of the Relaxation Response«, in: *American Scientist*, 1977, 65, S. 441 – 445.

Beutel, M.: »Zur Psychobiologie von Trauer und Verlustverarbeitung – Neue immunologische und endokrinologische Zugangswege und Befunde«, in: *Psychother. Psychosom. med. Psychologie*, 41, 1991, S. 267 – 277.

Downing, George: *Partner-Massage. Fitness, Schönheit, Freude.* München: Goldmann, 1994.

Elleberger, Oswald: *Qi Gong. Grundübungen und Grundlagen für Anfänger und Fortgeschrittene.* München: Kösel, 1995.

Lacroix, Nitya: *Zärtliche Entspannung – Erotische Partnermassage.* Niedernhausen: Bassermann'scheVerlagsbuchhandlung, ²1996.

Middendorf, Ilse: *Der erfahrbare Atem.* Paderborn: Junfermann, 2000.

Reich, Eva/Zornànszky, Eszter: *Lebensenergie durch Sanfte Bioenergetik.* München: Kösel, 1997.

Wallace, Robert/Benson, Herbert: »The Physiology of Meditation«, in: *Scientific American*, 1972, 226, S. 84 – 90.

2. Natürliche Heilmittel

Fischer-Rizzi, Susanne: *Medizin der Erde.* Stuttgart: AT-Verlag, 2005.

Fischer-Rizzi, Susanne: *Himmlische Düfte. Aromatherapie, Anwendung wohlriechender Pflanzenessenzen und ihre Wirkung auf Körper und Seele.* Stuttgart: AT-Verlag, 2002.

Fischer-Rizzi, Susanne: *Botschaften an den Himmel. Anwendung, Wirkung und Geschichten von duftendem Räucherwerk.* Stuttgart: AT-Verlag, 2002.

Fischer-Rizzi, Susanne: *Aroma-Massage. Gesundheit und Wohlgefühl für Körper und Seele.* München: Hugendubel, ²1995.

Helm, Beate: *Die Heilkräfte der Kalifornischen Blütenessenzen.* Grafing: Aquamarin, 2003.

Huibers, Jaap: *Kräuter bei Stress und Nervosität.* Freiburg: Aurum, 1984.

Kraus, Michael: *Ätherische Öle für Körper, Geist und Seele.* Pfalzpaint: Simon & Waal, 1997.

Scheffer, Mechthild: *Bach-Blütentherapie. Theorie und Praxis.* München: Ullstein, 2004.

Schuler, Wolfgang C.: *Akupunktur in Geburtshilfe und Frauenheilkunde.* Stuttgart: Hippokrates, ²1993.

3. Spritualität und Meditation

Bärenz, Reinhold: *Die Trauernden trösten.* München: Kösel, 1983.

Campbell, Don: *Der Seele Klang. Die heilende Kraft von Atem, Ton und Musik.* München: Kösel, 1997.

Daniel, Alma et al.: *Frag deine Engel. Ein praktischer Ratgeber für die Zusammenarbeit mit Engeln.* Frankfurt: Zweitausendeins, 1994. (Zu beziehen auch über die Zweitausendeins-Läden in vielen größeren Städten.)

Jampolsky, Gerald G.: *Was heilt ist die Liebe. Schritte zu innerem Frieden.* München: Kösel, 2001.

Levang, Elizabeth/Ilse, Sherokee: *Remembering With Love – Messages of Hope For The First Year of Grieving and Beyond.* Minneapolis, MN: Deaconess Press, 1992.

Neysters, Peter/Schmitt, Karl Heinz: *Denn sie werden getröstet werden. Das Hausbuch zu Leid und Trauer, Sterben und Tod.* München: Kösel, 1993.

Ostertag, Silvia: *Einswerden mit sich selbst. Ein Weg der Erfahrung durch meditative Übung.* München: Kösel, 1986.

Schoeller, Gisela: *Heilung aus dem Ursprung. Praxis der Initiatischen Therapie nach Karlfried Graf Dürckheim und Maria Hippius.* München: Kösel, 1983.

Seuffert, Josef (Hg.): *Werkbuch zum Gotteslob.* Freiburg: Herder, 1994.

4. Rituale, Meditationen, Visualisierungen

Meditationsbücher für tägliche Meditationen:

Herzenstüren öffnen von Eileen Caddy, Gutach: Greuthof, o.J.

Jeder Tag ein neuer Anfang von Bernhard Honsel. Mainz: Matthias Grünewald, 1981.

Jeder Morgen bringt neue Hoffnung. München: Heyne, [10]1994.

Das tägliche Wort (s. Bezugsquellen)

Kraft zum Loslassen von Melody Beattie, München: Heyne, [9]1994.

Childs-Gowell, Elaine: *Good Grief Rituals – Tools for Healing.* Barrytown, NY: Station Hill Press, 1992.

Gawain Shakti: *Stell dir vor. Kreativ visualisieren.* Reinbek: Rowohlt, 2004.

Günther, Horst/Marché, Angelika: *Reiki Selbstbehandlung. Chakren und Körper harmonisieren.* (CD) Kösel, 1992.

Lamb, Sister Jane Marie: *Bittersweet ... hellogoodbye.* Belleville: SHARE National Office, 1988.

Lammert, Cathi: *Angelic Presence.* 1997. (Durch SHARE erhältlich.)

Müller, Else: *Du spürst unter deinen Füßen das Gras. Autogenes Training in Phantasie- und Märchenreisen.* Frankfurt/M.: Fischer, 2004.

Müller, Else: *Du spürst unter deinen Füßen das Gras. Autogenes Training mit Phantasiereisen und Musik* (Tonkassette). München: Kösel, [9]2002.

Radford Ruether, Rosemary: *Unsere Befreiung feiern. Rituale in der Frauenkirche.* Stuttgart: Kreuz, 1988.

Stutz, Pierre: *Alltagsrituale, Wege zur inneren Quelle,* München: Kösel, [6]2001.

Thich Nhat Hanh: *A Guide to Walking Meditation.* Nyack, NY: Fellowship of Reconciliation, 1985.

Watson, Andrew/Drury, Nevill: *Sphärenharmonien. Musik zur Heilung und Meditation.* Grafing: Aquamarin, 1989.

5. Heilen durch Kreativität

Fritsch, Julie/Ilse, Sherokee: *Unendlich ist der Schmerz ... Eltern trauern um ihr Kind.* München: Kösel, [2]2001.

6. Suche nach Sinn/Bewusstheit/spirituelles Wachstum

Dahlke, Margit/Dahlke, Rüdiger: *Das spirituelle Lesebuch*, München: Scherz, 2001.

Doore, Gary (Hg.): *Gibt es ein Leben nach dem Tod? Neue Antworten auf alte Fragen von Stanislav Grof, Stanley Krippner, Sogyal Rinpoche, Rupert Sheldrake, Ken Wilber u.a.* München: Kösel, 1994.

Estés, Clarissa Pinkola: *Die Wolfsfrau.* München: Heyne, 1997.

Frankl, Viktor E.: *Der Mensch vor der Frage nach dem Sinn.* München: Piper, 2004.

Ferruci, Piero: *Werde, was du bist. Selbstverwirklichung durch Psychosynthese.* Reinbek: Rowohlt, 2001.

Fromm, Erich: *Haben oder Sein. Die seelischen Grundlagen einer neuen Gesellschaft.* München: dtv, 2005.

Garfield, Patricia: *Kreativ träumen.* München: Ludwig, 2001.

Gibran, Khalil: *Der Prophet. Wegweiser zu einem sinnvollen Leben.* Düsseldorf: Patmos, 2003.

Jampolsky, Gerald G.: *Die Kunst zu vergeben. Der Schlüssel zum Frieden mit uns.* München: Goldmann, 2001.

Jennins, James: George. *Die Biographie eines Engels.* München: Schneekluth, 2000.

Lindbergh, Ann Morrow: *Muscheln in meiner Hand. Eine Antwort auf die Konflikte unseres Daseins.* München: Piper, 2004.

MacLaine, Shirley: *Die Reise nach innen. Mein Weg zu spirituellem Bewußtsein.* München: Goldmann, 1996.

Miles, Margaret Shandor/Crandall, Eva K. Brown: »The Search for Meaning and its Potential for Affecting Growth in Bereaved Parents«, in: *Creativity in Death Education and Counseling.* Lakewood: Forum for Death Education and Counseling, 1983.

Pike, Diane Kennedy: *Search.* New York: Doubleday, 1969.

Redfield, James: *Die Prophezeiungen von Celestine. Ein Abenteuer.* München: Heyne, 1994.

Saint-Exupéry, Antoine de: *Der kleine Prinz.* Düsseldorf: K. Rauch, 2000.

Steinpach, Richard: *Wieso wir nach dem Tode leben und welchen Sinn das Leben hat.* Stuttgart: Verlag der Stiftung Gralsbotschaft, 2002.

Voss-Eiser, Mechtild (Hg.): *Noch einmal sprechen von der Wärme des Lebens ... Texte aus der Erfahrung von Trauernden.* Freiburg: Herder, 2001.

7. Beratung und Therapie

Andreas, Connirae/Andreas, Tamara: *Der Weg zur inneren Quelle.* Core Transformation in der Praxis. Paderborn: Junfermann, 1995.

Assagioli, Roberto: *Psychosynthese. Handbuch der Methoden und Techniken.* Reinbek: Rowohlt, 1993.

Caddy, Eileen/Platts, David Earl: *Bring mehr Liebe in dein Leben – du hast die Wahl. Der Findhorn-Kurs in zehn Lektionen.* Bielefeld: Kamphausen, 1996.

Corr, Charles A. et al.: *Creativity in Death Education and Counseling.* Lakewood, OH: Forum for Death Education & Counseling, 1983.

Fossum, Merle A./Mason, Marilyn J.: *Aber keiner darf's erfahren. Scham und Selbstwertgefühl in Familien.* München: Kösel 1992.

Gazda, George et al.: *Human Relations Development.* Boston: Allyn and Bacon, 1977.

Hellinger, Bert/ten Hövel, Gabriele: *Anerkennen, was ist. Gespräche über Verstrickung und Lösung.* München: Kösel, [13]2003.

Hellinger, Bert: *Die Mitte fühlt sich leicht an. Vorträge und Geschichten.* München: Kösel, [4]2003.

Kösters, Winfried: *Vom Ich zum Wir. Selbsthilfegruppen. Finden, Gründen, Führen.* Stuttgart: Trias, 1992.

Lerner, Harriet Goldhor: *Wohin mit meiner Wut? Neue Beziehungsmuster für Frauen.* Frankfurt: Fischer, 2001.

Moskau, Gaby/Müller, Gerd: *Virginia Satir – Wege zum Wachstum. Ein Handbuch für die therapeutische Arbeit mit Einzelnen, Paaren, Familien und Gruppen.* Paderborn: Junfermann, 2002.

8. Unterschiedliches

Bauer, Dietrich et al.: *Gespräche mit Ungeborenen. Kinder kündigen sich an.* Stuttgart: Urachhaus, 1999.

Berkel, Ute et al.: *Stiftungshandbuch.* Baden-Baden: Nomos, 1989.

Bobzin, Dorothea: *Das behalt ich mir. Begegnungen mit Kindern im Krankenhaus.* Hannover: Lutherisches Verlagshaus, 2003.

Bowlby, John: *Elternbindung und Persönlichkeitsentwicklung. Therapeutische Aspekte der Bindungstheorie.* Dexter Verlag, 1994.

Bowlby, John: Verlust. *Trauer und Depression*. Frankfurt/M.: Fischer, [4]1994.

Bundesminister für Jugend, Familie, Frauen und Gesundheit: *Daten des Gesundheitswesens*. Band 157, Stuttgart: Kohlhammer, 1987.

Davis, Elizabeth: *Das Hebammen-Handbuch. Ganzheitliche Schwangerschafts- und Geburtsvorbereitung*. München: Kösel, [2]1996.

Ilse, Sherokee: *Presenting Unexpected Outcomes. A Chidlbirth Educator's Guide*. Maple Plain, MN: Wintergreen Press, 1989.

Lowen, Alexander: *Liebe, Sex und dein Herz*. Reinbek: Rowohlt, 1993.

Saint-Exupéry, Antoine de: *Der Kleine Prinz*. Düsseldorf: Karl Rauch Verlag, 1950/2000.

Schlüter-Teichmann, Margret, *Lebenshilfe Traum. Träume-Wegweiser zu Harmonie und Erfolg*. Chieming: Laredo, 2002.

Strobel, Kornelia: *Frühgeborene brauchen Liebe*. München: Kösel, [7]2006.

Wilberg, Gerlinde M./Hujber, Karlo: *Natürliche Geburtsvorbereitung und Geburtshilfe. Ein Handbuch*. München: Kösel, [3]1997.